5·12汶川特大地震纪念馆管理中心、绵阳师范学院科研成果

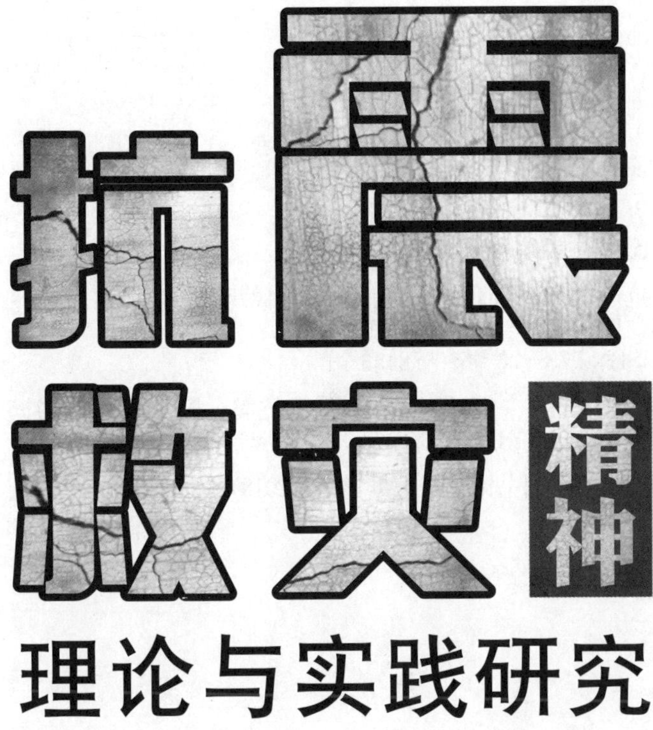


# 抗震救灾精神理论与实践研究

KANGZHENJIUZAI JINGSHEN
LILUN YU SHIJIAN YANJIU

韩晓娟 王德炎 甘路有 王杰 刘义【著】

四川大学出版社

责任编辑:杨　果
责任校对:杜　彬
封面设计:璞信文化
责任印制:王　炜

**图书在版编目(CIP)数据**

抗震救灾精神理论与实践研究 / 韩晓娟等著. —成都：四川大学出版社，2018.10
ISBN 978-7-5690-2453-1

Ⅰ.①抗…　Ⅱ.①韩…　Ⅲ.①抗震-救灾-时代精神-研究　Ⅳ.①D643

中国版本图书馆 CIP 数据核字（2018）第 235930 号

书名　**抗震救灾精神理论与实践研究**

著　　者　韩晓娟　王德炎　甘路有　王　杰　刘　义
出　　版　四川大学出版社
地　　址　成都市一环路南一段 24 号 (610065)
发　　行　四川大学出版社
书　　号　ISBN 978-7-5690-2453-1
印　　刷　四川盛图彩色印刷有限公司
成品尺寸　185 mm×260 mm
印　　张　18
字　　数　456 千字
版　　次　2018 年 11 月第 1 版
印　　次　2018 年 11 月第 1 次印刷
定　　价　80.00 元

◆读者邮购本书,请与本社发行科联系。
电话:(028)85408408/(028)85401670/
(028)85408023　邮政编码:610065
◆本社图书如有印装质量问题,请寄回出版社调换。
◆网址:http://press.scu.edu.cn

## “抗震救灾精神理论与实践研究”课题组成员

**组　　长：**王德炎　冯正碧

**副 组 长：**陈国兴　马晓燕　梁辉明

**主要成员：**韩晓娟　刘　义　王　杰　甘路有　赵云国
景富国　赵建平　陈云波

# 序　言

——写在“5·12”汶川特大地震10周年之际

在“5·12”汶川特大地震10周年之际，我们撰写了这本《抗震救灾精神理论与实践研究》，以此深切缅怀在地震中遇难的同胞和在抗震救灾中英勇献身的烈士；并心怀感恩，深情致谢来自四面八方的无私援助和无疆大爱；期待全社会积极传承和弘扬“万众一心、众志成城，不畏艰险、百折不挠，以人为本、尊重科学”的抗震救灾精神。我们坚信这种伟大精神，这段艰苦卓绝、波澜壮阔的抗震救灾历史，这首以人为本的灾后重建诗篇，必将激励我们不忘初心、砥砺前行，弹奏出新时代的最强音。

本书聚焦抗震救灾精神在全中国乃至全世界范围内的彰显，对伟大的抗震救灾精神进行解读，并对抗震救灾精神在灾后重建、科学发展实践中的弘扬机制做了详细的阐释。全书内容除绪论、结语外分为五个篇章，主要论述了抗震救灾精神产生的时代背景、抗震救灾精神的内涵和特征、抗震救灾精神的形成和发展（其中重点阐述了抗震救灾精神的文化渊源与理论基础）、抗震救灾精神的历史地位与理论价值、抗震救灾精神的实践价值与弘扬机制。

党的十九大报告指出：“文化自信是一个国家、一个民族发展中更基本、更深沉、更持久的力量。……发展社会主义先进文化，不忘本来、吸收外来、面向未来，更好构筑中国精神、中国价值、中国力量，为人民提供精神指引。”著名院士杨叔子先生有一句名言：“一个国家、一个民族，没有现代科学，没有先进技术，就是落后，一打就垮；然而，一个国家、一个民族，没有民族传统，没有人文文化，就会异化，不打自垮。”无数的历史和现实也告诉我们，一个国家、一个民族要自立于世界民族之林，不仅要有强大的物质基础，更要有强大的精神力量。这种精神力量就是我们的民族精神。没有文化力量、精神力量支撑的任何一个民族、任何一个国家、任何一个政党、任何一个文明都行之不远。历史上有的国家因灾难而倾覆，有的文明因灾难而消亡，中华民族在五千年的历史长河中，也曾经历过无数的苦难，但是文明血脉一直未断，民族历史一直绵延，正是因为在面对每一次灾难时，我们的民族都能不断激发出新的精神文化。

一百多年来争取民族独立、自由、解放的血与泪的锻造，40年改革开放的涤荡洗礼，丰富着中国精神的时代内涵。迈入21世纪，从抗击非典到迎战冰雪，从抗洪救灾到抗震救灾，每一次都是民族精神的体现。“万众一心、众志成城，不畏艰险、百折不挠，以人为本、尊重科学”——伟大的抗震救灾精神，使我们的民族精神与时代精神在社会主义中国交融，激励着中国以最新的姿态大踏步走向未来。

现代化的历史进程，总会与艰难曲折相伴，这不是历史的宿命，而是时代对于国家、民族的考验。只要我们有准备，团结一心，共同应对，就完全能够从容应对征途上的各种复杂局面，战胜各种可能出现的艰难险阻。我们也一定能够经受住时代对我们的考验。可以说，只有中国共产党才能培育出如此伟大的抗震救灾精神，只要中国人民团结一心，共同应对，就能够从容应对征途上的各种复杂局面，战胜各种艰难险阻。

10 年过去了，当我们回望 2008 年初夏的中国，我们会看到什么？

我们看到，震后的巴蜀大地，黄澄澄的麦子已经归仓，绿油油的禾苗正在茁壮生长。

我们看到，这片曾经累累伤痕、满目疮痍的土地，如今处处春意勃发、生机盎然。那些痛失家园的人们艰难地从悲痛中走出，13 亿中国人擦干泪水，期待那个百年梦圆的时刻……

10 年来，我们经历了数次重大地震的生死考验，举国救援展现了一个国家历经劫难而不屈的坚强意志，拓展了我们民族自强不息的精神疆界。"万众一心、众志成城"，人们看到了中国人民团结奋进的强大力量；"不畏艰险、百折不挠"，人们看到了中国人民泰山压顶不弯腰的英勇气概；"以人为本、尊重科学"，人们看到了党和国家对人民的高度关爱、对科学的高度尊重。惨烈的天灾，在给中华民族带来巨大悲伤的同时，再次让伟大的民族精神集中迸发、凝聚升华。它唤醒了中国人民思想深处的高尚情怀和共同信念。那一瞬间，世界触摸到了五千年中华文明的核心，发现了这个国家一次次濒临绝境而不倒的秘密，感受到了一个民族走向复兴最可依托的力量。"5·12"汶川特大地震以最惨烈的形式让世界猛然发现了一个在危难时刻闪耀着人性光辉的真实中国，四川灾后重建更把这"人性光辉"诠释为以人为本、民生优先。而这些背后蕴含的正是深厚、久而弥深的抗震救灾精神。抗震救灾精神是爱国主义、集体主义、社会主义精神的集中体现和新的发展，是我们党和军队光荣传统和优良作风的集中体现和新的发展，是中华民族的民族精神在当代中国的集中体现和新的发展。

多年后，人们更加深切地体会到，伟大的抗震救灾精神，是以爱国主义为核心的民族精神的升华；伟大的抗震救灾精神，是以改革创新为核心的时代精神的彰显。中国人民以自己的坚韧不拔，浓墨重彩地诠释了抗震救灾精神。突如其来的特大地震，刷新了中国千年典籍的灾难记忆；而作为一个重要的历史节点——一个战胜巨大灾难、从废墟中站起、重新建设灾后新家园的节点，将永远被铭记。德阳汉旺广场上，那座著名的时钟，永远定格在灾难来临的那一刻，但是时间没有停留，我们的脚步没有停留。

90 多年前，四川乐山一位名叫郭沫若的青年，写下了一首《凤凰涅槃》，满怀激情地礼赞凤凰这种神鸟经过剧痛之后的新生：

我们更生了。
我们更生了。
一切的一，更生了。
一的一切，更生了。
我们便是他，他们便是我。
我中也有你，你中也有我。
我便是你，
你便是我。
火便是凰，

风便是火。

2008 年 5 月 12 日、2013 年 4 月 20 日、2017 年 8 月 8 日可能只是一个个寻常岁月里的普通日子，但在中国却被注入了非同寻常的内涵，为四川编年史留下了极为特殊的一页。一年过去、十年过去、千百年过去……2008 年 5 月 12 日、2013 年 4 月 20 日、2017 年 8 月 8 日，不仅将中国人民战胜自然灾害的不屈奋斗写入史册，也将中华民族精神力量空前提升，标注成珍贵的民族记忆，熔铸为民族复兴的里程碑。

穿越灾难，创造光荣，伟大的抗震救灾精神永在人间！

# 目　　录

# 绪　论

## 一、选题背景和研究意义

论著选题往往基于以下两种动因：一是理论思维的需要，二是社会实践的需求。这二者常常存在着内在的逻辑统一性。一方面，理论层面的探讨，可以化解人类涌动的思维困惑、拓宽学术研究的新视域；另一方面，对实践层面的回应，可以探求解决问题的多种方案、实现人在世界中的能动化生存。而且，理论因实践而具有生命力，实践借理论而明确方向。学术研究的魅力和价值就在于以其特有的方式对现时代提出的诸多现实课题进行了理论上的加工、处理和解答。研究抗震救灾精神对于当前公民教育、核心价值观的弘扬和传承、党的建设、增强文化自信和构建社会主义和谐社会等都具有重大的意义与价值，这也正是理论思考与回应现实的结果。

### （一）选题背景

伟大的事业需要崇高的精神，崇高的精神推动伟大的事业。一个前进的时代，总有一种奋发向上的精神；一个发展的民族，总有一种积极进取的意志。过去，为实现民族解放和国家独立而进行的革命斗争铸就了伟大的革命精神。今天，构建社会主义和谐社会，建设有中国特色的社会主义事业同样需要强大的精神力量。辩证唯物主义在承认物质对精神的决定作用的同时，也强调了精神对物质的反作用。精神可以产生巨大的力量，推动社会的发展。因此，我们必须加强精神文明建设，以高尚的精神塑造人，以高尚的精神培养人，增强人民的精神力量，提升人民的精神境界。中国共产党在领导革命和国家建设的97年进程中，形成了红色精神体系。这些红色精神作为中国精神和中国文化的重要组成部分，体现了中国共产党人坚定的理想信念、科学的路径选择、辩证的思想品质、创新的风格特色，是共产党人传承中华民族精神和实践发展马克思主义的生动表现，反映了共产党人对中国思想史和中华民族精神的丰富与发展，体现了从毛泽东到习近平等领导人的重大思想理论贡献。抗震救灾精神作为这个红色精神体系中的重要组成部分，毫无疑问是社会主义核心价值体系的理论诠释和实践表达，是培育和践行社会主义核心价值观的主题素材和实践载体，也是推进中国特色社会主义建设的不竭动力。

同时，抗震救灾精神也是民族精神、时代精神在非常状态下的激活与焕发，随着时间的流逝，这种精神很容易逐渐退化甚至消失。著名学者余秋雨说道："在军人和医生之后，文化人要做的是把这次抗震救灾中所爆发出来的至善、大爱精神加固、扩充、延伸，使它成为当代中国的文化精神，一直活在广大民众的心间。……让一个偶发性事件中的精神爆发，变成中华文化的真正灵魂，广泛渗透，成为当代中国人的精神主轴和价值坐标。”只有将抗震救灾精神的深刻内涵和底蕴进行挖掘，将之转化为一种文化软实力资源，才能使抗震救灾精神内化为人们的心理积淀，成为人们的自觉精神追求，才能更好地传承和弘扬。对此，习近平总书记明确提出：全党要坚定道路自信、理论自信、制度自信、文化自信。其中，特别强调“文化自信，是更基础、更广泛、更深厚的自信”。对此，如何将抗震救灾精神的内涵、特征、理论基础、文化渊源、理论价值和实践价值进行深度剖析，建立行之有效的实践机制和弘扬机制，将之转化为一种常态，使其成为恒久影响和支配人们言行的精神动力，就成为学界当前必须思考解决的一大理论难题，更是我们每一位哲学社会工作者理应承担的责任。

### （二）研究意义

抗震救灾精神是中国共产党在建设时期凝练而成的红色精神，在本质上讲属于中国精神和中国文化的重要组成部分。抗震救灾精神产生于社会主义现代化建设的伟大实践中，凝聚于伟大的抗震救灾和灾后重建工作中，是每一位伟大又平凡的抗震救灾工作参与者和灾后重建工作参与者身上的优秀品格的集中反映，是能够激励当代乃至后人奋发向上的红色精神之一。因此，研究抗震救灾精神有极强的理论价值和现实意义。

#### 1. 理论价值

第一，丰富了当下抗震救灾精神的理论研究。“万众一心、众志成城，不畏艰难、百折不挠，以人为本、尊重科学”的抗震救灾精神，既是中华民族的高尚、美好品性与人类合力抵御自然灾害中顽强拼搏精神的交汇点，也是当代中国时代精神和民族精神与社会主义、爱国主义和集体主义的交汇点，是我们在社会主义建设和改革开放当中民族精神的凝聚和提升。本课题的研究将进一步凝练精神的实质、内涵，丰富抗震救灾精神的理论研究。

第二，丰富了当下社会主义核心价值体系和社会主义核心价值观的研究。伟大的抗震救灾精神是社会主义核心价值体系最凝练的时代表达和生动诠释。抗震救灾精神凸显了马克思主义指导思想真理性与价值性的统一，彰显了中国特色社会主义共同理想的向心力和凝聚力，升华了民族精神和时代精神，体现了社会主义荣辱观的时代活力和巨大精神力量。因此研究抗震救灾精神，也是对社会主义核心价值体系的进一步深化和凝练。

第三，丰富了红色精神和中国精神的弘扬和践行研究。从广义上讲，抗震救灾精神是中国共产党在建设时期凝练而成的红色精神，是中国文化和中国精神的重要组成部分。中华优秀传统文化、革命文化和社会主义先进文化为抗震救灾精神的形成提供了深厚的文化底蕴。在社会主义建设新时期，探寻抗震救灾精神的文化渊源和理论基础，有利于进一步加强抗震救灾精神教育，促进中国精神教育的大众化，实现中华民族的伟大复兴。

#### 2. 现实意义

第一，研究抗震救灾精神在新时代的内涵、特征、传播以及践行的机制，不仅是灾难发生后凝聚力量、自强不息、同舟共济的重要基础，更是面对不可预知的灾难事件时不畏艰险、以人为本、尊重科学的重要体现。

第二，抗震救灾精神的凝练伴随着“5·12”汶川特大地震发生后抗震救灾和灾后重建的实践过程，研究抗震救灾精神在客观上有利于推进我国社会公共管理、安全保障机制建设，也有利于中国共产党积累应对重大公共问题的宝贵执政经验，进一步统一思想，凝聚人心，积聚资源，形成合力。

第三，大力弘扬抗震救灾精神，有利于提升广大人民的国家认同和“四个自信”。抗震救灾的伟大胜利充分彰显了中国特色社会主义制度的优越性，使得广大人民对中国特色社会主义的道路更加认同、对中国特色社会主义理论体系的认知更加深刻、对中国特色社会主义共同理想更加坚定、对中国特色社会主义制度优势更加自信；通过对伟大的抗震救灾精神的弘扬和传承，进一步激发了广大人民对中国特色社会主义先进文化的坚定信念，强化了广大人民对实现中华民族伟大复兴的中国梦的坚定信念。

总之，在决胜全面建成小康社会，夺取新时代中国特色社会主义伟大胜利，实现中华民族伟大复兴的中国梦而不懈奋斗的关键时期，继续深入研究探讨抗震救灾精神的内涵、理论价值、实践价值与弘扬机制，有益于坚定理想信念、提升公民道德素质、增强社会责任感、引领社会风尚、提高社会文明程度，使伟大的抗震救灾精神持续转化为中国民族开辟新征程、开创新未来的强大力量。

## 二、国内外研究现状述评

团队围绕抗震救灾精神、抗震救灾思想等相关关键词开展一系列文献查阅，发现国内外对这一问题的研究有着较长的发展历史，并在理论研究方面产生了一定的成果，具体研究现状评述如下。

### （一）研究现状述评

通过查阅相关资料发现，国内学界对抗震救灾精神的探讨，最早始于唐山大地震之后。从学术界目前的研究成果来看，抗震救灾精神在唐山大地震20周年之际和2008年汶川特大地震发生后出现过两次高潮。其中学术界最早明确提出“抗震精神”的文献是1996年一篇题为《弘扬抗震精神，再铸唐山辉煌——纪念唐山抗震救灾20周年》的文章，文中提出：“震后20年来，唐山人民在党中央、国务院和省委、省政府的亲切关怀下，在中国人民解放军和全国人民的大力支援、帮助下，发扬‘公而忘私、患难与共、百折不挠、勇往直前’的抗震精神，同心同德，艰苦奋斗，历经十年重建，十年振兴，创造了人类同地震灾害作斗争史上的伟大奇迹。”[①] 随后，1998年《大力弘扬十六字精神，誓夺抗震救灾全面胜利》、《用抗震救灾精神搞好抗震救灾报道》（《用抗震救灾精神搞好抗震救灾报道》也是学术界第一次明确提出“抗震救灾精神”，只是题目提及，文中论述仍延续抗震精神）两篇文章中再次重申了十六字“抗震精神”。前文中写道：“全县要把抗震救灾作为全部工作的中心，大力弘扬江总书记倡导的‘公而忘私、患难与共、百折不挠、勇往直前’的十六字抗震精神”[②]。后文中写道：“1998年1月10日，张北、尚义两县发生

① 唐士宣．弘扬抗震精神，再铸唐山辉煌——纪念唐山抗震救灾20周年［J］．冀东学刊，1996（3）：2−11.

② 唐树森．大力弘扬“十六字精神” 誓夺抗震救灾全面胜利［J］．探索与求是，1998（4）：30−34.

强烈地震。当夜，我们河北日报记者部《特别报道》栏目的记者就赶赴灾区，一直到1月29日（农历大年初二）坚持在灾区采访20天。这是我们终生难忘的20天，是我们在江泽民同志题写的'公而忘私、患难与共、百折不挠、勇往直前'唐山抗震精神鼓舞和指引下英勇奋战、忘我奉献的20天。"[①] 这一提法也是基于1996年江泽民同志为纪念唐山抗震20周年的题词："弘扬公而忘私、患难与共、百折不挠、勇往直前的抗震精神，把新唐山建设得更繁荣更美好。"这是最早的对抗震精神高度概括。众多学者都沿用这十六字的提法，并无过多的解读和阐释。

2008年汶川特大地震之后，学界围绕"抗震救灾"展开了热烈的讨论和广泛的研究。由此可见学术界在2008年汶川特大地震后出现研究高潮。而从2013年后研究热潮慢慢褪去。这说明人们对"抗震救灾精神"的关注有所减弱，如何继续弘扬"抗震救灾精神"值得进一步探讨。目前学术界的研究现状如下：

学界关于抗震救灾的出版物较多，但大多是关于抗震救灾工作的纪实书籍，在2008年"5·12"汶川特大地震后出现一个出版高峰，如《5·12雕像：浙江诗人抗震救灾诗选》（浙江文艺出版社，2008）、《生命的感动》（上海文艺出版社，2008）、《一切为了生命：5·12地震救灾纪实》（中国大百科全书出版社，2008）、《生命壮歌：2008中国抗震救灾纪实》（新华出版社，2008）等。这些书籍大多讲述抗震救灾过程中党的核心领导作用以及涌现出的大量感人事迹，而较少从学术方面来研究抗震救灾精神。截至2018年3月，主要有6本书籍对抗震救灾精神进行了深入的探索，其中3本为普通读本，最早的是在"5·12"汶川特大地震发生半年后出版的《抗震救灾精神》（黄宏主编，人民出版社，2008)，该书通过6个篇章对抗震救灾精神的意义、内涵以及与中国共产党的领导等进行了阐述，同时赋予抗震救灾精神新的时代内涵。之后，叶建华的《大爱中国——抗震救灾彰显中华民族文化与精神》（经济管理出版社，2009）、四川省精神文明建设办公室编的《中国精神——伟大的抗震救灾精神学习读本》（天地出版社，2010）、傅佩缮的《点击汶川抗震救灾精神》（学习出版社，2012）、王仲明著的《精神价值——弘扬抗震救灾精神 推进社会主义核心机制》（西南交通大学出版社，2009）和马洪江的《生命不息奋斗不止：以抗震救灾精神引领学校发展》（中国文史出版社，2015）相继出版。其中，叶建华的《大爱中国——抗震救灾彰显中华民族文化与精神》[②] 重点阐述了仁爱文化、礼仪文化、感恩文化、人本文化、慈善文化、互助文化、自新文化、诚信文化、责任文化、大局文化、奉献文化、爱国文化，通过文化的"源头活水"，以大时空、大尺度通俗解读汶川地震的抗震救灾如何彰显中国文化。王仲明的《精神价值——弘扬抗震救灾精神 推进社会主义核心机制》以抗震救灾精神与社会主义核心价值体系为突破点，重点突出弘扬伟大的抗震救灾精神，推进社会主义核心价值体系建设，对于我们贯彻落实科学发展观，推进经济社会全面发展，促进社会和谐，实现中华民族的伟大复兴，具有重大的理论意义和实践意义。[③] 而《中国精神——伟大的抗震救灾精神学习读本》[④] 更多的是通过大量感人事迹

---

① 曹阳葵，师长青，刘建国．用抗震救灾精神搞好抗震救灾报道［J］．采·写·编，1998（2）：18-19.

② 叶建华．大爱中国——抗震救灾彰显中华民族文化与精神［M］．北京：经济管理出版社，2009：4.

③ 王仲明：精神价值——弘扬抗震救灾精神 推进社会主义核心机制［M］．成都：西南交通大学出版社，2009.

④ 四川省精神文明建设办公室．中国精神——伟大的抗震救灾精神学习读本［M］．成都：天地出版社，2010.

和生动画面，图文并茂、深入浅出地诠释了伟大的抗震救灾精神，有助于广大民众学习领会。傅佩缮的《点击汶川抗震救灾精神》[①] 通过描述汶川特大地震后的抗震救灾事迹告诉读者汶川抗震救灾精神的内涵和形成过程，该书是红色精神丛书之一。

截至 2018 年 3 月，在知网中以“抗震救灾精神”为研究主题的文章有 2317 篇。2317 篇论文和较多的书籍研究主要涉及抗震救灾精神的形成、内涵、特征、时代意义、与核心价值体系的关系、实践和弘扬体系等。下面笔者从五个方面来进行梳理和阐释。

第一，主要集中于抗震救灾精神的主要内涵、集体主义意蕴、实质和时代特征等。这些成果都紧扣 2008 年 6 月 30 日中共中央召开的抗震救灾先进基层党组织和优秀共产党员代表座谈会，对党和人民在对抗天灾时表现出来的伟大精神和优秀品质进行了一定的阐述。清华大学刘书林教授（2008）认为，伟大的抗震救灾精神实质上体现了共产党人一贯坚持的执政为民的精神；体现了社会主义集体主义的精神，这是西方所奉行的个人主义价值观不能理解的；体现了中华民族源远流长的爱国主义精神；体现了社会主义人道主义精神，这一精神与西方抽象人道主义、人本主义有着根本的区别。[②] 中央文献研究室的桑田（2017）在《抗震救灾精神的内涵与由来》中指出，抗震救灾精神形成于中国共产党领导中国人民与地震灾难进行斗争的伟大进程中，主要包含万众一心、众志成城的团结互助精神，不畏艰险、百折不挠的坚忍不拔精神和以人为本、尊重科学的马克思主义精神品质。[③] 胡子祥（2017）在《灾区人民抗震救灾精神及其时代价值》中指出，灾区人民抗震救灾精神的内涵包括公而忘私、舍己为人的奉献精神，百折不挠、英勇顽强的乐观精神和自力更生、艰苦奋斗的自强精神，它不仅是灾区人民抗震救灾的强大精神力量，还是激发和鼓舞全国人民攻坚克难的精神动力，更是对社会主义核心价值观的伟大彰显。[④] 陈俐等提出：抗震救灾精神内涵丰富，主要表现为以人为本、执政为民，不屈不挠、顽强奋斗，爱心永恒、无私奉献。抗震救灾精神的本质和核心是爱国主义。[⑤]

第二，主要研究抗震救灾的实践和精神价值。李卫红（2008）等学者指出抗震救灾伟大实践和伟大精神体现出党的领导的英明性、社会主义制度的优越性、改革开放政策的正确性、民族精神的宝贵性和中国青年勇于牺牲的大无畏精神。[⑥] 田建国（2008）认为，学习与弘扬抗震救灾精神，增强了人们对现代德育的新感悟，将抗震救灾精神纳入学校思想品德建设有非常重要的现实意义。[⑦] 康厚德认为，在大学生中弘扬抗震救灾精神，赋予新时期思想政治教育时代性，通过丰富教育内容，创新教育形式与载体，有助于增强思想政治教育的有效性；通过建立健全应对突发事件的思想政治教育工作体系与机制，有助于开创思想政治工作的新局面。[⑧] 朱学萍认为，在历次的抗震救灾过程中产生了很多富有时代

---

① 傅佩缮．点击汶川抗震救灾精神［M］．北京：学习出版社，2012．

② 刘书林．抗震救灾精神的实质及其时代特征［J］．思想政治教育研究，2008（9）：29－31．

③ 桑田．抗震救灾精神的内涵与由来［N］．人民政协报，2017－12－07（9）．

④ 曹燕，胡子祥．灾区人民抗震救灾精神及其时代价值［J］．西南交通大学学报（社会科学版），2017，18（5）：121－127．

⑤ 陈俐，骆元松．高校要加强抗震救灾精神教育［J］．思想理论教育导刊，2008（6）：84－86．

⑥ 李卫红．用抗震救灾伟大精神推进高校思想政治教育［J］．高校理论战线，2008（8）：4－7．

⑦ 田建国．弘扬抗震救灾精神与发展现代德育［J］．中国高等教育，2008（Z3）：41－43．

⑧ 康厚德．抗震救灾精神与社会主义核心价值体系建设［J］．铜仁学院学报，2008（6）：14－17．

特征的新亮点，有助于民族精神的弘扬与升华，应以此为契机建立抗震救灾精神的弘扬机制。[①]

第三，主要集中于抗震救灾精神的传播和弘扬。杨鹏程（2016）认为，抗震救灾精神潜藏着丰富的文化软实力资源，可转化为精神性的、制度性的和智力性的文化软实力。[②]盛利在硕士论文中指出，要依靠传播者的主体力量、要发挥大众媒体的主要功能、更要充分发挥新媒体的特点来传播抗震救灾精神。[③] 胡沁熙（2015）阐述了高校开展感恩教育工作的意义、阐述了抗震救灾精神中所蕴含的丰富内涵，并运用教育心理学理论分析了抗震救灾精神对于大学生感恩心理的作用机制，制定了以抗震救灾精神为核心的感恩教育实践方案，对高校如何运用抗震救灾精神开展感恩教育工作提出了一些有益的建议和措施。[④]刘丹（2010）在硕士论文中阐述了抗震救灾精神在人生观和价值观上的导向作用、共同理想信念实现上的激励作用、共产主义道德践行上的教育作用、组织协调能力培养上的示范作用、人文关怀和心理疏导上的调节作用。[⑤] 张耀灿教授提出抗震救灾中的精神资源是中华民族的宝贵财富，为高校提供了丰富的思想政治教育素材。高等学校要充分利用这一宝贵的精神资源加强大学生的爱国主义教育、理想信念教育、社会主义道德教育、共产党员先进性教育和形势与政策教育。[⑥]

第四，主要集中在抗震救灾精神与中华传统文化、核心价值体系（观）的关系、发挥的作用探索上，代表性成果有中共四川省委党校公共管理教研部主任罗振宇教授的《抗震救灾精神：核心价值体系的生动体现》（2011）[⑦]、陈大勇的《抗震救灾精神是社会主义核心价值体系的时代体现》（2010）[⑧] 等。这些成果都指出了抗震救灾精神与核心价值体系的密切关系，彰显了中国特色社会主义共同理想的强大凝聚力，有利于树立中国特色社会主义共同理想。

第五，部分论文具体论述了玉树抗震精神、唐山抗震精神的研究。其中，唐山师范学院的杨光（2017）通过分析唐山抗震精神的文化体现，提出了唐山抗震精神的文化载体规划策略建构，创建具有以唐山抗震精神为核心的传播形式，弘扬和传承唐山抗震精神，增强文化自信。[⑨] 青海省社会科学院的张生寅（2010）认为：玉树抗震救灾精神主要包含迎难而上、挑战极限的顽强拼搏精神，大爱同心、众志成城的团结奋斗精神，以人为本、生命至上的人间大爱精神，心系国家、心系人民的亲民为民精神等，主要有五个时代特征，饱含着强烈的爱国性，展示着社会主义的优越性，代表着广泛的民族性，充满着浓郁的人

---

① 朱学萍. 从抗震救灾看民族精神的弘扬与升华［J］. 求实，2009（S1）：203.

② 杨鹏程. 抗震救灾精神向文化软实力转化的挑战与出路［J］. 中原工学院学报，2016，27（2）：80－84，103.

③ 盛利. 抗震救灾精神的传播机制研究［D］. 成都：电子科技大学，2013.

④ 胡沁熙. “抗震救灾”精神与大学生感恩教育研究［J］. 吉首大学学报（社会科学版），2015，36（S1）：188－191.

⑤ 刘丹. 抗震救灾精神对思想政治教育作用研究［D］. 衡阳：南华大学，2010.

⑥ 金鑫，张耀灿. 充分利用抗震救灾的精神资源　切实加强大学生思想政治教育［J］. 思想教育研究，2008（7）：21－23.

⑦ 罗振宇. 抗震救灾精神：核心价值体系的生动体现［N］. 光明日报，2011－05－25（10）.

⑧ 陈大勇. 抗震救灾精神是社会主义核心价值体系的时代体现［J］. 四川统一战线，2010（10）：24－25.

⑨ 杨光，霍菲菲. 传承唐山抗震精神的文化载体规划策略研究［J］. 大众文艺，2017（10）.

文性，贯穿着严谨的科学性。[①] 此外，学术界还有关于“抗震救灾思想”的研究。2017年底通过知网搜索，关于抗震救灾思想的研究共有114篇学术论文，主要涉及对于中国共产党抗震救灾思想的宏观研究和个体抗震救灾思想的研究，其中代表性作品主要有张楠（2016）的《中国共产党抗震救灾思想与实践研究》[②] 和杨力行、张露（2011）的《建国后党的抗震救灾思想的形成与演变》[③]，二者主要从宏观上对中国共产党的抗震救灾思想进行分析研究。其次是从微观层面对国家领导人或者重要历史人物的抗震救灾思想的研究，如绵阳师范学院的黄晓林（2008）对胡锦涛抗震救灾思想的研究。黄晓林认为胡锦涛2008年5月17日在四川召开的抗震救灾工作会议上的讲话折射出“权为民用、情为民系和利为民谋”的使命感和深厚的人民本位理念。[④] 这些丰富的研究成果为本课题的开展提供了研究的范式和丰富的成果，为开展课题研究很有裨益。

### （二）研究存在的不足

目前学术界的成果为本课题的研究奠定了良好的基础。但是通过梳理研究成果，我们发现对于抗震救灾精神的研究还有进一步深入的空间。第一，对于抗震救灾精神的关注度不够持久，呈现出明显的阶段性特征。研究在2008—2013年呈现出一个持续高热的态势，之后逐步减少。从研究时间来看，阶段性特征太过于突出，过了一个“热点”关注期后，就很少再有深入的研究。这对抗震救灾精神的理论深入和实践弘扬是不利的。第二，在抗震救灾精神的理论研究层面，更多地就24个字展开论述，并没有深度剖析，对抗震救灾精神的理论基础和文化渊源挖掘不够。学界普遍认为抗震救灾精神来源于中国的传统文化和革命文化，而忽略了社会主义先进文化也是其渊源之一。同时对于抗震救灾精神的马克思主义理论来源的探索也不够深入。第三，在抗震救灾精神的弘扬机制研究方面，大多数学者倾向将其与学校思想政治教育工作结合起来进行探讨，大多集中于抗震救灾精神在学校思想政治教育中的意义探讨，对学校教育中如何弘扬抗震救灾精神有一定的参考价值；但对于国家认同教育、执政党建设、核心价值观培育等研究还不够重视和深入，通过有效载体使民众形成共识，并结合教育实践探讨的还不多。相关研究很少有对抗震救灾精神的弘扬机制进行系统研究的，即使有这些研究也都处于相对独立阶段，概论、宽泛性研究较多，将灾害性突发事件与培育、践行机制研究相结合的深入研究较少，定性分析的多，定量分析的少，故而问题的分析更多地停留在表面，看不到培育机制、途径研究与核心价值观、价值体系宣传充分结合后互动关系、引领机制发生的微妙变化，这是研究中的一大缺憾。本书研究将在吸纳前人成果的基础上，与党建、传播学、政治学、地震学、心理学等多学科交叉结合，凝练抗震救灾精神的内涵、特征，分析抗震救灾精神的理论基础、文化渊源和实践基础，在此基础上研究总结重大灾难发生后，如何在有效应对的同时宣传社会主义核心价值观和价值体系、如何依托思想文化建设推进抗震救灾精神的弘扬、如何在灾

---

① 张生寅．玉树抗震救灾精神的思想内涵、特征及意义［J］．青海社会科学，2010（4）：86－89.

② 张楠．中国共产党抗震救灾思想与实践研究——基于对汶川大地震分析的视角［D］．曲阜：曲阜师范大学，2016.

③ 杨力行，张露．建国后党的抗震救灾思想的形成与演变［J］．中国地质大学学报（社会科学版），2011，11（6）：68－75.

④ 黄晓林．解读胡锦涛抗震救灾思想中的人民本位理念［J］．绵阳师范学院学报，2008（10）：13－16.

难教育中建立弘扬抗震救灾精神的长效机制以及如何推进抗震救灾精神的国际凝练与对外传播，为凝聚力量、提升信心、应对灾难发挥思想支撑作用，最终真正确定抗震救灾精神的实践体系和弘扬机制。

从国外研究来看，有关灾难的研究较多，有关灾难救助机制的实践探索也比较多，但是有关抗震救灾或是救灾精神的研究比较少。国外目前暂时没有抗震救灾精神这一说法，但是有海外媒体对于我国的抗震救灾行动的报道。地震发生后，海外媒体在报道中普遍赞扬我国领导人在灾难中的迅速、果敢，救灾工作开展得及时而有效率，肯定了我党的领导执政能力。同时为我国人民在抗震救灾中表现的高度一致的民族精神所震撼，让世界人民重新认识了中国，这些都是对我国抗震救灾精神的描述。此外，国外的相关研究多采用实证研究方法，对我们的探讨有很好的方法上的启示。

因此，当下抗震救灾精神的研究还有很多领域需要拓展、深化研究，在后灾后重建时代的新时期，如何将抗震救灾精神的深刻内涵和底蕴转化为一种文化软实力资源，如何使抗震救灾精神内化为人们的心理积淀，成为人们的自觉精神追求，如何才能更好地传承和弘扬，我们又需要建立一种什么样的机制才能使之得到长效弘扬，就显得尤为重要了。本研究拟在此方面进行系统深入的探讨和研究，并提出有一定理论参考价值和实践意义的建议。

## 三、基本概念和基础理论

本研究从当下国内抗震救灾精神理论与教学实践研究现状入手，了解目前对于抗震救灾精神的实质、现代价值、弘扬机制的研究，基于前期调研结果撰写研究报告和研究综述。课题组就抗震救灾精神的科学内涵和时代特征、抗震救灾精神产生的时代背景与实践基础、抗震救灾精神的文化渊源与理论来源、抗震救灾精神的历史地位与理论价值、抗震救灾精神的实践价值与弘扬机制等五个方面进行深入研究。以下对部分概念做一简要阐述。

### （一）抗震救灾精神和抗震救灾文化

抗震救灾精神产生于社会主义现代化建设的伟大实践中，凝聚于伟大的抗震救灾斗争中，是伟大又平凡的每一位抗震救灾斗争参与者身上的优秀品格的集中反映，是能够激励当代乃至后人奋发向上的当代红色精神之一。伟大的抗震救灾精神在本质上属于中国精神和中华文化的重要组成部分。2008 年 6 月 30 日——“5·12”汶川特大地震 49 天之后，中共中央召开的抗震救灾先进基层党组织和优秀共产党员代表座谈会上第一次提出了抗震救灾精神的科学内涵，即“万众一心、众志成城，不畏艰险、百折不挠，以人为本、尊重科学”，这 24 个字是对抗震救灾实践的精辟总结，被大家普遍认同，也是对抗震救灾精神的深刻揭示。抗震救灾的精神是一切高贵美好的品格在共同抗击自然灾害的殊死搏斗中所形成的交汇点，是时代精神和民族精神的交汇点，是社会主义和爱国主义、集体主义的交汇点，是革命英雄主义和社会主义人道主义的交汇点。抗震救灾精神是民族精神、时代精神在非常状态下的激活与焕发，使我们看到了波澜壮阔的改革开放时代中华民族精神的一次伟大升华。伟大的抗震救灾精神包括万众一心、众志成城、患难与共的互助精神，崇敬生命、关爱百姓、一心为民的人本精神，不畏艰险、百折不挠、顽强拼搏的奋斗精神和统筹兼顾、尊重规律、科学合理的务实精神。该专著的研究主要立足于伟大的抗震救灾精神展开论述。

课题组所在研究中心"场馆教育与抗震救灾文化研究中心"在前期学者研究基础上于2016年最早提出"抗震救灾文化"概念。课题组认为，抗震救灾文化是指产生于社会主义现代化建设的伟大实践中，凝聚于伟大的抗震救灾斗争和灾后重建工作中的物质财富和精神财富的总和。抗震救灾文化是中国特色社会主义文化的重要篇章，是红色文化在新时代的发展和创新，是客观存在的文化现象，是新时期的一种先进文化。它是党和人民极为宝贵的精神财富，充分体现了社会主义核心价值体系，极大地提升了人们的国家认同和四个自信，是能够激励人们奋发向上的当代红色文化之一。抗震救灾文化具体包括"人、物、事、魂"。其中，"人"是在抗震救灾和灾后重建中涌现出的英雄人物，这些人物可能是一些无名英雄，更多的是小人物，他们成就了历史，定格在历史的光荣榜上；"物"主要包括地震遗址和旧址，甚至包括一些遗物；"事"是有着重大影响的抗震救灾活动或事件；"魂"则体现为抗震救灾精神。总之，抗震救灾文化既有精神层面的文化，又有实物层面的文化，属于广义的文化现象。而抗震救灾精神是抗震救灾文化的重要内核和思想精髓。抗震救灾文化作为红色文化在社会主义建设时期的发展，作为社会主义核心价值观的一部分，代表着一个民族、群体等的文化传统、意志品质、精神风貌，支撑着一个民族、群体等在各种极为不同的优劣条件下存活兴旺、自强不息的精神世界。

### （二）红色精神、红色文化

#### 1. 红色精神

精神是人类社会一个永恒的课题，它不是凭空产生的，也不是随机创造的，而是包含着深刻的实践内容与人类价值；精神是由外到内的，是人的感觉、知觉和意识等对外界的事物反应产生的，是受到特定的社会历史条件影响和制约的。精神无论从其本身还是其具体表现形态上来看，都是一个复杂和深奥的问题。精神的产生是社会实践的结果，有一定的历史与社会性。精神是一个整体，不能把它割裂开来。

红色精神是中国共产党领导中国各族人民为追求中华民族独立、国家富强的新民主主义革命、社会主义革命和建设、改革开放和社会主义现代化建设的伟大实践中，凝聚于具体的历史事件、地点与典型人物身上的优秀品格的反映，是能够激励后人奋发向上、促进社会健康和谐发展的伟大精神①，是几代中国共产党人流血牺牲凝聚而成的宝贵精神财富②。这种伟大的红色精神是中国精神和中国文化的重要构成要素。按照时间发展脉络，学术界比较公认的观点将红色精神大致分三个历史时期：在1949年之前是名副其实的革命精神，如井冈山精神、长征精神、延安精神、抗日精神、西柏坡精神等；1949年之后转向社会主义建设，红色精神的内涵已超越了革命主题，出现了"建设精神"或"创业精神"，如"两弹一星"精神、铁人精神、北大荒精神、雷锋精神；1978年之后进入改革开放，又出现了改革创新精神、开放精神、抗洪精神、抗震救灾精神等。可见，抗震救灾精

---

① 陈新，楼国里．论红色精神与党的思想建设的关系［J］．赣南师范学院学报，2010（5）：73−77.

② 习近平．在《建党以来重要文献选编（1921—1949）》出版座谈会上的讲话（二〇一一年六月十六日）［J］．党的文献，2011（5）：3−5.

神就是其中最重要的部分之一。红色精神蕴含着中国共产党人的政治理想、爱国情怀、思想观念和道德追求，彰显了中国共产党人的崇高精神和优良传统，是中华民族宝贵的精神财富，是新形势下加强共产党员先进性教育和人民群众理想信念教育的优秀资源。

红色精神不是凭空产生的，而是中国共产党领导下的各族人民长期实践的结果，是一种宝贵的精神财富，是我们需要继承和发扬的。红色精神是一种软实力，是一种看不见摸不着但不可或缺的精神财富。一个国家不仅需要看得见摸得着的硬实力，更需要软实力，国家间的竞争在某种意义上是软实力的竞争。软实力包括科学教育、社会科学、人文环境、社会制度、生活方式、精神风貌、民族凝聚力、人们的价值取向等。红色精神的显性与潜在价值是巨大的。红色精神的本质是中国化的马克思主义，是民族精神在近现代的新发展，在当代发展为中国精神。因此，不难看出我们所研究的抗震救灾精神就是在社会主义现代化建设的伟大实践中产生，凝聚于伟大的抗震救灾斗争中，体现在伟大又平凡的每一位抗震救灾斗争参与者身上的优秀品格的集中反映，是能够激励当代乃至后人奋发向上的红色精神之一。从本质上讲，它是中国文化和中国精神的重要组成部分。

2. 红色文化

红色文化是中国共产党领导中国人民在长期的革命和建设实践中积淀、创造、整合形成起来的一种特定的文化类型。它蛰伏于近代，形成于“五四”以后，成熟和发展于新民主主义革命和社会主义建设时期，在改革开放新时期不断被赋予新的内容。红色文化以“红色”为主题，在内涵上有广义与狭义之分。狭义上，红色文化可称为新民主主义革命文化或者革命文化，指在新民主主义革命中产生、形成，在中国革命的红土地上孕育出来的一种独特的文化类型，包括社会主义建设初期反映党领导人民群众艰苦创业、建设国家、创造美好生活、发展社会主义各项事业的文化思想与价值体系，它是由中国共产党人、先进分子和人民群众共同创造的具有中国特色的先进文化。可以说，新民主主义文化是我国红色文化的主流、源泉。而在广义的范畴里，中国特色社会主义先进文化是红色文化的传承、丰富与发展，中国特色社会主义文化中有些特定的内容，如关于理想、信仰、道德追求、奋斗目标、奉献精神以及社会主义核心价值体系的核心内容等都属于红色文化的范畴。在当今多元文化的和谐共生中，红色文化愈发凸显其作为主流价值的突出地位，成为中华民族发展强大的持续精神动力和软实力，并承担着引领大众文化健康发展的责任与使命。也有学者将红色文化概括为革命年代中的“人、物、事、魂”，其中“人”是在革命时期对革命有着一定影响的革命志士和为革命事业而牺牲的革命烈士；“物”是革命志士或烈士所用之物，包括他们生活或战斗过的革命旧址和遗址；“事”是有着重大影响的革命活动或历史事件；“魂”则体现为革命精神。因此，从这个意义上讲，红色精神和红色文化是紧密联系的，红色精神是红色文化的灵魂和核心。

## 四、研究思路方法和特色

### （一）研究的主要思路

首先，团队将遵循理论创新的基本规律，从三个彼此联系而又相互独立的视角进行研究：梳理和研究相关理论文献，从研究意义出发，运用文献研究法、经验总结法进行初步研究，提出问题并对问题原因加以分析，最后提出解决问题的可能条件和实施策略。因此，第一阶段主要从当下国内外弘扬抗震救灾精神的现状入手，了解目前国内外对于抗震救灾精神的研究综述，基于前期调研结果撰写研究综述。其次，深刻阐述抗震救灾精神产生的时代背景、实践基础、理论基础、文化渊源、理论价值、现实价值和弘扬机制。同时深刻阐述抗震救灾精神与核心价值观在思想政治教育中的体现，即探索如何通过科学设计和合理设置，把社会主义核心价值观“国家、社会、公民”三个方面的基本内容及其精神实质渗透到抗震救灾精神的培育和弘扬体系中，建构合理的社会主义核心价值观。最后，着力探索教育体系转化为实践弘扬体系的规律性，即探索如何运用各种教育要素把抗震救灾精神教育转化为国民教育、社会主义核心价值观教育的重要组成部分，为弘扬社会主义制度的优越性、文化自信提供强有力的支撑。

### （二）研究的主要方法

#### 1. 文献研究法

文献研究法是借助历史资料对研究内容进行分析的一种研究方法。本书研究重视史料的搜集、整理与分析，以大量档案史料、文献史料、报刊史料以及有关抗震救灾工作的会议文件和内部资料为依据，对新中国成立以来的抗震救灾资料进行归纳和整理，透视其内在的发展规律，对其做出学术性的总结，为研究提供文献综述与理论分析依据。

#### 2. 历史分析与逻辑分析相结合的方法

历史分析的方法，即在特定的历史条件下，研究抗震救灾精神与社会存在之间的关系，研究精神产生的原因、过程、社会效果，以及在发展的历史联系中研究抗震救灾精神的本质和特征；逻辑分析方法则是研究精神本身的内在逻辑、理论基础和文化渊源，探寻精神发展的特点和规律。将二者结合是红色精神研究中常用的分析方法，运用此方法研究本选题，从历史环境中分析各种抗震救灾精神产生的时代背景、主要特征、理论基础、文化渊源和弘扬机制，同时依据其内在逻辑，揭示其发展的脉络和规律。

#### 3. 比较分析法

比较分析法是利用事物之间的相同点或相异点，达到认识事物的本质、特点和规律的目的的逻辑方法。通过比较分析的方法，对中国的抗震救灾应急管理机制与美国、日本等国家进行比较，借鉴先进和比较完备的法律法规和制度经验，同时也体现了中国特色社会主义制度的优越性。

#### 4. 案例分析法

案例分析是本书的一个主要研究方法。本书以唐山大地震、汶川特大地震、九寨沟地震为典型案例，系统研究中国共产党在防灾救灾减灾管理思想实践中的应用，分析不同历史阶段中国抗震救灾管理思想、管理措施的异同，从而反映时代和管理的发展与进步，最终通过归纳法分析抗震救灾精神的发展历史脉络。通过对典型历史案例的研究，验证结论，从而使理论和实际、逻辑和历史达到统一。

#### 5. 多学科整合研究法

人文学科的特点就是复合型和交叉型，为提高研究成果的丰富性和创新性，课题组以多视角及多学科交叉的方式对抗震救灾精神进行研究，主要运用党建、传播学、教育学、哲学和社会学等多学科相关理论知识，拓宽了研究思路；同时借鉴历史学、社会学、灾害管理学等有关学科的知识和理论，从多角度、多层次进行综合研究。

### （三）研究的特色和创新

本研究在吸纳前人成果的基础上，与党建、传播学、思想政治教学等多学科交叉结合，对抗震救灾精神理论和实践进行研究，有如下学术创新。

#### 1. 研究思路上的创新

本课题将遵循理论创新的基本规律，从三个彼此联系而又相互独立的视角进行研究：梳理和研究相关文献，从研究意义出发，采用问卷调查法，提出问题并对问题原因加以分析，最后提出解决问题的可能条件和实施策略。

#### 2. 研究方法上的创新

综合运用文献法、多学科整合法和案例分析法、比较研究法等对抗震救灾精神的内涵、时代特征、理论基础、文化渊源和培育机制等进行多维度研究和分析，力图使本研究更具科学性和规范化。

#### 3. 研究观点上的创新

首先，本书在学术界首次提出抗震救灾文化的概念以及抗震救灾文化和抗震救灾精神的关系。抗震救灾文化是指产生于社会主义现代化建设的伟大实践中，凝聚于伟大的抗震救灾斗争和灾后重建工作中的物质财富和精神财富的总和，是能够激励当代乃至后人奋发向上的当代中国文化之一。抗震救灾精神是抗震救灾文化的核心内容。其次，本书从深层次剖析了伟大的抗震救灾精神的理论基础和文化渊源。抗震救灾精神在本质上属于中国精神和中华文化的重要组成部分。马克思主义中人民群众是社会历史主体的思想贯穿于抗震救灾精神形成过程的始终，是抗震救灾精神形成的最重要的理论基础。中华优秀传统文化、革命文化和社会主义先进文化为抗震救灾精神的形成提供了深厚的文化底蕴。挖掘抗震救灾精神的文化渊源对于进一步加强抗震救灾精神教育，弘扬伟大的抗震救灾精神，更好地构筑中国精神，为十三亿中国人提供精神指引具有重要的现实意义。最后，本书提出抗震救灾精神具有较强的实践价值。当下弘扬抗震救灾精神，有利于树立中国特色社会主义共同理想，是提升国家认同的一个有利契机，是对执政党建设的一次伟大考验，是对民众心理教育的一次重要实践。抗震救灾是连接自然科学与人文科学之间的一次伟大的实践。弘扬抗震救灾精神，有利于弘扬社会主义核心价值观，促进社会和谐。同时，抗震救灾精神本身就是社会主义核心价值体系的理论诠释和实践表达，是培育和践行社会主义核心价值观很好的主题素材和实践载体。基于这一认识，抗震救灾精神的弘扬机制建构可以从以下四个方面来考虑：一是将抗震救灾精神的弘扬融入社会主义核心价值体系的建设实践中，二是将抗震救灾精神的弘扬融入社会主义共同理想的构建和实践中，三是将抗震救灾精神的弘扬融入以人为本的群众实践中，四是将抗震救灾精神的弘扬作为集体主义和爱国主义精神教育实践的重要途径。其中，重点依托思想文化建设推进抗震救灾精神的弘扬，在灾难教育中建立弘扬抗震救灾精神的长效机制，在“文化强国”的战略中推进抗震救灾精神的国际传播。

# 第一章　抗震救灾精神产生的时代背景

地震始终是人类一个挥之不去的梦魇，进入 21 世纪以来，我国先后经历了 2008 年“5·12”四川汶川 8.0 级大地震、2010 年青海玉树 7.1 级地震、2013 年四川芦山 7.0 级地震、2014 年云南昭通鲁甸 6.5 级地震以及 2017 年四川九寨沟 7.0 级地震等大地震。作为新中国成立以来破坏性最强的一次地震，2008 年“5·12”汶川特大地震夺走了无数鲜活的生命，摧毁了无数幸福的家园。根据民政部报告统计，截至 2008 年 9 月 18 日，“5·12”汶川特大地震中已确认有 69227 人遇难，374643 人受伤，17923 人失踪，地震严重破坏地区超过 10 万平方千米，其中包括极重灾区共 10 个县（市），较重灾区共 41 个县（市），一般灾区 186 个县（市）。这是唐山大地震之后伤亡最严重的一次地震。虽然“5·12”汶川特大地震摧毁了我们幸福的家园，但是在党的坚强领导下我们有效地应对了国际、国内的各种复杂形势与严峻挑战，使得以抗震精神为代表的民族精神得到了进一步的践行与升华。面对 8.0 级的“5·12”汶川特大地震，我们用理想凝聚力量、用信念铸就坚强、用真情凝结关爱，大力培育和弘扬了万众一心、众志成城，不畏艰险、百折不挠，以人为本、尊重科学的伟大抗震救灾精神。[①] 这种抗震救灾精神是民族精神在当代中国的集中体现和新的发展，为中华民族精神家园增添了新的瑰宝，进一步丰富和提升了以爱国主义为核心的民族精神和以改革创新为核心的时代精神，为全面建成小康社会、实现中华民族伟大复兴的“中国梦”提供了源源不断的动力支撑和精神力量。同时，抗震救灾精神是中华民族在非常状态下焕发的民族精神，作为一种观念形态的存在，它离不开中国特色社会主义经济、政治、文化、社会建设的具体实践，只有结合实践才能全面深刻地理解抗震救灾精神的内涵与实质。

伴随着 21 世纪全球化时代的到来，以美国为首的西方资本主义国家凭借经济、科技、文化、军事等方面的优势，采取“接触+遏制”的战略，妄图通过操控世界话语权，进而牢牢掌控国际意识形态领域的主导权。面对着西方资本主义国家在意识形态领域咄咄逼人的态势，我国党和政府始终坚持“一心一意谋发展”，从而为战胜各种自然灾害奠定了坚实的物质基础。“5·12”汶川特大地震发生之后，党和政府能够在最短时间内开展抗震救灾工作，并且举全国之力三年完成了地震灾后的恢复重建工作，充分展现了社会主义制度

① 胡锦涛．在抗震救灾先进基层党组织和优秀共产党员代表座谈会上的讲话［N］．人民日报，2018－07－01（2）．

的优越性，但归根结底源于中国改革开放三十年的积淀。[①] 只有结合抗震救灾精神产生的国内外背景与实践基础，才能更好地理解抗震救灾精神产生的原因。从国际背景来看，以美国为首的西方资本主义国家在全球范围内积极推销资本主义的意识形态、政治观点、思想观念、价值观念和文化方式，以期实现“西化”“分化”的“和平演变”战略图谋，达到颠覆社会主义的目的。从国内情况来看，随着我国社会主义市场经济体制的逐步建立和对外开放的全方位推进，社会经济成分、组织形式、就业方式、经济利益和分配形式日益多样化，从而导致“经济体制深刻变革，社会结构深刻变动，利益格局深刻调整，思想观念深刻变化”。我国经济社会“四个深刻”的变革使得“在物质产品极大丰富的背后，出现了人们精神家园的残缺，由此导致了社会道德的滑坡和各种非道德主义的泛滥，各种各样的拜金主义、利己主义、享乐主义和唯利是图充斥着社会，人的各种本能开始表面化并趋于合法化，人们对精神价值、终极关怀的人文关切被切近的利益所代替”[②]。面对全球化背景下国内外发生的重大变化，党中央高瞻远瞩地指出：“当今世界正在发生广泛而深刻的变化，当代中国正在发生广泛而深刻的变革。机遇前所未有，挑战也前所未有。”[③] 同样，在特大自然灾难面前如何更好地弘扬民族精神，也是机遇与挑战并存。

## 第一节　抗震救灾精神产生的国际背景

20 世纪东欧剧变以来，国际共产主义运动遭到了重大的挫折而陷入了“低潮期”，“资”强“社”弱的局势始终没有得到根本性的改变。抗震救灾精神的产生，是同世界格局的深刻调整紧密联系在一起的。所谓世界格局，是指拥有政治、经济、军事、科技、文化等强大的综合因素，能在不同程度上对世界产生重大影响的力量（国家）或力量中心（国家集团）的战略布局，及它们之间相互作用的结构性状态。[④] 冷战结束以后，世界格局变动剧烈、形势风云变幻，世界的主题转向了和平与发展。然而，随着经济全球化、世界多极化、文化多元化以及信息网络化的加速发展，资本主义与社会主义国家之间在意识形态领域的斗争表面上看似乎缓和了，实质上却以一种新的更加激烈的方式呈现在世人面前。世界格局的深刻调整，既给我国经济、政治、文化、社会、生态建设等各方面带来新的发展契机，又对中国特色社会主义意识形态提出了新的挑战。

### 一、经济全球化

经济全球化最早萌芽于 16 世纪欧洲的地理大发现，真正形成于资本主义大工业发展阶段，是与资本主义生产方式的产生和商品经济的发展紧密联系在一起的。对此，马克思

① 刘万强．汶川地震大救援展现中国改革开放 30 年积淀［EB/OL］．（2008－05－27）［2017－05－31］．http://news.qz828.com/system/2008/05/27/010067377.shtml.

② 童萍．文化民族性问题研究［M］．北京：人民出版社，2011：178.

③ 本书编写组．十七大报告辅导读本［M］．北京：人民出版社，2007：2.

④ 俞邃．世界多极化问题概说［J］．思想理论教育导刊，2008（2）：54－57.

在《资本论》中指出："资产阶级，由于开拓了世界市场，使一切国家的生产和消费都成为世界性的了。"[①] 由此可见，全球化打破了民族和国家之间的界限，有利于资本、劳动力、技术等生产要素在世界各国之间实现自由流动和优化配置，必将推动人类社会生产力发展达到一个较高的水平。第二次世界大战结束前后，伴随着第三次科技革命在世界范围内的蓬勃发展，世界经济开始朝着经济全球化的方向迈进。特别是 20 世纪 80 年代以来，随着工业时代向信息时代的巨变，世界经济真正进入全球化时代，成为未来经济发展的基本趋势和重要特征之一。经济全球化使得生产的社会化和国际化程度不断提高、社会分工和国际分工不断深化，世界各国、各地区的经济活动越来越超出一国和地区的范围，各个国家、地区和民族之间的交往空前频繁。对此，马克思早就指出："在现实中，意识的这个限制是同物质生产力的一定发展程度，因而是同财富的一定发展程度相适应的。"[②] 经济全球化的迅猛发展，为世界各国经济的交流与合作搭建了一个很好的平台。

虽然中国明朝中叶在东南沿海的若干手工业部门中就出现了较早的资本主义萌芽，但重农抑商的封建生产方式严重地制约了其商品经济的发展。改革开放以来，中国主动地参与到经济全球化的进程中，并使得"中国制造"遍布世界的各个角落，从而成为世界经济发展中不可或缺的一分子。中国作为世界上最大的发展中国家和第二大经济体，与世界各国经济的相互依存度已经达到了前所未有的水平，"经济全球化进程进一步提升了中国与世界其他国家在意识形态领域的互动速度和频率，从而使外部社会思潮对中国的影响更加迅速和深刻"[③]，思想和意识形态的交流、碰撞不可避免。但同时我们也要看到，以马克思主义理论为指导的意识形态和价值观念在以经济实力为后盾的西方文化的强力渗透下，逐渐失去了其原有的影响力和延续性。"西方国家借助经济全球化的背景推行'全球化'的过程正在加剧"[④]，它们通过经济全球化将其思想观念、政治观点、生活方式和社会心理等价值观作为载体对我国进行文化侵略和意识形态渗透，目的就是为了实现"新霸权主义"。由此可见，意识形态的功能是可以通过经济发挥作用的，经济全球化成为西方敌对势力对我国进行意识形态渗透的有利契机和重要渠道。

## 二、世界多极化

世界多极化是对世界战略格局多极化的简称，它是指一定时期内对国际关系有重要影响的国家和国家集团等基本政治力量相互作用并朝着多极格局发展的一种趋势，是对主要政治力量在全球实力分布状态的反映。第二次世界大战结束以后，世界政治舞台出现了以美国为霸主的西方势力和以苏联为盟主的社会主义阵营这两大集团严重对峙的局面。随着美国经济、军事实力的不断增长，其称霸世界的野心也日益膨胀，为了"遏制"共产主

---

① 中共中央马克思恩格斯列宁斯大林著作编译局．马克思恩格斯选集（第 1 卷）［M］．北京：人民出版社，1995：114.

② 中共中央马克思恩格斯列宁斯大林著作编译局．马克思恩格斯全集（第 46 卷）（下册）［M］．北京：人民出版社，1980：35.

③ 朱汉国．当代中国社会思潮研究［M］．北京：北京师范大学出版社，2012：46.

④ ［美］罗纳德·H 奇尔科特．批判的范式：帝国主义政治经济学［M］．北京：社会科学文献出版社，2001：213.

义，美国提出了冷战政策。20世纪80年代末90年代初，由于苏联的解体、东欧形势的剧变，美苏两个超级大国垄断国际政治的局面被打破，标志着世界格局向多极化方向发展。两极格局解体后，世界总体趋势逐步走向缓和，但是霸权主义和强权政治依然存在，天下并不太平，呈现出缓和与紧张、和平与动荡并存的局面。为了重返昔日的荣光与梦想，美国仍然在积极寻求世界霸主地位，无论是克林顿政府的“新干涉主义”，还是小布什政府的“单边主义”，以及奥巴马的重返亚太战略，其实质都是要组建以美国为主导的单极世界。当前，“两极格局”正在向“一超多强”的方向发展，但是一个新的相对稳定的世界格局迄今还没有完全定型。

早在20世纪80年代，邓小平就敏锐地觉察到了世界格局的重大调整与变革。对此，他在会见泰国总理差猜时明确指出：“过去两个超级大国主宰世界，现在情况变了。但是，强权政治在升级，少数几个西方发达国家想垄断世界，这点我们看得很清楚。”① 1990年3月，他又提出了“极”的概念，即“美苏垄断一切的情况正在变化。世界格局将来是三极也好，四极也好，五极也好，苏联总还是多极中的一个，不管它怎么削弱，甚至几个加盟共和国退出去。所谓多极，中国算是一极。中国不要贬低自己，怎么样也算一极”②。

自从邓小平提出了世界多极化的理论观点以来，我们党的历代中央领导人江泽民、胡锦涛、习近平等都积极倡导并弘扬世界多极化的思想，并结合各种外交实践进一步丰富和完善了其理论内涵，进而形成了一个相当完整的国际关系理论体系。同时，随着中国国际地位的不断攀升，世界多极化理论在国际社会得到了广泛传播，逐渐得到了欧洲和亚非拉许多国家领导人的认同和呼应。然而，作为世界上经济、科技、军事势力最强大的美国却在单极论者的鼓噪下妄图建立以美国为主导的单极世界，并在世界上到处以“人权”“民主”为名干涉他国内政，这必将进一步增强中华民族的凝聚力和向心力。

## 三、文化多元化

文化是民族的血脉，是维系民族的精神纽带。然而，文化又是一个具有丰富的外延与内涵的抽象概念。广义的文化是指人类在长期的历史发展中共同创造并赖以生存的物质和精神存在的综合；狭义的文化又称人文文化，是某一社会集体（民族或阶层）在长期历史发展中经传承累积而自然凝聚的共有的人文精神及其物质体现总体体系。③ 文化具有鲜明的民族性，它是通过某个民族的活动而表现出来的一种思维和行为模式，一种使该民族不同于其他民族的模式。④ 正是这种“民族性”，才使得文化的力量深深熔铸在每个民族成员的思想、意识、性格、情感和行为之中，具有物质力量难以匹敌的穿透力和持久力，进而形成一个民族强大的凝聚力、向心力和创造力。然而，随着全球化的加速发展，各个民族文化的交流与融合不断扩大，文化多元成为一种客观现实和历史趋势。根据《说文解字》的解释，“元，始也”，即为“物之本原”。“多元”则指多个“物之本原”的共存，即

① 邓小平．邓小平文选（第3卷）[M]．北京：人民出版社，1993：329.
② 邓小平．邓小平文选（第3卷）[M]．北京：人民出版社，1993：353.
③ 王宁．中国文化概论 [M]．长沙：湖南师范大学出版社，2000：5.
④ [美] 本尼迪克特．文化模式 [M]．张燕、傅铿，译．杭州：浙江人民出版社，1988：45—46.

具有原创性的、独立性的多个体系的共存。文化多元化不仅仅是指在全球范围内不同民族文化的共存共荣，而是在坚持社会主流文化的前提下，允许多种文化交织、兼容、发展的态势。[①] 如果拿费孝通先生的话来说，文化多元化就是“各美其美，美人之美，美美与共，天下大同”，这也是中国儒家思想中经常说的“和而不同”。

马克思主义认为，文化是一定社会经济与政治的反映，同时又对一定社会的经济和政治具有极大的反作用。我们党是用马克思主义科学理论武装起来的先进政党，在领导中国革命、建设和改革开放的过程中始终代表着先进文化的前进方向。党在诞生之初，以毛泽东同志为代表的中国共产党人就特别注重马克思主义文化的引入和建设，从而形成了民族的、科学的、大众的先进文化理念。毛泽东认为，社会主义新文化应该是成为扎根本土文化，吸收外来营养的“新鲜活泼的、为中国老百姓所喜闻乐见的具有中国作风和中国气派”[②] 的文化，具体说来“就是无产阶级领导的人民大众的反帝反封建的文化”[③]。改革开放以来，以邓小平、江泽民、胡锦涛和习近平同志为代表的中国共产党人立足于对外开放的客观实际，逐步形成了中国特色社会主义文化。面对全球化浪潮，邓小平积极构建了“面向现代化，面向世界，面向未来”[④] 的文化发展战略，主动融入世界文明发展的时代潮流。面对世情、国情、党情的重大变化，江泽民把“始终代表中国先进文化的前进方向”提高到社会发展的战略高度，促进了中国特色社会主义文化的大发展。面对新世纪新阶段的各种挑战，胡锦涛在党的十七届六中全会上提出了推动社会主义文化大发展大繁荣、努力建设社会主义文化强国的宏伟目标。党的十八大以来，习近平总书记高度重视中国特色社会主义文化建设，始终强调“没有先进文化的积极引领，没有人民精神世界的极大丰富，没有民族精神力量的不断增强，一个国家、一个民族不可能屹立于世界民族之林”[⑤]。由此可见，党的历代中央领导集体都高度重视先进文化建设，这必然同全球化背景下多元文化产生的碰撞与冲突有关。

## 四、信息网络化

自从 1976 年世界上诞生了第一台微型计算机以来，人类社会先后经历了以计算机发明、信息数据库建立、国际互联网形成等为显著标志的信息技术革命，逐步由工业社会迈入了信息社会。“信息社会”最早是由日本文明史论学者梅卓忠夫在 1963 年发表的《情报产业论》一文中提出，后经约翰·奈斯比特、阿尔温·托夫勒和丹尼尔·贝尔等未来学家们共同探讨而形成的一种对未来社会发展的设想和描述。1980 年，美国著名未来学家阿尔温·托夫勒撰写了一本名为《第三次浪潮》的书籍。在该书中，托夫勒把人类社会分为农业时代、工业时代和信息时代，并预言：“电脑网络的建立与普及将彻底地改变人类生存及生活的模式，而控制与掌握网络的人就是人类未来命运的主宰。谁掌握了信息，控制

① 杨雪英，朱凌云．论文化的多元化与高校思想政治教育［J］．中国高教研究，2006（6）：60－61.

② 毛泽东．毛泽东选集（第 2 卷）［M］．北京：人民出版社，1991：534.

③ 毛泽东．毛泽东选集（第 2 卷）［M］．北京：人民出版社，1991：698.

④ 邓小平．邓小平文选（第 3 卷）［M］．北京：人民出版社，1993：35.

⑤ 习近平．在文艺工作座谈会上的讲话［EB/OL］．（2014－10－14）［2017－04－12］．http://www.xinhuanet.com/politics/2015－10/14/c_111682558.htm.

了网络，谁就将拥有整个世界。”[①] 在信息时代，信息的掌控与传播是同网络紧密联系在一起的。“网络”本义是指纵横交错而形成的组织或系统，或者说是像网一样的“关联系统”，把整个互联网整合成一台巨大的超级计算机，实现计算资源、存储资源、数据资源、信息资源、知识资源、专家资源的全面共享。信息网络化就是指将不同地理位置，具有独立功能的多台计算机、终端及附属设备用通信链路连接，以实现人类一切文明成果更快更便捷的传递和资源共享。由于信息网络化具有全球性、开放性、自主性、虚拟性、多元性等特征，它既能以先进的网络技术广泛及时地采集信息、处理信息和提供信息，又能在全球范围内以最快的速度、更低的费用传递信息。

互联网络的诞生是20世纪人类社会最伟大的发明，它的出现缩短了人与人之间的空间距离和时间限制，使得信息传播突破了国家和地域疆界的束缚而成为一个“地球村”，深刻地影响着人们的价值观念、思维模式、工作方式、生活习惯和思想行为。互联网络由于具有信息量大、更新及时、覆盖面广、传播迅速、功能全面、成本低廉等优势，开始被越来越多的民众所接受而成为其生活的一个重要组成部分。改革开放以来，互联网络在我国得到迅猛的发展，从最初少部分人拥有“奔腾”电脑，再到微博、微信、论坛、搜索引擎、电子邮件、社交网站、网络金融、电子商务、“互联网+”等各种应用的蓬勃发展，不仅在信息传播领域逐步占据主导地位，而且深刻地改变着我国社会的各个领域。根据2017年8月4日中国互联网络信息中心（CNNIC）发布的第40次《中国互联网络发展状况统计报告》显示，截至2017年6月，中国网民规模达到7.51亿，占全球网民总数的五分之一。互联网普及率为54.3%，超过全球平均水平4.6个百分点。[②] 近年来，虽然我国的网民规模、互联网普及率都呈现不断攀升的趋势，但是以美国为首的西方发达国家却凭借其网络主控优势，加大了对我国意识形态的攻击、渗透和破坏。一方面，鉴于国际互联网运行和发展的命脉是根服务器以及域名体系，为此由美国政府授权、实际由美国操纵的ICANN负责全球互联网根服务器、域名体系和IP地址等的统一管理。[③] 另一方面，西方也垄断了全球网络语言信息传播权。目前，全世界互联网上的英文信息占到80%以上，中文信息占不到5%……尽管全世界大约有20000种语言，但微软发布的软件语言只有64种。[④] 由于网络是信息传播的重要渠道，信息网络化必然会对我国主流意识形态的各方面产生重大的影响与冲击。

① 阿尔温·托夫勒. 第三次浪潮［M］. 黄明坚，译. 北京：中信出版社，2006：128.

② 数字技术助推经济社会转型——CNNIC第40次《中国互联网络发展状况统计报告》摘要［J］. 网络传播，2017（8）：81－86.

③ 徐铁光. 西方的网络强势话语权与国际网络正义［J］. 湖南科技大学学报（社会科学版），2011（3）：44－46.

④ 杨立英，曾盛聪. 全球化、网络化境遇与社会主义意识形态建设研究［M］. 北京：人民出版社，2006：118.

## 第二节 抗震救灾精神产生的国内背景

苏联解体、东欧剧变以来，以美国为首的西方资本主义国家凭借其经济、科技、文化和军事等方面的优势，利用各种手段继续对社会主义国家实施“西化”“分化”的“和平演变”战略。中国作为当今世界上最大的社会主义国家，一直以来都是西方资本主义国家实施“和平演变”战略遏制的对象。为了达到“不战而屈人之兵”之目的，西方资本主义国家充分利用我国当前正处于社会转型的时机，通过积极宣扬私有制，鼓吹自由经济，妄图否定社会主义公有制的合理性；通过宣传多党制、议会制和三权分立制，努力渲染西方政治制度的优越性和不可超越性；通过宣扬西方“民主”“自由”“平等”“人权”等所谓的“普世价值”，妄图动摇马克思主义在意识形态领域的指导地位。为了更好地应对西方资本主义世界对我国社会主义经济、政治和文化等方面的威胁与挑战，1992 年党的十四大报告确立了邓小平提出的建设有中国特色的社会主义理论在全党的指导地位，并提出了建立社会主义市场经济体制的改革目标。经过历届中央领导集体的艰辛努力与共同奋斗，中国特色社会主义建设事业取得了举世瞩目的辉煌成就，实现了经济的持续快速增长，推进了政治的民主法制化进程以及促进了文化的大繁荣大发展。2017 年党的十九大报告进一步提出，全党上下要“不忘初心，牢记使命，高举中国特色社会主义伟大旗帜，决胜全面建成小康社会，夺取新时代中国特色社会主义伟大胜利，为实现中华民族伟大复兴的中国梦不懈奋斗”①。这是中国共产党人在新时代向全世界人民发出的“宣言书”，是团结海内外中华儿女为实现中华民族伟大复兴的“航标灯”，更是中华民族决胜全面建成小康社会的动员令，必将为我国以抗震救灾精神为代表的民族精神宝库增添更多的宝贵精神财富。

### 一、我国经济快速增长

党的十一届三中全会以后，中国共产党历届中央领导集体从和平与发展的时代主题出发，逐步突破封闭僵化的计划经济体制和传统社会主义模式的束缚，始终坚持以经济建设为中心，不断深化改革，把建立和完善社会主义市场经济体制作为经济改革的方向和目标，极大地激发和调动了人们的积极性、创造性。经过 40 年的改革开放，我国经济始终保持着中高速增长态势，并于 2009 年和 2010 年分别超越德国和日本，成为世界第一大商品出口国和全球第二大经济体，创造了被誉为“中国奇迹”的辉煌成就，从而极大地推进了中国特色社会主义事业的蓬勃发展。根据 2018 年国家统计局公布的最新经济数据，

---

① 习近平. 决胜全面建成小康社会 夺取新时代中国特色社会主义伟大胜利——在中国共产党第十九次全国代表大会上的报告 [N]. 人民日报，2017-10-28 (1).

2017年全年国内生产总值827122亿元，按可比价格计算，比上年增长6.9%[①]，同时在1978年国内生产总值3678.7亿元的基础上增长将近225倍；人均国内生产总值则从1978年的155美元的基础上增加到2017年的8582.94美元，而人均GDP总量则从全球倒数几位增长到全世界排名74位，开始迈入中等收入国家行列；贫困人口从1978年的7.7亿减少到2017年4000万左右，并朝着共同富裕的方向稳步前进。另外，根据世界银行的数据资料统计，若以购买力平价指标来衡量，中国的国民总收入（GNI）从2014年起就超过美国，位居世界第一。这一切事实都充分地表明，中国人民在中国共产党的领导下成功地开辟了一条适合中国国情的中国特色社会主义道路，其变革之广、影响之深、成果之大，不仅关乎着我国全面建成小康社会目标的实现，而且还在很大程度上影响着世界经济未来的发展与走向，从而为以抗震救灾精神为代表的民族精神的弘扬提供了坚实的物质基础。

### （一）改革开放推动了从计划经济向市场经济的转变

1949年新中国成立以后，在“苏联模式”的影响下，建立了高度集中的计划经济体制，形成了全民所有制和集体所有制等公有制占绝对统治地位的所有制结构。然而，这种完全否定商品价值规律和过早取消商品经济的计划经济模式不但没有促进我国社会生产力的发展，反而成为我国社会生产力进一步发展的阻碍因素。1978年12月，党的十一届三中全会在“解放思想、实事求是”的指引下，逐渐抛弃了“以阶级斗争为纲”的错误思想，进而把党和国家的工作中心转移到经济建设上来，按照“以公有制为主体、多种所有制经济共同发展”的方针，积极鼓励大力发展个体、私营、外资等非公有制经济，逐步实现了从计划经济向市场经济的转变。1984年10月，党的十二届三中全会通过了《中共中央关于经济体制改革的决定》，提出社会主义经济是以公有制为基础的有计划的商品经济。1992年，党的十四大明确提出了建立社会主义市场经济体制的改革目标，极大地激发了人们的创造活力和发展热情。1993年，党的十四届三中全会通过了《中共中央关于建立社会主义市场经济体制若干问题的决定》，明确提出了构建社会主义市场经济体制基本框架的五个方面，即“建立产权清晰、权责明确、政企分开、管理科学的现代企业制度；建立全国统一开放的市场体系；建立以间接手段为主的完善的宏观调控体系；建立以按劳分配为主体的收入分配制度，鼓励一部分地区一部分人先富起来，走共同富裕的道路；建立多层次的社会保障制度”[②]。2003年，党的十六届三中全会则提出了完善社会主义市场经济体制的战略任务，即要求以完善社会主义市场经济体制为目标，坚持以人为本，树立全面、协调、可持续的发展观，促进经济社会和人的全面发展。2017年，党的十九大报告进一步强调要加快完善社会主义市场经济体制，要求“经济体制改革必须以完善产权制度和要素市场化配置为重点，实现产权有效激励、要素自由流动、价格反应灵活、竞争公平有序、企业优胜劣汰”[③]，从而更好地发挥市场在资源配置中的决定作用，最终促进社会生产力更好更快地发展。

---

① 王恩博．2017年国内生产总值达827122亿元 比上年增长6.9%［EB/OL］．（2018-01-18）［2017-05-31］．http://news.163.com/18/0118/15/D8EMFERS00018AOQ.html.

② 中共中央关于建立社会主义市场经济体制若干问题的决定［J］．党的建议，1994（1）：5-13.

③ 习近平．决胜全面建成小康社会 夺取新时代中国特色社会主义伟大胜利——在中国共产党第十九次全国代表大会上的报告［N］．人民日报，2017-10-28（1）.

### （二）改革开放推动了我国全方位开放

1949年新中国成立以来，由于我国一开始便处于资本主义和社会主义两大阵营对立的世界格局之中，加上长期受到“以阶级斗争为纲”和“宁要社会主义草、不要资本主义苗”等“左倾”思想的影响，国家的发展始终处于封闭和禁锢的状态。1978年党的十一届三中全会通过关于真理标准问题的大讨论，从思想理论上否定了“两个凡是”，打破了传统教条式的理论禁锢，恢复了实事求是的马克思主义思想路线，进而提出了改革开放的发展战略。1979年初，中共中央批准广东、福建两省对外经济活动实行特殊政策和灵活措施，并于1980年将深圳、珠海、汕头、厦门设立为经济特区，按照市场规律进行改革探索。1984年，国务院决定开放大连、秦皇岛、天津、上海、宁波、温州、福州、广州等14个沿海港口城市。1985年，中共中央决定在长江三角洲、珠江三角洲、闽南三角区、环渤海地区开辟沿海经济开放区。1988年，中共中央批准海南成为经济特区，这是我国唯一以省为单位的经济特区。1990年，中共中央推进形成了以上海浦东为龙头的长江流域开放带，逐步形成了由南到北、由东到西层层推进的宽领域、多层次、有重点、点线面结合的全方位对外开放格局。通过大力实施改革开放的发展战略，为社会主义现代化建设事业引进了大量的国外资金、技术和先进管理经验，有力地推动了我国社会生产力的发展水平。

经过30多年的改革开放，我国的主要工农业产品产量开始领先全球，并于2014年超越美国成为世界第一制造业大国。在农业领域，粮食、蔬菜、肉类、禽类、水果等多种农产品产量均位居世界第一；在工业领域，煤炭、钢铁、造船、汽车、化肥、彩电、手机等200多种工业品产量位居世界第一。同时，我国对外开放的力度也迈上了一个新台阶，货物贸易进出口总额、实际利用外资总额和外汇储备余额都已经进入世界前列。据相关资料统计显示，我国货物贸易进出口总额由1978年的355亿元增至2016年的24.33万亿元，并从2013年开始跃居成为世界货物贸易第一大国；我国的实际利用外资额从1983年的9.2亿美元增至2016年的1260亿美元，并从2014年起超过美国成为全球吸收外资第一大国；我国的外汇储备余额从1978年的1.67亿美元增至2017年末的31399亿美元，并从2010年起一直位居世界第一。

### （三）改革开放推动我国的综合国力迈上了新台阶

随着世界经济格局的重大调整与变革，我国逐渐从世界经济发展进程中的“追随者”向“引领者”的角色转变。当前，我国经济总量已经稳居世界第二，并且与经济总量位居第一的美国的差距在逐年缩小。一方面，我国紧紧抓住新一轮新科技革命的契机，加快了经济结构的持续升级和优化。改革开放以来，我国实现了由工业为主导的产业体系逐步转变为由服务业主导的现代产业体系，使得与现代服务业紧密联系的移动互联网络、电子商务、物流快递等新业态迅速发展，大数据、云计算、物联网等配套技术和生产方式开始得到大规模应用，并且成为该领域的开拓者与领跑者。当前我国网络购物的迅速崛起以及银联支付、支付宝支付、微信支付等“无纸币化”的快速发展，都标志着我国在网络经济、电子商务、移动支付等领域处于领先者的地位。另外，我国也加快了产业结构的升级换代，开始从低端产业领域向中高端产业领域发展。一些重大科技工程获得了新的突破，如超级计算机、载人航天、探月工程、北斗导航、量子通信、高速铁路、航空母舰、民用飞机等领域都拥有世界领先的技术；一大批中国企业逐渐入围《财富》世界500强，成为“中国制造”的杰出代表，如海尔、格力、华为、小米等已经成为国际化品牌。另一方面，我国开始从世界经济发展进程中的被动的“追随者”逐渐向主动的“引领者”转变。改革开放之初，由于我国经济实力有限、话语权不足，在国际经济组织中的参与度较低，在世界经济发展进程中只能处于被动的“追随者”的地位。然而，随着我国经济总量在世界经济份额中所占比重不断增大、出口份额逐年攀升，我国开始成为世界经济发展进程中的主动“引领者”。我国积极主动地加入世贸组织，主持成立博鳌亚洲论坛和上海合作组织，先后与东盟和多国签订了自由贸易协定，从而在世界经济中的影响力与日俱增。面对2008年美国次贷危机以来世界经济增长乏力、贸易保护主义抬头的形势，以习近平同志为核心的党中央及时提出“一带一路”倡议，积极推动亚欧大陆一体化和海洋新秩序的建立，努力与沿线各国共同打造政治互信、经济融合、文化包容的利益共同体、责任共同体和命运共同体，充分展现了中国开放、包容、负责的大国形象，得到了世界上越来越多国家的赞同与支持。

### （四）改革开放推动了人民生活奔向小康

改革开放40年以来，我们党始终坚持以人民中心为导向和以经济建设为中心，团结带领中国人民进行了一场广泛而深刻的伟大革命，社会生产力得到极大解放，社会财富得到迅速增长，人民生活得到逐步改善，有力地推动了人民生活转向全面小康。如果社会生产力水平提高了，但是广大人民群众的生活质量水平却长期处于较低的状态，那么中国共产党就不会得到广大人民群众的衷心拥护与广泛支持。因而，中国共产党不仅高度重视整个社会经济的发展水平，而且还高度重视人民群众对社会发展成果的共享程度，不断提高人民群众的生活质量水平。据相关资料统计显示，经过40年的快速发展，我国经济年均增速高达9%左右，人均GDP由1978年的381元跃升到2016年的55412元，增长了145.43倍；城镇居民人均可支配收入由1978年的343元跃升到2016年的33616元，增长了98倍；农村居民人均可支配收入从1978年的134元提高到2016年的12363元，增加了92.26倍。城乡居民家庭的恩格尔系数分别从1978年的57.5%与67.7%下降到2016年的29.3%与32.2%，充分反映了城乡居民家庭消费结构从满足于吃饱穿暖的温饱型逐步向更加注重个性和享受的小康型转变。同时，40年的改革开放全面推进了我国教育、医疗、脱贫和社会保障等各项社会事业的全面发展与进步。在科教兴国战略思想的指引下，我国采取了优先发展教育的政策措施，使得全体社会成员平均受教育年限逐年提高，2016年我国高中教育毛入学率和大学教育毛入学率分别提高至87.5%和42.7%，已接近或达到我国高中阶段和大学阶段2020年的目标（分别为90%和40%）。随着我国医疗卫生水平的不断提高，城乡居民预期寿命也从1981的67.8岁提高到了2015年的76.34岁，各类健康指标已居发展中国家前列。为了实现共同富裕的发展目标，我国开展了人类历史上规模最大的脱贫行动，“30多年间，中国累计减少贫困人口7亿多，几乎相当于美国、俄罗斯、日本、德国四国人口的总和，贫困发生率下降到5.7%，成为世界上率先完成联合国千年发展目标的国家"[①]。为了更好地保证社会主义市场经济的健康发展，我国逐渐建立起了全国统一的城乡居民基本养老保险制度，基本实行了全民医疗保险制度，从而使得改革的成果更多地惠及广大人民群众。

## 二、我国政治和谐稳定

从1919年五四运动以来，以马克思主义作为根本指导思想的中国共产党人就开始把追求民族的独立和解放，进而实现和发展民主政治作为自己不懈努力的奋斗目标。1949年在推翻腐朽专制的国民党统治以后，以毛泽东为代表的第一代中央领导集体建立了新型的人民民主政治制度，为发展社会主义民主政治进行了积极的探索。在将近30年的社会主义政治实践中，既有成功的经验，也有沉痛的教训。改革开放之初，以邓小平为代表的第二代中央领导集体开始对传统社会主义政治发展模式进行了深刻的反思和总结，并果断地停止了"以阶级斗争为纲"的错误政治路线，着力于不断推进政治体制改革和法治建设进程，努力实现国家治理现代化和社会主义政治民主化。对此，邓小平提出了"没有民主就没有社会主义，就没有社会主义的现代化"[②] 的著名论断，进一步强调了消除政治权力高度集中的紧迫性和推进社会主义政治民主化的必要性。经过改革开放40年的艰辛探索和不懈努力之后，我国终于走出了一条坚持和完善人民代表大会制度、中国共产党领导的多党合作和政治协商制度、民族区域自治制度、基层群众自治制度的中国特色社会主义政治发展道路，为我国经济、社会、文化和生态等方面的建设提供了强有力的政治支撑，成功地实现了我国政治与社会的长期和谐稳定。正如党的十九大报告指出的，通过积极发展社会主义民主政治，推进全面依法治国，党的领导、人民当家做主、依法治国有机统一的制度建设全面加强，党的领导体制机制不断完善，社会主义民主不断发展，党内民主更加广泛[③]，从而在世界范围内树立起了一面中国特色社会主义民主政治成功发展的独特旗帜，有力地促进了以抗震救灾精神为代表的民族精神的弘扬与发展。

### （一）改革开放加快了从管理到治理的转型

新中国成立以来，我国的社会管理模式从无到有、从初步形成到体系成熟，走过了一条艰辛的探索之路。新中国成立之初，为了更好地满足计划经济体制下社会管理的需要，我国在广袤的城镇与农村建立了"单位制"与"户籍制"并存的城乡二元管理格局。1958年1月9日，全国人大常委会第91次会议通过了《中华人民共和国户口登记条例》，以国家法律的形式确立在全国实行户籍管理制度。这种由国家或政府主导，通过其延伸部门（城市中的机关企事业单位、农村中的各级生产合作组织）直接管理社会成员的行政全能主义管理模式，有利于恢复和发展经济生产，促进社会秩序重构与稳定以及确保广大人民群众的基本生活。然而，这种城乡分割的"二元户籍制度"严重地制约了商品经济的发

① 中华人民共和国国务院新闻办公室. 发展权：中国的理念、实践与贡献［N］. 人民日报，2012-12-02（2）.

② 邓小平. 邓小平文选（第2卷）［M］. 北京：人民出版社，1994：168.

③ 习近平. 决胜全面建成小康社会　夺取新时代中国特色社会主义伟大胜利——在中国共产党第十九次全国代表大会上的报告［N］. 人民日报，2017-10-28（1）.

展，显然与大力发展社会主义市场经济的改革初衷相违背。为此，从20世纪80年代初开始，我国就围绕以构建“小政府、大社会”格局为主线，以建设“服务型政府”为目标的行政体制改革。面对我国社会管理处于发展“快车道”与转型“十字路口”的客观现实，从世纪之交开始，党和国家领导人就把社会管理体制改革与创新提到了前所未有的地位。“加强社会建设与管理”“创新社会管理体制”及“加强与创新社会管理体制机制”等字眼在党和政府的多项文件中被多次提及，充分地反映了中国决策层对社会管理的重视程度。2002年，党的十六大报告明确将社会管理列为政府的四项职能之一。2007年，党的十七大报告提出“要健全党委领导、政府负责、社会协同、公众参与的社会管理格局，健全基层社会管理体制”①。2012年11月，党的十八大报告更是站在新的历史高度，提出要“围绕构建中国特色社会主义社会管理体系，加快形成党委领导、政府负责、社会协同、公众参与、法治保障的社会管理体制”②。2013年11月，党的十八届三中全会用“社会治理”代替了“社会管理”，既体现了党推进国家治理体系和治理能力现代化的重大战略抉择，又反映了党对新时期执政规律和社会规律的深刻把握。2014年10月，党的十八届四中全会提出了“坚持系统治理、依法治理、综合治理、源头治理”③ 的“四原则”。2015年11月，党的十八届五中全会又提出“建设平安中国”“推进社会治理精细化”的要求。2017年，党的十九大报告则进一步强调要“打造共建共治共享的社会治理格局”④。从“社会管理”转变为“社会治理”，反映了我国在治理主体、治理方式、治理领域、治理重点等方面的显著变化，集中体现了以习近平同志为核心的党中央洞悉未来社会发展总趋势的远见卓识，标志着中国共产党治国执政理念的重大战略转型。

### （二）改革开放提升了党的领导水平

从1921年党的一大召开以来，中国共产党就始终在中国革命、建设和改革开放过程中处于领导核心地位。无数事实证明，党兴则事业兴，党强则国家强。在建设中国特色社会主义伟大事业的过程中，中国共产党已经无可争议地成为我国各项事业的领导核心和领导力量。相关统计资料显示，截至2016年12月31日，中国共产党党员总数为8944.7万名，党的基层组织为451.8万个。⑤ 面对这样一组庞大的数字，中国共产党只有通过不断加强和改善党的领导，努力打造一个集学习型、服务型、创新型为一体的新型政党，才能在社会治理过程中始终做到科学执政、民主执政和依法执政，从而更好地推进国家治理现代化。经过改革开放40年的发展，中国共产党在思想建设、组织建设、作风建设、制度建设和反腐倡廉等方面都取得了诸多显著的成效。

#### 1. 思想建设成果

中国共产党历来是一个高度重视理论建设和理论指导的政党，始终强调理论必须同实

① 胡锦涛. 高举中国特色社会主义伟大旗帜　为夺取全面建设小康社会新胜利而奋斗［N］. 人民日报，2007-10-25 (1).

② 胡锦涛. 坚定不移沿着中国特色社会主义道路前进　为全面建成小康社会而奋斗［N］. 人民日报，2012-11-18 (1).

③ 中共中央关于全面推进依法治国若干重大问题的决定［N］. 人民日报，2014-10-29 (1).

④ 习近平. 决胜全面建成小康社会　夺取新时代中国特色社会主义伟大胜利——在中国共产党第十九次全国代表大会上的报告［N］. 人民日报，2017-10-28 (1).

⑤ 盛若蔚. 中国共产党党员结构持续优化　基层党组织功能不断强化［N］. 人民日报，2017-07-01 (4).

践相统一，从而实现了马克思主义中国化的两次历史性飞跃，产生了以毛泽东思想和中国特色社会主义理论体系为代表的两大理论成果，为中国特色社会主义建设事业提供了坚实的理论指导。

2. 组织建设成果

组织建设是党整合和发挥组织力量的源泉，中国共产党是一个在几万万人的大民族中领导伟大革命斗争的党，没有多数才德兼备的干部，是不能完成其历史任务的。[①] 改革开放以来，我们党建立健全了干部退休制度、公务员制度、干部选拔任用制度，优化了党的领导体制、党员干部结构、党员队伍结构，从顶层设计和政策支持方面为现代化建设提供了优质的智囊团和人才库，进而提高了党的领导能力和执政能力。

3. 作风建设成果

中国共产党非常重视党的作风建设，新民主主义革命时期形成了理论和实践相结合的作风，和人民群众紧密地联系在一起的作用以及自我批评的作风[②]，产生了深远而广泛的影响。改革开放以来，特别是党的十八大以来，我们党坚决遏制“形式主义、官僚主义、享乐主义和奢靡之风”，为社会主义现代化建设事业塑造了良好的行为规范、政治氛围和社会风气。

4. 制度建设成果

针对十年“文化大革命”造成的失误，我们党在十一届三中全会后高度重视制度建设问题，对党的民主集中制、干部领导制度、党务公开制度、巡视制度及各项具体制度进行了明确规定，避免了因领导人变更导致的政治混乱，增强了各项制度的科学性、民主性、合法性。

5. 反腐倡廉成果

我们党历来高度重视反腐倡廉工作，特别是党的十八大以来，以习近平同志为核心的党中央既打“老虎”又拍“苍蝇”的铁腕反腐取得了显著的成效，使得“不敢腐”“不能腐”“不想腐”成为我国新的政治生态。

### （三）改革开放促进了民主政治权利的发展

我国是人民民主专政的社会主义国家，民主政治建设既是我国政治制度价值理念的本质内核，又是考量我们党执政成效的重要指标。早在1945年的延安时期，毛泽东同民主人士黄炎培在延安窑洞畅谈如何跳出历史兴亡周期律时就曾指出：“我们已经找到新路，我们能跳出这个历史周期律。这条新路，就是民主。只有让人民来监督政府，政府才不敢松懈。只有人人起来负责，才不会人亡政息。”[③] 改革开放以后，为了防范再度出现像“文化大革命”那样的错误，邓小平特别强调：我们评价一个国家的政治体制、政治结构和政策是否正确，关键看三条：第一是看国家的政局是否稳定；第二是看能否增进人民的

---

① 中央档案馆. 中共中央文件选集（1936—1938）[M]. 北京：人民出版社，1991：648.

② 毛泽东. 毛泽东选集（第3卷）[M]. 北京：人民出版社，1991：1093-1094.

③ 黄炎培. 八十年来 [M]. 北京：文史资料出版社，1982：149.

团结，改善人民的生活水平；第三是看生产力能否得到持续发展。[①] 为此，要更好地获得本国最广大人民群众的拥护与支持，就必须保证全体人民真正享有通过各种有效形式管理国家，特别是管理基层地方政权和各项企业事业的权利，享有各项公民权利。[②] 为此，我们党以马克思主义民主政治理论为指导，围绕"人民民主专政"这一核心，逐步建立起了具有鲜明中国特色的人民代表大会制度、共产党领导下的多党合作与政治协商制度、民族区域自治制度和基层民主制度等民主政治基本架构，为真正实现"权为民所有""权为民所赋""权为民所谋"和"权为民所用"提供了重要的制度保障。一方面，充分发挥人民当家做主的积极作用和行使参政议政的民主权利。人民代表大会制度作为我国的根本政治制度，能够真正地体现"人民民主专政"的国家性质和实现人民当家做主的愿望；中国共产党领导的多党合作和政治协商制度通过吸纳各方意见与建议，能够更好地保证社会各阶层人民通过协商民主等形式行使参政议政的民主权利；民族区域自治制度作为我国的一项基本政治制度，能够保证各民族人民实现平等、团结、互助、和谐的社会主义新型民族关系。另一方面，充分调动公众参与的积极性，不断健全完善基层民主制度。调动公众参与的积极性，既是现代社会发展民主政治的必然要求，又是人民当家做主最主要的实现形式。当前，我国已经建立了以村民委员会、居民委员会和企业职工代表大会为主要内容的基层民主自治体系。为此，我国通过完善村务公开、居务公开、厂务公开等公开制度，依法保障公民的知情权、参与权、表达权和监督权，充分地调动和激发了各方面的积极性，从而使得公民有序参与政治的渠道日益增多，民主的实现形式更加丰富，真正地保证和促进了人民民主权利的有效行使，进而构成了当代我国最为直接、最为广泛的民主政治实践。

### （四）改革开放推动了国家制理的法治化

"人存则政举，人亡则政息"的历史经验教训告诉我们，法治兴则国家兴，法治衰则国家乱。面对"文化大革命"十年浩劫所造成的深重灾难，邓小平在总结此前执政方式的惨痛教训时指出："为了保障人民民主，必须加强法制。必须使民主制度化、法律化，使这种制度和法律不因领导人的改变而改变，不因领导人的看法和注意力的改变而改变。"[③] 这使我们党在依法执政的方向上迈出了最关键的一步。1982 年，我国制定了新的宪法，新宪法明确规定，全国各族人民和一切组织都必须以宪法为根本的活动准则，任何组织或个人都不得有超越宪法和法律的特权。这为反对政治上搞个人崇拜，进而恢复党的民主集中制，破除领导干部终身制以及建立和完善干部选拔、任命、监督制度等提供了重要的法律依据。1997 年，党的十五大提出"依法治国"的基本方略，进一步促使了社会主义法律体系的不断健全和完善。据相关资料统计，截至 2011 年 8 月底，中国已制定现行宪法和有效法律共 240 部、行政法规 706 部、地方性法规 8600 多部。[④] 2002 年，党的十六大报告首次提出"坚持依法执政"，并将依法治国写入了党章。2004 年，党的十六届四中全

① 邓小平．邓小平文选（第 3 卷）[M]．北京：人民出版社，1993：213.

② 邓小平．邓小平文选（第 2 卷）[M]．北京：人民出版社，1994：322.

③ 邓小平．邓小平文选（第 2 卷）[M]．北京：人民出版社，1994：146.

④ 中华人民共和国国务院新闻办公室．中国特色社会主义法律体系 [EB/OL]．(2011－10－27) [2017－05－31]．http://www.gov.cn/jrzg/2011－10/27/content_1979498.htm.

会作出的《关于加强党的执政能力建设的决定》明确指出：依法执政是新的历史条件下党执政的一个基本方式。这标志着在新的历史条件下我们党在执政方式上的一次重大转变，是我们党执政理念迈向法治的一个重要里程碑。2012年，党的十八大进一步强调，依法治国是党领导人民治理国家的基本方略，法治是治国理政的基本方式。2013年，党的十八届三中全会则提出，法治中国“必须坚持依法治国、依法执政、依法行政共同推进，坚持法治国家、法治政府、法治社会一体建设”的思想。随着“法治中国”建设的不断深化，我国高度重视司法权、检察权的独立性，进一步完善了我国法制体系和法律制度，加强了司法队伍建设，逐步建立和健全了公开审判制度、人民陪审员制度、律师制度、公证制度等，从而使得我国各级党委、政府和公民等政治主体的法制意识和法治观念得到不断增强，有力推进了我国政治文明发展。

## 三、主流文化面临挑战

以美国为首的西方资本主义国家利用经济全球化进程中的主导地位优势，试图将“经济强势”转化成为“文化强势”，使其意识形态在更广阔的区域得到更广泛的认可，进而夯实其“新霸权主义”的意识形态基础。对于这种企图，马克思早在一百多年前就曾指出，资产阶级“按照自己的面貌为自己创造出一个世界……它使未开化和半开化的国家从属于文明的国家，使农民的民族从属于资产阶级的民族，使东方从属于西方”①。党的十八大以来，全党上下紧紧围绕“四个全面”的战略布局，牢固树立创新、协调、绿色、开放、共享的发展理念，统筹推进经济、政治、文化、社会、生态文明五位一体的全面建设，使得社会主义现代化建设事业取得了举世瞩目的成就。然而，我们必须清醒地认识到，西方资本主义实施的“和平演变”战略，必将对我国以抗震救灾精神为代表的民族精神产生诸多影响与挑战。

### （一）马克思主义理论受到质疑

自1848年2月《共产党宣言》发表以来，马克思主义理论就成为全世界无产阶级的科学理论基础和根本指导思想，为国际共产主义运动做出了巨大贡献。然而，由于马克思主义理论公开声明为无产阶级和人民大众的根本利益服务，因而自它诞生以来，西方资本主义社会对其科学性的质疑与批判就一直没有消停过。特别是苏联解体、东欧剧变以后，西方资本主义社会的政府、学者和媒体更是不遗余力地大肆散布“马克思主义过时论”“意识形态终结论”“社会主义失败论”“共产主义渺茫论”等歪曲言论，使得马克思主义理论的科学性受到严重质疑，话语权遭受到巨大冲击。一方面，西方资本主义国家利用自己掌控世界话语霸权的优势，加大了对我国意识形态领域话语权的争夺。在全球化的背景下，西方资本主义国家始终没有放弃其“话语霸权”对我国马克思主义意识形态话语空间的挤压和遏制。比如，为了进一步否定马克思主义在我国意识形态领域的指导地位，以弗朗西斯·福山、塞缪尔·亨廷顿为主要代表的西方学者提出了意识形态终结的论调，强调

① 中共中央马克思恩格斯列宁斯大林著作编译局. 马克思恩格斯文集（第2卷）［M］. 北京：人民出版社，2009：36.

只有资本主义“自由民主社会”才是人类社会的最终形态，进而将自身的意识形态视为“普世价值”。这种“意识形态终结论”的本质就是通过否定马克思主义理论对我国意识形态的指导，进而用资本主义的民主、自由、宪政等思想观念来抢占马克思主义意识形态话语权的空间。正如美国前总统尼克松所说的：“如果我们在意识形态斗争中打了败仗，我们所有的武器、条约、贸易、外援和文化关系都将毫无意义。”① 另一方面，西方资本主义国家对马克思主义理论的质疑与诋毁，使得马克思主义意识形态话语权的凝聚力进一步弱化。当前，我国正处于“从传统的计划经济向市场经济转型，从传统的威权政治向现代民主法制社会转型”② 时期，因此“人们思想活动的独立性、选择性、多样性和差异性进一步增强”③，从而使得不同阶层和不同利益群体的价值取向和利益诉求产生明显的差异，部分群体对马克思主义意识形态采取不认同、不信仰的姿态，这在很大程度上制约了马克思主义意识形态话语权凝聚力的实现。各种指责与污蔑，必然会影响马克思主义理论在我国民众心目中的地位，进而制约我国民族精神的培育与弘扬。

### （二）我国意识形态话语权面临挑战

坚持和维护马克思主义意识形态话语权是时代赋予我们的历史使命，它直接关系到我们党“举什么旗、走什么路”的重大政治问题。历史充分地证明，一个政党夺取政权往往是从争夺主流意识形态话语权开始的，而失去政权则是以主流意识形态话语权的丧失为标志的。当前，我国意识形态话语权面临着诸多挑战。我国意识形态话语权面临着西方国家对我国主流意识形态话语权的争夺。随着我国社会主义市场经济发展过程中竞争的加剧，各个市场利益主体开始出现细化并逐步趋于多元化，西方资本主义社会的政治思想、价值观念、生活方式却得到了一些人的赞扬与吹捧，从而进一步加剧了西方国家对我国主流意识形态话语权的争夺。进入 21 世纪以来，互联网络的迅猛发展深刻地改变了人们的生活方式和交往方式，同时也为社会舆论的交锋和意识形态的斗争搭建起了一个崭新的平台。我们需要借助网络传播来积极宣传马克思主义的政治观点、道德观念和价值取向，进而牢牢地把握住我国意识形态领域的话语主导权。然而，“在国际传播中，传播的信息总是倾向于服务本国或本区域的政治、经济利益，这样必然形成以少数发达国家语言、思想、文化为核心的全球传播体系，其他国家只能处于‘边缘化’或‘半边缘化’的状态”④。由于西方国家主流媒体掌控着信息传播的主控权和话语优势，必然会对我国马克思主义意识形态话语权产生强大的冲击。西方资本主义国家为了进一步削弱我国民众对我国主流意识形态的信仰认同、政治认同和价值认同，采取八卦新闻的爆料、历史人物的恶搞、群体事件的夸大等意识形态操纵伎俩，引导媒体向娱乐化、庸俗化、功利化和低俗化方向发展，从而“使部分人们面对良莠混杂的信息，迷失精神导向，价值判断低俗，对主流意识形态

① ［美］理查德·尼克松．1999：不战而胜［M］．王观声，郭健哉，李健英，译．北京：世界知识出版社，1997：172.

② 周仁准．价值取向多元化语境下的主流意识形态话语权的重构［J］．前沿，2012（21）：30－32.

③ 中共中央文献研究室．十六大以来重要文献选编（中）［M］．北京：中央文献出版社，2006：49.

④ 文军．网络霸权与符号暴力［J］．学术论坛，2003（1）：123－124.

宣传效果降低，认同也日渐弱化”[①]。

### （三）传统文化认同遭遇到严重冲击

传统文化是指在长期历史发展中形成并留存至今的、具有相对稳定性的文化，是一个民族和国家的身份象征。随着全球化进程的加速发展，综合国力的竞争愈来愈激烈，“在这个凸显文化价值和魅力的时代，谁占据了文化发展的制高点，谁拥有了强大的文化软实力，谁就能够在激烈的国际竞争中赢得主动、占得先机”[②]。为此，我国近年来积极打造传统文化“走出去”的战略方针，“孔子热”“国学热”“汉语热”风起云涌，让世界上更多的人认识到了中国传统文化的魅力。然而，以美国为首的西方资本主义国家凭借其强大的经济、科技实力在全球范围内积极推行文化霸权主义，进一步弱化民众对我国传统文化的认同感，使得西方话语霸权日益强势。一方面，以美国为首的西方资本主义国家借助各种文化载体对我国传统文化进行了侵蚀渗透。冷战结束以来，以美国为首的西方资本主义国家从来没有放弃过对我国进行“和平演变”的战略企图，他们妄图通过制造思想混乱，积极培养“代理人”，以达到实现“颜色革命”之目的。许多年轻人长期受到西方体育节目、流行音乐、科幻书籍、游戏软件等文化产品的影响，麦当劳、肯德基、可口可乐等广受青少年的欢迎，西方的感恩节、圣诞节、愚人节、万圣节等流行。另一方面，以美国为首的西方资本主义国家利用信息网络技术对我国传统文化进行了扩张渗透。西方资本主义国家不仅凭借信息网络技术维护其政治、军事和经济利益，而且还积极推行扩张渗透的文化霸权主义。具体说来就是利用网络新媒体运行速度快、时效性强、形式灵活多样的优势，将西方文化霸权的政治价值和文化理念贴上“国际化”的标签并建构成全世界的大众文化，极力向包括我国在内的“欠发达的现代化”国家进行文化扩张。广大民众如果长期受到西方霸权文化潜移默化的影响，我国传统文化可能会面临文化同质化的危险，最终对我国民族精神的培育与弘扬构成巨大的威胁。

综上所述，改革开放40年来，虽然中华民族始终面临着国际、国内的各种复杂形势与严峻挑战，但是顽强的中国人民在中国共产党的正确领导下迎难而上，战胜了包括地震自然灾害在内的各种艰难险阻，使得自强不息、顽强拼搏、百折不挠的民族精神得到了传承，体现“中国精神、中国价值、中国力量”的时代精神得到了弘扬，进而使得旋律更加响亮，正能量更加强劲，文化自信得到彰显，国家文化软实力和中华文化影响力大幅提升，全党全社会思想上的团结统一更加巩固。[③] 抗震救灾精神正是在党领导我国人民应对国内外各种复杂形势与严峻挑战的过程中得到了提炼与升华，进而使得民族精神与时代精神得到了丰富与拓展。

---

① 李丽．新形势下影响我国主流意识形态认同的主要因素［J］．常州大学学报（社会科学版），2015（1）：17－20.

② 沈杜海．软实力真实力［M］．北京：人民出版社，2008：8.

③ 习近平．决胜全面建成小康社会　夺取新时代中国特色社会主义伟大胜利——在中国共产党第十九次全国代表大会上的报告［N］．人民日报，2017－10－28（1）.

# 第二章　抗震救灾精神的内涵和特征

2008年，胡锦涛同志在抗震救灾先进基层党组织和优秀共产党员代表座谈会上谈道："万众一心、众志成城，不畏艰险、百折不挠，以人为本、尊重科学的伟大抗震救灾精神是爱国主义、集体主义、社会主义精神的集中体现和新的发展，是我们党和军队光荣传统和优良作风的集中体现和新的发展，是中华民族民族精神在当代中国的集中体现和新的发展。"①

伟大的抗震救灾精神在本质上属于中国精神和中华文化的重要组成部分。它在社会主义现代化建设的伟大实践中产生，凝聚于伟大的抗震救灾斗争中，体现在伟大又平凡的每一位抗震救灾斗争参与者身上，是能够激励当代乃至后人奋发向上的当代红色精神之一。一方面，中国共产党的坚强领导是抗震救灾精神形成的前提和保障；另一方面，广大人民群众积极参与，充分发挥了主体作用，这是抗震救灾精神形成的动力和源泉。而将这两者紧密结合与锻造，充分地显示了我们社会主义国家制度的优越性和人民群众的历史主体性。抗震救灾精神将以人为本、生命至上作为核心主题，在全国各族人民团结一心、同舟共济的强大合力之下，中华儿女不怕牺牲、勇往直前，用行动表现出勇于承担、无私奉献的公民精神，实现了爱国主义、集体主义和社会主义的三位一体。历经几千年的磨炼，中华各族儿女不断地交流与融合，已经深深地打上了民族心理与文化传统印记。他们同呼吸、共命运，有着血浓于水的手足之情，共同铸造了自强不息、厚德载物、忧国忧民、以德化人、和谐持中的中华民族文化特质，而这些思想又得以在抗震救灾中得到很好的传承。中华儿女在多次抗击自然灾害过程中形成的伟大精神，如唐山精神、抗洪救灾精神等，都可以看作是抗震救灾精神的缩影，抗震救灾精神继承了伟大的民族精神，并在新时期不断地发展和升华。更重要的是，抗震救灾精神有着与时俱进的鲜明时代特性。它既是对过去历史与记忆的承载，又直面现实，引领未来。它作为新时期的时代精神，表达了当前我国人民的根本利益诉求，反映了当代人们的思想道德风貌，而它所蕴含的道德标杆和价值取向，将在社会中作为价值评判和行为导向的标准。

① 胡锦涛. 在抗震救灾先进基层党组织和优秀共产党员代表座谈会上的讲话 [J]. 人民日报，2008－07－01 (2).

# 第一节　抗震救灾精神的内涵

抗震救灾精神是民族精神、时代精神在非常状态下的激活与焕发。在新中国成立以来几十年不曾遭遇的最大自然灾害面前，海内外中华儿女发出空前一致的心声："再大的灾难我们共同面对。"面对2008年四川汶川8.0级特大地震、2010年青海玉树7.1级地震、2013年四川芦山7.0级地震、2014年云南昭通鲁甸6.5级地震以及2017年四川九寨沟7.0级地震所造成的空前灾难，人们竞相以各自的方式表达着爱我中华、助我灾民、援我灾区的行动。灾情就是命令，救人、排险、通路、防疫、安置、捐助，抗震救灾工作迅速全面展开，从中央到地方各级党委和政府、从国家领导人到普通老百姓、从人民解放军将军到普通士兵、从国内民众到国外友人，展开了一场规模空前的抗震救灾大行动。那些令人震撼的一组又一组数字，那些感人至深的一个又一个事例，充分地展示了跨越地域的同胞爱和骨肉情，显示了中华民族伟大的凝聚力与向心力，彰显了血浓于水和无法割舍的民族亲情，体现了中华民族一方有难、八方支援的传统美德。面对大灾大难，中华民族充分地展现出了前所未有的不怨不哀、处变不惊、坦然淡定、坚强坚韧、成熟自信，在坚持了独立自主、自力更生救灾方针的前提下，高度重视国际合作，呈现出了举世罕见的全球"大合唱"。这种高度的动员能力、组织能力和协作能力，不仅体现出了我国强大的人力、物力、财力、军力等硬件支撑，而且还体现出了中华民族"万众一心、众志成城，不畏艰险、百折不挠，以人为本、尊重科学"的伟大的抗震救灾精神，这是在21世纪中叶把我国建成富强民主文明和谐美丽的社会主义现代化强国的希望所在，也是中华民族实现伟大复兴的最旺盛生命力、最强大的原动力所在。抗震救灾精神是我们党的优良传统和作风、军队的优良传统和作风、中华民族精神和优良传统的集合体，具有十分丰富的深刻内涵。抗震救灾精神主要包含了"万众一心、众志成城、患难与共"的互助精神，"崇敬生命、关爱百姓、一心为民"的人本精神，"不畏艰险、百折不挠、顽强拼搏"的奋斗精神和"统筹兼顾、尊重规律、科学合理"的务实精神。

## 一、万众一心、众志成城、患难与共的互助精神

中华民族历来就有在艰难困苦面前不屈不挠、团结奋斗的光荣传统。团结就是力量，这是中国人民战胜各种灾难的坚强信念。灾难越大，越团结奋战、自强不息。越是艰难困苦，越是危急关头，中华民族就越是万众一心、众志成城，民族本色就越发彰显，人民群众就越发共克时艰、上下同心。汶川特大地震发生后，"众志成城，抗震救灾""团结起来，战胜磨难""四川雄起，中国加油""大地无情人有情，我们都是汶川人"立即成为全国人民大援救的主题。党和政府的主要领导人也多次做出重要指示，"一切为了灾区，全力支援灾区"。汶川特大地震，摧毁了灾区10万平方公里的道路交通和电力通信设施，北川等县城和映秀等乡镇变成废墟，数十万被困群众需要救援。在中央坚强有力的领导和统一部署下，参加救灾的广大军民短时间内打通了主要干道，恢复了部分电力和通信设施，

营救并安置了数十万被困群众，重伤人员通过飞机等交通工具分送到医疗条件较好的省城和邻近省市的大医院抢救和治疗。13 亿颗心，顿时凝聚成一颗共同的中国心。当地震灾害袭来，13 亿中国人民立即行动起来，同心同德、齐心协力，心往一处想，劲往一处使，形成了抗震救灾的强大合力。这种万众一心、众志成城、患难与共的精神表现在以下三个方面。

### （一）人与人之间患难与共的互助精神

在历次地震中最让我们动容的是人与人之间互帮互助、齐心协力、患难与共的精神，这是一种无私的爱。在每一次抗震救灾中，都有无数来自四面八方的无名志愿者，用他们无畏无欲的行动义无反顾地投身到抗震救灾的洪流中，用他们至诚至善的行动感动了每一位国人的柔软的内心。从最基本的事宜开始，从最贴心的工作开始，从帮忙安置伤员到给灾民分发食品和饮用水，再到重体力活装卸药品、救援物资，再到抢救废墟下的每一个宝贵的生命，他们每一个人似乎都在与死神赛跑，他们每一个人都不抱怨、不抛弃、不放弃，他们夜以继日地工作。有人想统计灾区究竟有多少志愿者，其实很难，因为很多被救的灾民一旦获救就会投身到志愿者的行列。国外媒体惊叹：一夜之间中国的公民们人人都成了志愿者。一方有难、八方支援本就是中华民族精神的重要组成部分，而志愿者的出现还是一个有强烈社会责任感的现代公民社会正在形成的重要标志。

地震发生后，全国各地的人们争相捐款。有些企业家捐出了巨款，有些人带着几十万元到灾区向灾民分发，还有些捐款者本人的生活处境更令人心酸。比如乞丐徐超在地震后 3 次捐款 444.01 元人民币；“史上最感人的乞丐”龚忠诚曾为汶川地震 4 次捐款，合计金额上百元。这些钱对很多人而言可能是杯水车薪，但是对于他们可以说是倾其所有，这种精神就是人间最无私的大爱，就是对同胞骨肉、对祖国的深情。浙江德清有一位叫陆松芳的 78 岁的老人，每天靠拉煤饼为生，一天最多挣 50 块钱左右。可就是这位早该安享天年的拉煤老人，竟然一次向灾区捐款 11000 元，这些钱也许对于很多慈善家、企业家而言并不多，但是对于老人而言却是要卖掉 25 万公斤煤饼才能赚到……陆松芳老人曾先后被评为浙江省和全国的道德模范，但是对于荣誉，老人根本不看重。2009 年老人评上全国道德模范的时候，县里领导邀请他去北京参加颁奖活动，老人却是一个劲儿地退却说不去，不要浪费路费。在灾难面前，总有一种平凡让我们泪流满面，总有一种大爱让我们倍感自豪。德国《法兰克福报》感慨地说，在灾难面前普通中国人的慷慨超过了任何一个国家。在地震发生后，人们争相献血，各地血库爆满。在首都各大学的校园里，按规定一次献血量在 200～400mL 之间，可多数学生都选择了献 400mL 这个最大的数量。汶川特大地震后，要求领养孤儿的家庭，几乎打爆四川民政部门的电话，有 8 万多人争抢着领养，可见人们都愿意用自己的爱心去抚慰那些受伤孩子的心。大地震使中华民族的凝聚力像火山一样迸发出来，在天灾面前我们众志成城，渡过难关。

地震中还有很多感人的故事，即使十年、二十年后，我们依然会铭记于心。那么多解放军战士、那么多共产党员、那么多素未谋面的志愿者，为了别人的生命献出了自己的宝贵青春。这种人与人之间的互帮互助、攻克难关的精神，彰显了抗震救灾精神的最宝贵的元素，是社会主义核心价值体系的生动体现，是中华民族精神在当代中国的集中体现和新的发展，更是中华民族的伟大民族精神和当代中国人民的时代精神的集中体现和新的发展，是党和人民极为宝贵的精神财富。我们至今不能忘记这一幅幅画面：无畏的老师为救学生而直面死神——绵竹市遵道镇欢欢幼儿园的女教师瞿万容在地震来临时用后背挡住垮塌的水泥板，她去世的时候，怀里还抱着一个孩子；都市街头，人们为献血而排着长长的队伍，耐心地等待；的哥、的姐们自发组织去灾区运送伤员；甚至，那些风餐露宿的乞丐，坚定又执着地掏出皱巴巴的钱投入募捐箱……在这里，我们为大家介绍两位伟大的教师，在危险的时刻把活下去的希望留给了学生，而把危险留给了自己。这种爱历久弥新，时刻给我们这个时代以温暖，给我们的教育以启迪，给我们的当代道德建设以丰富的滋养，给我们当前的核心价值观建设提供了最经典的素材。

1. 苟晓超：以自己的死换来孩子的生①

2008年5月12日，通江县洪口镇永安坝村小学300余名师生在教室里午休，新婚后第一天上班的苟晓超在跟班巡查。14时28分，正准备走出教室的苟晓超突然感到地板在震动，门窗玻璃噼里啪啦作响，整栋教学楼剧烈摇晃，地震！“快疏散孩子！”苟晓超向正在一二楼跟班的老师大声呼喊，同时下意识地拽着几个前排的孩子冲出教室，10余名孩子紧跟在他身后。哭喊声、惊叫声响成一团。苟晓超拉起两个跌倒的学生向楼下跑去。第一批学生被安全送到楼下，他又迅即转身，从人群中奔向三楼。之后他又出现在三楼过道上，十几个孩子也跟着他向楼下跑。这时，墙砖伴着混凝土簌簌落下，玻璃不断掉落。其他几位老师紧急疏散、安置转移一二楼的学生。因为三楼教室里还有吓呆了而死死抱住课桌的10多名学生，于是苟晓超第三次冲进摇摇欲坠的教学楼，逐一拍打学生的头，然后双手拉着两个孩子飞奔而下。刚跑到一楼最后一级楼梯，教学楼正面两根直径1米的圆柱倒塌，砖块和混凝土狠狠砸向飞奔中的苟晓超的右腿。就在扑倒的瞬间，他使出全身力气，将怀中的两个孩子顺势推了出去。两个孩子得救了。砖头和混凝土块雨点般砸向他的另一条腿和头部、背部。在场老师和闻讯赶来的村民、过路司机、乡镇干部搭上木梯，用双手、铁铲、钢钎刨开水泥块，用绳子将被困的43个孩子救了出来。16时20分，苟晓超在转往县人民医院的途中，因伤势过重，停止了呼吸，走完了仅23年的人生旅程。

2008年5月21日，四川省委组织部追认苟晓超老师为中国共产党党员，他的父亲苟正基将100元党费交到通江县委书记手中：“我要为儿子交上一笔特殊的党费，不能让他留任何遗憾！”5月13日，没有讣告，没有通知，上千名群众胸戴白花，自发赶来为他送行，男女老少泪水涟涟，分散在全国各地的大学同学在网上召开追悼会，为他默默祈祷。

“教好一个学生，就能拯救一个家庭；办好一所学校，就能拯救一个地方。”2007年8月，苟晓超在《志愿当一名山村教师的申请书》中这样写道。在生死关头，苟晓超将生的希望留给孩子，把死的危险留给自己。谁说“千古艰难唯一死”？苟晓超为孩子们赴死献身，展现了无私无畏的伟大风范和爱生如子的朴素师德。23岁的年轻生命逝于危难，永垂千古的真心英雄系于人心。

---

① 罗仁容．3次冲进教室，23年人生戛然而止［EB/OL］．（2008－05－29）［2017－05－31］http://scnews.newssc.org/system/2008/05/29/010863708.shtml.

2. 向倩：身虽断爱未绝①

2008 年 5 月 13 日晚九点钟，天空一片漆黑，大雨一直在下。什邡市龙居中学的施救工作已经进行了二十余小时，施救吊车发出巨大的轰鸣声，救灾官兵的身影在手电筒、车灯的照耀下，在奇形怪状的废墟中隐隐约约地移动。在底楼的水泥砖块废墟堆中，一具具死者呈现在救灾官兵眼前。其中，一位女教师的腹部已被水泥条击穿，两只手臂呈拥抱的姿势，在她的下面是三名学生，也已停止了呼吸。救灾官兵被眼前的景象震撼了。“敬礼!”全体官兵在这个大雨如注的夜晚庄严地举起了右手。医务人员不约而同地对着这个年轻的生命深深地鞠躬。抢救现场出现了短暂的沉默。救灾现场的什邡市公安局赵警官遗憾地说：“她是一位好老师，太可惜了!”龙居中学教导处的主任流下了伤心的眼泪：“向倩上课地点是三楼六二班教室，她的讲台距相邻的实验楼只有几步之遥。然而，她死的地方，却是在教室后面的学生中间，她是组织学生疏散才会这样的啊!”

在清理向倩的档案时，我们看到了这样的一份简历。向倩，女，中共党员，1987 年 3 月 5 日出生，普通话二级甲等，四川省计算机二级，爱好写作、绘画、音乐。人生格言：堂堂正正做人，勤勤恳恳做事。工作原则：尽心尽责，协作奉献，踏实努力中发展自我能力。曾获得的成绩和荣誉：校文学写作特长生，校优秀学生干部，校田径运动会 200m 第三名，60 周年校庆学生美术作品展获一等奖，绵阳师范学院 2006 届优秀大学毕业生，撰写的论文《对小学数学课堂教学有效性几点思考》荣获《数学报》举办的第二届优秀论文学选一等奖……“5·12”大地震，很多生命被无情地夺去。在自然灾难面前，人类显得无助又渺小。然而，从向倩老师这个年轻而又脆弱的生命中，我们看到了一种精神在废墟中站立了起来。这种精神，即使天崩地裂、海枯石烂，也将永远屹立。

为深入学习宣传抗震救灾英雄教师的先进事迹，弘扬新时期人民教师的高尚师德和无私奉献精神，2008 年 5 月 26 日，教育部党组决定，在全国教育系统开展向抗震救灾英雄教师学习的活动。在这场特大自然灾害面前，灾区广大教师以灾情为命令，视时间如生命，为保护灾区学生生命安全，为抗震救灾作出了重大的贡献，涌现出了一大批英雄人物。在生死关头，老师们舍生忘死，挺身而出，用自己的血肉之躯拼死保护学生的生命；在危难时刻，老师们不顾个人和家人安危，始终把学生的生命安全放在首位，义无反顾地奋力抢救危难中的学生；在困境之中，广大教师强忍悲痛，坚守岗位，迅速组织受困学生安全转移，积极投身灾后重建，恢复正常教学。突如其来的特大地震灾害，见证了人民教师的伟大师魂，展示了人民教师爱与责任的崇高境界。灾难面前，广大教师首先想到的是学生，毫不犹豫地把生的希望留给学生。他们用爱和责任为学生筑起了生命长城，向世人展示了为人师表的精神风貌和崇高的人性光辉。他们用鲜血和生命践行了人民教师的神圣职责，诠释了人民教师的高尚师德，谱写了人民教师的英雄赞歌。他们的英雄事迹可歌可泣，令人震撼，催人奋进，集中体现了新时期人民教师的光辉形象、崇高的师德风范和时代精神，在全社会产生了极大反响，赢得了高度赞誉，在地震废墟中矗立起令世人景仰的巍巍丰碑。他们是人民教师的杰出代表，是全国人民心目中的英雄，是全国广大教师和教育工作者学习的榜样。我们要把英雄事迹作为爱党、爱国、爱社会主义教育和师德教育的

① 废墟中最美的姿态——追记英雄教师向倩［EB/OL］.（2008-06-13）［2017-05-31］. http://www.edu.cn/edu/renwu/zhuanti/yxjs/200806/t20080613_302643.shtml.

重要内容和生动教材。通过学习，进一步激励广大教师和教育工作者，化悲痛为力量，积极投身抗震救灾、重建校园、恢复教学、提高教育质量的工作中去，使抗震救灾精神成为推动教育改革发展的强大精神动力。

一场场突如其来的特大地震，让我们记住了汶川、北川，记住了雅安，记住了九寨沟，同时也让我们记住了一群在灾难中临危不惧、坚韧不拔、自强不息、昂然挺立于天地间的英雄们。让我们永远记住这些英雄们，将最崇高的敬意珍藏在心中。

在震后召开的全国抗战救灾先进基层党组织和优秀共产党员代表座谈会上，国家领导人深刻阐述了“万众一心、众志成城，不畏艰险、百折不挠、以人为本、尊重科学”的抗震救灾精神。这个精神最具体、最鲜活地体现在抗震救灾斗争中所涌现出的先进集体和优秀共产党员身上。我们不止一次被他们的精彩报告所打动，但打动我们的不是朴实无华的语言，不是矫揉造作的词句，而是他们每一个鲜活个体的实际行动和感人至深的事迹，他们用人间大爱实践着我们党全心全意为人民服务的宗旨。时隔多年，我们仍然记得他们，仍然向他们致敬，就是希望在全社会大力弘扬伟大的抗震救灾精神，使之转化为自力更生、艰苦奋斗、重建家园的坚定意志，使之转化为推动科学发展、促进社会和谐的强大动力，使之成为当下建设和谐富强中国的强有力的精神支撑。

### （二）地区与地区之间的互助精神

万众一心、众志成城、患难与共的互助精神还体现在地区与地区之间的互助上。这种援助主要分为社会捐赠和对口援建。

#### 1. 无偿捐赠的互帮互助

1999 年 6 月 28 日，第九届全国人民代表大会常务委员会第十次会议通过 1999 年 6 月 28 日中华人民共和国主席令第十九号公布《中华人民共和国公益事业捐赠法》来保障捐赠的规范化、科学化。

“5·12”汶川特大地震发生后，全国审计机关对 28 个中央部门单位、31 个省（自治区、直辖市）和新疆生产建设兵团对汶川地震社会捐赠款物的筹集、支出和结存情况进行了全面审议。截至 2009 年 9 月 30 日，全国共筹集社会捐赠款物 797.03 亿元（含特殊党费）。

2017 年 8 月 8 日，四川省九寨沟地震发生后，浙江省委、省政府致电四川省委、省政府，向地震灾区人民表示慰问。同时在慰问电中提到，为表达浙江人民支援灾区抗震救灾、重建家园的心意，捐赠 1000 万元（对口支援阿坝州九寨沟县的浙江省嘉兴市及嘉善县、平湖市已另行捐赠）。山东省委、省政府决定，立即捐赠救灾资金 500 万元，并随时准备为灾区人民恢复生产、重建家园提供帮助。一方有难，八方支援，除了民间的捐赠，省市之间以党委、政府名义的慰问和捐款也很常见。

#### 2. 携手并肩、迎难而上的对口援建

我国的对口援建是一种政策模式，且极富中国特色。对口援建这种政策模式诞生于中国特殊的政治环境，并不断地发展。对口援建即经济发达或实力较强的一方对经济不发达或实力较弱的一方实施援助的一种政策性行为，按照主要类型可以分为灾难援助、经济援助、医疗援助、教育援助，按照支援目的可分为常规性对口援建、对重大工程实施地定向

性对口援建和对重大损失灾区救急性对口援建三类。汶川地震后的对口援建就是典型的救急性对口援建。10年来，灾区的恢复重建工作积极、稳妥、有力、有序、有效，其中，对口援建机制发挥了重要作用。20世纪50年代中国的对口援建政策处于萌芽阶段，正式提出和实施是在70年代末。1979年7月31日，中发〔1979〕52号文件中强调，国家要安排内地省、市，对边境和少数民族地区实行对口援建；并对具体对应的对口援建做出了规划，如北京、河北、江苏、山东、天津、上海等分别对口援建内蒙古、贵州、广西、新疆、青海、甘肃、云南、宁夏、西藏则由全国来进行支援。从这以后，就正式推出并确定了对口援建工作。[①] 四川汶川特大地震发生后，全国各省市的地方政府都纷纷伸出援助之手，慷慨解囊，尽自己所能向灾区提供帮助。各地区发挥一方有难、八方支援的精神，紧急派出大批抢险、医疗卫生、通信抢修等队伍全力参与搜救被困群众、救助伤员、防控疫情、抢修基础设施等工作，同时向灾区运送大批救灾物资，矿泉水、方便面、奶粉、饼干、帐篷、活动板房等源源不断地输送到灾区。许多地区后来还不计代价、不讲条件地与灾区形成了“一省帮一重灾县”的固定对口支援方式，如山东—北川、北京—什邡、上海—都江堰，这些帮助和支援为灾区人民渡过难关提供了极为重要的物质条件和精神鼓励。2008年5月22日，民政部下发紧急通知，确定由北京等21个省市分别对口支援四川省的一个重灾县。通知要求，各地对口支援四川汶川特大地震灾区，提供灾区群众的临时住所，解决灾区群众的基本生活，协助灾区恢复重建，协助灾区恢复和发展经济，提供经济合作、技术指导等。[②]

国务院办公厅2008年6月11日印发的《汶川地震灾后恢复重建对口支援方案》明确指出，灾后恢复重建对口支援期限按照3年安排；各支援省市每年对口支援实物工作量按照不低于本省市上年地方财政收入的1%考虑；各省市又把对口任务分解到地区一级，一般是一个地区援建一两个乡镇，都有援建指挥中心，指导协调援建。具体对口支援安排如下。

**对口支援一览表：**

1. 山东省——四川省北川县
2. 广东省——四川省汶川县
3. 浙江省——四川省青川县
4. 江苏省——四川省绵竹市
5. 北京市——四川省什邡市
6. 上海市——四川省都江堰市
7. 河北省——四川省平武县
8. 辽宁省——四川省安县
9. 河南省——四川省江油市
10. 福建省——四川省彭州市

---

① 许雯. 管理对口援建项目：现状、问题及对策——以广东省对口援建四川省S县项目为例［D］. 重庆：西南政法大学，2016：3.

② 李菲. 民政部：北京等21个省份对口支援汶川地震重灾县［EB/OL］.（2008－05－23）［2017－05－31］. http://www.gov.cn/jrzg/2008－05/23/content_990443.htm.

11. 山西省——四川省茂县
12. 湖南省——四川省理县
13. 吉林省——四川省黑水县
14. 安徽省——四川省松潘县
15. 江西省——四川省小金县
16. 湖北省——四川省汉源县
17. 重庆市——四川省崇州市
18. 黑龙江省——四川省剑阁县
19. 广东省（主要由深圳市）——甘肃省受灾严重地区
20. 天津市——陕西省受灾严重地区

对口支援的方式和内容主要包括规划编制、建筑设计、专家咨询、工程建设和监理等服务，建设和修复城乡居民住房，建设和修复学校、广播电视、文化体育、社会福利等公共服务设施，建设和修复城乡道路、供（排）水、供气、污水和垃圾处理等基础设施，建设和修复农业、农村等基础设施，提供机械设备、器材工作、建筑材料等支持。

以汶川特大地震后广东省援建为例。广东为灾区筹集的善款数目在全国领先，而广东志愿者在援助过程中也发挥了特殊的作用。广州——威州、珠海——绵虒、汕头——草坡、佛山——水磨、惠州——三江、东莞——映秀、中山——漩口、江门——雁门、湛江——龙溪、茂名——银杏、肇庆——克枯、潮州——耿达、揭阳——卧龙，这些地域相隔千里，是重建让他们心手相连，密不可分。尽管相隔千里，但大爱无疆，在包括广东省在内的多个地区支援下，一座座学校、医院、安居房在汶川的废墟上建立起来。广州和江门援建的县人民医院、汶川一中，成为辐射阿坝州的区域服务中心；佛山、东莞援建的水磨镇、映秀镇，特殊文化旅游产业蒸蒸日上。广东当初施以的“援手”正持续“造血”，并成为汶川县转型发展的助力。

到 2010 年 4 月底，广东省援建汶川县的 702 个项目全部开工，竣工项目已近九成；援建项目测算总投资 82 亿元，实际已到位 77.8 亿元。援建的学校和大部分民生工程已交付使用，基本实现了灾区人民“家家有房住、村村通道路、户户通自来水、孩子有书读”的目标，明显改善了灾区生产生活条件。四川汶川特大地震发生几年来，以广东省为代表的援建省份把支援抗震救灾作为全省工作的重中之重来抓，坚持以人为本、精心规划、科学重建，注重从实际出发、输血与造血并重、重建与发展并举，全力以赴支援汶川恢复重建，有力地推动了灾区快速发展、科学发展，创造了对口援建的奇迹。对口援建取得了突破性进展，灾后一个个拔地而起的建筑、一个个新的项目都展现了中国人民在汶川特大地震抗震救灾和灾后重建中敢为人先、勇担重任、大爱无疆的宽广胸怀，弘扬了抗震救灾人员与对口援建人员迎难而上、不怕牺牲的奉献精神，援建省份人民与汶川灾区群众在重建工作中结下了深情厚谊。

总之，广东对口援建最好地诠释了“一方有难、八方支援”的互助精神。汶川地震发生后，广东成千上万志愿者奔赴灾区，让有能力的人做有需要的事情，让有需要的人得到有能力的帮助。很多灾区人民都说：“广东对汶川的对口援建，不仅给我们带来了物质的援建，更重要的是带来了精神的援建。”这种精神不仅仅是志愿者精神，更是万众一心、众志成城、患难与共的互助精神，更是伟大的抗震救灾精神。

### （三）大爱无疆的国际援助精神

伟大的抗震救灾精神还表现为大爱无疆的国际援助精神。国际救灾援助是指世界上某一国家或地区发生自然灾害，并造成重大人员伤亡和财产损失时，国际社会（包括政府机构、国际组织、民间企业、团体、个人在内）及时进行物资或精神上的人道主义援助，如提供现金、物资、救援队和医疗队等。在灾难面前，人与人的互助跨越了国界和种族，超越了宗教信仰和意识形态，使得关爱不再是一方对另一方的单向付出，而成为人类大家庭所有成员之间双向或多向的互动，爱意在互动中渐浓。

#### 1. 国际社会向地震灾区捐款捐物

“5·12”汶川特大地震发生以后，许多国家和地区、民间企业、团体、个人等，通过中国驻外领事馆、国际红十字会等机构，纷纷向中方提供了大批现金或物资援助，对于一些紧急救灾物资，如救灾器械、帐篷、棉被、毛毯、药品等，也以最快的运输方式运到灾区。据中国国务院新闻办公室于 2009 年 5 月 11 日发表的《中国的减灾行动》白皮书披露：2008 年 5 月四川汶川特大地震发生后，国际社会先后有 170 多个国家和地区、20 多个国际组织以及民间企业、团体、个人等向中国灾区提供了 44 亿多元人民币现金援助以及大批救灾物资（不包括我国港澳台地区捐款捐物）[①]，这是目前我国救灾史上接受来自国际社会救灾援助款物数量最多的一次。在救灾资金捐款方面，从 2008 年 5 月 12 日地震发生到 2008 年 8 月 27 日，外交部及中国驻外领事馆共收到各国政府、团体和个人等捐资 19.19 亿元人民币。其中，外国政府、国际和地区组织捐资 7.94 亿元人民币，外国驻华外交机构和人员捐资 210.25 万元人民币，外国民间团体、企业、各界人士以及华侨华人、海外留学生和中资机构等捐资 11.23 亿元人民币。其中有亚洲地区国家捐款，亚非地区国家、组织捐款，非洲地区国家、组织捐款总数为 7831 万元，欧亚地区国家、组织捐款数为 1536 万元，欧洲地区国家、组织捐款数约为 1.7123 亿元，美大地区国家为 2.259 亿元，拉美地区国家、组织捐款数为 3843 万元，国际组织捐款数为 130.55 万元。[②] 外国政府和国际组织除了对我国直接进行捐款，还捐赠了大量急需物资。地震发生后的 10 天内中国政府已接受了来自沙特阿拉伯、菲律宾、新加坡、印度、法国、乌克兰、日本等 15 个国家和地区的 31 批次国际救援物资，重量超过 1000 吨。在中国外交部发出“急需帐篷”的呼吁后，已有 11000 多顶帐篷被送往地震灾区。其中，美国曾动用 C130 军用飞机将价值 1000 万美元的救灾物资运往中国灾区，俄罗斯曾出动重型运输直升机帮助中国将救灾急需大型设备运往地震救灾最前沿，巴基斯坦曾动用 4 架大型直升机向中国甘肃地震灾区紧急运送 2.2 万顶帐篷。[③] 在汶川地震国际援助过程中，向中国灾区提供资金或物资援助最多的国家是沙特阿拉伯、加拿大等，分别达 4 亿元人民币以上。越南、老挝、爱沙尼亚、莫桑比克等并不富有的国家也伸出了援助之手。与此同时，一些国际组织、民间企业、团体个人等也通过各种途径对中国灾区进行了一定数量的现金或实物援助。例如欧盟

---

① 李琼. 国际社会向中国地震灾区提供了四十四亿现金援助［EB/OL］.（2009－05－11）［2017－5－11］. http://finance.sina.com.cn/roll/20090511/13412833442.shtml.

② 杨亚清，李玉桃. 从汶川地震看国际援助［J］. 中共山西省委党校学报，2009（1）：51.

③ 邓绍辉. 汶川地震与国际援助［J］. 今日中国论坛，2013（17）：299.

决定通过国际红十字会向中方提供200万欧元紧急援助；联合国儿童基金会提供30万美元；国际奥委会捐款100万美元；国际慈善机构乐施会紧急拨出155万美元；撒玛利亚救援会提供100万美元的物资，如毛毯、净水设备和口罩等。①

2. 各国派遣国际救援队和医疗队

“5·12”汶川特大地震发生以后，世界各国政府、各国际组织、国际社会民间组织除纷纷向我国提供资金和物资援助外，还向灾区派出医疗队和救援队。从世界范围来看，我们必须承认，某些国外的救援队伍具有极其先进的抗震救灾经验和世界一流的技术，比如日本的国际救援队。凑巧的是，最先到达中国灾区的是日本国际救援队。日本国际救援队从接到通知到救援队伍集结出发，共计不到6个小时，这是日本参与国际救援20多年来出发时间最快的一次。随后，俄罗斯、韩国、新加坡以及中国香港、台湾地区专业搜救人员同样也以最快速度赶往四川绵竹、都江堰和什邡等地灾区。从5月16日至19日，4支国际救援队（共计213人）在灾区连续奋战120多小时，共搜救出68具遇难者遗体和1名被埋幸存者。其中，韩国救援队47人在四川什邡市搜出26具遇难者遗体；日本救援队60人在四川青川、北川开展救援，挖出19具遇难者遗体；俄罗斯救援队51人在四川都江堰、绵竹市开展救援，挖出17具遇难者遗体，救出1名受伤者；新加坡55人的救援队在什邡市开展救援，挖出5具遇难者遗体。与此同时，中国香港地区救援队20人、中国台湾地区救援队22人也赶赴灾区展开了各种救援活动。继4支国际救援队以及2支地区救援队进入地震灾区之后，来自英国、日本、俄罗斯、意大利、法国、古巴、印度尼西亚、巴基斯坦政府和德国红十字会的九支医疗队共223名医疗技术人员参与四川和甘肃两省地震灾区的伤员救治工作。② 其中，俄罗斯队由67名医护人员组成，20日乘两架专机到达成都，成为首支抵达灾区的外国医疗队。他们在彭州市职业中学操场搭起几十座大型医用帐篷，建起流动医院，利用B超机、无影灯手术台等大型设备，每天救治数百名病人。日本队23名队员，带来包括灾区急需的便携X光机和超声波诊疗仪在内的医疗救援器械，进驻成都华西医院救助地震伤员。德国队25名医护人员，带来一个移动式综合医院，设在都江堰市临时救灾区。这个移动式医院包括门诊部和住院部，可以进行化验与X光检查，以及开刀手术等。住院部有120张床位，后扩展到250张床位。意大利队由25名医疗技术人员组成，在绵竹临时居民区搭建起5个大型充气医疗帐篷，可以一次接纳50名左右的病人就诊住院。他们自带手术照明灯、电动/充电呼吸机、全套心脏纤维颤动/心电图仪、血液化验、高压消毒、全套麻醉等医疗设备，可实施胸腔穿刺、气管切开等复杂救治手术。法国队13名医务人员，都是来自法国各地的志愿者，前往四川广元中心医院后，努力救治灾区伤病员。英国队7名医护人员，先后在绵阳市中心医院和成都市第二人民医院开展医疗救治工作，同时还以专题讲座的形式，传授灾后疫病防治措施，深受当地医护人员的欢迎。古巴队由35名医护人员组成，23日晚抵达成都市内的四川省第一人民医院开展多种医疗救护工作。引人注目的是，每位队员都佩戴着中古两国国旗组成的徽章。印度尼西亚队20名医护人员拥有灾害救援实战经验，27日从雅加达启程飞赴中国灾

---

① 邓绍辉．汶川地震与国际援助［J］．今日中国论坛，2013（17）：298.

② 中华人民共和国审计署．汶川地震社会捐赠款物审计结果［EB/OL］．（2016－01－06）［2017－05－31］．http://www.gov.cn/zwgk/2010－01/06/content_1504299.htm.

区。巴基斯坦队28名医护人员，27日携带大量医疗器械、药品和食品，乘巴基斯坦空军两架运输机飞往中国甘肃灾区，紧急抢救伤员。[①]

3. 外国领导人致电或到灾区慰问

2008年“5·12”汶川特大地震发生以后，无限的关爱汇聚成股股暖流，从世界各个角落涌向中国、涌向地震灾区，许多国家和地区的领导人纷纷致电，表示同情和慰问。时任美国总统布什在向中国政府领导人发出慰问电时表示，美国随时准备提供可能的救灾帮助。时任日本首相福田康夫在地震发生3个小时后便致电胡锦涛和温家宝，表示日本政府将尽可能地提供各种援助。时任俄罗斯总统梅德韦杰夫向胡锦涛发出慰问电，表示如果有必要，准备随时提供救灾帮助。巴基斯坦总统穆沙拉夫亲自前往中国大使馆表示慰问，并在慰问信中写道：“我的心与在地震中遭受大量生命和财产损失的中国人民同在……我们祈祷你们早日战胜灾难。”与此同时，一些国家政府、国际组织的领导人，如美国国务卿赖斯、联合国秘书长潘基文、泰国施林通公主等，曾携带各种救灾物品到中国汶川灾区进行慰问活动。5月19日，全国哀悼日的第一天。时任联合国秘书长潘基文在中国常驻联合国代表团驻地吊唁时，在吊唁簿上写道：“中国遭受的损失超出了世界上许多国家的想象。在巨大的危机面前，国际社会与伟大的中国人民站在一起。中国在挑战面前所表现出的力量、韧性和勇气给世界留下了非常深刻的印象，整个联合国系统都将支持中国应对挑战。”与我国有外交关系的49个非洲国家政府以及非洲联盟委员会均向我国领导人致电表示慰问和哀悼。朝鲜平壤市于北京时间5月19日14时28分拉响防空警报，汽车停运并鸣笛，哀悼遇难者。维也纳联合国办事处也宣布于5月20日降半旗哀悼……一些外国政党、社会团体及其领导人也纷纷向胡锦涛等中央领导同志及中共中央致函或致电，就四川汶川发生严重地震灾害表示慰问。[②] 从5月12日应急救援至21日全国哀悼日期间，各国驻华使节和国际组织驻华代表纷纷前来中国外交部吊唁；近百个国家驻华使馆和国际组织驻华代表机构降半旗志哀；共计有144个国家和地区的领导人、国际组织负责人、外交使节，前往中国驻外外交机构进行吊唁慰问活动。[③] 慰问不只是来自各国官方、国际组织，国外普通民众也以各种各样的方式表达着关切之情。新加坡等东南亚国家民众还在重要的佛教节日“卫塞节”上，为汶川特大地震遇难者举行了一系列悼念活动。

在汶川特大地震中，国际社会援助我国地震灾区的主要特点有以下几个：

一是援助国家和国际组织多，共有170多个国家和20个国际组织通过各种方式向我国提供了资金或物资援助。

二是援助款物数量大。在“5·12”汶川特大地震中，国外慈善团体、国际组织援助成为援助的重要组成部分。

三是援助速度快。灾害发生之后，国际社会根据灾区需求，以最快的速度提供了大量生活物资、药品、设备及多批救援人员。部分救援物资和人员采取包机、专车等方式，直接运抵灾区。我国政府迅即建立国际援助物资和人员快速通关及运送机制，保障了大批救

---

① 邓绍辉. 汶川地震与国际援助［J］. 今日中国论坛，2013（17）：298.

② 陈一鸣. 爱心跨越疆界——记国际社会对汶川地震灾区的慰问支援［N］. 人民日报，2008－06－24（5）.

③ 中华人民共和国外交部. 中国不会忘记：汶川特大地震国际救援纪实（英汉对照）［M］. 北京：世界知识出版社，2008：10.

援人员和物资及时通关和到达灾区。

通过对2008年“5・12”汶川特大地震的救灾过程进行多视角、全方位的历史回顾，我们不仅深刻地体会到了中华民族生生不息的悠久历史文化传承及其强大的凝聚力、向心力，而且更加深刻地体会到了中国特色社会主义制度的优越性。中国政府和中国人民以其卓有成效的抗震救灾行动，创造出了一种举世赞叹的“中国式救灾”模式，使得中华民族精神中充满的不仅是热情、责任、决心和勇气，而且还有更加坚定的国民意志和日益提高的国民素质以及党和政府与时俱进、日趋成熟的治国安邦的理念与方略，这些都将凝聚成具有鲜明时代特征的精神财富和精神资源，为实现中华民族伟大复兴的中国梦奠定坚实的基础。通过这些数据，我们不难发现万众一心、众志成城、同心协力、共渡难关的精神背后是一种大爱，是国与国之间、民族与民族、人与人之间的一种大爱。这种大爱感天动地，绵延不断。爱如潮涌，何以生生不息？在灾难面前，人与人的互助跨越国界和种族，超越宗教信仰和意识形态，它使得关爱不再是一方对另一方的单向付出，而成为人类大家庭所有成员之间双向或多向的互动，爱意在互动中渐浓。中国汶川遭遇地震后，废墟中有国外救援和医疗队员并肩抢险的身姿；海地太子港被地震袭击后，第一批赶到灾区的救援者中就有中国救援人员，将曾经受到的支持和关爱回馈世界。这样的相互援助，凝聚了人类应对灾害的力量，加深了彼此间的沟通和理解，让不同国家和民族心手相连。在巴基斯坦，人们用“比山高、比海深、比蜜甜”这样诗歌般的语言来赞颂中巴友谊。最新一份民调显示，高达九成的巴基斯坦网民认为中国是“铁哥们”。在中国，人们把巴基斯坦称作“真诚可靠的朋友”，甚至创造出“巴铁”这样亲切的称呼。中国人也对这样的“巴铁”故事念念不忘：2008年中国汶川特大地震，巴基斯坦将国内储备的两万余顶帐篷全都捐赠给中国。用穆沙希德・侯赛因的话说：“我方储备需要是次要的，援助中国是第一位的。”

万众一心、众志成城、同心协力、共渡难关的精神背后是一种大爱，是人与人之间的一种大爱。爱意的源泉在哪里？它来自对生命的同情和珍视，它来自每个普通人的勇敢担当。英国外科医生赛义德曾在汶川震区救助伤员，当时做手术从早忙到晚。正是无数平凡而又高尚的人，用行动撑起爱的天空，人间大爱永不衰竭。地震后都江堰震区的5个灾民安置点，出现了22名德国联邦技术救援署①队员的身影，他们带来了6台饮用水处理设备，也带来了关切和理解。德国援助人员住在都江堰水厂附近的帐篷里。通常每天7点起床，8点组长召集队员开汇报会，部署当天的工作，然后乘坐租来的汽车前往各个安置点工作。饮用水处理设备每台能够在1小时内处理6000公升水，并且要经过随同携带的实验室的仪器检测后才能饮用。尼古拉斯・黑夫纳说：“我们想在一个痛苦的时期给人们带来些希望，我们是为你们来到这里的，我们与你们有共同的想法。”他说，当地人对外国的救援人员还不习惯，尽管有时人们不理解为什么他们从国外那么远的地方过来，但救援队员们的行动让人们感到，他们也在关注这里。人道主义救援任务不仅仅提供帮助，而且传递出明确的信息。“你们并不孤单，我们和你们在一起！”这恐怕是地震时听到最暖的声音、最有爱的声音，人间有爱，生生不息。

---

①　联邦技术救援署隶属德国内政部，专门从事德国国内和国外专业的救灾抢险任务，有8万名志愿者。2010年媒体处负责人尼古拉斯・黑夫纳和国际部官员彼德・布托姆斯基曾经参与2008年地震后救援工作，内容根据记者采访内容整理。

时隔多年，回望每一次地震，我相信涌上人们心头的不仅有对遇难者的追思和哀悼，也有对曾经得到过的帮助的感恩。悲痛可能随着时光流逝而沉淀心底，但来自全球各地的爱意却应当随着生命延续而惠及他人。铭记得到的爱，并为别人付出爱，世界将因此更美好。

## 二、崇敬生命、关爱百姓、一心为民的人本精神

“以人为本”是中国共产党治国理政理念的重要组成部分，这条红线贯穿于中国共产党革命、建设和改革的各个重要历史时期，是优秀的中国共产党人始终坚守的基本理念。在“5·12”汶川特大地震乃至近年来发生的历次地震救灾工作中，“以人为本”理念都得到了新的发展。“5·12”汶川特大地震抗震救灾最突出的特点就是对人民的高度关爱、对科学的高度尊重。广大军民把人的生命放在高于一切的位置，坚持只要有一分生还的可能就要做出百倍的努力，最大限度地抢救人民群众的生命。这次抗震救灾，充分体现了中国共产党和中国政府对生命的尊重、对人的生存境遇的关怀。地震发生后，党中央明确要求要把抢救被困群众放在第一位，只要有一线希望，就要尽百倍努力施救。当各路救灾大军到达灾区后，首要任务是救人，在集中力量从废墟里抢救被掩埋人员、抢救生还者的同时，组织足够的力量救治伤员、安抚伤员。此外，对于受灾群众的安置，也充满了人文关怀。胡锦涛同志在实地指导抗震救灾工作时就灾后恢复重建作出重要指示：“及早谋划恢复生产、灾后重建工作，尽快研究制定扶助措施，帮助受灾群众重建家园。”① 这一切彰显了中国共产党以人为本的执政理念，充分展现了改革开放的成果和党的执政能力的提升。各级党组织和广大共产党员充分发挥凝聚人心、鼓舞斗志、组织力量的领导核心作用和先锋模范作用，树起了坚持人民利益高于一切的整体形象。抗震救灾中人本精神的弘扬主要体现在以下三方面。

### （一）不惜一切代价抢救生命的人本主义精神

不惜一切代价抢救生命是每一次抗震救灾中人本精神的最重要的体现。2008年“5·12”汶川特大地震发生后，胡锦涛同志立即作出重要指示和明确要求：“尽快抢救伤员，确保灾区人民群众生命安全。”② 地震发生后，温家宝同志在第一时间、在余震不断的情况下冒着生命危险奔赴灾区，日夜辗转在灾情最严重的地方，现场指挥抗震救灾，抢救生命成为一切救灾的出发点和落脚点：“第一还是救人，救人的重点是重灾区，地震中心区、联系不到的地区，部队就是要千方百计进这些地区，时间越早越好，早一秒钟就可能多救活一个人。”“只要有一线希望，就要尽百倍的努力。”③ 2017年8月8日，四川省阿坝州九寨沟县发生7.0级地震后同样如此，习近平总书记高度重视，立即作出重要指示：“抓紧了解核实九寨沟7.0级地震灾情，迅速组织力量救灾，全力以赴抢救伤员，疏散安置好游客和受灾群众，最大限度减少人员伤亡。目前正值主汛期，又处旅游旺季，要进一步加强气象预警和地质监测，密切防范各类灾害，切实做好抗灾救灾工作，尽最大努力保障人

---

① 胡锦涛在四川召开的抗震救灾工作会议上的讲话［J］．理论与当代，2008（5）：5−6.

② 胡锦涛在四川召开的抗震救灾工作会议上的讲话［J］．理论与当代，2008（5）：5−6.

③ 四川省汶川县发生8.0级地震　胡锦涛作重要指示　温家宝赶赴灾区［J］．中国应急管理，2008（5）：5−7.

民群众生命财产安全。”① 国务院总理李克强同志作出批示，要求抓紧核实灾情，全力组织抢险救援，最大程度减少人员伤亡，妥善转移安置受灾群众。加强震情监测，防范次生灾害。

在抗震救灾的过程中，灾情就是命令，时间就是希望，一切为了救人，一切为生命让道，“人民解放军、武警部队、公安干警和民兵预备役部队迅速集结，奔赴灾区；医疗卫生各类救援人员和志愿者日夜兼程，赶赴灾区。万众一心，众志成城，灾区形成了一场气壮山河的生死大营救，救援部队突破禁区强行空降，不顾危险打通道路，舍生忘死废墟救人，创造了一个又一个救援史上的奇迹”②。地震发生后，抢救人，挽救生命，一直是最强烈的呼声。国家领导人多次亲临灾区一线指挥抗震救灾，体恤抚慰灾区人民，用“我们要关心大家的生活，我们还要重建家园”“你们幸存活了下来，就要好好地活下去”的温暖话语，激励受灾民众战胜灾难，激发全国人民抗震救灾的信心和决心。

亲历2008年汶川特大地震并在都江堰参与救灾的德国联邦技术救援署队员尼古拉斯·黑夫纳和彼德·布托姆斯基③对此有自己的看法，在时隔两年后提到，仍然赞不绝口。他们在2008年6月初到达灾区，当时街道两边搭起了很多帐篷，当地政府在帐篷里设立了流动办公室和指挥部，并且发放食物，灾民无论从哪里来，大家在一起吃饭，就像一个大家庭。尼古拉斯·黑夫纳说，四川发生地震后，德国联邦技术救援署通过媒体报道密切关注灾情。“中国很大，对我们来说也很陌生。我们很快发现，中国政府作为一个统一的整体展开行动，短时间调动了大批救援力量，对救灾工作做出了迅速的反应。”布托姆斯基说：“地震发生前，德国联邦技术救援署已经与中国救灾和减灾机构进行了几年的地震救援合作和培训活动。我们知道中国在这方面做好了充分的准备。在中国表示愿意接受国际援助时，联邦技术救援署向中方表示愿意提供饮用水处理设备。”在谈到地震发生后的救灾行动时，黑夫纳说：“中国政府显示出巨大的优势，反应迅速，调动大批军队和专业救援人员，赶赴灾区，抗震救灾。在我的印象中，几乎没有哪个国家的政府能像中国政府这样，如此迅速地对民众的巨大需求做出反应。”④

在成都做美食视频节目主持人的美籍男子约翰回忆说：“地震发生后，这里简直是空前民族大团结，中国政府和中国士兵还有中国人民，他们很伟大。”约翰还感叹道：“在灾区的时候，一位当地的领导在救援时告诉我，很多村民失踪了，一半以上的房子倒塌了。我问他死了多少人，他立刻崩溃了。他说，目前还不能准确统计。后来我知道他的父母、妻子还有他的孩子都死于这场灾难，而他却在极度悲痛中继续为幸存者工作着。”“汶川特大地震是人类共同的灾难，看到那么多救援物资和上百亿元的捐款，我并不感到很吃惊，团结互助的精神是中华民族的灵魂。”约翰在网络上转载了很多媒体发表的中国地震纪实，呼吁全世界人民都来捐助中国受灾民众，他给所有的中外朋友发了邮件，请求大家共同呼

---

① 习近平对四川九寨沟7.0级地震作出重要指示　李克强就抗震救灾工作作出批示［J］. 中国减灾，2017（17）：5.

② 王素，刘积高，张忠仁. 抗震救灾斗争铸就伟大的抗震救灾精神［N］. 人民日报，2008-06-18（7）.

③ 联邦技术救援署隶属德国内政部，专门从事德国国内和国外专业的救灾抢险任务，有8万名志愿者。2010年媒体处负责人为尼古拉斯·黑夫纳和国际部官员彼德·布托姆斯基，内容根据记者采访整理而成。

④ 德国技术救援署官员忆汶川大地震救援［EB/OL］.（2010-05-10）［2017-09-15］. http://news.qq.com/a/20100510/001233.htm?edjn8.

吁。他说："既然不能像媒体那样工作，那么就去做援助吧，相信每一个人都会为中国感动。"①

"生命高于一切"成了从政府到百姓的共同价值观，不仅在"黄金救援"时间内的首要任务是"救人"，而且此后数天仍把争分夺秒地进行拉网式搜救作为重中之重，因而抢救了数万名幸存者。直至震后200多个小时，各救援队伍仍奋斗在抗震救灾工作第一线，使被瓦砾埋压的多名群众得以生还。大灾有大爱，救援人员扒开废墟时，发现一位死去的女教师用背承受着水泥板的重压，保护一位幼儿活了下来；还有一位高中老师以同样方式使4名学生幸存。"5·12"地震后第4天，经过长达13个小时的营救，河南消防官兵在四川什邡市成功救出一名被埋长达104小时的幸存者。这名幸存者生命体征稳定，基本没有外伤。尽管震后72小时的"黄金救援"时间已过去，但在废墟中搜救生存者的行动仍在泪眼模糊中继续。当谭千秋老师趴在课桌上救护桌下的4个孩子时，当只有电锯才能分开张米亚老师跪着搂紧两个学生的手臂时，当中学生马健为救同学疯了似的刨烂了双手时，当累晕的战士推开强行让其休息的战友呼喊着"救人要紧"时，我们看到的是废墟下求生的渴望和生命的尊严！16日，奔赴震区的胡锦涛同志再一次强调，当前，抗震救灾斗争已经到了最危急的时刻。我们一定要千方百计、争分夺秒，克服一切艰难险阻，奋力夺取抗震救灾斗争的胜利。这次新中国成立以来最严重的大地震发生后，从党中央、国务院到各地方有关部门，从军队到士兵，紧急应变，短短几个小时内便构建了一个强有力的指挥体系。全国立即进入紧急救灾状态，展开一场同死神的赛跑，不放弃从死神那里夺回每一个生命的机会。有人问，废墟下，一个人到底能抗多久？黄金72小时过去后，汶川创造了一个又一个生命的奇迹：灾后100小时，绵竹县工人刘德云、北川县城彭志军等四人被分别救出废墟；灾后117小时，52岁的季中在北川县城被救出；震后146小时，映秀镇一个名叫沈汴云的中年男子被救出；灾后179小时，汶川县映秀镇电厂职工马元江获救；灾后196小时，彭州市60岁老人王友琼获救；灾后216小时，金河电厂被困女工崔昌会获救……正是在抗震救灾军民的共同努力下，一个个生命的奇迹才得以出现。

整整100个小时。这是汶川地震后，年过半百的幸存者刘德云独自一人被埋在什邡市蓥峰化肥厂两层楼高的废墟中的时间。2008年5月16日16时26分，江苏南京消防救援队的数十名官兵使用各种工具奋战20多个小时后，成功将刘德云营救了出来。尽管最后他被截掉了一只脚，但相信每个人，尤其是刘德云永远都不会忘记这刻骨铭心的100个小时，更不会忘记那些救他的素昧平生的人，虽然记不住那一张张陌生的面孔，但却记得住那一件件熟悉的消防服。刘德云是德阳市东电公司的职工，5月12日地震那天刚好随车到蓥峰化肥厂办事，不想却被埋在了因地震而倒塌的楼房废墟深处。一起被埋在废墟中的还有卞刚芬。他们在废墟中不断鼓励对方，相信一定能获救。为了不让自己睡着死去，两人一发现有睡意就使劲用手扇打自己，渴了就用身上的卫生纸接尿液维持生命。5月16日晚6时30分，被埋在废墟中的刘德云被成功救出。5月17日12时42分，消防员将2米长的一根胶管擦洗干净，给卞刚芬输送牛奶、矿泉水。18时13分，消防员用担架将卞刚芬抬出危楼。她眼睛被蒙着，眼角处有滴滴泪珠。医生立即对她进行简单检查，送上救护车。此时，距离卞刚芬被埋已有124小时。

① 宋冰，张意轩．一个外国人眼中的汶川地震［J］．华夏星火，2008（5）：15－17．

在灾区，到处都涌动着亲情、友情、爱情、同胞之情，到处都闪现着同舟共济、互助互爱、大仁大义、宽厚博爱、以人为本的人道主义光辉。一幕幕令人热泪盈眶的场景，一个个温暖心田的故事，都真实地展示了中国人民在灾难面前的人间大爱和中华民族战胜灾难的壮志雄心，也真正体现了我们党执政为民、全心全意为人民服务的根本宗旨。

### （二）崇敬逝去生命和捍卫生命尊严的人本精神

“以人为本”精神还体现在地震中对失去生命的无比尊重和对生命尊严的捍卫。首先是设立国家哀悼日，为死难者默哀、祈福。一直以来，在重要人物逝世后，各个国家往往都设置各种形式的哀悼日，以示对人物的追思。此外，在伤亡惨重的重特大事故发生后，很多国家政府也都会宣布设立全国哀悼日，以显示对普通民众的生命价值的尊重。由于这种形式体现了“尊重生命”“以人为本”的意识，因此逐渐成为某种“国际惯例”。根据情况，全国哀悼日时间长短不一。此外，若逝世人物影响巨大，或灾难造成的损失十分重大时，其他国家或国际组织也会发起各类哀悼活动。在中国国务院公布全国哀悼日之前，复旦大学教授、历史地理学家葛剑雄曾于2008年5月16日公开建议，以5月19日为全国哀悼日，以表达全国人民对这次地震灾害中的罹难者、在救灾中的牺牲者的哀思，并向全世界昭示中国政府和中国人民对生命的关爱以及万众一心救灾重建的决心。为表达全国各族人民对四川汶川特大地震遇难同胞的深切哀悼，国务院决定，2008年5月19日至21日为全国哀悼日。在此期间，全国和各驻外机构下半旗志哀，停止公共娱乐活动，外交部和我国驻外使领馆设立吊唁簿。5月19日14时28分起，全国人民默哀三分钟，届时汽车、火车、舰船鸣笛，防空警报鸣响。其实，在1990年颁布的《中华人民共和国国旗法》已经明确规定：“发生特别重大伤亡的不幸事件或者严重自然灾害造成重大伤亡时，可以下半旗志哀。”2008年，这一法律第一次得到践行。全国上下举行哀悼，祭奠遇难群众，给逝去的生命以尊重。这无疑是政治开明的一种表现，它使得国人哀戚的心灵、悲伤的情绪，得到了安慰和宣泄。这是新中国成立以来，第一次为了普通民众、寻常百姓的逝去而宣布的全国哀悼日，具有划时代的意义，足以载入史册。这一举措意味着国家对每一个普通生命的尊重。设立哀悼日，全国降半旗志哀，这既是对遭逢不幸的逝者的哀悼，同时也是对幸存者的慰藉。它激发了我们每一个国人的爱国热情，坚定了受灾同胞战胜灾难的信心和意志。它还体现了以人为本、尊重生命的人本精神，是中国人民的感情升华，是我们中华民族精神的升华。尽管2008年是一个过于漫长的旅程，但是走出了这一步，逝去的生命得到了国家的哀悼。这种中央政府以全体国民名义举行的哀悼仪式，真正践行了“以人为本”的核心要义，不但能给遇难同胞的亲人以莫大的精神慰藉，更能让全体国民都真切感受到自己是祖国大家庭的一员，真切感受到“生命高于一切”是从政府到百姓的共同坚守的价值观念，从而增强每个公民的国家认同感和民族认同感，激发人们的爱国情怀和整个民族的凝聚力。国旗为公民而下降时，就是尊严为生命而上升的时候。民族精神在全民肃穆默哀的那一刻，完成了一次伟大的凝聚仪式。中国政府、中国军队和中国人民对生命价值的敬畏和尊重，赢得世界各国政府和人民的高度赞扬。2010年4月20日，国务院发布公告宣布为表达全国各族人民对“4·14”玉树地震遇难同胞的深切哀悼。国务院决定，2010年4月21日举行全国哀悼活动，全国和驻外使领馆下半旗志哀，停止公共娱乐活动。2010年8月15日，为表达全国各族人民对“8·7”甘肃舟曲特大泥石流遇难同胞的深切哀悼，国务院决定，举行全国哀悼活动，全国和驻外使领馆下半旗志哀，停止公共娱乐活动。2017年8月15日10时，在九寨沟县城新区文化广场上举行公祭活动，深切悼念“8·8”九寨沟县7.0级地震遇难同胞。近千名机关干部、部队官兵、群众代表整齐列队，庄严肃立，默哀一分钟，并敬献菊花，深切缅怀在地震中遇难的同胞，每一位国人心中默默许下一个心愿：为逝者志哀，愿生者坚强。

每个生命都值得尊重和敬畏，即使是已经故去的人，地震中都要竭尽所能让死者安息，让死者有尊严地离去。2008年温家宝同志在指挥抗震救灾的过程中，面对满目疮痍的灾区，面对那些逝去的一个个鲜活的生命，年过花甲的他“哭得不成样子”，在都江堰，他对那些遇难的学生深深地鞠躬。即使过去十年，相信汶川特大地震中还是有很多镜头让人难以忘怀。

为了让死者有尊严，党和国家制定了大量细致而温暖的政策。2008年时任民政部副部长的姜力在国新办举行的新闻发布会上称，关于遗体处理务必慎重，严格遵守操作规定，尊重遇难者，并且做好遇难者家属的安抚工作。尊重遇难者的规定包括：有条件的都由民政部门给他们进行整容，然后进行火化或者土葬。相关的要求都要按照卫生部[①]的专门技术标准进行。此外，震后国家很快出台地震遇难人员遗体处理意见，民政部、公安部、卫生部联合制订了“5·12”地震遇难人员遗体处理意见，对遗体处理方式、遗体辨认程序等方面提出了明确要求。意见指出，根据遇难者有效身份证件或经亲属辨认，能够确认死者身份的，由民政部门安排火化；不具备火化条件的，土葬处理。既无有效身份证件也无亲属辨认，无法确认遇难者身份的，公安、卫生部门根据灾区实际情况，要尽力对遗体进行编号、记录、拍照、提取可供DNA检验的检材，并由公安部门统一保管和检验，建立“5·12”地震遇难人员身份识别DNA数据库，遗体及时火化或土葬。遇难者经确认是外国人的，遗体由中国殡葬协会进行防腐处理，遇难者身份确认、通知、遗体运输等问题按有关规定处理。

一言以蔽之，所有的这些细节都体现了对逝去生命的尊敬，这就是一种深厚的人本精神，这是一种以人为中心的民族文化精神，其要旨在于以人为本位，尊重人的价值，关注人的生存，重视人的发展。“以人为本”是中国共产党治国理政理念的重要组成部分，这条红线贯穿于中国共产党革命、建设和改革的各个重要历史时期，是优秀的中国共产党人始终坚守的基本理念。在汶川抗震救灾工作中，“以人为本”理念得到了新的发展，新的展现，新的延伸。无论是不惜一切代价抢救生命、设立国家哀悼日，为死难者默哀、祈福，还是在艰难条件下竭尽所能让死者有尊严地离去，所有的这一切都是崇敬生命、关爱百姓、全心全意为人民的人本精神的集中体现。

### （三）及时妥善周到安置受灾群众的人本精神

政府在集中力量从废墟里抢救被掩埋人员、抢救生还者的同时，还组织足够的力量救治伤员、安抚伤员，从物质上、精神上、心理上对他们加以关心。2008年汶川特大地震

---

① 中华人民共和国卫生部是根据第九届全国人民代表大会第一次会议批准的国务院机构改革方案和《国务院关于机构设置的通知》（国发〔1998〕5号）设置的机构。卫生部是主管卫生工作的国务院组成部门。2013年，国务院将卫生部的职责、人口计生委的计划生育管理和服务职责整合，组建国家卫生和计划生育委员会。

后处于重灾区的无家可归的400多万人的衣食住行，2017年九寨沟地震后6万人的紧急撤离等被安排得有条不紊，都得益于此。2008年“5·12”汶川特大地震以来，各个地震灾区的党委政府、干部群众在党中央国务院的统一领导下纷纷迅速行动起来，启动应急响应机制，成立领导指挥机构，构成了一个从省、市（州）到县（市、区）、乡（镇），覆盖全部受灾地区的纵横联结的指挥体系，使得历次抗震救灾实践活动呈现出了一种“集中领导、统一部署、有序开展”的良好格局。处于灾区的其他受灾群众也得到妥善的安置，无论是人员的疏散、食品和生活补贴的发放还是信息的发布，都充满了人文关怀，受灾群众的基本生活得到了保障，这些都是对人的生存境遇的关怀。

1. 加强领导，统一指挥，注意以人为本

当每一次大地震发生时，各个灾区的党委政府、干部群众都积极响应党中央国务院的统一领导和指挥，全力投入历次抗震救灾的行动中去。2008年“5·12”汶川特大地震是新中国成立以来继唐山大地震之后破坏性最强、波及范围最广、救灾难度最大的一次地震。大地震造成四川省绝大部分市、州受灾，重灾地区将近占全省县（市、区）的一半、辖区面积超过全省1/5。灾情就是命令，时间就是希望，四川省委、省政府迅速召开会议，启动紧急预案，作出紧急部署，成立了“5·12”抗震救灾指挥部，坐镇受灾严重的都江堰，抗震救灾。时任四川省委书记的刘奇葆迅速做出7点批示，要求灾区各级党政干部在抗震救灾第一线组织党员干部群众进行抗震救灾工作，震后几小时内，省、市、县、乡抗震救灾组织指挥体系基本形成。四川省领导由分赴成都、绵阳、德阳、阿坝、广元和雅安等6大重灾区一线指挥、省前线指挥部决策指挥和坐镇成都指挥部居中联系协调三批行动，转为11位省领导分别负责四川省总指挥部总值班室、医疗保障、交通保障、通信保障、水利监控、救灾物资、宣传报道、港澳台及国际救援协调8个工作组和7位省领导分别联系，从而形成了一种自上而下的指挥和救援体系，有力地保证了各项救援工作的顺利开展。2010年青海玉树地震发生后，青海省委、省政府迅速召开抗震救灾紧急会议，成立青海省玉树抗震救灾指挥部，安排部署抗震救灾和应急处置工作。时任青海省委书记的强卫主持召开十一届省委第92次常委会议要求全省立即行动起来，全力以赴支援灾区抗震救灾。玉树州委、州政府也立即启动了《玉树藏族自治州地震应急预案》，成立了玉树州抗震救灾临时指挥部，指挥全州6个县和州直机关40多个部门迅速开展人员搜救、灾情勘察和应急处置工作，同时也展开人类历史上首次在高海拔地区的大规模救援行动，最大限度地挽救受灾群众的生命，降低灾害造成的损失。2017年四川九寨沟地震发生以后，四川省委、省政府立即成立“8·8”九寨沟地震抗震救灾应急指挥部，并启动应急响应预案，抗震救灾工作全面启动。抗震救灾应急指挥部由四川省委书记王东明，省委副书记、省长尹力任指挥长，指挥部下设总值班室和医疗保障组、交通保障组、通信电力保障组、救灾物资组、宣传报道组5个工作组，从而保证了抗震救灾工作有条不紊地开展，也保证了九寨沟恢复重建的顺利进行。

2. 全力救援，妥善安置，不放弃一个生命

抗震救灾工作离不开各级党委和政府的坚强领导和统一协调，实践充分证明只有在社会主义制度下，才能集中全国之人力、物力和财力做好灾难救援和后续保障的各项工作，“5·12”汶川特大地震救援工作就是其中的一个典型范例。2008年“5·12”汶川特大地

震波及417个县（市、区）、4656个乡镇、47789个村庄，倒塌房屋778.9万间，损坏房屋2459.2万间，受灾人口4617万人，紧急转移安置人口1510万人。特别是地处震源中心区域的北川县城、汶川县映秀镇等部分地区被夷为平地，地震导致工矿企业、机关、学校、医院严重受损，公路、电力、通信、供水等基础设施严重损毁，还导致很多次生灾害，特别是堰塞湖和震损水库隐患严重。在党中央国务院的统一领导和指挥下，四川省委、省政府紧急启动应急预案，一场大规模的抗震救灾救援行动迅速展开。各级卫生部门积极救治地震伤员，并对所有地震伤员予以免费治疗。另外，国家对遇难人员家庭按每位遇难者5000元的标准发放抚慰金，对灾区孤儿、孤老、孤残进行安置，确保基本生活，在3个月内为“三孤”人员每人每月提供600元基本生活费。同时，在3个月内向灾区困难群众每人每天发放1斤口粮和10元补助金。为了解决地震灾区受灾群众的临时居住问题，中央财政拨款497.48亿元，全国各部门共向灾区调运救灾帐篷150.01万顶以及80万套彩条布、篷布等物资，四川灾区建立了3000多个集中安置点和68100套过渡安置房。为了进一步加强对救灾款物的监督、管理和使用，民政部先后出台了《关于加强对抗震救灾资金物资监管的通知》《汶川地震抗震救灾生活类物资分配办法》《汶川地震抗震救灾资金物资管理使用信息公开办法》，有效地提高了抗震救灾款物管理使用的透明度。经过各方面的艰辛努力，从废墟中救出生还者83988人，收治伤病员119万人次，1400多万人得到及时转移，800多万临时安置群众的基本生活得到保障。① 正是由于各级党委和政府在抗震救灾过程中始终坚持“急灾区群众之所急、办灾区群众之所需、解灾区群众之所难”，才使得这场大规模的抗震救灾行动载入了史册。

3. 恢复生产，重建家园，关照人民群众

地震发生之后，加快重建美好新家园，既是灾区人民的迫切愿望，又是灾区各级党委和政府的一项重大的政治责任。四川省各级党委和政府在“5·12”汶川特大地震发生后，积极引导灾区干部群众自力更生、艰苦奋斗，把“万众一心、众志成城，不畏艰险、百折不挠，以人为本、尊重科学”的伟大抗震救灾精神转化为灾后恢复生产、重建家园的实际行动，为夺取抗震救灾的全面胜利提供坚实保障。四川省各级党委和政府主要围绕以下几个方面积极开展灾后恢复工作。一是抓紧恢复基础设施，组织救灾力量，加快恢复灾区交通、通信、供电等基础设施，为安置工作和恢复重建打下基础。二是抓紧恢复商贸流通和服务业，通过市场增加灾区商品供应，设置便民商店，搞活商品流通，维护灾区市场和物价基本稳定。三是抓紧恢复学校上课，在保证安全的前提下，优先解决教学场地问题，尽快组织灾区学校复课。四是抓紧恢复工农业生产，组织抢收抢种，抓好农资供应，争取大灾之年全省不减产、保增收；帮助受灾企业解决困难，支持尽快复产、复工和正常营运，重点支持大型骨干企业恢复生产，优先恢复供电、供气、供水企业生产。② 根据2008年9月国务院下发的《汶川地震灾后恢复重建总体规划》中关于三年灾后恢复重建的要求，四川省各级党委和政府在坚持“规划先行、民生优先、科学重建、尊重自然”原则的指引下，在兄弟省（市）“一省帮一重灾县”实施对口支援的倾力支援下，开始了地震灾后美好新家园的重建工作。2011年10月14日，四川省人民政府新闻办公室召开了新闻发布

① 刘奇葆. 打胜抗震救灾硬仗　重建美好新家园［J］. 四川党的建设（城市版），2008（7）：7.

② 刘奇葆. 打胜抗震救灾硬仗　重建美好新家园［J］. 四川党的建设（城市版），2008（7）：8.

会，就“5·12”汶川地震灾区三年恢复重建情况进行了通报。该通报指出，到9月30日，四川纳入国家总体规划的29692个重建项目已完工29300个，占重建任务的98.68%；累计完成投资8568.46亿元，占规划总投资的98.96%。其中，成功解决了近540万户城乡群众的住房问题。震后一年内，完成了364万户震损住房修复加固，震后一年半完成了150万户农房重建，震后两年时间基本完成26万套城镇住房重建。同时，截至9月30日，交通恢复重建项目完成投资1186.6亿元，占规划投资的97.3%；灾区6条高速公路全部开工建设，完成干线公路4625公里，占规划总里程的95.4%；完成农村公路28077公里，占规划总里程的96.7%；水利重建项目累计完成投资203.2亿元，占规划投资的98.4%；治理堰塞湖29个，完工28个；1222座震损水库主体工程全部完工，灾区农业综合生产能力得到提高。[①] 三年灾后恢复重建目标任务的胜利完成，谱写了一部从悲壮走向豪迈、在危难中崛起的历史新篇章。

## 三、不畏艰险、百折不挠、顽强拼搏的奋斗精神

在重大地震灾害面前，党和国家、全体人民勇敢面对，与地震灾害展开了一场史无前例、惊心动魄、波澜壮阔的大搏斗，并取得了抗震救灾的阶段性胜利。

### （一）不怕疲劳、连续作战的英雄主义精神

在震中，许多干部战士家里遭灾、失去亲人，仍顽强战斗在自己的抗震救灾岗位；无数灾区干部群众，面对家乡废墟，不弃不离；许多幸存者忍着失去亲人的悲痛，仍战斗在抗震救灾一线。参加抗震救灾的全体官兵，把党和人民的亲切关怀、褒奖和厚爱，化作强大的精神动力，时刻把人民利益放在高于一切的位置，发扬不怕疲劳、连续作战的作风，克服困难、争分夺秒，为夺取抗震救灾斗争的胜利做出了重要贡献。面对地震灾害，广大官兵显示了不怕艰险、排除万难的大无畏英雄气概；面对一万多次余震危险，许多干部战士轻伤不下火线，争分夺秒战斗；70多位将军、13万官兵，日夜奋战在抗震救灾一线，为抢救每一个生命做出百倍的努力。解放军、武警部队是抗震救灾的主力军，“哪里有解放军，哪里就有救”。武警某部参谋长王毅带领200人冒着山体滑坡危险，翻山越岭，连夜兼程，小跑90多公里，赶到汶川震区。震后最初几天，气候条件极为恶劣，但为了解救被困群众，航空兵写下遗书，15名勇士冒着生命危险，在4999米的山谷高空跳伞成功。年过半百的特级羌族飞行员、飞行大队长邱光华，在震后第二天就奉命执行任务，尽管家在灾区，但一直没能回去看望那满目疮痍的家乡。他驾驶着直升机，不停地往返在气象条件和山势环境极端恶劣的峡谷灾区运送物资、转运伤员和被困群众，5月31日下午在返回途中不幸失事。他们始终牢记全心全意为人民服务的宗旨，坚决维护和捍卫人民群众的根本利益，视灾区为家乡，视灾民为亲人，视国家和人民的利益高于一切，发扬一不怕死、二不怕苦的光荣传统和敢打硬仗、连续作战的优良作风，哪里最危险就最先冲向哪里，哪里任务最艰巨、最艰苦，就英勇顽强地坚持战斗在哪里。

---

① 四川省人民政府新闻办公室. 四川通报“5·12”汶川地震灾区恢复重建情况［N］. 四川日报，2011－10－14（1）.

## （二）敢于战斗、夺取胜利的奉献牺牲精神

广大官兵在关键时刻起到了抢险突击队的作用，为人民立下了新的功劳，不愧为文明之师、威武之师、爱民之师，不愧为人民的子弟兵，不愧是新时期最可爱的人，也理所当然地受到各族人民群众的衷心热爱和拥戴。这种坚毅勇敢的奉献牺牲精神，不仅体现在营救者身上，也体现在被营救者身上。有一位退休医生在废墟中扛着断石苦撑了4天，营救者在摇摇欲坠的残墙和悬梁下在多次营救失败后仍不肯放弃。被埋压的医生在含泪说完“放弃我吧，去救别人”之后，便用玻璃片划破双腕，吞下戒指，将生的希望留给了别的企盼营救的被埋压者。她为了他人的生命自我牺牲，这是人世间最悲壮也是最坚毅勇敢的英雄主义精神。面对极其惨烈的地震灾难，面对极其严重的困难，广大军民临危不惧、奋不顾身、舍生忘死，哪里灾情危急就向哪里冲去，哪里有生死考验就向哪里挺进，哪里有受灾群众就向哪里集结，展现了中国人民压倒一切困难而不为任何困难所压倒的超人勇气，体现了中国人民战胜一切艰难险阻的大无畏精神。这次地震给灾区带来的破坏是毁灭性的，房屋倒塌、交通阻塞、通信中断，人员伤亡惨重，余震和次生灾害接连发生。在这种极端困难的情况下，参加救援的各路大军没有被灾难吓倒、没有被困难阻挡，各路救灾大军面对灾难，不畏艰险、顽强拼搏、绝不言弃；灾区广大干部群众自力更生、奋起自救，灾区人民顽强自立，勇敢乐观地开始新的生活。在中央的大力支持下，在全国人民的大力支援下，灾后恢复重建的各方面工作都取得了重要阶段性成果，体现了中华民族自主自立、奋发向上、不断进取的精神。

## （三）人命关天、抢救到底的顽强拼搏精神

温家宝同志说道：“在灾难面前，最重要的是镇定、信心、勇气和强有力的指挥。”① 这是对百折不挠、顽强拼搏精神的最好诠释。面对地震灾害，党和政府从容不迫、科学应对，给全国人民吃了一颗“定心丸”。党中央和国务院运筹帷幄，保证了“上下一条心，全国一盘棋”，抗震救灾斗争强有力地展开，自强不息精神极大地展现。解放军、武警官兵、公安干警肯吃苦、不怕困难、能战斗，成为抗震救灾的中坚力量；基层党委政府和党员、干部出现在抗震救灾的第一线，担当起责任和义务；灾区人民没有被地震灾害吓倒，自救互救，战胜困难。多少党员干部同志强忍失去亲人的悲痛，刚被从废墟里面解救出来就立即投入了抢救他人的行列；多少干部战士连日奋战，在抢救现场连续救人几十个小时；多少幼儿园老师用后背挡住倒下的水泥板，为的是保护怀中紧抱的孩子；多少从废墟下救出的孩子向解放军行军礼，为的是回报解放军的救命之恩。在地震灾难面前，中国人民表现出的是勇敢，是坚强，是沉着，是处变不惊的镇定，是战胜一切困难的信心。总之，哪里有危险，哪里就有人民子弟兵的身影；哪里有困难，哪里就有志愿者的声音；哪里有需要，哪里就有无数双援助之手。可以相信，历经这次危难考验的中华民族，意志一定会更加坚强，精神一定会更加振奋，也一定能够战胜前进路上遇到的任何困难和艰难险阻，共同创造中华民族的幸福生活和美好未来。

---

① 温家宝：请全世界记住汶川大地震［EB/OL］．（2008－05－24）［2017－05－10］．https://news.qq.com/a/20080524/002607.htm.

## 四、统筹兼顾、尊重规律、科学合理的务实精神

十年来的历次抗震救灾尤其是“5·12”汶川特大地震抗震救灾工作的顺利完成，赢得了世界的普遍赞誉，也给世人留下了深刻的启迪和思考。抗震救灾精神中统筹兼顾、尊重规律、科学合理的务实精神更是在汶川抗震救灾中发挥着巨大的作用。不仅是抗震，在一切自然灾害面前，必须树立统筹兼顾、尊重规律、科学合理的务实精神。科技是抗灾、防灾、减灾的强大武器，是变“历史灾难”为“历史进步”的重要“补偿”手段。改革开放造就的综合国力为抗震救灾提供了强大的物质基础和技术保障，改革开放使中国与世界先进文明共存。统筹兼顾、尊重规律、科学合理的务实精神是抗震救灾精神的最重要内涵之一。

### （一）及时决策和统一指挥的科学精神

灾情就是命令，时间就是希望。地处大山深沟的阿坝州理县杂谷脑镇，在地震发生后仅仅半个小时，全镇243名共产党员便自发集结于镇党委，4小时内救出26名受灾群众，12小时内将受灾群众全部转移。整个救灾工作井然有序地进行，没有出现任何混乱。震后第3天，在震区悬崖的山谷里集合了解放军、武警部队和20多个专业兵种，以及各地方电力、通信、交通等部门的人员和设备。很快，接近400支专业救援队、4.5万医务人员赶往第一线，覆盖到每一个受灾村庄。在太空，有10多颗卫星提供受灾情报；在高空，100多架运输机、直升机、无人飞机、遥感飞机彼升此降；在陆地，有大型铲车逢山开路；在水面，有舟桥部队遇水搭桥寻找废墟下生命的控测仪；通信联系有卫星电话、手机短信、图片、影像，在网络高速公路上瞬间传遍全球。美国《华盛顿邮报》6月8日在发表的文章《在中国，高科技帮助团聚》中写道：“不到三周时间，从四川地震中倒塌的4所学校的教室中逃出的约8000名学生就同父母或亲戚团聚，这部分就要归功于网络、电话热线和大量的志愿者的工作。对那些重获团聚的孩子们来说，高科技帮了大忙。”这一切都是在改革开放之前无法想象的，改革开放40年来，国家的综合实力大大提升，为历次抗震救灾提供了强大的物质基础和技术保障，使得中国高分通过了一次次意外的“赶考”，科技工作更是交了一份满意的答卷。利用科技抗震救灾是在“5·12”汶川特大地震、玉树地震乃至2017年九寨沟地震中最先进的方式，这是一种新理念、新实践、新突破，无论是多种军种的调遣，还是多方面专家的配合，都做到了快速、有效和高效。依靠科技的力量把地震带来的危险降低到最低程度，把抢救生命的可能性推到最高限度，把灾后重建做到最理想的程度，集中体现了中国现代的国家管理能力，体现了科技的巨大威力。

自抗震伊始，党中央、国务院一直沉着应对，科学决策、科学指挥、科学施救。抗震的最初几天，要求竭尽全部力量救人，“一线希望，百倍努力”。一个星期后，扩大搜救范围，救援重点适时地由乡镇进入全部村寨；在继续抢救生者的同时，还要求防止次生灾害、加强卫生防疫，组织医疗队伍和医药器械物资覆盖所有灾区，确保大灾之后不出现大疫；对转移异地安排的受灾群众，切实解决好吃饭、饮水、穿衣、住宿等问题。同时，深入细致地开展灾区群众思想工作和心理抚慰工作，确保灾区社会安定和灾民情绪稳定。整

个灾区的管理忙而不乱，救援工作有序展开。5月下旬，党中央、国务院又要求及早谋划和适时开展恢复生产和灾后重建工作，并成立专家委员会，为抗震救灾工作提供科学支持。为处理唐家山堰塞湖险情和疏散下游百万群众，时任国务院总理的温家宝同志多次抵达北川、绵阳具体指导。中央要求各地区各部门要两手抓，全力做好抗震救灾工作，保证经济平稳较快发展，努力保持社会和谐稳定。这样科学有序的抗震救灾，各方面统筹兼顾，不仅最大限度地抢救了生命，保障了灾区人民生命财产的安全，而且也推动了国家社会的发展进步。

### （二）尊重自然和按规律办事的务实精神

“5·12”汶川特大地震发生后，科技部根据中共中央政治局常委会议精神和国务院抗震救灾指挥部会议精神，迅速做出了相关的工作部署和安排，采取六项应急措施：一是迅速组织多领域专家对地震灾情和预防次生灾害进行综合技术研判，掌握第一手材料，为抗震救灾决策服务。二是利用卫星遥感、遥测等先进技术手段，获取灾后遥感、遥测等图像资料，为及时、准确地掌握灾情提供有效帮助。三是根据灾区的紧迫需求，组织一批抗震救灾和恢复重建的应急适用技术和高新技术产品（装备），尽快送到一线，服务抗震救灾。四是从科技经费中首批紧急安排500万元，用于支援四川地震灾区。同时，在国家科技计划中再安排3000万元，专门用于支持抗震、防灾、减灾科技项目。五是立即印发部署科技抗震救灾工作的紧急通知，要求各级科技管理部门认真贯彻落实党中央、国务院的统一部署和要求，在当地党委、政府的直接领导下，采取有效措施切实发挥科技在抗震救灾中的作用。六是尽快建立遥感、地质、建筑、医药等各领域的技术咨询专家组，随时准备赶赴一线投入抗震救灾。地震发生第二天（2008年5月13日），科技部紧急召开地震灾情和科技应对措施分析会。组织部门和专家研讨分析，为党中央、国务院提供抗震救灾决策支持，研究科技工作如何服务于抗震救灾工作，听取专家关于抗震救灾工作的意见和建议。与会专家认为，要充分依靠科技为抗震救灾工作提供支撑，提高灾情研判的技术水平，依靠卫星遥感等高技术手段，加强对成灾机制和灾情的综合研判；要高度重视地震次生灾害的预防与监测；要进一步加强地震灾害的基础性研究和关键技术问题研究；在灾后重建工作中，要加强对住房抗震安全鉴定、饮用水安全、供电、通信等方面的实用技术和产品筛选推广；科技计划要进一步加强对地震灾害预测、监控与灾后重建技术研发的支持力度。会后，科技部组织专家迅速赶赴灾区。

把脉天气、会商灾情、设计方案、提出建议，各领域的大批专家发挥专业优势，为国家抗震救灾决策提供了重要的科学依据和参考。许多白发苍苍的院士奔走在抗震救灾最前线。地震形成的几十处堰塞湖险情都是在水利专家参与下排除的。特别是唐家山堰塞湖，蓄水高达2.5亿方，威胁百万人的生命安全。最终抢险取得了无一人伤亡的重大胜利，创造了世界上处理大型堰塞湖的奇迹。汶川地震受灾人数超过4624万人，如何解决好受灾群众的餐饮、防疫、居住等基本生活问题，成了摆在各级政府面前的首要难题，也是对我国综合国力和科技水平的一次考验。地震发生后第四天，四川省科技厅就紧急报送了《科技救灾专家咨询建议》。这些建议是四川省科技厅组织地质、地震、环境等方面的20多位专家根据一线灾情迅速提出的，专家建议加强堰塞湖、崩塌、滑坡、泥石流等次生灾害以及水体污染的检测防范。该建议立即引起了四川抗震救灾指挥部的高度重视，有关领导抓紧制定应对措施。危急时刻，四川省科技厅送上百名专家参与、多角度提出的包括37项的9条建议，全部被抗震救灾指挥部采纳。当幸存的1300多名北川中学学生被成功转移后，科技部和四川省科技厅为他们安装了太阳能卫星电视和照明系统、纯净水成套设备、简易板房和无电池的手电。此外，还有10部卫星移动应急指挥系统送到总参作战部的救灾部队使用，30辆抗震救灾越野车发往21个县市，10吨抗病、速生、高产的蔬菜种子投入生产自救。

在抗震救灾的关键时刻，众多科研机构与科研人员急救灾之所急，想救灾之所想，首次应用了一批拥有自主知识产权的技术和产品，帮助解决救灾工作中的实际问题，展现出科学技术在抵御灾害中的重要性。中国科学院理化技术研究所牵头，组织科研人员紧急攻关，成功研制开发出一种安全高效的净水消毒剂，其杀菌灭病毒效果、净化功能优于国内外现有的其他消毒剂，能有效地预防以水为媒介的传染病的滋生。地震发生后，中国科学院武汉病毒研究所首批紧急生产5吨杀虫制剂送往灾区，每1千克杀虫剂可作用于300平方米至1000平方米的范围。从四川什邡等地区的实际使用情况看，这种杀虫剂取得了非常好的效果。中国地质调查局水文环境地质调查中心的最新科研成果——裂缝报警器滑坡预警仪被首次投入监测地质灾害的实际应用中，该仪器由发射机、天线、接收机、跟踪架及信息处理等部分组成，具有大量程、非接触监测的特点，探测灵敏度高，可以无线方式传输报警和预警信号。第一批就紧急送往四川、甘肃地震灾区300套，对裂缝、滑坡等地质灾害全天候监测，成为名副其实的“电子哨兵”。众多针对抗震救灾而研制和投入应用的科技成果为灾区群众提供了健康、安全的生活空间，为灾区群众生活筑起了一道绿色安全屏障。

国务院颁布的《汶川地震灾后恢复重建条例》强调，编制地震灾后恢复重建规划，应当吸收有关专家意见，重大事项应当组织有关方面专家进行专题论证。把专家在重建过程中的地位以法律形式确立，既是对专家作用的充分肯定，也是对重建工作科学化、法制化乃至最终胜利完成的重要体现和保障。科技界充分认识自身责任，以科学发展观为指导，积极投入灾后重建的硬仗中，以科学态度和先进实用技术支撑灾后重建。四川省科技厅组织专家拟定出《四川汶川地震灾后恢复与重建科技行动（2008—2010）》方案，围绕灾区群众生活恢复与改善、生产恢复与发展、生态恢复与重建、科技创新能力恢复与提高四大方向，主攻成都、德阳、绵阳高新技术产业带和龙门山脉农村特色优势产业恢复重建两条主线，选择43个行动项目，落实每个项目的承担单位与技术支撑单位，集结国家科技队伍和四川科技大军，争取全国的支援，政府、企业、高校联动，释放巨大的力量。在灾后重建中，如何围绕重建工作的需要，制定并探索行之有效的科技政策，是对科技管理部门提出的新要求。只有真正形成有效的政策体系，以有效的科技政策支撑灾后重建，才能保证科技在长期的重建过程中发挥持续的作用。

近年来，为了做好抗震救灾工作，我国颁布了《中华人民共和国防震减灾法》《破坏性地震应急条例》《国家突发公共事件总体应急预案》。为做好灾后重建工作，国务院颁布了《汶川地震灾后恢复重建条例》《国务院关于支持汶川地震灾后恢复重建政策措施的意见》。坚持尊重自然，按客观规律办事，科学决策、科学调度、科学救援，既充分发挥人的能动精神，又充分发挥科技的重要作用。地震发生后，国务院在第一时间成立涉及地震、卫生、防疫、水利、地质等多学科的专家委员会作为决策咨询机构，派出了大批的救灾专家、建筑专家、心理救援专家、水利专家深入一线，发挥了专业救灾、科技救灾的支撑作用。应对自然灾害和各类突发事件正在纳入法治化轨道，政府的应急能力明显得到提升。

### （三）突发事件报道的科学和开放精神

信息化能力是现代政府进行治理和决策时必须具备的一种能力，是考察政府工作是否符合规范性、科学性、现代性等指标的一个重要方面。政府信息透明度问题是全社会普遍关注的热点，开放的新闻媒体有助于加强政府信息透明度的建设。“5·12”汶川特大地震后中国政府没有试图掩盖灾难。国内近百家报纸、电视台和广播电台参与报道了这次自然灾害。新闻、报刊、网络等各大媒体对“5·12”汶川特大地震的报道呈现出三大特征：完全开放、规模庞大、媒体间联合作战。[①] 媒体全天候的不间断的开放报道，获得了国际舆论的充分肯定。

2008年5月15日《环球时报》称，这次地震灾害成为世界观察中国的一个新窗口。《国际先驱论坛报》报道说，中国对地震的反应不同寻常地公开。中国电视台不间断地滚动播出灾情和救灾努力，这在中国还是非常少见的，这反映出了中国政府走向信息公开透明的一种趋势。中国互联网网站和聊天室里充满了对政府应急反应的赞扬声音。同时，通过汶川特大地震，我们看到了中国政府在治理突发性公共危机事件中严把舆论导向的主流影响力。各大新闻媒体在地震发生之后，以高度的政治责任感，积极主动地开展地震评论工作，引导全民理性、正确地看待发生的自然灾害，在第一时间抢占了舆论引导的先机和主动权，最大限度地压缩了民间小道消息、政治谣言和攻击性言论在社会上的传播空间，各大新闻媒体的权威性和公信力在这次地震报道中得到了鲜明体现。

总之，伟大的抗震救灾精神是党和人民极为宝贵的精神财富，它是凝聚力，是战斗力，更是创造力，充分体现了社会主义核心价值体系，极大提升了人们的国家认同和四个自信。抗震救灾精神立足于中国国情，形成于举全国之力的抗震救灾和灾后重建行动之中，以其丰富的内涵和精神实质，全方位和多角度地体现了社会主义核心价值。

## 第二节　抗震救灾精神的特征

“5·12”汶川特大地震是新中国成立以来破坏性最强、波及范围最广、救灾难度最大的一次地震。在党中央的坚强领导下，全党全军全国各族人民同舟共济、顽强奋战，展开了一场我国历史上救援速度最快、动员范围最广、投入力量最大的抗震救灾斗争。在这场伟大斗争中，我们的党、我们的军队、我们的人民用理想凝聚力量，用信念铸就坚强，用真情凝结关爱，表现出前所未有的自信和从容，表现出前所未有的爱心和热情，表现出前所未有的勇敢和智慧，抗震救灾中有一种被瞬时凝聚起来的力量，让大自然在疯狂的咆哮

① 郝敬敏，从“5·12”抗震救灾看我国政府公共危机协作治理方式的建立与完善［D］. 天津：天津师范大学，2009.

声中归于沉寂，这种力量就是抗震救灾精神。抗震救灾精神具有鲜明的时代特征，蕴含了深厚的时代情怀、人文情怀。在社会主义新时代，探析抗震救灾精神的时代内涵、特征和内蕴情怀，对于我们进一步弘扬抗震救灾精神具有重要的理论价值和实践意义。

## 一、抗震救灾精神具有深厚的为民情怀

习近平同志在十九大报告中指出，中国共产党人的初心和使命，就是为中国人民谋幸福，为中华民族谋复兴。这个初心和使命是激励中国共产党人不断前进的根本动力。① 中国共产党始终坚持自己的初心，把人民群众的利益放在首位。在地震发生后的第一时间，时任国务院总理的温家宝同志立即赶往灾区。地震发生后，从中央到地方，从官方到民间，抢救灾区人民的生命成为首要共识和重中之重。以人民利益为重是中国共产党人最核心的感召力，是全体公民最核心的认同力，是中华民族最核心的凝聚力，是社会主义最核心的和谐力。人民利益重于泰山，地震发生后，部队突破禁区强行空降，不顾危险打通道路，舍生忘死废墟救人，创造了救援史上的奇迹。灾情就是命令，时间就是希望。当地政府更是把人民利益放在首位，省委、省政府迅速召开会议，启动应急预案，做出紧急部署，成立"5·12"抗震救灾指挥部，坐镇受灾严重的都江堰市，现场指挥抗震救灾。这次抗震救灾，动员了全国的力量，视人民利益高于一切。古往今来，民本思想凝聚着我们的力量，让我们拥有了战胜无论是来自自然灾害还是外敌侵犯的信心和力量。发展为了人民、发展依靠人民、发展成果由人民共享。② 从大禹治水拯救生灵的上古传说，到十四年抗战救亡图存的浴血奋战，再到改革开放以人为本的生动实践，维护生存权、保障发展权好似一条红线，始终贯穿其中。抗震救灾中，中国的人本精神在与世界的沟通中又一次彰显。

伟大的抗震救灾精神是党领导人民在艰苦卓绝的抗震救灾斗争中形成的，有着深厚的时代背景和实践基础。③ 党中央是地震灾区人们的主心骨，为引领全国各省（市、自治区）、各地方政府、各人民团体、各行各业支援灾区发挥了坚强的领导核心作用。在抗震救灾的第一时间，党中央、国务院立即向全国发出抗震救灾的号令，党和国家领导人的身影出现在救灾最前线。中央各部门和各地党委政府紧急行动起来，尽职尽责，全力以赴，齐心协力，救援灾区；解放军和武警部队官兵迅速组成紧急救援队，披荆斩棘，强行突破，直奔抗震救灾第一线，创下了短期内运兵10万的纪录。全国人民上下一心，众志成城。面对灾害，人民解放军、武警官兵的英勇表现，以及无数民众自发参与救灾赈灾的无私行动，汇聚成一股强大的力量，无数个感动画面一一展现在人们的面前，可歌可泣，令人动容。这充分体现了共产党立党为公、执政为民的根本宗旨，第一时间激发了一方有难、八方支援的伟大民族精神，从一开始就为夺取这场地震劫难的阶段性重大胜利奠定了基础。更为重要的是，抗震救灾斗争中塑造和展现出来的万众一心、众志成城的伟大的抗

---

① 习近平. 决胜全面建成小康社会　夺取新时代中国特色社会主义伟大胜利——在中国共产党第十九次全国代表大会上的报告［N］. 人民日报，2017-10-28（1）.

② 习近平. 中国发展新起点　全球增长新蓝图——在二十国集团工商峰会开幕式上的主旨演讲［N］. 人民日报，2016-09-04（3）.

③ 刘云山. 大力弘扬抗震救灾精神　扎实推进公民道德建设［J］. 思想政治工作研究，2008（11）：4-7.

震救灾精神是我们党宝贵的精神财富，是各级党组织加强党的先进性和执政能力建设的有力武器，是教育引领广大党员干部遵守立党为公、执政为民宗旨的生动教材。对于每一个普通的中国人来说，万众一心原本就是爱国主义精神的题中应有之义，只是在这生与死、血与火、俭与难的熔炉冶炼中，尽显其真谛与本色。一言蔽之，以人为本的为民情怀是贯穿抗震救灾工作始末的一条红线。

抗震救灾精神是我们党深入贯彻马克思主义理论，将马克思主义中国化的产物。马克思主义人本思想是贯穿中国共产党在革命、建设和改革重要历史时期的指导思想，也为抗震救灾精神提供了重要的指导。党始终致力于促进人的全面发展，坚持以人为本，重视人民群众的主体地位，在“5·12”汶川特大抗震救灾工中、在“4·20”雅安地震工作中、在玉树地震抗震救灾工作中，我党始终发挥群众的主体作用。普列汉诺夫也指出，统治阶级“给意识形态的发展以巨大的极度重要的影响”①。如果没有准确把握党的性质、宗旨和指导思想，我们便不能理解抗震救灾精神的理论来源。在汶川地震灾害面前，党坚决践行以人为本的理念，努力把握抗震救灾工作的实践要求，以党中央的坚强领导为核心要素，整合社会各界力量参与抗震救灾，有效地保障了灾区群众的生命与财产安全。牢牢把握住思想政治教育工作的话语权，是中国共产党治国理政的生命线，也是取得抗震救灾工作胜利的生命线。思想政治教育工作使人民群众形成了正确的价值取向，为他们投身到抗震救灾工作中奠定了思想基础、提供了精神动力，也为汶川抗震救灾工作的胜利凝聚了社会力量。

### （一）人民群众是社会历史的主体，党在抗震救灾工作中坚持群众路线，广泛发动社会力量协同抗震救灾

人民群众是社会历史的主体，抗震救灾工作应该坚持群众路线，广泛发动社会力量协同抗震救灾，万众一心、众志成城。唯物主义历史观突出了人民群众在历史运动中的主体地位，人民群众在实践活动中创造了大量的物质财富和精神财富，推动了社会进步。马克思指出：全部人类历史的第一个前提无疑是有生命的个人的存在。② 人民群众创造了自己的历史，在没有人类出现以前，根本就不存在任何社会。恩格斯也指出：有无数互相交错的力量，有无数个力的平行四边形，而由此就产生出一个总的结果，即历史事变。③ 现实的人总是处于一定的社会关系之中的，个人的利益不可避免地会和社会利益发生冲突，但这些冲突最终会汇聚成为一股合力，推动整个社会历史的进程。资本主义社会中由于社会分工和机器的推广使用，劳动变成了一种异己的力量而驱使着人民群众。只有到了社会主义社会乃至共产主义社会，人民群众自觉的自主活动替代了自发性支配下的劳动，他们在历史上的作用才能真正地发挥出来。马克思的精神观可以归结为：在本体论上，物质存在相对于人的“精神”存在具有决定性和先在性；在认识论上，人的“精神”存在相对于人的“物质存在活动”具有决定性和关键性；在实践论上，人的“精神”存在与人的“物质

① 普列汉诺夫. 普列汉诺夫哲学著作选集（第1卷）[M]. 北京：生活·读书·新知三联书店，1959：733.

② 中共中央马克思恩格斯列宁斯大林著作编译局. 马克思恩格斯全集（第3卷）[M]. 北京：人民出版社，1960：23.

③ 中共中央马克思恩格斯列宁斯大林著作编译局. 马克思恩格斯选集（第4卷）[M]. 北京：人民出版社，1972：478.

存在活动”具有同步性并因此共同构成“革命的实践”的必要环节。今天，我们重新挖掘、准确把握和完整理解马克思的精神观对于克服时弊具有重要的指导价值和意义。精神生活是人类生活整体中的重要组成部分，是人生活的灵魂所在。在马克思看来，人的精神生活形成于人的实践活动，它以物质生活为前提，同时又超越于物质生活，具有独立性；人的精神需要是精神生活形成的直接动力，而精神生产和精神交往是精神生活形成的两种路径；与物质生活相比，精神生活更能体现人的存在及其本质，因此，促进精神生活的发展对于人的存在和发展具有重要意义。

马克思主义关于人的全面发展学说坚持关注现实生活中的每一个人，我们的抗震救灾工作更应坚持以人为本，切实保障每一个受灾群众的切身利益。马克思指出，在以生产资料私有制为主导的社会中，社会分工束缚了个人的发展，个人的活动被固定在一定的范围内，因而个人的发展只是一种片面的发展。到了共产主义社会，生产资料摆脱了资本属性而被联合起来的个人共同占有，代替那存在着阶级和阶级对立的资产阶级旧社会的，将是这样一个联合体，在那里，每个人的自由发展是一切人的自由发展的条件。[①] 同时，一个人的发展取决于和他直接或间接进行交往的其他一切人的发展。[②] 促进个人的全面发展，必须关注现实生活中的每一个具体的人，保障他们的基本权益，尊重他们的生命。2008年汶川特大地震发生之后，国家立即启动应急预案，并作出“第一位任务是救人”的重要指示，争分夺秒地抢救受灾群众。在过了黄金救援时间之后，公安部门再次向搜救队伍作出指示，对灾区进行地毯式搜索，有一丝希望就绝不放弃，对人民群众的生命负责。中国共产党是先进的马克思主义政党，在汶川抗震救灾工作中抢救每一个受灾群众的生命财产安全，践行着以人为本的执政理念。2010 年 4 月 14 日，青海省玉树藏族自治州玉树市发生 6 次地震，最高震级 7.1 级，发生在 7 点 49 分，地震震中位于县城附近。为及时掌握玉树地震灾区震后地质变化情况，预防因强震造成的塌方、泥石流等次生地质灾害的发生，4 月 14 日下午，国土资源部紧急调派 2 架航空遥测飞机和 6 名机组人员赶赴玉树。航遥飞机到达玉树后，立即在震区开展航空遥测工作，拍摄震后遥感照片，与震前卫星遥感照片进行对照，核实地震灾害情况，排查地质灾害隐患，为国家和省抗震救灾指挥工作提供了有力的依据。2010 年 4 月 14 日 8 点 30 分，青海省气象局主持工作的副局长召集相关处室领导召开会议，就玉树市的灾后救援及开展气象服务工作进行了安排部署。省气象局随即派出了以副局长为首的赴地震灾区救援组，并准备了帐篷、发电机、应急移动气象台、移动通信设备及药品、食品等物资，开展气象部门救援工作。2013 年 4 月 20 日 8 时 02 分，四川省雅安市芦山县发生 7.0 级地震。国家基础地理信息中心根据国家测绘地理信息局的部署和要求，第一时间响应，立即开展抗震救灾工作安排部署。8 点 50 分，第一支救援队已经赶到了受灾现场，绿色救援通道正式形成，各级政府救援组织已经赶往灾区现场，各级领导也立即行动赶往震区，国务院总理和四川省省长、省委书记相继在几个小时之内都到了雅安，国外媒体不得不感叹中国政府的反应速度，不得不感叹中国政府

---

① 中共中央马克思恩格斯列宁斯大林著作编译局. 马克思恩格斯选集（第 1 卷）［M］. 北京：人民出版社，1995：294.

② 中共中央马克思恩格斯列宁斯大林著作编译局. 马克思恩格斯全集（第 3 卷）［M］. 北京：人民出版社，1960：515.

的救援力量。

### （二）马克思主义关于人的全面发展学说关注现实生活中的每一个人，党在抗震救灾工作中坚持以人为本，切实保障每一个受灾群众的切身利益

马克思、恩格斯长期以来重视无产阶级政党与工人群众的关系。由于马克思、恩格斯处在无产阶级政党刚刚诞生的时期，他们更多阐述的是无产阶级政党产生的依据或合理性，从而论证无产阶级政党取代已有的其他工人政党而成为无产阶级领导者的资格。围绕着这个核心，马克思、恩格斯在自己的著作中提出了有关党群关系的基本内容。早在马克思、恩格斯创立世界上第一个无产阶级政党的时候，就指明了党与人民群众之间的基本关系，即党是无产阶级解放事业的推动力量和领导者，与此同时，也阐述了党必须以工人群众为依托——无产阶级是无产阶级政党实现领导功能的阶级基础。在 1848 年发表的《共产党宣言》中，马克思、恩格斯明确指出：在实践方面，共产党人是各国工人政党中最坚决的、始终起推动作用的部分；在理论方面，他们胜过其余无产阶级群众的地方在于他们了解无产阶级运动的条件、过程和一般结果。马克思和恩格斯认为，无产阶级政党从产生之日起就担负着领导人民群众的重任。同时，党与人民群众之间的根本利益是吻合的、一致的。共产党之所以代表工人群众的利益，最根本的原因在于无产阶级若不从其他一切社会领域解放出来从而解放其他一切社会领域就不能解放自己的领域；无产阶级只有解放全人类，才能最后解放无产阶级自己。换句话说，无产阶级的利益就是广大人民群众的利益，党代表无产阶级的利益，就是代表人民群众的根本利益。与资产阶级政党宣称代表所有选民的利益相区别，无产阶级的运动是绝大多数人的、为绝大多数人谋利益的独立的运动，因而，无产阶级决不代表其他反动阶级的利益。无产阶级政党是无产阶级利益的代表者，而那些其他阶级的个人加入无产阶级政党，是建立在他们已经改变各自旧的阶级立场的前提下，他们的主张和行动应体现人民的利益和党的利益。

马克思指出，在以生产资料私有制为主导的社会中，社会分工束缚了个人的发展，个人的活动被固定在一定的范围内，因而个人的发展只是一种片面的发展。到了共产主义社会，生产资料摆脱了资本属性而被联合起来的个人共同占有，代替这种旧社会的将是这样一个联合体，在那里，每个人的自由发展是一切人的自由发展的条件。[①] 同时，一个人的发展取决于和他直接或间接进行交往的其他一切人的发展。[②] 促进个人的全面发展，必须关注现实生活中的每一个具体的人，保障他们的基本权益，尊重他们的生命。中国共产党是先进的马克思主义政党，在汶川抗震救灾工作中抢救每一个受灾群众的生命财产安全，践行着以人为本的执政理念。汶川、雅安、玉树等大地震发生后，党和国家高度重视人民群众的主体地位，积极动员人民群众投身到抗震救灾工作中，众志成城、万众一心，取得了汶川抗震救灾工作的胜利。

发挥中国共产党坚强领导的核心作用，整合社会力量参与抗震救灾工作。自 20 世纪

---

① 中共中央马克思恩格斯列宁斯大林著作编译局．马克思恩格斯选集（第 1 卷）［M］．北京：人民出版社，1995：294．

② 中共中央马克思恩格斯列宁斯大林著作编译局．马克思恩格斯全集（第 3 卷）［M］．北京：人民出版社，1960：515．

50年代以来，我国建立了救灾抗灾的基本机制，此后又不断地完善并制定了一系列防治灾害的法律法规，逐渐把救灾抗灾纳入了法制化的轨道，提高了应急机制的科学性和实效性。“每次灾难都不同程度地考验着中国共产党整合社会力量的能力。”[①] 在汶川特大地震发生后，需要在第一时间内迅速调集军队、武警部队及社会救援力量投入抗震救灾工作之中。由于投入的救灾力量非常多，如果没有党的坚强领导来协调指挥，那么就会分散救灾力量，影响汶川抗震救灾工作的效率。在汶川抗震救灾工作中，党中央集中统一领导指挥，各部门分工协作，地方政府部门负责落实中央的救灾指示，调派专业救援力量开展救灾工作，这有效地整合了社会救援力量，增强了抗震救灾工作的实效性。党和国家积极动员社会各界力量投入抗震救灾工作之中，加强社会互助，同时开展有效的国际国内合作，共同夺取抗震救灾工作的胜利。

坚持以人为本，在抗震救灾工作中努力保障灾区群众的生命与财产安全。在汶川抗震救灾工作中，中国共产党坚持以人为本，以救人为第一，把群众的生命财产安全放在首位。救援队伍贯彻党中央的指示，全力解决灾区供水、通电等问题，解决受灾群众的后顾之忧。基层党组织在救灾工作中起着战斗堡垒的作用，把保障人民群众的生命安全作为各项工作的中心任务，广大的共产党员发挥着模范先锋作用，始终坚守在汶川抗震救灾工作的第一线，他们用实际行动践行着以人为本的理念。在灾区工作中，各项工作都围绕群众来展开，以保障灾区群众生命安全为第一要务，着力保障灾民的基本生活，切实维护好灾区群众的利益。坚持以人为本的理念，有利于抚慰灾区群众的心理创伤，增强他们对党和国家的认同感和归属感，为灾区重建和社会经济秩序的恢复发展提供精神动力。

### （三）中国共产党以马克思主义为指导思想，在抗震救灾工作中尊重科学，确保了抗震救灾工作的科学有序进行

马克思、恩格斯认为，无产阶级不是被动地接受党对阶级利益的代表，党的领导核心作用的发挥主要在于工人乃至人民群众的认可。中国共产党自成立以来便把思想政治教育工作摆在首要地位，经过90多年的教育实践活动，积淀了丰富的思想政治教育工作经验，同时也得到了广大人民群众的高度认可。毛泽东同志指出：如此伟大的民族革命战争，没有普遍和深入的政治动员是不能胜利的。[②] 掌握了思想政治教育工作，就掌握了革命的话语权，就能把人民群众的伟大力量凝聚到革命和建设过程之中。自党的十八大以来，党高度重视意识形态领域的安全问题，运用思想政治教育工作这把利器来应对西方国家的和平演变。在全国高校思想政治工作会议上，习近平总书记强调：把思想政治工作贯穿教育教学全过程。[③] 这一论述说明了思想政治教育工作的紧迫性和重要性，它培育了人民群众正确的人生观和价值观，提振了民族精神，弘扬了不怕牺牲、攻坚克难、团结一致、万众一心的优良作风，为抗震救灾工作的胜利提供了有力保障。

思想政治教育工作培育了人民群众正确的人生观和价值观，为抗震救灾工作凝聚了社

---

① 张丰清. 中国共产党应对灾难整合社会力量的经验研究［J］. 学校党建与思想教育，2015（17）：19－21.

② 毛泽东. 毛泽东选集（第2卷）［M］. 北京：人民出版社，1991：480.

③ 张烁. 习近平在全国高校思想政治工作会议上强调：把思想政治工作贯穿教育教学全过程　开创我国高等教育事业发展新局面［N］. 人民日报，2016－12－09（1）.

会各界救援力量。思想政治教育工作的目的在于运用马克思主义基本理论不断地塑造人民群众正确的价值取向，提高人民群众认识和改造世界的能力。在民主革命时期，中国共产党的思想政治教育工作目的在于揭露帝国主义和封建主义的反动性，坚持运用马克思主义提高人民群众的思想觉悟，培育民主革命和建设的接班人。新中国成立之后，思想政治教育工作的主要目标是努力培养无产阶级革命事业的接班人。进入改革开放新时期，为适应改革和发展新形势，促进人民群众的全面发展，思想政治教育工作的主要任务是培育有理想、有道德、有文化、有纪律的社会主义公民，提高整个中华民族的思想道德素质和科学文化素质。① 在汶川抗震救灾工作中，一切工作的中心都是以救人为第一要务。汶川抗震救灾工作中的主体是“80后”青年，他们不畏牺牲、意志坚毅，始终奋斗在抗震救灾工作的第一线，为夺取抗震救灾工作的胜利甚至付出了宝贵的生命，这和党的思想政治教育工作是分不开的。思想政治教育工作培育了人民群众不畏艰险、团结一致的优良作风，这些优良作风在汶川抗震救灾工作中发挥着凝神聚力的重要作用。

思想政治教育工作是中国共产党领导人民群众取得汶川等各大抗震救灾工作胜利的精神力量，也是抗震救灾精神形成的重要媒介。马克思指出：理论一经群众掌握，也会变成物质力量。② 列宁也曾指出：思想一经群众所掌握，就会变为力量。③ 马克思主义要同中国革命现实情况、与最广大的人民群众相结合才能转化成物质力量，而思想政治教育是把马克思主义基本理论和人民群众联结起来的最有力的武器。思想政治教育工作有利于把马克思主义的价值取向传播到社会成员之中，不断提高社会成员的思想境界。毛泽东同志指出：政治工作是一切经济工作的生命线。④ 汶川特大地震发生之后，各级党委宣传部门立即启动应急宣传机制，及时准确地发布灾区情况，掌握社会舆论的话语权，宣扬抗震救灾英雄事迹，鼓舞了民众夺取抗震救灾胜利的信心。同时，党和国家通过发挥思想政治教育工作的生命线作用，塑造了人民群众正确的价值取向，培育了人民群众不畏艰险、自力更生的优良品质，增强了社会凝聚力，为汶川抗震救灾工作的胜利提供了思想保障。

## 二、抗震救灾精神具有深厚的集体主义情怀

在中国共产党的带领下，我们取得了“5·12”汶川特大抗震救灾的伟大胜利，一个重要原因就在于社会主义国家所特有的集体性。在汶川抗震救灾工作中，非受灾地区的各级党组织、党员领导干部和共产党员，及时转达中央指示精神，按照党中央的统一部署，统一思想认识，组织和动员本地区本部门的力量，全力支持灾区抗震救灾，共同完成好抗震救灾的重大任务。继续发扬“一方有难，八方支援”的精神，积极发动社会各界开展捐助活动，帮助灾区渡过难关。全国各级党组织和广大共产党员发扬团结互助、共克时艰的精神，形成战胜困难、夺取抗震救灾胜利的强大合力。采取措施，筹措资金，全力帮助灾区做好基层党组织活动场所、党员教育设施和干部教育基地的恢复重建工作，积极救助受

① 中共中央文献研究室．十二大以来重要文献选编（下）[M]．北京：人民出版社，1986：1176.

② 中共中央马克思恩格斯列宁斯大林著作编译局．马克思恩格斯选集（第1卷）[M]．北京：人民出版社，1995：9.

③ 中共中央马克思恩格斯列宁斯大林著作编译局．列宁全集（第60卷）[M]．北京：人民出版社，1990：460.

④ 毛泽东．毛泽东选集（第5卷）[M]．北京：人民出版社，1977：243.

灾党员，帮助他们解决生产、生活中遇到的实际困难。对基层党组织活动场所、党员教育设施损坏严重的，加大救灾资金和党费支持的力度。积极开展非灾区党组织与灾区党组织结对帮扶活动，通过资金援助、企业结对帮扶、党员个人爱心救助等多种方式，帮助灾区的党员群众和因灾害成为孤儿、孤老、残疾人的困难群众，充分体现党组织的关怀和温暖。同时，各级党委组织部门起带头作用，在全国组工干部中开展自愿交纳抗震救灾“特殊党费”活动，以实际行动讲党性、重品行、做表率。从十几元到上千万元，交纳“特殊党费”的党员来自工厂、农村、部队、机关、社区等，既有国有企事业单位的党员，也有非公有制企业员工和业主党员，还有离退休党员、流动党员和领取最低生活保障金的党员。从 80 多岁的耄耋老人到尚未毕业的大学生，从正在挽救受灾群众生命的“白衣战士”到正在备战奥运的“体育健儿”，大家交钱数额不等，身份只有一个：共产党员！留言有长有短，声音只有一个：我们心系灾区人民！

伟大的抗震救灾精神是爱国主义、集体主义、社会主义精神的集中体现和新的发展，是我们党和军队光荣传统和优良作风的集中体现和新的发展，是中华民族的伟大民族精神和当代中国人民的时代精神的集中体现和新的发展，是党和人民极为宝贵的精神财富。伟大的抗震救灾精神在短时间内的集聚迸发不是偶然的，它深深植根于伟大的时代和伟大的实践之中。中国共产党领导全国人民展开的抗震救灾斗争是抗震救灾精神形成的实践基础。我们党是中国人民的主心骨，是战胜一切艰难险阻的领导核心。抗震救灾精神坚持了集体主义价值导向，反映了集体主义的本质，蕴涵着集体主义道德价值，昭示着集体主义具有强大的生命力和凝聚力。在抗震救灾斗争中，集体主义精神进一步发扬光大，面对汶川特大地震灾害，中国共产党以人为本、全心全意为人民服务的性质和宗旨得到了充分的展现。伟大的抗震救灾精神也为我们如何在市场经济条件下弘扬集体主义原则，提供了生动的教材。① 在抗震救灾过程中，党中央心系人民、总揽全局，坚强领导、科学指挥，各级党组织和广大共产党员充分发挥中流砥柱作用，极大地鼓舞和坚定了各族人民战胜地震灾害的勇气和信心，从而夺取了抗震救灾斗争的重大胜利。抗震救灾精神既承载过去的历史与记忆，又面对现实与指向未来。随着抗震救灾精神在全社会的大力弘扬，在灾后的恢复重建与全面推进小康社会建设的前进道路上必将锤炼出一种更加符合时代需要和体现人民利益的崇高精神。

## 三、抗震救灾精神具有浓郁的人文情怀

抗震救灾的整个过程都贯穿着一种以人为本的伦理关怀和尊重生命的价值理性②。珍惜每一个公民的生命和权利，把每一个公民的安危冷暖放在心上，这是一个伟大国家的伟大之所在。保护每一个生命，爱护每一个公民，这是中华民族爱国主义精神强大生命力之所在。抗震救灾始终把救人放在第一位。地震发生后，胡锦涛同志立即做出重要指示：尽快抢救伤员，保证灾区人民生命安全。坚持把救人放在首要位置，继续争分夺秒地营救被困群众。为了救人，各军兵种纷纷行动起来，以最快的速度赶往现场实施救援，把抢救生

① 杨先农. 抗震救灾精神的集体主义意蕴 [J]. 毛泽东思想研究，2009 (3)：1-5.

② 康厚德. 抗震救灾精神的时代特征 [J]. 思想政治工作研究，2008 (11)：38-39.

命作为第一任务。各级党委和政府迅速组织抢救大军，统筹安排抢救工作，夜以继日地开展“地毯式”搜救，争取在第一时间救出更多人。大地震 72 小时后、100 小时后、164 小时后、179 小时后，废墟下的一个个生还者不断突破着生命极限。把救人放在第一位，视人民生命高于一切，极大地彰显了抗震救灾的核心价值。在突如其来的灾难面前，第一次大规模调集多兵种，全力救灾；第一次启动紧急应急机制，集全国之力支援灾区；第一次设立为期三天的全国哀悼日，举国祭奠遇难平民；第一次以开放的态度，让国际救援队直接进入灾区……这些都充分体现了以人为本的理念。正是以人为本的理念，使我们国家、民族对生命的尊重和关爱提升到一个崭新的高度，让全世界看到了一个文明进步、团结自信、开放透明的中国。

2008 年汶川特大地震发生后，在党中央、国务院的坚强领导下，全中国人民在巨大的自然灾害面前，团结一致、奋力抗灾，与灾区人民共患难、同呼吸、心连心，展现了一幅一方有难、八方支援、团结互助、和衷共济的壮观画卷。短短几天内，大量救援物资从全国各地运往四川，不曾相识的人们的真诚抚慰通过各种方式传送给灾区群众。海外侨胞，港、澳、台同胞，凡有华人的地方，迅速募集了巨额资金。在赈灾募捐活动中，台湾同胞发出了“血都是红的，心都是热的”豪言，对大陆同胞表达了救助的手足之情。在极短的时间内，全国民众、各族同胞、海外侨胞和世界友好国家的政府、组织，纷纷自发地行动起来，积极捐款捐物。中国政府和灾区人民先后共收到捐款高达 400 多亿元，以及成百上千万件救灾物资，而全国民众和全世界人民对灾区同胞的一片诚挚爱心和深情厚谊绝对不只是这 400 多亿元捐款和成百上千万件救灾物资所能够衡量的。灾难发生后几个小时，温家宝同志就赶赴灾区，召开抗震救灾会议，部署抗震救灾工作；灾区党政领导立即行动起来，组织军民抗震救灾；受灾群众迅速自救；灾区部队官兵不顾生命危险，立刻投入战斗；中央军委迅速调动 13 万大军，投入抗震救灾中；许多出租车司机自发到灾区接运受伤民众；无数志愿者加入到了抗震救灾队伍。地震无情人有情，全国人民、海外华人情系灾区，一列列火车、一架架飞机、一队队汽车满载着物资、食品，满载着各地群众的深情厚谊，从各个方向往灾区集结。正是广大国民为国分忧、为国解难的爱国主义情怀，正是中华民族团结互助、同舟共济的爱国主义传统，转化为战胜地震灾害的强大力量。

四川汶川、雅安、九寨沟等的抗震救灾工作再次证明：全国人民与灾区人民心连心，同呼吸、共命运，任何困难都压不倒英雄的中国人民。中华民族是一个团结统一的伟大民族，具有强大的向心力和凝聚力。这一精神在这次抗震救灾实践中得到了集中体现。全国各个省市和社会各个组织积极伸出援助之手，调集大批人力物力财力支援抗震救灾，向灾区人民送温暖、献爱心。全国多个省市对口支援四川灾区，帮助灾区人民重建家园。各地献血站前，人们排起长队，争先恐后地献血。多少救助队伍奋斗在灾区前线，多少抢救队员为抢救废墟下被埋人员导致受伤甚至牺牲；为保证道路通信畅通，多少施工人员被余震夺去生命；为确保大灾后不出现大的疫情，多少白衣天使累倒在岗位上；为使灾区人民尽快脱离险境，多少志愿者从四面八方赶来无私奉献。在特大灾难面前，全国各族人民坚持一方有难、八方支援，举国上下患难与共，前方后方同心协力，海内海外和衷共济，各地区各部门以灾情为最高命令、以救灾为神圣使命，紧急行动，倾力支持，无私奉献，共克时艰，凝聚起抗震救灾的强大合力，显示了中华民族的巨大凝聚力和伟大的精神力量。

这样大规模的抗震救灾斗争体现了一种浓郁的人文情怀，这个群体中有坚守一线的党员干部、无私奉献的人民子弟兵、可亲可敬的老师，更有数以万计的志愿者、民间组织自发自愿的参与。联合国官方将志愿精神定义为一种自愿的、不为报酬或收入的条件下而参与推动人类发展、促进社会进步和完善社区工作的精神，是个人对生命价值、社会、人类和人生观的积极态度，是公众参与社会生活的一种非常重要的形式。我国对于志愿精神内涵的共识来自江泽民同志在2001年对中国青年志愿者的重要批示，他将志愿精神的内容概述为“奉献、友爱、互助、进步”，这种概括结合了中华民族“仁爱”和“向善”的传统美德，以及与时俱进的时代精神。“5·12”汶川特大地震发生后，政府第一时间启动应急管理机制，众多NGO（非政府组织）及志愿者大量涌入灾区展开救援。其中，NGO的广泛参与发挥了十分重要的作用。应地震紧急救援之需而诞生的四川“5·12”民间救助服务中心（以下简称“5·12”中心）的经历表明：通过规则、自律和务实、稳健、灵活的运作，NGO合作不仅是可能的，而且是可持续的。5月15日，来自四川本地、北京、贵州、陕西等地的20多家NGO以及志愿者在成都召开会议，其中8家NGO是“四川青年志愿者项目”的成员，会议最重要的结果就是直接催生了在抗震救灾中作为民间公益组织合作服务平台的“5·12”中心。参加联合行动的机构，从性质上看，本土机构18个，国际发展机构6个，基金会及NGO支持型组织4个，志愿者组织3个，互联网公益组织3个。可以看出，参与行动的NGO类型和背景各异。“5·12”中心作为NGO组织间合作的共同体，致力于为来自各地的NGO及爱心人士有序地参与四川抗震救灾和灾后重建的工作提供有效的信息服务和政策分享，推动NGO相互合作、共同参与救灾工作。2013年4月20日上午8时02分，四川省雅安市芦山县发生7.0级地震，受灾人口152万，受灾面积12500平方公里，地震共造成196人死亡，11470人受伤，累计受灾人数38.3万人。地震发生后，十多家家公益机构共同组成了“4·20”联合救援队，最终形成了68家民间公益组织加入成都市公益组织“4·20”联合救援行动（以下简称“4·20”联合行动），这是抗震救灾中NGO间的又一次大规模合作。“4·20”行动协助政府、协力灾民完成“4·20”抗震救灾工作，主要工作方向如下：第一，为民间救援队伍及志愿者提供后勤支持、技能培训；第二，协调民间救援力量，避免无序救灾；第三，在关注重灾区的基础上，重点协助非重灾区、非新闻热点灾区的救灾工作；第四，重点关注灾区弱势群体包括妇女、儿童、残疾人、老人的需求。

总之，对生命不言放弃，对受伤群众治疗倾尽全力，对受灾群众生活呵护有加，志愿者毫不犹豫奔赴灾区等，充分体现了党和政府对人民生命的珍爱和重视。

## 四、抗震救灾精神具有深厚的民族情怀

在五千年人类历史的漫漫长河中，中华民族孕育出了伟大的民族精神。中华民族精神的一个鲜明特征就是在突如其来的巨大灾害面前，在不可抗拒的天灾人祸面前，从不低头，勇于抗争。万众一心、众志成城、不屈不挠，以大智大勇战胜大灾大难，是中华民族精神早在形成期就已确立的固有品格。千百年来，中华民族的伟大民族精神不断发扬光大，熠熠生辉。压力与磨难催生伟大的精神，考验和挑战锤炼民族的性格。我国广大干部群众在这次抗震救灾中所表现出来的崇高精神，又一次升华了中华民族精神，为中华民族精神增添了一笔新的宝贵财富。在特大地震灾害面前，中华儿女同舟共济、生死与共，凝

聚成一个休戚相依的命运共同体，表现出万众一心、众志成城、和衷共济的民族团结意识；一方有难、八方支援、守望相助的民族奉献精神；以人为本、对人负责、珍爱生命的民族价值取向；临危不惧、迎难而上、百折不挠的民族英雄气概；忠于职守、顾全大局、公而忘私的民族高尚情操；在挫折中拼搏，在逆境中奋起，自力更生、艰苦奋斗的民族自强品格，形成了凝聚人心、团结奋斗的强大精神支柱，成为新世纪新阶段社会主义核心价值体系建设的又一次生动实践。伟大的抗震救灾精神，再一次让全世界看到了中华民族的凝聚力，看到了改革开放 40 年来中国人民精神世界的逐渐丰富，看到了我们党和政府民主、开放、文明、进步和负责任的良好形象，看到了当代社会主义中国的崭新面貌。历史将永远记住 2008 年这个不平凡的 5 月。

抗震救灾精神是在抗震救灾实践中逐渐形成的，它既有丰富的民族精神特质，又与时俱进，具有独特的超越性。列宁曾说："爱国主义就是千百年来固定下来的对自己祖国的一种最深厚的感情。"[①] 祖国是每一位公民的强大依靠，是每一个人的精神港湾。司马迁在《报任少卿书》中说道："常思奋不顾身，而殉国家之急。"陆游在《夜泊水村》中感叹："一身报国有万死，双鬓向人无再青。"热爱祖国，就是一个人精神世界和情感深处的大爱、真爱。这种献身祖国的大爱，是中华民族成员心灵的旗帜和行动的昭示。爱国主义的现代生命力，在于它拥有中国与世界新型关系接轨的现代理性和新的价值内涵，是一套稳定、可延续的、为民族共同体所基本认同的价值体系、社会制度和行为规范。那些在灾难面前不低头、不放弃、不屈服的真情事迹，那些舍己为人、顽强拼搏、自强不息的感人场景，那些无私奉献、真心付出、慈爱善举的动人画面，既是人与人的真情演绎，也是人和社会的良性互动，更是爱国主义的生动写照。中华民族历经五千年的风雨，经受了各种磨难甚至屈辱，战胜了一次又一次艰难困苦，终于巍然屹立于世界民族之林。

## 五、抗震救灾精神具有突出的科学情怀

中国共产党以马克思主义作为党的行动指南，把马克思主义科学思想运用于抗震救灾实践之中，最终取得了抗震救灾工作的胜利。在这次抗震救灾中，科学所显示的力量是巨大的。汶川特大地震发生后，科学地进行政治动员的思维方式和工作方法在整个救灾过程中得到了全面体现和发挥。具体表现为[②]：

首先，科学技术手段与科学决策的运用。抗灾初期，面对埋在废墟下的人民，面对水、电、交通、通信设施严重损害的局面，面对与外界隔绝的境遇。党中央、国务院积极采取措施，明确分工、严密组织、科学筹划，在成立抗震救灾总指挥部的同时积极深入灾区开展救助工作。为防止次生灾害的发生，党和政府果断决定，采取人员隔绝和消毒防疫的方式防止疾病的蔓延，有效地遏制了疾病的传播。国务院在第一时间成立了涉及地震、卫生、防疫、水利、地质等多学科的专家委员会，消防、医疗、水利、建设、卫生防疫、心理治疗等各种专业救援队伍迅速开往灾区。广大抗震救灾人员始终坚持科学施救，注重

---

① 中共中央马克思恩格斯列宁斯大林著作编译局. 列宁选集（第 3 卷）[M]. 北京：人民出版社，1972：608.

② 杨龙，徐彬. 从"5·12"抗震救灾看中国共产党政治动员的"人本观"[J]. 福建师范大学学报（哲学社会科学版），2009（3）：37－43，73.

发挥专业队伍的作用，配备和使用性能先进的多功能组合工具和便携式特种救灾设备，动用卫星实施救灾。这些先进装备在抗震救灾中大显身手，突出了科学救灾、专业救灾、减少伤害的理念。

其次，心理救助与疏导的运用。针对受伤者、幸存者、救援者等不同群体以及成人、小孩等不同年龄段的心理特点实施针对性救助。在救助中，科学方法、专业知识受到重视，陪伴、聊天、演讲、绘画、游戏、指导等诸多方式得到充分运用。应该说，心理救助与疏导在震后建设中发挥了巨大作用，消解了地震带来的中长期心理冲击，促进了各项工作的积极开展。

最后，及时、透明、到位的信息发布机制的形成。这次抗震救灾建立的及时、公开、透明的信息发布机制，在最大程度上预防和制止了谣言的传播，避免了在灾难面前不必要的恐慌，维护了社会稳定，充分表现了党和政府的坚强自信与以人为本的执政理念，让全国公众和全世界迅速了解灾情和政府高效的救灾努力，树立了党和政府的良好形象，迅速为抗震救灾营造了万众一心、众志成城的舆论氛围，获得了国际社会的理解和支持。

汶川特大地震发生后，党和政府组织抗震救灾工作有序进行，人力分配、军队调动、物资运输、社会治安、后勤供应、情报科研、医疗防疫、教育宣传、灾民安置……各种事项齐头并进，反映了党的执政能力和执政水平。中国政府果断有效地迅速施救赢得了国际社会的好评。救援队伍配备专业救援人员，运用科学的力量，加强技术指导，充分利用生命探测仪和搜救犬等实施搜救。政府把保障公众生命安全作为首要任务，最大限度地减少灾害及其造成的人员伤亡。这次特大地震灾害“成为对各级领导班子和领导干部领导水平和执政能力的一场特殊考试”[①]。正是由于他们尊重科学、运用科学、勇挑重担、敢于负责的精神，使得抗震救灾取得了阶段性的胜利，显示了很强的组织和领导能力，为抗震救灾提供了坚强的组织保证。事实再一次说明，我们党尊重事实、尊重科学的态度越端正，执政能力和执政水平越高，我们就越能战胜前进道路上的各种艰难险阻。

中国共产党成立 97 年以来，无论是顺境还是逆境，都初心不改、矢志不渝，团结带领人民历经千难万险，攻克了一个又一个看似不可攻克的难关，创造了一个又一个彪炳史册的人间奇迹，同时也缔造了丰富的红色精神：井冈山精神、长征精神、延安精神、大庆精神、“两弹一星”精神、航天精神、抗震救灾精神……这些伟大的红色精神在新时期不断续写着中国共产党和中国人民的精神追求。抗震救灾精神是民族精神、时代精神在非常状态下的激活与焕发，随着时间的流逝，它将凸显更鲜明的时代特征。未来我们必须对抗震救灾精神的时代特征、深刻的内涵和底蕴进行挖掘，将之转化为一种文化软实力资源，使抗震救灾精神内化为人们的心理积淀，成为人们的自觉精神追求，更好地传承和弘扬，“更好构筑中国精神、中国价值、中国力量，为人民提供精神指引”[②]。

---

① 汪杰. 改革开放以来中国共产党应对重大突发事件与提高执政能力的互动 [J]. 理论探讨，2012 (6)：124－127.

② 习近平. 决胜全面建成小康社会　夺取新时代中国特色社会主义伟大胜利——在中国共产党第十九次全国代表大会上的报告 [N]. 人民日报，2017－10－28 (1).

# 第三章 抗震救灾精神的形成和发展

伟大的抗震救灾精神在本质上属于中国精神和中华文化的重要组成部分，它的产生有其现实基础和理论来源。中国共产党领导全国人民展开的抗震救灾斗争是抗震救灾精神形成的实践基础，中国特色社会主义是抗震救灾精神形成的制度保障，改革开放取得的辉煌成就是抗震救灾精神形成的丰厚土壤。[①] 爱国主义是抗震救灾精神的核心要义，而“以人为本”是抗震救灾精神的最重要内容，马克思主义理论中人民群众是社会历史主体的思想贯穿于抗震救灾精神形成过程的始终，中国特色社会主义理论体系是抗震救灾精神生成的理论基础，中华优秀传统文化、革命文化和社会主义先进文化为抗震救灾精神的形成提供了深厚的文化底蕴。在新时代挖掘抗震救灾精神的现实基础、理论基础和文化渊源对于进一步加强抗震救灾精神教育，弘扬伟大的抗震救灾精神，更好地构筑中国精神，为十三亿中国人提供精神指引具有重要的现实意义。

## 第一节 抗震救灾精神的理论基础和文化渊源

### 一、抗震救灾精神的理论基础

任何一种理论都是在以往理论的基础上健全发展起来的，抗震救灾精神也不例外。毛泽东曾指出：领导我们事业的核心力量是中国共产党，指导我们思想的理论基础是马克思列宁主义。[②] 抗震救灾精神内涵丰富，包括以人为本、民生为先的执政理念，和衷共济、友爱互助的传统美德，自强不息、敢于胜利的精神风貌，尊重科学、崇尚理性的务实作风。[③]“以人为本”是马克思主义哲学的基本理念之一。伟大的抗震救灾精神既有来自中国深厚的传统文化的滋养，也有马克思主义深厚的理论基础。

---

① 刘云山. 大力弘扬抗震救灾精神 扎实推进公民道德建设［J］. 思想政治工作研究，2008（11）：4－7.

② 毛泽东. 毛泽东文集（第6卷）［M］. 北京：人民出版社，1999：350.

③ 林伟. 习近平盛赞“抗震救灾精神”给人启迪［EB/OL］.（2011－08－23）［2017－05－31］. http://cpc.people.com.cn/GB/64093/64103/15485675.html.

### （一）抗震救灾精神形成的马克思主义理论基础

马克思主义（Marxism）是马克思主义理论体系的简称，马克思主义理论体系覆盖了马克思本人关于未来社会形态——科学社会主义的全部观点和全部学说。马克思主义是关于全世界无产阶级和全人类彻底解放的学说，由马克思主义哲学、马克思主义政治经济学和科学社会主义三大部分组成，是马克思、恩格斯在批判地继承和吸收人类关于自然科学、思维科学、社会科学优秀成果的基础上于19世纪40年代创立的，并在实践中不断地丰富、发展和完善的无产阶级思想的科学体系。作为中国共产党和社会主义事业指导思想的马克思主义是从广义上理解的马克思主义，既包括由马克思、恩格斯创立的马克思主义的基本理论、基本观点、基本方法，也包括经列宁等对其继承和发展推进到新的阶段，并由毛泽东、邓小平、江泽民、胡锦涛、习近平等为主要代表的中国共产党人将其与中国具体实际相结合，进一步丰富和发展的马克思主义，即中国化的马克思主义。抗震救灾精神中将“以人为本”贯穿始终，体现了马克思主义的优秀精神品质。我们重点就抗震救灾精神中“以人为本”的马克思主义理论基础进行探究。

#### 1.“以人为本”思想的萌芽阶段：马克思主义人学思想

“以人为本”是马克思主义学说的核心意蕴，也是抗震救灾精神的直接理论来源，还是对马克思主义学说的高度概括和精准表达。[①] 价值是客体满足主体需要所具有的用途和积极作用。价值主体问题，即“为什么人的问题，是一个根本的问题，原则的问题”[②]。马克思主义人学是关于人的本质及其全面发展的一门学科。它主要包括三个有机组成部分，即人的本质及其发展规律的理论、人在世界中的地位的理论、人的自由全面发展的理论。[③] 马克思虽然没有明确提出“以人为本”的重要思想，但是马克思主义从诞生之日起，在以人为本的问题上就有了基本的判断标准，其思想理论中都体现出了以人为本的智慧思想。笔者比较赞同华中科技大学杨金洲教授的观点，即马克思主义的本质就是人学，“以人为本”是马克思主义的终极价值。抗震救灾的“以人为本”思想的理论前提就是马克思主义人学。马克思主义人学思想认为，人是社会发展和历史活动的主体，社会历史就是人的活动史。人民群众是历史的主人，代表了历史前进的方向。而作为抗震救灾精神重要内容的“以人为本”思想的提出并非主观臆断，从更为深层的意义来看，“以人为本”思想创造性地把马克思主义中国化推进到新的阶段。

笔者认为，早在大学期间，马克思就有了民主主义的人本主义思想，而且马克思的人学价值取向从来没有断裂过。从中学时期起，马克思就已开始了对人的思考，法学与哲学有着紧密的联系，特别是与哲学中的人本主义更是密不可分。马克思通过大量的法制史研究，对法律的历史和现状极为不满，认为历史上绝大多数法律过于强硬，过于机械，过于烦琐，缺乏人文主义基础，从而使法律不可能从根本上发挥治理社会的功能。[④] 可见，他

---

① 刘洋. 中国化视域下马克思主义人本主题的出场研究——兼论毛泽东思想中的以人为本［J］. 齐齐哈尔大学学报（哲学社会科学版），2011（5）：30－33.

② 毛泽东. 毛泽东选集（第3卷）［M］. 北京：人民出版社，1991：857.

③ 林伯海. 思想政治教育的人学取向［M］. 北京：现代教育出版社，2015：2－3.

④ 李龙，陈雅丽. 论以人为本的理论基础［J］. 政治与法律，2007（5）：69－75.

早已显露出自由思想的萌芽。非常可贵的是，马克思还提出，人本主义精神应表现在立法形式的普遍性、立法内容的教化性、执法尺度的可塑性上，同时认为任何法律都应该体现主客观的统一性。他的结论是：任何缺乏人本主义的法律，都没有规范社会的资格。所以他说："君主制的原则总的说来就是轻视人、蔑视人，使人不成为人。"① 而在民主制国家则恰恰相反，所有的法律都是为了人而存在。民主国家里不是国家制度创造人民，而是人民创造国家制度。到大学毕业时，马克思的博士论文借助伊壁鸠鲁的原子偏斜运动表达了每一个个体应享有自由的思想。1843 年马克思在《〈黑格尔法哲学批判〉导言》中指出，理论只要彻底，就能为群众所接受和掌握，也会变成物质力量。"所谓彻底，就是抓住事物的根本。但是，人的根本就是人本身。"② 这表明马克思把人作为他的哲学的根本和最高价值目的。真正的哲学应该坚持"人是人的最高本质"。因此，"必须推翻那些使人成为被侮辱、被奴役、被遗弃和被蔑视的东西的一切关系"③ 就成了哲学的绝对命令。这是马克思主义作为人学最经典的表述与证明。

马克思在《1844 年经济学哲学手稿》中，从劳动发展史的角度用"人是自由自觉的生命存在"这个思想展开了对资本主义的批判，把私有制理解为人的自由自觉的劳动活动异化的结果，提出了消除异化的共产主义结论。同时通过将人和动物进行比较，提出了较为系统的有关人的全面发展的思想，即"人以一种全面的方式，也就是说，作为一个完整的人，占有自己的全面的本质"④。1845 年之后，马克思的人道主义持续发展和完善。马克思在写于 1845 年的作为"新世界观天才萌芽"的《关于费尔巴哈的提纲》中提出人的本质不是单个人所固有的抽象物，在其现实性上，它是一切社会关系的总和⑤，从世界观的高度把人类自由地改造世界的感性实践活动理解为新世界观的本体，提出了对物质感性、人类思维、人的本质、社会生活的实践理解，标志着马克思主义的诞生。在 1845—1846 年的《德意志意识形态》中，马克思把"现实的人"作为新历史观的真正起点，共产主义是现实的个人消灭现存状况的现实运动，人的自由思想走入更为宽广的社会历史、社会生产、社会结构和"世界历史"的深处。1848 年的《共产党宣言》最终指出："代替那存在着阶级和阶级对立的资产阶级旧社会的，将是这样一个联合体，在那里，每个人的自由发展是一切人的自由发展的条件。"⑥ "每个人的自由发展"构成了马克思主义人学思想的最高价值。倡导人的全面而自由的发展，是马克思主义人学思想的核心内容和精髓要义，是马克思主义哲学对人类社会发展寄予的最高理想和不懈的价值追求。马克思终其一生所追求的都是每一个人全面自由的发展，即使 1845 年马克思的思想发生了巨大的变革，

---

① 中共中央马克思恩格斯列宁斯大林著作编译局．马克思恩格斯全集（第 1 卷）[M]．北京：人民出版社，1982：411.

② 中共中央马克思恩格斯列宁斯大林著作编译局．马克思恩格斯选集（第 1 卷）[M]．北京：人民出版社，1995：9.

③ 中共中央马克思恩格斯列宁斯大林著作编译局．马克思恩格斯选集（第 1 卷）[M]．北京：人民出版社，1995：10.

④ 马克思．1844 年经济学哲学手稿 [M]．北京：人民出版社，1985：80.

⑤ 中共中央马克思恩格斯列宁斯大林著作编译局．马克思恩格斯选集（第 1 卷）[M]．北京：人民出版社，1995：56.

⑥ 中共中央马克思恩格斯列宁斯大林著作编译局．马克思恩格斯选集（第 1 卷）[M]．北京：人民出版社，1995：294.

但马克思的人学思想并没有断裂。即使在《资本论》这一科学巨著中也没有断裂过。相反，这构成了他的科学理论的精神内核，是我们党“以人为本”思想的根本理论基础。因此我们可以说，马克思主义是真正的人道主义、实践的人道主义、科学的人道主义。马克思主义的本质就是人学。

2. “以人为本”思想的实验阶段：列宁的以人为本思想

马克思关于人的全面发展的学说是马克思主义理论的重要组成部分，是列宁以人为本思想的源泉。这个理论是不断发展的，它要求人们结合自身的实际情况认识世界和处理出现的新问题。列宁的以人为本的思想继承和发展了马克思主义人学思想，是马克思主义人学思想的一个新的里程碑，是继承和发展马克思和恩格斯法律思想的典范。[①] 马克思指出，随着社会生产力的提高，科学技术水平的发展，生产关系将会随着生产力的提高而发生变化，只有生产关系改变，人的权利才能得到保护，这就意味着只有发展社会生产力，才能保证人的体力和智力获得充分的自由的发展。在此基础上列宁发展了这个思想，他的观点是只有大力发展生产力才能保证人的全面发展的实现。十月革命胜利后，为了发展生产力，列宁及其政党在俄国实行了一系列政策和措施以发展生产力。列宁一直主张党和国家政权的工作路线向以经济方法和经济目的为特点的路线上转移，只有物质基础强大，才能保证人的各种权利的实现。列宁在实践中对马克思理论进行检验，得出了正确的结论，这是马克思理论的重大飞跃。在未来的共产主义社会中，生产资料归社会成员共同占有，人人都是劳动者和劳动成果的享受者，人的全面发展才能得到保证。列宁在建设社会主义的实践中，逐渐认识到大力发展生产力才是变革生产关系的前提，于是提出要大力发展生产力，建立新的生产关系。他认为这种共产主义的生产方式是社会发展过程中的最高级方式，只有这种新的生产方式才能是战胜资产阶级所必需的力量的最大源泉，才能是这种胜利牢不可破的唯一保证。[②] 由此看出，新的社会生产方式不仅仅是人的全面发展的必要条件，还是人的各种权利实现的条件。列宁在纷繁复杂的实践中和马克思的理论中把握本质，并得出了历史和时代的结论。列宁明确了只有新的生产方式才是实现人的各种权利的保障，这是建设性的学说，是对马克思理论的检验，是把马克思主义的学说从理论体系变成了现实的具体经验。总之，列宁从根本上坚持了马克思主义的人本主义思想，从这个意义上讲，列宁是一位马克思主义理论的实验行动家，他强调一切以本国情况为实际出发点，考虑问题、制定政策的出发点和归宿应该是人民群众的利益，以人民的愿望作为衡量标准。作为实验马克思理论的一个实践家，列宁的每一项措施都以人民的利益为中心，以人为本的思想渗透于列宁的全部理论中。[③]

3. “以人为本”思想的最早中国化：毛泽东的以人为本思想

列宁根据本国的具体国情，在马克思理论的基础上不但发展了人的全面发展这个学说，而且把这个学说变成了实验性的实践，马克思主义从此由理论阶段进入了实验阶段。列宁以人为本思想的理论基础就是马克思的人学思想，主要是人的全面发展学说。中国共产党人在此基础上进行了完善和发展。毛泽东最早实现了以人为本理念的中国化，这些人

---

① 郑伟红. 列宁的以人为本思想 [J]. 保定学院学报，2011 (2)：19—21，26.

② 中共中央马克思恩格斯列宁斯大林著作编译局. 列宁选集（第4卷）[M]. 北京：人民出版社，1972：13.

③ 郑伟红. 列宁的以人为本思想 [J]. 保定学院学报，2011 (2)：19—22，26.

本思想的提出正是马克思主义中的人本主义在中国的第一次出场，并为我党以人为本执政理念的最终确立和马克思人本主义学说的彻底恢复做了理论准备。邓小平、江泽民、胡锦涛、习近平则进一步发展了这个学说，分别赋予了以人为本理念以新的时代内涵。马克思理论又进入了建设性阶段。

毛泽东思想的全部内容，最显著的特征就是以人民群众为本的理论与实践的统一。毛泽东按照马克思主义历史唯物论的立场、观点和方法，结合中国的实际，创造了中国化马克思主义以人为本的思想，并使之浓缩成为"为人民服务"五个大字，贯穿于毛泽东思想的科学体系中，体现在毛泽东所有的著作、文章、讲话和信件中。毛泽东思想内容中的各个方面、各个领域、各个时期，无不闪烁着以人为本思想的光辉。全心全意为人民服务的以人为本思想是毛泽东思想的精髓。毛泽东的以人为本思想，在中国新民主主义革命时期，它和中国人民争取解放、获得自由联系在一起；在中国社会主义建设时期，它和中国人民为争取生存权、发展权、自主权联系在一起。① 无产阶级理论和无产阶级政党的一切实践活动不是为别的人而只是为人民大众服务的，"目的……是为了人民大众"②，毛泽东以人为本思想的这个"人"，指的是人民群众，这个"本"指的是人民群众的根本利益。强调尊重人民群众的主体地位，发挥人民群众的作用，把人民奉为主人者人民才会与你同甘共苦，是毛泽东晚年对自己人本思想的精辟概括。③ 马克思主义理论及其践行者把人民群众作为目的价值，当作占有价值、享受价值的主体，所有的物质实践活动都要以人民群众的利益为价值标准，"任何一种东西，必须能使人民群众得到真实的利益，才是好的东西"④，"他们没有任何同整个无产阶级的利益不同的利益"⑤。

可见，以人为本就是在共产党的领导下，更好地为人民造福的宣言。以人为本思想的提出，标志着我们党执政理念的成熟，标志着我们党对社会主义现代化建设规律的认识更加深入，标志着我们党对社会主义实践的马克思主义人学主旨和历史哲学内涵的自觉意识，是马克思主义人学思想中国化的最新成果。⑥ 在这场浩大的人类工程中，马克思第一个设计了方案，列宁是第一个实验者，以毛泽东为代表的中国共产党人则是真正的传承者、传播者和践行者。列宁根据马克思主义丰富的理论并结合本国实际情况，形成了苏联特色的以人为本的发展理论。中国共产党人则根据中国的具体国情，在列宁主义理论的基础上形成了具有中国特色的社会主义发展理论，展示了以人为本的科学发展观的理论魅力和实践效果。而这些丰厚的理论都为抗震救灾精神提供了丰厚的理论土壤。

### （二）中国特色社会主义理论体系是抗震救灾精神的理论基础

#### 1. 中国特色社会主义理论体系的意蕴

中国共产党第十七次全国代表大会提出了中国特色社会主义理论体系的科学命题，明确指出："中国特色社会主义理论体系，就是包括邓小平理论、'三个代表'重要思想以及

---

① 任绍芳．论毛泽东的以人为本思想——写在建党90周年之际［J］．忻州师范学院学报，2011（4）：1－4.

② 毛泽东．毛泽东选集（第3卷）［M］．北京：人民出版社，1991：855.

③ 孟宪平．毛泽东的以人为本思想解读［J］．兰州学刊，2007（6）：36－39.

④ 毛泽东．毛泽东选集（第3卷）［M］．北京：人民出版社，1991：856.

⑤ 刘统．中国的1948年：两种命运的决战［M］．北京：生活・读书・新知三联书店，2006：224.

⑥ 杨金洲．以人为本：马克思主义人学思想中国化的最新成果［J］．湖北社会科学，2009（10）：13－15.

科学发展观等重大战略思想在内的科学理论体系。”中国共产党第十八次全国人民代表大会删除了“等重大战略思想”这几个字，对这一命题做出新的表述：“中国特色社会主义理论体系，就是包括邓小平理论、‘三个代表’重要思想以及科学发展观在内的科学理论体系，是对马克思列宁主义、毛泽东思想的坚持和发展。”中国特色社会主义理论体系凝结了几代中国共产党人带领人民不懈探索实践的智慧和心血。这一理论体系的精髓是解放思想、实事求是、与时俱进、求真务实。解放思想、实事求是是马克思主义思想路线的本质要求，是中国特色社会主义理论体系的精髓，把马克思主义普遍真理和我国具体实际结合起来，走自己的路，发展中国特色社会主义。解放思想是发展中国特色社会主义的一大法宝，与时俱进是马克思主义的理论品质，求真务实是党的思想路线的核心。这一理论丰富和发展了马克思主义辩证唯物主义和历史唯物主义哲学思想。它是中国化马克思主义持续发展的第二大理论成果，不仅是对马克思列宁主义的继承和发展，也是对毛泽东思想的继承和发展，是新时期中国特色社会主义事业的重要指导思想，也是抗震救灾精神的重要理论基础。

2. 中国特色社会主义理论体系与抗震救灾精神

中国特色社会主义理论体系最重要的保障是坚持党的核心领导，中国特色社会主义理论体系的核心是以人为本，以人为本是党的根本宗旨和执政理念的集中体现，把“人民拥护不拥护”“人民赞成不赞成”“人民高兴不高兴”“人民答应不答应”，作为各项方针政策的出发点和归宿。党的一切奋斗和工作都是为了造福人民。发展为了人民、发展依靠人民、发展成果由人民共享，要把解决人民群众切身利益问题放在首位，使全体人民朝着共同富裕的方向稳步前进。这一理论丰富和发展了马克思主义关于社会主义根本目的的思想。“党政军民学，东西南北中，党是领导一切的。”[①] 普列汉诺夫指出，统治阶级“给意识形态的发展以巨大的极度重要的影响”[②]。如果没有准确把握中国共产党的性质、宗旨和指导思想，我们便不能准确把握抗震救灾精神的生成及其发展状态。在汶川抗震救灾工作中，我党立足于抗震救灾工作的实践要求，发挥领导的核心作用，同时牢牢把握住思想政治教育的话语权，为抗震救灾精神的形成构筑了坚实的政治保证。

（1）中国共产党是中国特色社会主义的坚强领导核心，为抗震救灾精神构筑了坚实的依托。

首先，党的组织堡垒作用为抗震救灾精神的孕育提供了坚实的组织保障。[③]

中国共产党及时果断的组织领导是抗灾斗争取得胜利的组织保证。重大自然灾害的发生多为突发性事件，这就要求事发地的各级党委和政府必须在第一时间组织调动各方面的力量，采取有力措施控制灾害的发展，开展应急救援工作，防止灾害的扩大和次生灾害的发生，努力减轻和消除其对灾区群众的生命财产造成的进一步损害。而迅速建立起一套统一的、高效权威的抗灾救灾组织和领导指挥系统，保证救灾工作的顺利进行，就显得尤为

① 习近平. 决胜全面建成小康社会　夺取新时代中国特色社会主义伟大胜利——在中国共产党第十九次全国代表大会上的报告［N］. 人民日报，2017-10-28（1）.

② 普列汉诺夫. 普列汉诺夫哲学著作选集（第1卷）［M］. 北京：生活·读书·新知三联书店，2006：733.

③ 韩晓娟，王丽娟. 中国共产党在应对特大自然灾害中的作用及经验研究［J］. 凯里学院学报，2012（4）：12-14.

重要。中国共产党发挥坚强领导的核心作用，总揽全局、协调各方，有效整合社会各界力量投入抗震救灾工作和灾后重建工作，为取得抗震救灾工作的胜利提供了根本保证。我党在汶川特大地震发生后，需要在第一时间内迅速调集军队、武警部队及社会救援力量投入抗震救灾工作之中。由于投入的救灾力量非常多，如果没有党的坚强领导来协调指挥，就会分散救灾力量，影响汶川抗震救灾工作的效率。“每次灾难都不同程度地考验着中国共产党整合社会力量的能力。”① 同时，中国共产党不断创新社会治理，建立健全防灾减灾救灾机制。自 20 世纪 50 年代以来，我国就建立了防灾减灾救灾的基本机制，此后又不断地完善并制定了一系列防治灾害的法律法规，逐渐把防灾减灾救灾纳入了法制化的轨道，提高了应急机制的科学性和实效性。汶川特大地震发生后，党中央、国务院第一时间启动灾害应急机制，各部门科学有序地进行抗震救灾工作，有效地解决了灾区所面临的供水、通电等问题，为后期的抗震救灾工作打下了基础。在整个抗震救灾工作中和灾后重建中我党坚决践行以人为本、执政为民的理念，以救人为第一，把群众的生命财产安全放在首位。在抗震救灾工作中，党的各项工作都围绕群众来展开，以保障灾区群众生命安全为第一要务，着力保障灾民的基本生活，切实维护好灾区群众的利益。

四川省在抗击“5·12”大地震的斗争中，河北省在 1963 年、1996 年大洪水的斗争中，青海省在 2010 年玉树大地震后，都在灾害发生的第一时间成立了由主要领导组成的救灾指挥部，地、市、县也成立了相应的组织指挥系统。各级领导分工负责，统一调度，统筹安排，组织领导了一次次波澜壮阔的抗灾斗争。尤其是“5·12”汶川特大地震后，一天之内，从中央、省、市，到区、街道，都建立了抗震救灾指挥部，迅速展开了抗震救灾工作。有了组织和领导，灾区人民便有了一个核心，并由此形成一股强大的力量。各级抗灾救灾指挥部在万分紧急、极为艰苦的救灾工作中发挥了坚强的组织领导作用，保证了抗灾救灾工作的顺利开展。在汶川抗震救灾工作中，党中央集中统一领导指挥，各部门分工协作，地方政府部门负责落实中央的救灾指示，调派专业救援力量开展救灾工作，这有效地整合了社会救援力量，增强了抗震救灾工作的实效性。党和国家积极动员社会各界力量投入抗震救灾工作之中，加强社会互助，同时开展有效的国际国内合作，万众一心、众志成城，共同夺取抗震救灾工作的胜利。

党坚持以人为本，在抗震救灾工作中努力保障灾区群众的生命与财产安全。在汶川抗震救灾工作中，中国共产党坚持以人为本，以救人为第一，把群众的生命财产安全放在首位。救援队伍贯彻党中央的指示，全力解决灾区供水、通电等问题，解决受灾群众的后顾之忧。基层党组织在救灾工作中起着战斗堡垒作用，把保障人民群众的生命安全作为各项工作的中心任务，广大的共产党员发挥着模范先锋作用，始终坚守在汶川抗震救灾工作的第一线，用实际行动践行着以人为本的理念。在灾区工作中，各项工作都围绕群众来展开，以保障灾区群众生命安全为第一要务，着力保障灾民的基本生活，切实维护好灾区群众的利益。坚持以人为本的理念，有利于抚慰灾区群众的心理创伤，增强他们对党和国家的认同。

其次，党的凝聚人心作用为抗震救灾精神的孕育提供了坚实的思想保障。

中国共产党自成立以来便把思想政治教育摆在重要地位，经过 90 多年的教育实践活

① 张丰清. 中国共产党应对灾难整合社会力量的经验研究 [J]. 学校党建与思想教育，2015 (17)：19—21.

动，积淀了丰富的思想政治教育经验。毛泽东同志指出：如此伟大的民族革命战争，没有普遍和深入的政治动员，是不能胜利的。[①] 掌握了思想政治教育，就掌握了革命的话语权，就能把人民群众的伟大力量凝聚到革命、建设和改革过程之中。我党始终坚持对思想政治教育“生命线”的领导，培育了人民群众不怕牺牲、攻坚克难、团结一致、万众一心的优良作风，同时坚持对社会舆论的正确引导，为汶川抗震救灾工作的胜利提供了有力保障。一是我党始终坚守思想政治教育“生命线”，培育了人民群众团结一致、不畏艰险、自力更生的优良品质，为汶川抗震救灾工作的胜利提供了思想保障。马克思指出：理论只要能说服人，就能掌握群众；而理论只要彻底，就能说服人。所谓彻底，就是抓住事物的本质。[②] 思想政治教育运用说理透彻的马克思主义基本理论培育了人民群众不畏艰险、团结一致的优良作风，这些优良作风在汶川抗震救灾工作中发挥着凝神聚力的重要作用。汶川抗震救灾工作中的主体是“80 后”青年，他们不畏牺牲、意志坚毅，始终奋斗在抗震救灾工作的第一线，为夺取抗震救灾工作的胜利甚至付出了珍贵的生命，这和党的思想政治教育是分不开的。二是我党始终坚守思想政治教育“生命线”，引导人民群众形成正确的价值取向，不断增强在意识形态领域的话语权和主导权。马克思指出：报刊按其使命来说，是社会的捍卫者……是热情维护自己自由的人民精神的千呼万应的喉舌。[③] 面对各种突发事件，我国媒体应建立健全应急机制，迅速反应、积极应对，坚守媒体的责任感和使命感，及时准确地报道突发事件的真实状况，把握住舆情的话语权和主导权，引导人民群众形成正确的价值取向，避免外国媒体对我党和国家形象的“恶意抹黑”以及对人民群众价值取向的错误引导。通过抗震救灾，我们看到了一个负责、自信、成熟的执政党。习近平同志在十八届中共中央政治局第一次集体学习时的讲话（2012 年 11 月 17 日）中特别强调：中国共产党是中国特色社会主义事业的领导核心，所以必须加强和改善党的领导，充分发挥党总揽全局、协调各方的领导核心作用。[④] 胡锦涛同志在抗震救灾先进基层党组织和优秀共产党员代表座谈会上的讲话中指出：抗震救灾斗争能够迅速取得重大阶段性胜利有多方面的原因，其中最重要的一个原因就是党的坚强领导，各级党组织和广大共产党员发挥了中流砥柱作用。[⑤] 在特大地震灾害袭来、千百万群众遭受空前灾难的时候，党中央果断决策，紧急号令；中共中央政治局常委连夜召开会议，全面部署抗震救灾工作。党中央的坚强领导是历次抗震救灾斗争取得胜利的根本原因。

再次，党和国家领导人的高度重视和亲切关怀是推动救灾工作不断取得胜利的精神动力。一场灾难可以使一个执政党垮台，也可以使一个执政党更加成熟、更具威信，关键要让人民看到这个执政党和政府的行为是否让人感到温暖、感受到力量和希望。每一次灾害发生后，党中央始终将人民利益放在心中，高度重视自然灾害的救治工作，把救灾工作作

---

① 毛泽东. 毛泽东选集（第 2 卷）[M]. 北京：人民出版社，1991：480.

② 中共中央马克思恩格斯列宁斯大林著作编译局. 马克思恩格斯选集（第 1 卷）[M]. 北京：人民出版社，1995：9.

③ 中共中央马克思恩格斯列宁斯大林著作编译局. 马克思恩格斯全集（第 6 卷）[M]. 北京：人民出版社，1961：275.

④ 习近平在十八届中共中央政治局第一次集体学习时的讲话摘要 [J]. 红广角，2012（12）：1.

⑤ 胡锦涛. 在抗震救灾先进基层党组织和优秀共产党员代表座谈会上的讲话 [N]. 人民日报，2008－07－01（2）.

为压倒一切的中心工作，灾后党和国家领导人多次冒着生命危险，迅速深入救灾一线，领导指挥救灾工作。给广大干部职工和灾区人民带来精神上的巨大支持。他们用实际行动诠释着共产党心系百姓的伟大情怀。

最后，党员先锋带头作用为抗震救灾精神的孕育提供了坚实的动力系统。

人民解放军和全国人民的大力援助是有效应对各种自然灾害、推动救灾工作不断取得胜利的有力保障，在此过程中，中国共产党起着至关重要的先锋带头作用。党员、干部是救灾工作的具体组织者和带头人，也是思想政治工作的有力组织者和有效参与者。灾后，广大党员、干部在人民群众的危难时刻挺身而出，奋勇冲在救灾第一线，谱写了一曲曲英雄的赞歌。他们不顾自身的安危，震后迅速投入救灾工作中。这些榜样的力量使受灾群众备感温暖，备受鼓舞，也激发着灾区人民自力更生、奋起自救。从领导干部到普通党员，他们以实际行动诠释了我党全心全意为人民服务的宗旨。这些干部、党员的带头作用，不但进一步密切了党群关系，而且调动了群众工作和生产的积极性，使广大群众树立了生产自救、战胜灾荒的信心。

作为中国共产党领导下的人民解放军则是抢险救灾的中坚力量。他们把保卫人民群众的生命财产安全、保卫社会主义建设看成是自己的天职。在每一次重大灾害发生后，行动最迅速、冲在最前面、最具有战斗力和纪律性、承担最危险抢险任务、不惜牺牲生命的都是我们的人民子弟兵。他们不畏艰险、不辞劳苦、勇挑重担，在抢险救灾中发挥了中流砥柱的作用。哪里有危险，哪里就有他们的身影；哪里最艰苦，哪里就有子弟兵在战斗。在保卫水库、大堤，抢救被围困的群众中，他们义无反顾，把个人的生死置之度外，涌现出一批英雄人物和英雄群体，传诵着许多可歌可泣的动人事迹。灾区人民对人民解放军普遍有着一种特殊感情，这种感情是用鲜血和生命凝成的。汶川县的乡亲们不会忘记，夜色中，当官兵们穿着已经辨不出颜色的迷彩服抵达县城时，被困 33 个小时的百姓们哽咽着奔走相告："解放军来了，我们有救了！"人民子弟兵用自己的血肉之躯筑起生命通道。他们用双手扒开废墟中的乱石，用双肩扛起担架上一个个虚弱的生命，用双腿踏过一条条崎岖险阻的道路，当他们救出一个个幸存者时，最温暖坚实的怀抱成了重生的摇篮，铁汉柔情让我们一次次深深感动。事实证明，人民解放军不仅是保卫祖国的钢铁长城和建设中国特色社会主义的重要力量，也是抗御重大自然灾害的先锋力量。

一个党组织就是一面旗帜，一面面党旗下矗立起了抗震救灾的坚强堡垒。在突如其来的灾害面前，各级党组织、领导干部和广大共产党员与灾区人民一道，万众一心、众志成城，充分发挥了战斗堡垒作用、模范带头作用和先锋模范作用。哪里灾情最重、哪里危险最大、哪里困难最多，哪里就有共产党员的身影，哪里就高扬着鲜艳的党旗。各级党组织和千千万万的共产党员用他们的党性和对人民高度负责的精神，谱写了一曲又一曲的赞歌，用大爱和人格魅力诠释着入党时的誓言，以实际行动书写着对党和人民的忠诚。

面对特大地震灾害，各级党委快速反应、果断决策、有力指挥，充分发挥了领导核心作用；参加抗震救灾的基层党组织紧急动员、迅速行动、有力组织，充分发挥了战斗堡垒作用；各级党员干部挺身而出、身先士卒、靠前指挥，充分发挥了模范带头作用；广大共产党员舍生忘死、无私无畏、勇往直前，充分发挥了先锋模范作用；全国各级党组织和广大党员、干部同心同德、和衷共济、共渡难关，充分发扬了大团结大协作精神。

我们永远不会忘记那些平凡而伟大的抗震救灾的英雄们，他们时时刻刻冲在最危险的第一线，把人民利益放在第一位，彰显了中华民族无私无畏的品格、不屈不挠的精神。他们在危急关头不退缩，在责任面前不逃避，展现了最纯粹最耀眼的生命底色。

（2）抗震救灾精神全面贯彻和深化了以人为本的重要思想。

①邓小平的人本主义思想丰富和发展了以人为本的思想，为抗震救灾精神提供了理论基础。以人为本是邓小平理论的重要特征，邓小平以人为本的发展观是对马克思主义关于人的全面发展学说的运用、继承、丰富和发展。以人为本就是要充分满足人的要求，强调尊重人、解放人、发展人，促进和实现人的全面发展。关于人的全面发展的理论是马克思主义理论的一个重要内容。以人为本作为马克思主义的人本观，贯穿于邓小平理论的各个方面，在邓小平理论中得到了光辉体现。

A. “社会主义本质论”中包含着以人为本的思想。

邓小平对“什么是社会主义、怎样建设社会主义”这一首要的基本问题进行了深入思考，对社会主义本质这一重大问题作出了科学总结和理论概括：社会主义的本质，是解放生产力，发展生产力，消灭剥削，消除两极分化，最终达到共同富裕。① 这是邓小平对社会主义本质这一重大问题所作的总结性理论概括。邓小平曾多次强调，社会主义的特点不是穷，而是富，是人民的共同富裕。他坚决摒弃了“文化大革命”中搞的“穷过渡”，确认“致富不是罪过”，坚持“社会主义致富是全民共同致富”，而共同富裕的主体是人民群众。也就是说，人民群众的共同富裕才是社会主义的终极目标和最终价值，这一论述充分反映了邓小平的以人为本的价值观。②

B. “三步走”发展战略包含着以人为本的思想。

为了实现中华民族的伟大复兴目标，邓小平同志不仅提出了社会主义初级阶段理论，还根据中国国情实事求是地提出了“三步走”发展战略，按照“三步走”战略规划，始终把提高人民生活水平作为目的和归宿，每一步都有相应的人民生活水平的标准，即“温饱型”“小康型”和“比较富裕型”，这就纠正了以往在制订经济计划中对普通人民群众生活水平注意不够的问题。邓小平规划的“三步走”战略，充分体现了他时时处处关注人民群众生活状况和利益需求的以人为本的思想。可以说，“三步走”战略从本质上体现了邓小平思想以人为本的核心要义。

C. “三个有利于”的标准是对以人为本的生动诠释。

邓小平同志高屋建瓴地提出了改革开放和各项事业成败得失的重要标准，就是“三个有利于”，即是否有利于发展社会主义社会的生产力，是否有利于增强社会主义国家的综合国力，是否有利于提高人民的生活水平。③ 评判的标准依次是生产力标准、综合国力标准和人民生活水平标准。从根本上讲，最终极的评价标准就是人民生活水平是否提高，人民是否满意。其实早在1983年邓小平就指出：各项工作都要有助于建设有中国特色的社会主义，都要以是否有助于人民的富裕幸福，是否有助于国家的兴旺发达，作为衡量做得对或不对的标准。④ 邓小平曾经深情地表达过：“我是中国人民的儿子，我深情地爱着我

① 邓小平．邓小平文选（第3卷）[M]．北京：人民出版社，1993：373.

② 朱先平．论邓小平发展理论中的“以人为本”思想 [J]．理论月刊，2008（6）：15—17.

③ 邓小平．邓小平文选（第3卷）[M]．北京：人民出版社，1993：372.

④ 邓小平．邓小平文选（第3卷）[M]．北京：人民出版社，1993：23.

的祖国和人民。”这是邓小平对中国人民群众的真切情感，是其最高价值观的具体化和深化。这种“亲民”“爱民”“为民”和以平民身份出现于人民群众之中的思想和作风，就是我们党具有时代特色的执政理念，就是我们努力学习和实践的“三个代表”思想，是我们要牢固树立的“立党为公，执政为民”的执政观。①

马克思以唯物史观为基础，全面阐述了人的全面发展的学说。邓小平以人为本的发展观同马克思主义关于人的全面发展的理论是一脉相承的。他以马克思主义科学的世界观和方法论为指导，以关于人的全面发展的理论为基础，根据现代人类发展要求和中国国情，继承和发展了马克思主义关于人的全面发展理论，阐述了以人为本的发展观。邓小平把“是否有利于提高人民的生活水平”当作判断各方面工作利弊得失的标准之一，把最大限度地满足广大人民群众的利益当作社会主义现代化建设的目的，把全面发展的人当作社会主义建设的依靠力量，把人民群众的共同富裕当作社会主义的本质，把“四有”当作对社会主义新人的要求，把当代人的发展不应损害后代人的发展当作人的可持续发展的目标。不仅如此，邓小平根据马克思主义关于人的全面发展的社会历史性，强调人的全面发展与社会历史发展过程的客观统一性。他把发展生产力作为人的全面发展的现实基础，把社会协调发展作为人的全面发展的必要条件，把教育作为培养人的重要途径。邓小平在和平与发展成为时代主题的背景下，全面继承和发展了马克思主义关于人的全面发展的学说，为马克思主义理论宝库增添了新内容。②

②江泽民的以人为本思想发展了马克思主义的人学思想。

江泽民在全面继承马克思主义人学思想的基础上，进一步发展了这个学说，全面、系统地阐述了其以人为本思想，赋予了以人为本理念以新的时代内涵。江泽民同志指出：只要我们党始终成为中国先进社会生产力的发展要求、中国先进文化的前进方向、中国最广大人民的根本利益的忠实代表，我们党就能永远立于不败之地，永远得到全国各族人民的衷心拥护并带领人民不断前进。③ 这“三个代表”是我们党的立党之本、执政之基、力量之源。这“三个代表”说出了我们共产党人的心声，说出了广大人民群众的心声。“三个代表”的实现，归根到底是共产党人和广大人民群众的艰苦奋斗，是以人为本的充分发挥和充分体现。④ 江泽民同志以人为本的思想内容丰富，重点体现在两个方面：一方面，重视人民群众的力量，强调为人民服务是我们党一切工作的根本出发点和归宿。人民是先进生产力发展的主体，随着改革开放发展、市场经济体制逐渐完善，人民群众的主体能力在不断增强。江泽民指出：包括知识分子在内的工人阶级、广大农民，始终是推动我国先进生产力发展和社会全面进步的根本力量。在社会变革中出现的民营科技企业的创业人员和技术人员、受聘于外资企业的管理技术人员、个体户、私营企业主、中介组织的从业人员、自由职业人员等社会阶层，都是中国特色社会主义事业的建设者。⑤ 江泽民很早就指出：任何时候我们都必须坚持尊重社会发展规律与尊重人民历史主体地位的一致性，坚持

---

① 耿相魁．“以人为本”是邓小平理论的重要特征［J］．理论月刊，2007（11）：52－54．

② 孙金华，张国富．论邓小平以人为本的发展观［J］．毛泽东思想研究，2005（1）：95－99．

③ 始终代表先进社会生产力的发展要求——论关键在党［N］．人民日报，2000－03－05（4）．

④ 卢黄基．以人为本的实践意义——学习江泽民同志“三个代表”理论的体会［J］．广西广播电视大学学报，2000（4）：50－53

⑤ 本书编写组．十六大报告辅导读本［M］．北京：人民出版社，2002：13－14．

为崇高理想奋斗与为最广大人民谋利益的一致性，坚持完成党的各项工作与实现人民利益的一致性。[①] 在任何时候任何情况下，与人民群众同呼吸共命运的立场不能变，全心全意为人民服务的宗旨不能丢，坚信群众是真正英雄的历史唯物主义观点不能丢。[②] 另一方面，强调改革开放和发展经济的根本目的是为了满足人民的生活水平需要，终极目标是人的全面发展。人的全面发展思想是马克思主义学说的重要组成部分。在新的历史时期，江泽民同志把人的全面发展作为体现社会主义本质的主题，纳入现阶段人们的奋斗目标，是对马克思主义人的全面发展思想的升华，是其以人为本思想的最终目标。江泽民牢牢抓住这个本质特征，指出共产主义社会将是物质财富极大丰富，人民精神境界极大提高，每个人自由而全面发展的社会。[③] 江泽民把人的发展状态的理想境界和中国特色社会主义现实实践结合起来，指出：我们建设有中国特色社会主义的各项事业，我们进行的一切工作，既要着眼于人民现实的物质文化生活需要，同时又要着眼于促进人民素质的提高，也就是要努力促进人的全面发展。这是马克思主义关于建设社会主义新社会的本质要求。我们要在社会主义物质文明和精神文明的基础上，不断推进人的全面发展。[④]

③胡锦涛同志明确提出科学发展观，公开提出了以人为本的思想。

胡锦涛在邓小平理论和“三个代表”重要思想的基础上，明确提出了科学发展观，把坚持以人为本和经济社会全面协调可持续发展统一起来。社会主义必须大力进行经济建设与发展生产，必须创造高度的物质文明和现代化的生产效率，必须改造与变革自然。但是，这一切必须有利于人的全面发展，必须有利于人的主体素质和内在精神的提升，有利于人的“自由度”和“幸福感”的增强，必须以人为本，而不能以物为本。胡锦涛同志指出，是否始终站在最广大人民的立场上，是区分唯物史观与唯心史观的分水岭，是判断马克思主义政党的试金石。

对我们党来说，始终依靠人民群众，尊重人民的主体地位，最大限度地集中人民的智慧和力量，实现好、维护好、发展好最广大人民的根本利益，充分调动人民的积极性和创造性，同时由人民享受改革开放的成果，这是最紧要的，是我们党在新的历史时期把马克思主义人学思想贯穿于实践之中的伟大创新。以人为本思想坚持了历史唯物主义关于人民是历史的真正创造者、是历史发展的最终决定力量的观点，并创造性地加以发展，它不仅科学地回答了相信谁、为了谁的问题，与一切其他民本思想相区别，更重要的是回答了依靠谁、由谁享受发展成果的问题。尽管中国历史上以人为本的思想观点早已有之，如我国古代思想家就提出过“民惟邦本，本固邦宁”和“天地之间，莫贵于人”以及利民、裕民、养民、惠民的观点，但是中国几千年都是封闭保守的封建国家，从来没有提出过独立的人格、自由的思想，所谓“民本”思想，也是为了统治阶级长治久安的根本利益。从这一角度理解，以人为本思想实现了对中国古代民本思想的革命，具有重大的现实意义和深远的历史意义。科学发展观中的以人为本思想是中国特色社会主义伟大实践的集体智慧的结晶。[⑤]

---

① 江泽民. 论“三个代表”[M]. 北京：中央文献出版社，2001：161.

② 江泽民. 论“三个代表”[M]. 北京：中央文献出版社，2001：152.

③ 江泽民. 论“三个代表”[M]. 北京：中央文献出版社，2001：177.

④ 江泽民. 论“三个代表”[M]. 北京：中央文献出版社，2001：179.

⑤ 杨金洲. 以人为本：马克思主义人学思想中国化的最新成果［J］. 湖北社会科学，2009（10）：13-15.

胡锦涛同志在党的十七大报告中明确指出，科学发展观的“核心是以人为本”[①]。在我们所处的社会主义初级阶段，我们党提出以人为本，实质上就是把广大人民群众的切身利益摆在更加突出的位置。2004 年 3 月 10 日，胡锦涛同志在中央人口资源环境工作座谈会上明确指出：坚持以人为本，就是要以实现人的全面发展为目标，从人民群众的根本利益出发谋发展、促发展，不断满足人民群众日益增长的物质文化需要，切实保障人民群众的经济、政治和文化权益，让发展的成果惠及全体人民。[②] 十七大报告明确指出：全心全意为人民服务是党的根本宗旨，党的一切奋斗和工作都是为了造福人民。要始终把实现好、维护好、发展好最广大人民的根本利益作为党和国家一切工作的出发点和落脚点，尊重人民主体地位，发挥人民首创精神，保障人民各项权益，走共同富裕道路，促进人的全面发展，做到发展为了人民、发展依靠人民、发展成果由人民共享。[③]

在当今，以人为本，就是要坚持人民在中国特色社会主义事业中的主体地位，就是以工人、农民、知识分子等劳动者为主体的包括其他中国特色社会主义建设者在内的最广大人民群众为本。人民是国家的主人，一切权力属于人民；人民是推动各项事业发展的根本动力，发展的成果也应该由全体人民共享。只有真正把实现、保障和发展人民各方面的需要和权益作为一切活动的出发点和目的，作为衡量是非得失、成败功过的标准，才能真正体现我们党在发展问题上的根本立场。[④] 这进一步体现了党在我国经济社会发展的新阶段更多地关注社会公平和共同富裕的新思路，无疑是以以人为本为核心的科学发展观的具体体现。我们党把以人为本为核心的科学发展观作为具体工作的指导思想，正是出于对全体人民幸福生活的高度关注，以所有人的自由发展为最终目标。人是发展的根本目的，也是发展的根本手段，是实现人的自身利益的根本力量。“坚持以人为本，就是要以实现人的全面发展为目标，从人民群众的根本利益出发谋发展、促发展，不断满足人民群众日益增长的物质文化需要，切实保障人民群众的经济、政治和文化权益，让发展的成果惠及全体人民。”[⑤] 中国共产党科学发展观的提出和践行是马克思、列宁以人为本思想的延续和发展，是人的全面发展从设想到实践的传递。党现在所讲的以人为本，本质上就是我们党的全心全意为人民服务的宗旨和这一宗旨的具体体现。[⑥]

④习近平总书记站在“新时代”的新高度，要求自己、要求全体国家工作人员、要求全党“始终要把人民放在心中最高位置”，继承和创新了“以人为本”的思想。

习近平总书记以“坚持人民立场”“坚持人民主体地位”的唯物史观为前提，站在“新时代”的新高度，继承、发展和创新了马克思主义人民观，要求始终要把人民放在心中最高位置。

党的十九大报告的最大亮点，就是站在中国特色社会主义进入新时代且实现强起来的

---

① 胡锦涛. 高举中国特色社会主义伟大旗帜 为夺取全面建设小康社会新胜利而奋斗［M］. 北京：人民出版社，2007：15.

② 中共中央文献研究室. 十六大以来重要文献选编（上）［M］. 北京：中央文献出版社，2005：850.

③ 胡锦涛. 高举中国特色社会主义伟大旗帜 为夺取全面建设小康社会新胜利而奋斗［M］. 北京：人民出版社，2007：15.

④ 李慎明. 以人为本的科学内涵和精神实质［J］. 中国社会科学，2007（6）：4−17，204.

⑤ 中共中央文献研究室. 十六大以来重要文献选编（上）［M］. 北京：中央文献出版社，2005：850.

⑥ 李慎明. 以人为本的科学内涵和精神实质［J］. 中国社会科学，2007（6）：4−17，204.

新的历史方位和历史起点上，提出并确立了习近平新时代中国特色社会主义思想，形成了一个系统完整、逻辑严密、内容丰富的科学理论体系。习近平新时代中国特色社会主义思想是“自己时代精神的精华”[①]，是在中国特色社会主义进入新时代的历史性实践中生成的，具有典型的内生性特质和鲜明的时代色彩。习近平新时代中国特色社会主义思想包括“八个明确”的基本内涵、“十四个坚持”的基本方略等丰富内容。

习近平新时代中国特色社会主义思想是中国特色社会主义理论体系的重要组成部分，丰富和发展了中国特色社会主义理论体系，实现了马克思主义中国化的新飞跃。这一飞跃，源于对“新时代坚持和发展什么样的中国特色社会主义、怎样坚持和发展中国特色社会主义”这一重大时代课题的解答，是站在中国特色社会主义进入新时代的历史方位上所进行的思考，聚焦于对社会主要矛盾转化的分析和解决，形成于对推进“四个伟大”进而实现中华民族伟大复兴历史使命的认识和把握。[②]

第一，“以人为本”思想始终贯通于习近平新时代中国特色社会主义思想的形成过程，具体又体现在新思想的方方面面。始终以人民立场为改革、发展的立场是习近平新时代中国特色社会主义思想的核心价值，主动关注人民需求、主动回应人民期盼是习近平新时代中国特色社会主义思想形成的现实基础。

党的十八大报告有145处提到“人民”，每一个词，都丈量着人民在共产党人心目中的沉甸甸分量；十八届中共中央政治局常委会见中外记者，习近平总书记一句“人民对美好生活的向往，就是我们的奋斗目标”[③]，再次标注出党和人民牢不可破的血肉联系。习近平总书记在参观《复兴之路》展览时指出：每个人都有理想和追求，都有自己的梦想。实现中华民族伟大复兴，就是中华民族近代以来最伟大的梦想，也是每一个中华儿女的共同期盼。[④]

党的十九大报告明确提出，“中国共产党人的初心和使命，就是为中国人民谋幸福，为中华民族谋复兴”，“必须始终把人民利益摆在至高无上的地位，让改革发展成果更多更公平惠及全体人民，朝着实现全体人民共同富裕不断迈进”，“带领人民创造美好生活，是我们党始终不渝的奋斗目标”[⑤]……“人民”二字一共出现了203次，直抵人心，激发共鸣。

党的十八大以来，我们不难发现以习近平同志为核心的党中央信守着这份沉甸甸的对人民的承诺，肩负起对人民的重大责任，团结带领全党全国各族人民，继续解放思想，坚持改革开放，不断解放和发展社会生产力，努力解决人民的生产生活困难，不断去改革、不断去发展、不断去创新，以便于更好地去满足人民对美好生活的期盼，尽全力为人民提供更好的生活环节、更优质的教育条件、更稳定的工作环境、更可观的收入、更稳定的社会保障、更高水平的医疗服务、更舒适的居住条件。

---

① 赖蛟．“自己时代精神的精华”——习近平新时代中国特色社会主义思想的逻辑结构解析［J］．当代党员，2018（3）：29−30.

② 韩庆祥．习近平新时代中国特色社会主义思想是一个系统完整、逻辑严密的科学理论体系［J］．理论导报，2017（12）：10−13.

③ 深圳商报评论员．人民对美好生活的向往就是我们的奋斗目标［N］．深圳商报，2012−11−17（A02）.

④ 习近平在参观《复兴之路》展览时强调：承前启后　继往开来　继续朝着中华民族伟大复兴目标奋勇前进［J］．人民日报，2012−11−30（1）.

⑤ 习近平．决胜全面建成小康社会　夺取新时代中国特色社会主义伟大胜利——在中国共产党第十九次全国代表大会上的报告［N］．人民日报，2017−10−28（1）.

中国共产党人的初心和使命，就是为中国人民谋幸福，为中华民族谋复兴。为了这个初心、使命，更为了心中对人民的庄严承诺，以习近平同志为核心的党中央明确坚持以人民为中心的发展思想，时刻倾听人民呼声、回应人民期待，保证人民平等参与、平等发展权利，维护社会公平正义，把增进人民福祉、促进人的全面发展、朝着共同富裕方向稳步前进作为经济发展的出发点和落脚点，在不断实现好、维护好、发展好最广大人民根本利益的同时，一大批惠民举措落地实施，人民获得感显著增强，开启了全国各族人民团结奋斗、不断创造美好生活、逐步实现全体人民共同富裕的新时代，进入全体中华儿女勠力同心、奋力实现中华民族伟大复兴中国梦的新时代，中国特色社会主义事业在新的起点上迈入新时代、踏上新征程。

第二，习近平总书记全面建成小康社会的理论是党的十八大描绘的“五位一体”全面小康蓝图的生动呈现，这一理论一方面继承了马克思关于人的全面发展的“以人为本”思想，另一方面又突出了我国人民生活水平比较落后的发展实际，是马克思人的全面发展理论在新的历史时期的进一步深化和具体化。无数的历史事实都告诉我们，人民的力量是伟大的，人民群众不但是我国社会革命的根本动力，同时也是我国社会建设的根本动力。党的十八大报告首次提出全面“建成”小康社会。“建设”与“建成”一字之差，但意义深远。“全面建成小康社会”是习近平根据新时期中国实际提出的战略构想，是实现中华民族的伟大复兴过程中承上启下的关键一环，同时也是极为艰巨的时代挑战，必须始终坚持“以人为本”的原则，真正发挥人民群众的主体作用。

以人为本的发展思想，作为习近平新时代中国特色社会主义思想的重要内容，是习近平总书记秉承的核心发展理念，集中体现了他坚定人民主体地位的决心，也彰显了人民至上的价值取向。以人民为中心，以人民为主体，落实在行动中，首先知民情，我党自上而下时刻将人民群众的冷暖维系于心；其次为人民排忧解难，在改革中呼应人民群众的期盼；最终能温暖民心，让人民群众有更多的存在感、幸福感和获得感。学术界对此有丰富的研究成果，其中刘旭友认为，习近平从人的本质学说的思维框架，从人的现实性、现代性、文化性升华了马克思人的本质学说，对人的全面发展提出了新内容和要求，拓展了以人民为中心的发展思想的理论根源。①

总之，从毛泽东“一切依靠人民，一切为了人民”，到邓小平从人民的实践中寻求改革开放的伟大动力，到江泽民代表最广大人民根本利益的“三个代表”思想，到胡锦涛以人为本的科学发展观，再到习近平提出的以人民为中心的发展思想，“以人民为中心”的思想始终是中国共产党的执政主线。② 以人民为中心的发展思想，是对中国传统文化中民本思想的继承性发展和创造性转化，是对马克思人本学唯物主义的创新性发展。以人民为中心，作为贯穿几代共产党人执政的价值主线，不断被赋予新的时代内涵。以人民为中心的发展思想，作为马克思主义中国化最新理论成果，也为马克思主义理论体系与时俱进提供了智力支撑。

---

① 刘旭友. 习近平对马克思人的本质学说的新发展——兼论坚持以人民为中心发展的理论基础 [J]. 改革与战略，2015，31 (12)：1-5.

② 程冰雪. 以人民为中心发展思想的理论渊源 [J]. 云南行政学院学报，2018，20 (1)：89-94.

## 二、抗震救灾精神的文化渊源

党的十九大报告指出：要提高人民思想觉悟、道德水准、文明素养，提高全社会文明程度。广泛开展理想信念教育，深化中国特色社会主义和中国梦宣传教育，弘扬民族精神和时代精神，加强爱国主义、集体主义、社会主义教育，引导人们树立正确的历史观、民族观、国家观、文化观。① 从本质上讲，抗震救灾精神属于中国精神和中华文化的重要组成部分，它的产生有着深刻的文化渊源。中华优秀传统文化、革命文化和社会主义先进文化都为抗震救灾精神的形成提供了深厚的文化底蕴。

### （一）抗震救灾精神的中华优秀传统文化渊源

抗震救灾精神是对中华民族优秀的传统文化的继承与发展，是中国文化和中国精神的重要组成部分。伟大的中华民族在五千多年的历史长河中，创造了源远流长、博大精深的优秀传统文化，它不仅是把各族儿女紧紧联系在一起的精神纽带，更是激励中华儿女在艰难困苦中砥砺前行的重要支柱。中华优秀传统文化源远流长、博大精深，已经成为中华民族的基因，植根在中国人内心，潜移默化影响着中国人的思想方式和行为方式。② 它是中华民族宝贵的精神财富，为抗震救灾精神的形成提供了深厚的文化底蕴，而抗震救灾精神又蕴含着中华优秀传统文化，是对中华优秀传统文化的彰显和传承。

#### 1. 抗震救灾精神和中国优秀传统文化的意蕴

抗震救灾精神产生于社会主义现代化建设的伟大实践中，凝聚于伟大的抗震救灾斗争和灾后重建工作中，体现在伟大又平凡的每一位抗震救灾斗争和灾后重建工作参与者身上，是能够激励当代乃至后人奋发向上的红色精神之一。抗震救灾精神是民族精神、时代精神在非常状态下的激活与焕发。

关于文化的概念古今中外的学者有不同的界定，笔者比较赞同我国权威辞书《辞海》对文化的界定。它把文化区分为广义和狭义两种。广义上的文化，是指人类在社会实践过程中所创造的物质财富、精神财富的总和，指的是每个民族为了生存和发展所创造的一切文明成果。狭义上的文化，是指社会意识形态以及与之相适应的制度和组织机构，仅把观念形态的精神文化视为文化，包括社会伦理道德、政治思想、文学、艺术、哲学、宗教、科学技术、民俗风情、思维方式等。

关于“中华传统文化”的内涵，学术界一向有不同看法。一般而言，中华传统文化有广义和狭义之分。广义上的中华传统文化指中华民族在实践中创造的物质财富和精神财富的综合，而狭义的中华传统文化从内容上特指精神财富。在传统论的时间跨度问题上学术界也存在争议，一种观点认为中华传统文化特指从中国古代至清中叶这三千多年历史中形成并发展起来的文化，另一种观点认为传统文化是指从中国古代一直发展到现在的文化。

---

① 习近平．决胜全面建成小康社会　夺取新时代中国特色社会主义伟大胜利——在中国共产党第十九次全国代表大会上的报告［N］．人民日报，2017-10-28（1）．

② 习近平．青年要自觉践行社会主义核心价值观——在北京大学师生座谈会上的讲话［N］．人民日报，2014-05-05（2）．

可见学界对传统文化内涵的理解是见仁见智，众说纷纭。但是有一点可以确定的是，中华传统文化是相对当代文化、外来文化而言的。上述种种观点的提出，从各个方面和角度对中华传统文化的内涵进行了探讨，富有一定的启发性。《辞海》中提到“传统”是“历史上流传下来的社会习惯力量，存在于制度、思想、文化、道德等各个领域……对人们的社会行为有无形的控制作用。传统是历史发展继承性的表现”①。依此来推演，传统文化就是历史上流传下来的文化。具体而言，中华传统文化指从远古至辛亥革命以前，中华民族自己创造的，在中国这片土地上酝酿、发展起来的，具有鲜明特色并世代相传、影响深远的庞大的文化体系。中华优秀传统文化作为传统文化的精华部分，是中华民族在几千多年的发展历程中的智慧结晶。这些“精华部分”和“智慧结晶”超越了时空的限制，与时代发展的要求相呼应，展现了中华文化永恒的价值，有着极为丰富的内涵。张岱年在《文化与哲学》一书中指出，中华优秀传统文化在当代的主要表现是“人本思想、辩证思想、无神论传统、古代唯物主义、天然协调、人际和谐、民族独立、忧国忧民”②。笔者认为中华优秀传统文化中“天下兴亡、匹夫有责”“刚健有为、自强不息”和“一心为民、生命至上”的精神理念都为抗震救灾精神提供了丰厚的滋养和深厚的底蕴，而抗震救灾精神也彰显和传承了这些深厚的文化思想。

2. “万众一心、众志成城”彰显了中华优秀传统文化“天下兴亡、匹夫有责”的家国情怀

“万众一心”一词出自典故。东汉末年爆发了黄巾大起义，汉灵帝派朱儁率军镇压，朱儁在南阳城（今河南南阳）外堆了一个比城墙还高的山丘，对城内的情况了如指掌，用计攻下外城。义军将领韩忠想和谈。朱儁不同意和谈，同时也不急于攻城，害怕城内的军民万众一心不好对付。万众一心比喻大家团结一致，就能克服困难。“众志成城”出自《国语·周语下》“众心成城，众口铄金”。东周的第十二代天子周景王姬贵在他在位的第二十一年（公元前524年）和二十三年（公元前522年）时，做了两件不得民心的事情：一件是铸大钱，一件是铸大钟。大钱就是币值高的钱。景王试图以铸行大钱的方式来收缴民间的小钱。大钟即编钟。景王准备铸造两组巨型编钟，一组是无射，一组是大林。他打算把这两组编钟上下悬挂在一起配合着演奏。景王身边的大臣单穆公对此很担忧，极力劝阻。他认为铸大钱不利于流通，是“绝民用以实王府”，是对平民百姓的残酷掠夺。而铸大钟更是劳民伤财，既得不到悦耳的享受，又加重了百姓的负担。这样做将会使百姓离心，国家危险。但景王听不进去。司乐大夫伶州鸠也劝阻说，编钟的声律强调和谐，如果百姓怨恨，那就没有和谐了。他引用民谚“众心成城，众口铄金”来表明自己的观点：老百姓共同喜欢的东西，很少不实现的；而他们共同厌恶的东西，也很少不废灭的。但景王还是不听。三年间，既铸了大钱，也造了大钟。结果景王在第二年就死于心疾，周王朝也随即爆发了长达五年之久的内乱。由此我们不难看出，万众一心、众志成城在中国传统文化中就早有记载，具有深厚的历史底蕴，同时它也进一步彰显了中国传统文化“天下兴亡、匹夫有责”的爱国主义精神。

“天下兴亡、匹夫有责”的家国情怀是中华优秀传统文化的重要内容，在中国历史上

---

① 辞海编辑委员会．辞海［M］．6版．上海：上海辞书出版社，2009：321.

② 张岱年．文化与哲学［M］．北京：教育科学出版社，1988：73.

源远流长，它早已深深融入了中华儿女的血脉之中。自古以来，这种爱国主义精神就是中华儿女抵御强族入侵、捍卫民族独立的重要精神力量。在中华传统文化中，家是放大的国，国是缩小的家，家与国之间是一种相辅相成、休戚与共的关系。实现国家富强、家（族）庭兴旺是炎黄子孙孜孜以求的梦想。但是在国与家的排序上，国具有优先性，国之不国，家也就无所依托。在家与国发生矛盾的时候，必然是舍家为国。千百年来，“天下兴亡、匹夫有责”的家国情怀激励着千千万万的中华儿女为了国家民族大义前赴后继、视死如归，这是成就中华民族繁荣昌盛的力量源泉。这种情怀最早可以追溯到大禹治水的神话传说。传说大禹治水时，三过家门而不入，其妻临盆生产也来不及抽身前往照看。大禹的这种精神成了后世仁人志士的典范。孔子认为，如果对国家有利，那么就不能计较个人得失，其名言“苟利国家、不求富贵”对后世产生了深远的影响。春秋时著名宰相郑国大夫子产，因为改革军赋制度，遭到国人诽谤，他坦然地说：“何害苟利社稷，死生以之。”林则徐在这句话的基础上，写出了“苟利国家生死以，岂因祸福避趋之”的壮丽诗篇，这是林则徐对中国传统士大夫以天下为己任精神的发展，是他崇高精神的道德外化。在儒家入世主义价值观念影响下形成的崇高精神是一种道德境界，它是超越感性的心意升华，是对人自身使命崇敬的一种道德情操，这种道德精神具体表现为以国家民族利益为重。

关注国家大事，担心国家安危，并非只是居庙堂之高者之事，并非只有“食肉者谋之”，普通百姓中也不乏视保家卫国为己任者。南宋时期就有陆游的“位卑未敢忘忧国”的千古名句。南北朝时期的《木兰诗》讲述了一个叫木兰的民间奇女子女扮男装，替父从军，在战场上出生入死，征战十二年，击退了胡人，保卫了国家和父老乡亲的安全，回朝后不愿当官，但求回家团聚的故事。这体现了木兰虽为女儿身，但是只要国家需要，也能像男子一样辞别亲人、驰骋疆场、英勇杀敌、报效国家的不屈精神。明朝军事家、政治家于谦的《石灰吟》中的“粉骨碎身浑不怕，要留清白在人间”体现了他为了一生清白，即使粉身碎骨也在所不辞的高尚气节。明末清初思想家顾炎武的“天下兴亡、匹夫有责”更是成为中华炎黄子孙们为国家为民族积极作为的至理名言。

西方殖民主义入侵以后，中国一步一步地陷入任人宰割的深渊。保家卫国、救亡图存成为中华民族儿女们奋斗的终身目标。抗击沙俄的名将左宗棠的“楚人健斗贼所惮，义与天下同安危”一语，表达了希望国家富国强兵，贼人就不敢轻易入侵的心愿，同时抒发了自己誓与天下百姓同生死、共患难的英雄气概。以谭嗣同为代表的戊戌六君子希望仿效日本，通过变法的方式实现国家的强盛。在他们推动的维新派变法失败以后，慈禧太后下令逮捕维新派人士。康有为、梁启超等人闻讯逃亡国外。谭嗣同说：各国变法，无不从流血而成，今中国未闻有因变法而流血者，此之所以不昌者也；有之，请自嗣同始。谭嗣同、杨锐等六人最终血洒菜市口。临刑前，谭嗣同大喊：有心杀贼，无力回天，死得其所，快哉快哉！这些无疑都体现了他们把国家和民族大义放在首位，不计个人得失和安危的英雄气概。谭嗣同等为了国家富强、民族振兴，慷慨就义，是何等的英雄气概！

中国共产党继承了传统文化中的“天下兴亡、匹夫有责”的爱国情怀，并用马克思主义的世界观对它进行改造。传统文化中的爱国精神，在一些方面掺杂有忠君思想和狭隘的封建家族观念。中国共产党认为，“家”是抛弃了一切封建因素的人民群众的“家园”；“国”是人人平等，人民当家做主的“人民的国度”。国家独立富强、人民富裕幸福是中国共产党奋斗的目的所在，为人民服务是家国情怀的最集中体现。在中国处于半殖民地半封建社会时期，推翻压在中国人民头上的三座大山，解放全国人民是压倒一切的任务。中国共产党为了实现这一中心任务，领导中国人民经过 28 年的艰苦卓绝的斗争，最终在 1949 年建立起独立自主的新中国。由此可见，“天下兴亡、匹夫有责”的文化基因早已深深融入了中华儿女的血脉之中，这种爱国主义精神是中华儿女抵御外国入侵、捍卫民族独立，实现民族复兴的“中国梦”的精神源泉。

在汶川特大地震发生后，烙印进中华儿女骨子里面的爱国主义精神便充分显现了出来。党中央第一时间对救灾工作做出全面部署，党和国家领导人随即奔赴灾区前线。在汶川地震灾难面前，全国人民心系灾区，在关注灾区动态情况的同时，纷纷自发捐款捐物，他们心中有一个信念，帮助灾区人民和中华民族渡过难关。武警官兵、公安干警风雨兼程奔赴灾区，跨越生死边界，克服千难万险，把无数的受灾群众从废墟下抢救出来。医护人员发扬无私奉献精神，夜以继日地抢救灾区人民和严防灾区疫情。广大新闻工作者冒着生命危险深入一线，及时向外界传递灾情和救灾进展情况。更有无数志愿者不怕艰苦纷纷赶赴灾区参加救援，为灾区群众带来了水和食物，在配合专业救援队伍工作的同时，也展开简单的救援工作，为夺取抗震救灾工作的胜利默默地贡献着自己的微薄之力。与此同时，海外侨胞、港澳同胞也秉承着“我是中国人”的信念，为救灾工作倾其所能、尽其所能、担起所责。在特大灾难面前，中华优秀传统文化中“天下兴亡，匹夫有责”的爱国主义精神彰显无疑。

### 3. “不畏艰险、百折不挠”继承了中华优秀传统文化中“刚健有为、自强不息”的精神理念

刚健有为、自强不息是中华优秀传统文化的重要内容。“有史以来，中国人民就是在抗御和战胜自然灾害斗争中发展起来的。从一定意义上说，整个一部中华文明史就是中华民族同自然灾害的斗争史。”[①] 刚健有为、自强不息是中华民族战胜一切自然灾害，消灭一切来犯之敌，克服前进道路上的一切困难的精神力量。“不畏艰险、百折不挠”是对中华优秀传统文化中“刚健有为、自强不息”的精神理念的继承。这种精神同样贯穿于抵抗汶川特大地震的始终。

古代中国就流传着其先民们不怕牺牲、敢于战天斗地的催人奋进的神话故事。史书中较早记载的是夸父逐日的故事。相传在黄帝王朝时代，火辣辣的太阳直射在大地上，烤死庄稼，晒焦树木，河流干枯。人们热得难以忍受，夸父族的人纷纷死去。夸父族首领夸父为族人安危开始逐日，和太阳赛跑，在口渴时喝干了黄河、渭水之后，在路途中渴死，手杖化作桃林，身躯化作夸父山。夸父逐日的故事，反映了中国古代先民战胜自然的愿望。此外还有后羿射日的故事。传说古时候，天空曾有十个太阳，像十个大火球，烤焦了大地，烧死许许多多的人和动物，点燃森林，把所有的房子都被化为灰烬。有个英雄大神叫后羿，他为帮助人们脱离苦海，射掉了多余的九个太阳，剩下的一个太阳温暖着人类，人们才得以安居乐业。愚公移山的传说也脍炙人口，这个故事记载在公元前 5—4 世纪《列子》一书中。传说古代大职国国王侍卫愚公性情耿直刚烈，得罪了大臣智叟。愚公遭陷害，全家被贬回故乡。愚公一家长期受到门对面太行和王屋两座大山的封闭之苦，于是愚

---

① 孟昭华. 中国灾荒史记［M］. 北京：中国社会科学出版社，1999：1.

公动员全家，开始挖掘两座大山，计划将其铲平。愚公的执着精神影响了村民，也感动了玉皇大帝，上帝命令两个大力神将一山背到朔方东部，将一山背到雍州南部。从此，愚公家门前不再闭塞了。愚公精神影响了世代中国人民，成为中华民族不畏艰难、自强不息的民族精神的渊源之一。精卫填海在中国也是家喻户晓的神话故事。相传精卫本是炎帝神农氏的小女儿，名唤女娃。一日女娃到东海游玩，溺于水中。死后其化作花脑袋、白嘴壳、红色爪子的一种神鸟，找东海报仇，每天从山上衔来石头和草木，投入东海，然后发出“精卫、精卫”的悲鸣，好像在呼唤着自己。“天行健，君子以自强不息”，中华儿女和中华民族自强不息的伟大精神就凝结在“夸父追日”“后羿射日”“愚公移山”“精卫填海”等脍炙人口的故事中，激励着一代又一代的中华儿女在艰难困苦中自强不息、砥砺前行。

中国共产党继承了中华民族刚健有为、自强不息的民族精神，领导中国人民推翻了压在人民头上的三座大山。中国共产党和中国人民面对的反动势力力量之大，史无前例；遇到的困难之艰巨，前所未有。中国共产党人充分发挥自强不息的民族精神，以少胜多，以弱胜强，走出了一条以农村包围城市的革命道路，终于推翻了国内外反动派，建立了人民当家做主的社会主义新中国。社会主义新中国建立初期，一穷二白，工业化水平极低，连拖拉机都不能自行生产，国际上还受到以美国为首的西方国家军事上的包围、政治上的打压和经济上的封锁。因此，新中国成立初期，社会主义建设面临着巨大的困难，但是中国共产党人不畏艰难，百折不挠地领导中国人民继承和发扬自强不息的民族精神，坚持马克思主义的指导地位，自力更生、艰苦奋斗，形成了大庆精神、“两弹一星”精神、抗洪精神等红色精神。经过半个多世纪的奋斗，最终把中国建设成了一个强大的社会主义国家。

2008年汶川特大地震发生后，面对极其惨烈的灾难，中国人民丝毫没有被吓倒。受灾群众毫不退缩，积极展开自救和互救。在山体变形、交通阻断、通信中断的情况下，各路救援部队依然冒着余震随时可能发生的危险，日夜兼程地赶赴灾区，发扬一不怕苦、二不怕死的拼命精神，从废墟中搜救出每一名被困群众。之后发生的玉树地震、雅安地震、九寨沟地震等历次地震也都充分显示出了刚健有为、自强不息的民族精神。在汶川抗震救灾中，有连续奋战在救灾一线的警嫂，有义务为灾区孤儿哺乳的绵阳警花，有用自己的身体为孩子撑起生的希望的母亲和老师，有勇敢坚强不掉泪的可爱女孩，也有救助同学不幸失去右腿的初一女生，更有奋力抢救受灾群众导致流产的最美护士……所有的这些人都把自强不息的精神内化于心、外化于行，在汶川抗震救灾工作中谱写着人生最美的篇章，为我们最终战胜汶川地震灾难提供了力量源泉。正如胡锦涛同志所说的：“广大军民临危不惧、奋不顾身、舍生忘死，哪里灾情危急就向哪里冲去，哪里有生死考验就向哪里挺进，哪里有受灾群众就向哪里集结。”[①] 在历次救灾工作中，无论是灾区群众，还是救援人员都表现出中华儿女不被任何艰难困苦所压倒的超人勇气和战胜灾难的决心。中华儿女所展现出的“不畏艰险、百折不挠”的精神正是中华优秀传统文化中“刚健有为、自强不息”精神理念的继承和发展。

---

① 胡锦涛. 在抗震救灾先进基层党组织和优秀共产党员代表座谈会上的讲话［N］. 人民日报，2008－07－01(2).

4. “以人为本、尊重科学”传承了中华优秀传统文化中的“一心为民、生命至上”的精神理念

中国自古以来就有人本主义思想。自周代开始有重民思想，《尚书·盘庚》中记载：“朕及笃敬，恭隶民命，用永地于新邑。”《左传》襄公三十一年引《泰誓》：“民之所欲，天必从之。”最早明确提出“以人为本”的是春秋时期齐国名相管仲[①]，他在《管子》中提出：“夫霸王之所始也，以人为本。本理则国固，本乱则国危。”[②] 意为霸王的事业就是以民为本，唯有顺民心，才有国家强盛。在我国古文献中，“人”与“民”二字经常连用，合为一个词组。人民在古汉语中意为平民百姓。这里所谈的以人为本与以民为本，意思完全相同。到了春秋战国时代，古代以人为本的思想进一步完善，代表人物主要是孔子和孟子。孔子的民本主义思想的核心即轻鬼神重人，他把人作为世界的中心，把仁作为人的本质。而孟子主张仁政，强调“民为贵，君为轻”。《孟子·尽心》又说：“诸侯之宝三，土地、人民、政事。”可见孟子所说的“民为贵”也就是以人为本之意。

从中国古代“民为邦本”“民为贵”“民者，君之本也”（《谷染传》），到唐太宗李世民倡导的“民可以载舟，亦可以覆舟”，再到近代王韬的“天下何以治？得民心而已”、谭嗣同的“因有民而后有君，君末也，民本也”等，我们不难发现这些思想观点都在一定程度上揭示出人民群众是一个国家的根本，唯有得民心方可得天下。中华优秀传统文化中所蕴含的“民本”思想也是中国共产党治国理政理念的重要来源。“民惟邦本”以及孔子提倡的“仁者，人也”是优秀的中国共产党人的精神养料，更是党在革命、建设和改革的历史时期获得人民群众认可的关键所在。在汶川抗震救灾工作中，以人为本一条红线贯穿始终，党中央把以人为本作为救灾工作的立足点，在第一时间便做出了尽最大努力抢救受灾群众生命与财产安全的重要指示。基层党组织发扬堡垒作用，为保护人民群众的生命财产安全筑起了一道坚不可摧的“堤坝”，广大党员干部更是身先士卒，起着先锋模范的引领作用，冲在汶川抗震救灾工作的第一线，用实际行动践行着以人为本理念。

“以人为本、尊重科学”，同时也是中国优秀传统文化中的科学精神与人文精神的融合。在“5·12”汶川特大地震抗震救灾的实践中，以人为本的人文精神与尊重科学的科学精神得到了高度的统一，并贯穿于救灾工作的始终。在救灾工作中，广大军民始终把保证灾区人民的生命安全放在第一位。“5·12”汶川特大地震发生当晚，温家宝在抗震救灾指挥部会议中指出：“现在第一位的工作是抓紧时间救人，多争取一分一秒的时间就可能多抢救出一个被困者，人命关天，救人要紧。”[③] 另外，2008 年 5 月 19 日下午 14 点 28 分，汽笛声响，全国上下举行哀悼，祭奠遇难群众，给逝去的生命以尊重，这无疑是政治开明的一种表现，它使国人哀戚的心灵、悲伤的情绪得到了安慰和宣泄。这是新中国成立以来，第一次为了普通民众、寻常百姓的逝去而宣布的全国哀悼日，具有划时代的意义，足以载入史册。作为一个象征，这一举措意味着国家对每一个普通生命的尊重。设立哀悼

① 管仲（约公元前 723 年—公元前 645 年），姬姓，管氏，名夷吾，字仲，谥敬，春秋时期法家代表人物。中国古代著名的经济学家、哲学家、政治家、军事家。被誉为“法家先驱”“圣人之师”“华夏文明的保护者”“华夏第一相”。《管子》一书由西汉刘向编成，汇辑管仲众多思想观点。

② 管子. 管子［M］. 北京：商务印书馆，1936：8.

③ 李斌，黎大东. 温家宝主持召开国务院抗震救灾指挥部会议［N］. 人民日报，2008－05－13（1）.

日，全国降半旗志哀，这既是对遭逢不幸的逝者的哀悼，也是对幸存者的慰藉。它激发了我们每一个国人的爱国热情，坚定了受灾同胞战胜灾难的信心和意志。同时，党和政府科学有效地源源不断地投入巨大的资金和输送各种救灾设备、物资、药品到灾区，做好灾民安置工作。这些行动使得中华优秀传统文化中以人为本的人文精神上升到一个崭新的高度。

与此同时，中华优秀传统文化中尊重科学的务实精神也在救灾过程中得到了深度开发。在抢救受灾群众的过程，坚持运用遥感技术、海事卫星电话和生命探测仪等科学技术，认真听取专家的建议，对灾区人民进行科学施救，最大限度地抢救被困群众，对于救出的伤者妥善安置，科学治疗。更令人欣慰的是，救灾工作中做到了实事求是，理论与实践相结合，将救援中取得的宝贵经验转化为科学的救援机制与行动，及时发布救灾进展，主动向社会公布救灾物资的来源与去向，既发挥了人的主观能动性，又发挥了科技的现实作用。总之，“以人为本、尊重科学”传承了中华优秀传统文化中的“一心为民，生命至上”的精神理念和科学精神，是对这一思想的充分彰显和有力的传承。

### （二）抗震救灾精神与革命文化一脉相承

#### 1. 革命文化的意蕴

抗震救灾精神从本质上就是中国文化的重要组成部分，源自中华民族五千多年文明历史所孕育的中华优秀传统文化，熔铸于党领导人民在革命、建设、改革中创造的革命文化和社会主义先进文化。普列汉诺夫很早便指出，为了理解一定时期的意识形态，“那就应该预先认识前一时代的‘智慧状态’”[①]。显然，革命文化就是抗震救灾精神前一时代的“智慧状态”。革命文化的概念最早由毛泽东同志在《新民主主义论》中提出：“新民主主义文化即无产阶级领导的人民大众的反帝反封建的文化。”[②] 革命文化是中国共产党和中国人民在长期的革命斗争实践中形成的文化，蕴含着丰富的革命精神和厚重的历史文化内涵，反映了共产党人和革命群众的独特思想和精神风貌，是文化自信的重要构成和基础之一[③]，是狭义的红色文化。革命文化是指在新民主主义革命中产生、形成，在中国革命的红土地上孕育出来的一种独特的文化类型，是中国共产党人领导人民在革命事业中创造的充满革命性的文化成果，包括革命思想理论、革命信念精神、革命价值伦理以及革命文化作品等。从时间跨度上来讲，革命文化诞生于五四运动时期，初兴于大革命时期，成型于土地革命时期，并在延安时期实现空前繁盛。[④] 它是由中国共产党人领导的广大人民群众和先进知识分子共同创造的，在漫长的革命实践中不断丰富和发展，最终锤炼而成的文化意识形态。从这个意义上说，革命文化是我国红色文化的主流、源泉。而在更广义的范畴里，中国特色社会主义先进文化是革命文化的传承、丰富与发展，中国特色社会主义文化中有些特定的内容，如关于理想、信仰、道德追求、奋斗目标、奉献精神以及社会主义核心价值体系的核心内容等都属于革命文化的范畴。革命文化是一种具有中国特色的先进文

---

① 普列汉诺夫. 普列汉诺夫哲学著作选集（第1卷）[M]. 北京：生活·读书·新知三联书店，1959：735.

② 毛泽东. 毛泽东选集（第2卷）[M]. 北京：人民出版社，1991：708-709.

③ 李冬朗. 革命文化是党和人民宝贵的精神财富 [J]. 人民论坛，2017（17）：30-31.

④ 张健彪，田克勤. 革命文化的历史地位及当代价值 [J]. 中国延安干部学院学报，2017（5）：54-59.

化形态。毛泽东同志指出，共产党人要“左手拿宣传单，右手拿枪弹，才可以打倒敌人”[①]，“要把运输文化食粮看得比运输被服弹药还重要”[②]。从这个意义上讲，革命文化是一种具有中国特色的先进文化形态，锻造了党的坚强领导，培育了人们不怕艰险、百折不挠的优良品质，为人们万众一心、众志成城夺取抗震救灾工作的胜利注入了精神动力。

2. 革命文化蕴含着中国共产党以人为本、执政为民的执政理念

新民主主义革命时期，中国共产党不断结合时代和社会发展的需要，适应革命的发展形势，弘扬伟大的民族精神，形成了伟大的红色精神体系。这些红色精神体系就是革命文化的核心和灵魂，反映了共产党人坚定的理想信念、科学的路径选择、辩证的思维品质和创新的风格特色。[③] 这些红色精神是共产党人传承中华民族精神和实践发展马克思主义的生动表现，是共产党人对中国思想史和民族精神的丰富与发展。[④] 光辉灿烂的革命文化正是在艰苦卓绝的革命实践斗争中孕育和发展起来的。

井冈山精神是我们伟大的革命文化、伟大的红色精神的源头。井冈山是我们党的第一个革命根据地，是革命的摇篮。1927 年 10 月，毛泽东、朱德等老一辈革命家领导中国工农红军来到这里，从失败中吸取教训，走出了一条“农村包围城市、武装夺取政权”的新道路，孕育和发展了以“坚定信念、艰苦奋斗、实事求是、敢创新路、依靠群众、敢于胜利”为核心的井冈山精神。井冈山精神是在井冈山时期的艰苦卓绝斗争中形成和发展起来的，没有井冈山时期丰富的革命实践，就没有井冈山精神。在井冈山时期，毛泽东同志正确地认识到了中国民主革命的中心内容是土地问题，只有解决了土地问题，才能调动人民群众的革命热情，夺取民主革命战争的胜利。中国共产党作为先进的马克思主义政党，奉行执政为民、以人为本的执政理念，领导人民群众开展土地革命，打土豪、分田地，扫除了农村中的封建生产关系，有效地鼓舞了人民群众的革命信心。密切地联系人民群众是井冈山精神的重要组成部分，也为党的群众路线的形成奠定了基础。毛泽东在这里制定和颁发了大家熟悉的“三大纪律、八项注意”，及时出台了一些新政策，同时从老百姓利益出发纠正了一些错误的做法，不断密切和群众的血肉联系，真正做到了立党为公、执政为民、取信于民。

延安时期是中国共产党建立人民政权的重要时期，中国共产党在延安这个革命圣地 13 年，在这里进行了伟大的抗日战争和解放战争，在这里逐渐壮大，在这里建立了抗日民族统一战线，在这里形成了第一代领导集体。在延安，毛泽东思想逐步成熟。在这里，党坚决贯彻群众路线，团结广大人民群众，提出“为人民服务”的口号，丰富了革命文化的内涵。在延安，以毛泽东为代表的老一辈革命家经常深入群众中，了解群众所思所想，及时发现问题并纠正问题。对于涌现出的英雄模范人物如白求恩、张思德等，毛泽东撰文《为人民服务》《纪念白求恩》进行悼念，并号召全党上下学习他们“为人民服务”的精神。因此，在延安时期，除了孕育了伟大的延安精神之外，还产生了伟大的“整风精神”

① 井冈山革命根据地党史资料征集编研协. 中国共产党历史资料丛书——井冈山革命根据地（上卷）[M]. 北京：中共党史资料出版社，1987：192.

② 中央档案馆. 中共中央文件选集（第 12 册）[M]. 北京：中共中央党校出版社，1991：487.

③ 肖灵. 当代大学生红色文化传播研究 [M]. 北京：中国社会科学出版社，2015：144.

④ 丁德科，王昌民. 红色精神百年史述论 [J]. 渭南师范学院学报，2016，31（20）：5-30.

“愚公移山精神”“五老精神”“南泥湾精神”“抗大精神”“张思德精神”“白求恩精神”等。无论哪一种精神，都与人民紧密联系在一起。一切为了人民，一切依靠人民，与人民同呼吸、共命运、心连心，是延安精神的真谛，也是这些红色精神的核心。历史证明，党能不能始终保持先进性、提高执政能力、抵御各种风险，进而长期执政，真正肩负起中华民族伟大复兴的历史重任，说到底就看党能不能正确处理好与人民群众的关系，能不能始终全心全意地代表最广大人民群众的根本利益。

“5·12”汶川特大地震发生后，党中央在第一时间内启动了灾害紧急预案，并作出重要指示，全力抢救受灾群众。各级党员干部坚决贯彻党中央的指示，带头冲锋在抗震救灾工作的第一线，践行着中国共产党以人为本的理念。汶川抗震救灾取得的胜利，是高擎着以人为本大旗的救灾军民和受灾人民共同抗争的胜利。在地震后快速施行的国务院公布的《汶川地震灾后恢复重建条例》中，“以人为本”即为重要方针之一，贯穿条例始终。该条例的“以人为本”思想主要体现在三个方面：第一，在保证安全的前提下，尊重受灾群众意愿，并给予适当的补助。第二，在现场清理过程中要坚持救人第一的原则，尊重少数民族风俗习惯，妥善登记保管财物，建立地震遗址博物馆。第三，充分尊重群众意愿，体现政府的服务职能。此外，该条例还第一次明确要求做好群众的心理援助工作。各个环节无不践行着“以人为本”理念。抗震救灾斗争的胜利是中华民族和世界各地善良勇敢的人们通力合作、并肩战斗赢得的胜利，它必将镌刻在每一个中国人的心灵深处，也必将镌刻在世界文明进程的里程碑上，成为全人类的共同记忆和共享财富。[①]

3. 革命文化培育了人民群众不怕艰险、百折不挠的优良品质

在革命战争时期，面对艰苦的环境和强大的敌人，我们需要一种由无产阶级领导下的新民主主义文化来作为凝心聚力的旗帜。象征着革命热情、坚定信念和顽强斗志的革命文化，是新民主主义文化最生动的展现。漫漫长征路途中，广大的红军将士面对恶劣的自然环境和穷追不舍的敌人，保持着坚定的理想信念，绝不向敌对势力屈服，铸就了不怕牺牲、勇往直前、百折不挠的长征精神。长征精神从根本上讲就是把全国人民和中华民族的根本利益看得高于一切，坚定革命的理想和信念，坚信正义事业必然胜利的精神；就是为了救国救民，不怕任何艰难险阻，不惜付出一切牺牲的精神；就是坚持独立自主，实事求是，一切从实际出发的精神；就是顾全大局、严守纪律、紧密团结的精神；就是紧紧依靠人民群众，同人民群众生死相依、患难与共，艰苦奋斗的精神。[②] 毛泽东同志指出，“务必使同志们继续保持艰苦奋斗的作风”[③]。在长征途中，中国工农红军不畏艰难，克服重重困难共进行了380余次战斗，攻占700多座县城，牺牲了营以上干部多达430余人（平均年龄不到30岁），共击溃国民党军数百个团，其间共经过14个省，翻越18座大山，跨过24条大河，走过荒草地，翻过雪山，行程约二万五千里。红一方面军于1935年10月到达陕北，与陕北红军胜利会师。总之，长征道路之艰难，面对的敌人之多、装备之精良、数量之多都是史无前例，红军指战员发挥勇敢斗争、不怕疲劳、不怕牺牲、不怕一切艰难险阻的革命精神，与敌人进行彻底的、勇敢的斗争，狠狠地打击敌人。在长征途中除

---

① 马芸芸.“以人为本”执政理念在汶川抗震救灾中的践行及意义［J］. 中华文化论坛，2008（3）：101－107.

② 江泽民. 江泽民文选（第1卷）［M］北京：人民出版社，2006：590.

③ 毛泽东. 毛泽东选集（第4卷）［M］. 北京：人民出版社，1991：1439.

了敌人的残酷，还有物质条件的匮乏，吃树皮草根、吃皮带、喝马尿，但是这一切都没有能够击垮勇敢的红军战士。1936 年 10 月，红二、四方面军到达甘肃会宁地区，同红一方面军会师。红军三大主力会师，标志着万里长征的胜利结束，最终实现了人类历史上的伟大奇迹。斯诺在《红星照耀中国》中把长征称为当代无与伦比的一次史诗般的远征。毛泽东也评价长征是历史上的第一次，“长征是宣言书，长征是宣传队，长征是播种机”①。以“信念坚定、紧密团结、患难与共、不畏艰苦”为核心的长征精神，就是党领导根据地战士在历经艰难困苦的两万五千里长征途中产生和发展的，没有长征的实践，就没有长征精神。而这个精神中有坚定的理想信念和价值追求，这种价值追求是奉行执政为民、以人为本的执政理念，求得民族独立和人民解放，最终实现国家的繁荣富强和人民的共同富裕。

在“5·12”汶川特大地震抗震救灾工作中，人民子弟兵、医务人员及志愿者争分夺秒地抢救伤员，为夺取汶川抗震救灾工作的胜利甚至奉献出了宝贵的生命。以长征精神为代表革命文化铸就了中国革命党人和广大人民群众不怕牺牲、艰苦奋斗、百折不挠的革命精神，激励着勤劳的中国人民攻克一道又一道难关。与革命文化一脉相承的抗震救灾精神是新时期激发和鼓舞全国人民攻坚克难的精神动力。

4. 革命文化铸就了人民群众万众一心、众志成城的团结拼搏精神

革命文化激发了人民群众的爱国情怀，凝聚了党和人民群众的斗志，捍卫了人民群众团结一致、共克时艰的坚定信念。习近平同志指出：“在革命、建设、改革各个历史时期，我们党始终把统一战线和统战工作摆在全党工作的重要位置，努力团结一切可以团结的力量、调动一切可以调动的积极因素，为党和人民事业不断发展营造了十分有利的条件。”②“中国梦既是中国的国家梦、中华民族的民族梦，也是全体中国人的人民梦。”③ 历史证明，人民才是历史的创造者。在长达 14 年的抗日战争期间，面对日本帝国主义的入侵，中华民族到了最危险的时刻，国人齐心协力，共同抗敌，海内外中华儿女，全部集结到抗日的洪流中，最终取得了抗战的胜利。在与外寇斗争的过程中，以“爱国主义、团结合作、百折不挠、不懈奋斗”为核心的抗战精神孕育并发展成熟，丰富了以爱国主义为核心的伟大民族精神。在五千多年的发展中，中华民族形成了以爱国主义为核心的团结统一、爱好和平、勤劳勇敢、自强不息的伟大民族精神。如果没有抗战时期的革命实践，就没有抗战精神，而抗战精神中为了人民、依靠人民的思想也蕴含了中国共产党以人为本、执政为民的执政理念。

革命文化根植于革命的伟大实践中，离开革命实践，革命文化就成了无本之木、无源之水。以“开拓进取、团结民主、谦虚谨慎、艰苦奋斗”为核心的西柏坡精神，是党领导人民在同国民党的武装决战中形成和发展的，没有在西柏坡时期的革命实践，就没有西柏坡精神。西柏坡精神由毛泽东在西柏坡召开的中国共产党七届二中全会上提出，是指以毛泽东为首的党中央在驻西柏坡期间所体现和创立的一系列革命精神。西柏坡精神产生于中国革命重要的历史转折关头，决定着中国革命的前途和命运，西柏坡精神集中体现了敢于

① 毛泽东．毛泽东选集（第 1 卷）[M]．北京：人民出版社，199：149.

② 习近平．巩固发展最广泛的爱国统一战线　为实现中国梦提供广泛力量支持 [N]．人民日报，2015-05-21 (1).

③ 王树荫，温静．中国梦的由来、意义与实践路径 [J]．中国高等教育，2013 (10)：12-15.

斗争、敢于胜利的彻底革命精神，体现了头脑清醒、目光远大的胜利者图强自律的精神。其主要内容包括：永不停步，将革命进行到底；执政党要坚持以经济建设为中心；坚持两个“务必”，保持党的优良传统和作风；团结高效，加强党的集中统一。其核心是教育全党要经得起新的历史阶段的考验。其实质是巩固和加强共产党的执政地位，不断地把社会主义事业推向前进。西柏坡精神同井冈山精神、延安精神一样，是我们党的宝贵精神财富。西柏坡时期，是中国革命历史上的特殊时期，处于两种命运和两个前途进行最后博弈和决战的最关键阶段，同时又是承上启下，实现伟大历史转折的重要时刻，“必须充分发挥依靠群众、团结统一的民主精神，调动全党全军全国人民和各个方面人士的积极性，为打倒蒋介石，建设新中国而努力奋斗”①。靠着人民群众的力量，靠着团结统一的民主精神，中国共产党在这里颁布了《中国土地法大纲》，指挥了著名的三大战役，召开了重要的七届二中全会，不仅领导了新民主主义革命的最终胜利，而且成功实现了党的工作重心从农村转到城市、从战争转到建设上来，开辟了新民主主义向社会主义过渡的新道路，也孕育和发展了伟大的西柏坡精神。

汶川特大地震发生后，全国儿女纷纷捐款捐物，众志成城、万众一心，帮助受灾群众渡过难关。革命文化具有信念凝聚和动力激发的重要作用，增强了人民群众在抗震救灾工作中攻坚克难的信心，铸就了万众一心的团结精神，为汶川抗震救灾以及灾后的重建工作奠定了基础。

5. 革命文化丰富了实事求是、尊重科学的务实精神

革命文化贯穿始终的科学求实精神以辩证唯物主义为思想内核，具有实践性的哲学特质和文化品格，是发展中国特色社会主义的思想指针。② 这些宝贵的思想同时也是新时期进行抗震救灾斗争和灾后重建必须坚持和学习的伟大精神。在中国长期的新民主主义革命时期，我们党始终面临着救亡图存这个最实际的问题。如毛泽东所言：“我们民族灾难深重极了，惟有科学的态度和负责的精神，能够引导我们民族到解放道路。”③ 科学精神既是科技文化的核心品质，也是我们党解决中国革命问题的思想武器。从某种意义上说，党领导人民实现中华民族伟大复兴的历史，就是培育与弘扬科学精神的历史。中国共产党人运用马克思主义这一思想武器，正是从中国国情和革命实际出发，注重“不唯书、不唯上、只唯实”，强调“没有调查，没有发言权”，才最终找到了中国革命这条唯一正确的道路。习近平指出：“我们共产党人干革命、搞建设、抓改革，从来都是为了解决中国的现实问题。”④ 在这个过程中，党形成了实事求是、解放思想、求真务实、与时俱进的思想路线。党的思想路线是革命文化的精髓，是党领导人民进行革命、建设和改革事业的法宝。在新时期，也唯有坚持科学、求实的精神，才能引导中华民族的复兴之路。“以正在做的事为中心”和“以人民为中心”的发展思想，正是科学求实精神、实事求是思想路线的生动体现，这种科学务实的精神尤其表现为新闻报道的及时和透明。第一时间的报道能够让人民群众了解灾情，促成正确的舆论方向，有利于群众形成正确的救灾意识，从而保

---

① 韩延明. 红色文化与社会主义核心价值体系建设研究［M］. 北京：人民出版社，2013：80.

② 张建彪，田克勤. 革命文化的历史地位及当代价值［J］. 中国延安干部学院学报，2017（5）：54－59.

③ 毛泽东. 毛泽东选集（第2卷）［M］. 北京：人民出版社，1991：663.

④ 中共中央文献研究室. 十八大以来重要文献选编（上）［M］. 北京：人民出版社，2014：114.

持社会的稳定发展，有利于抗震救灾工作的顺利进行。

“5·12”汶川特大地震发生后，关于地震的消息报道遍布电视网络各大媒体的首页，同时大量的记者前往灾区获取地震最新消息，“中央电视台的两批记者先后到达灾区做最详细的报道，这些发自一线的报道，真实地向世界传达了灾区的情况，激发了民众救灾的热情”①。一时间，全国上下陷入沉痛的哀悼。这种公开透明的报道，让广大群众真真切切地了解到灾区真实的情况，在一定程度上阻止了各种无理谣言的形成，提高了灾区救灾行动的效率，凝聚了全社会的有效力量积极地投入抗震救灾的工作中去，也使党和政府的工作得到群众的认同和支持。同时，众多新兴媒体的报道涌入人们视野，如影响较大的互联网信息传播，人们通过手机上网随时都能接收到来自各大媒体的新闻消息，还有手机短信、各大商场的广告屏幕以及数字电视的播报。这些新兴媒体的介入大大地提高了信息传播的效率，促进了群众对灾区受灾情况的了解，从而激发了广大群众积极主动地参与到抗震救灾行动中去，并做出了巨大的贡献。更重要的一点是，对于汶川地震前方的报道，全国各媒体都遵守了职业道德，没有出现过虚假报道，把灾区救灾的艰辛和困难如实地呈现到全国人民的眼前。汶川地震中，党和政府对于灾区前方信息的公开透明程度前所未有，这种做法也是党和政府给予全国人民的一种保证，一种对人民负责的做法，坚定了中国共产党的领导地位。同时，也是向国际展现了中国该有的大国风范，面对灾情，我们直言不讳，赢得了国际社会的赞扬。

总之，革命文化是社会主义文化的根基。中国文化的发展道路与中国革命发展道路是一致的。在近代中国特殊的社会条件下，中国革命的道路是分步进行的，“只有经过民主主义，才能到达社会主义，这是马克思主义的天经地义”②。同样，中国文化的发展道路也要先经过新民主主义革命文化的发展阶段，才能迎来社会主义文化建设时期，这也是中国文化发展道路的天经地义。革命文化是中国共产党领导和团结广大人民群众的思想武器，也是调动人民群众与敌对势力进行顽强斗争的精神动力，更是党执政为民、以人为本的鲜明旗帜。伟大的抗震救灾精神与革命文化紧密联系、一脉相承，是革命文化在社会主义建设新时期的具体体现。它蕴含着中国共产党以人为本、执政为民的执政理念，培育了人民群众不怕艰险、百折不挠的优良品质，铸就了人民群众万众一心、众志成城的团结拼搏精神，丰富了尊重科学的务实精神，为汶川抗震救灾工作的胜利提供了思想基础。

### （三）社会主义先进文化是抗震救灾精神形成的坚实后盾

#### 1. 社会主义核心价值体系是社会主义先进文化的精髓

社会主义先进文化是当代中国的新文化，具有丰富的内涵。中国特色社会主义先进文化是以马克思主义为指导，以社会主义核心价值观为灵魂，面向现代化、面向世界、面向未来的，民族的、科学的、大众的文化。

以马克思主义为指导。马克思主义是社会主义文化的思想基础。社会主义先进文化体现了当代中国的社会性质和政治理念，即不断推进中国特色社会主义、实现社会主义现代化和中华民族的伟大复兴，必须坚持马克思主义的指导地位。

---

① 罗鸿彦．汶川地震中的公民自组织参与与分析［D］．北京：中国政法大学，2010.

② 毛泽东．毛泽东选集（第3卷）［M］．北京：人民出版社，1991：1060.

以社会主义核心价值观为灵魂。核心价值观是文化软实力的灵魂、文化软实力建设的重点，是决定文化性质和方向的最深层次要素。一个国家的文化软实力，从根本上说取决于其核心价值观的生命力、凝聚力、感召力。社会主义核心价值观是当代中国精神的集中体现，是凝聚中国力量的思想道德基础。

坚持面向现代化、面向世界、面向未来。社会主义先进文化，既要与中国国情相结合、与时代发展同进步，又要取各国文化所长，弃其糟粕，不断创新融合，使之焕发出强大的生命力。面向现代化是社会主义先进文化时代性的重要体现，我国正处在社会主义初级阶段，现代化建设是最迫切的任务，社会主义先进文化植根于中国的改革建设实践，必定有鲜明的中国时代印记。面向世界是社会主义先进文化开放性的重要体现，建设中国的先进文化，需要借鉴、吸收世界各国各民族的优秀文化成果，通过文化的交融整合、吸收创新，不断充实、丰富和发展当代中国的先进文化，并推动中华文化走向世界。面向未来是创新性的重要体现，马克思主义坚持用发展的观点看问题，在实践中进行理论创新，指导文化建设面向未来。

社会主义核心价值体系是社会主义先进文化的精髓，它为抗震救灾工作指明了正确方向、凝聚了社会力量、坚定了主流价值引领，为抗震救灾精神奠定了理论基础。它是抗震救灾精神的理论源泉，在抗震救灾精神形成过程中指明了正确方向、凝聚了社会力量、注入了绵延不绝的精神动力以及坚定了主流价值引领。胡锦涛同志指出："切实把社会主义核心价值体系融入国民教育和精神文明建设全过程，转化为人民的自觉追求。"①

2. 抗震救灾精神充分彰显和弘扬了社会主义核心价值体系

党的十六届六中全会提出：马克思主义指导思想、中国特色社会主义共同理想、以爱国主义为核心的民族精神、以改革创新为核心的时代精神以及社会主义荣辱观等，共同构成了社会主义核心价值体系。在社会主义核心价值体系中，社会主义荣辱观是基础，民族精神和时代精神是精髓，中国特色社会主义共同理想是主题，马克思主义是灵魂。基础、精髓、主题和灵魂，是一个渐次升华的过程，是人的思想境界由简单到复杂、由具体到抽象的过程。抗震救灾精神立足于中国国情，形成于举全国之力的抗震救灾和灾后重建行动之中，以其丰富的内涵和精神实质，全方位和多角度地体现了社会主义核心价值。

第一，伟大的抗震救灾精神充分彰显了马克思主义的内在要求。

马克思主义最核心的观点就是群众观点，最重要的立场就是人民立场，尊重科学，坚持以人为本，为抗震救灾精神的产生指明了正确方向。全心全意为人民服务，是中国共产党执政的根本宗旨。中国共产党自建立之初便把马克思主义作为自己的指导思想，这种科学的方法论和世界观为党的路线和政策方针的制定指明了正确的方向，也为人民群众形成正确的价值观和人生观提供了思想沃土。抗震救灾精神从行动上真正诠释和践行了全心全意为人民服务的宗旨。汶川地震发生后，党中央和国务院在第一时间启动灾害应急机制，科学有序地布置救援工作，增强了汶川抗震救灾工作的科学性和实效性。马克思主义把以人为本作为价值基石，倡导助人自助、团结友爱、积极参与，注重人与人之间的互相依存、共同发展，使人在物质和精神上都得到满足，从而促进人的全面发展。在汶川抗震救

① 中共中央文献研究室．十七大以来重要文献选编（上）[M]．北京：中央文献出版社，2009：26-27.

灾工作中，党坚持马克思主义的指导地位，践行着执政为民的理念，积极协调各方救援力量，充分发挥党员和党组织的重要作用。以人为本的前提是尊重生命。在汶川抗震救灾工作中，党中央作出重要指示，要求以救人为第一要务，全力抢救受灾人员。灾后，全国哀悼日的设立是对汶川特大地震中逝去生命的尊重，更是党和国家对以人为本理念的践行。

第二，伟大的抗震救灾精神促进了中国特色社会主义共同理想的凝练。

理想从本质上来说属于意识形态，源于一定社会的生产力与生产关系，又反作用于特定时代的经济和社会发展。时代不同，社会不同，社会的共同理想也随之发生变化。当下，中国13亿人民的共同理想是建设中国特色的社会主义，实现中华民族的伟大复兴。中国特色社会主义共同理想是13亿中国人共同认定和选择的，并共同为之奋斗的目标和愿景。这种愿景和目标最能激起社会成员的激情和为之奉献的愿望，完美实现个人理想和社会理想的统一。中国特色社会主义共同理想锻造了人民群众万众一心、众志成城的坚韧性格，为抗震救灾精神的产生凝聚了社会力量。邓小平同志很早就提出我们的青年一定要有理想，资产阶级改良派和革命派走西方资本主义的道路都失败了，因为他们脱离了实际情况，忽略了群众的利益诉求。中国共产党坚持以人为本，坚定不移地团结和领导人民群众为实现社会主义共同理想而奋斗。它将社会各个阶层、不同民族的利益整合凝聚起来，有利于汇聚社会各界力量推动“中国梦”的实现。共同理想不仅整合了汶川抗震救灾工作的救援力量，而且坚定了党和人民取得抗震救灾工作胜利的信念。在汶川抗震救灾工作中，救援队伍艰苦奋斗、不怕牺牲，积极抢救受灾群众。全国儿女紧密团结在党的周围，团结一心，夺取了抗震救灾工作的胜利。

第三，伟大的抗震救灾精神反映了民族精神和时代精神的现实要求。

抗震救灾精神所倡导的百折不挠、以人为本、自强不息、科学务实等理念彰显了民族精神和时代精神的价值导向。民族精神和时代精神培育了人民群众百折不挠、共克时艰的优良品质，为抗震救灾精神的产生注入了绵延不绝的精神动力。习近平总书记指出：“实现中国梦必须弘扬中国精神……这种精神是凝心聚力的兴国之魂、强国之魂。”[①] 中华民族五千年来生生不息，其精神支撑便是以爱国主义为基石和核心要素的民族精神，改革开放以来中国人民又将艰苦奋斗、团结拼搏的优良作风融入民族精神之中。这些精神根植于人民群众的物质生产和精神活动之中，又滋养着人民群众改革创新、锐意进取的优良品质。汶川特大地震发生后，党中央在第一时间做出重要指示，各专业救援力量及志愿者迅速奔赴灾区，展开抗震救灾工作。全国人民情系灾区，万众一心、众志成城。党宣部门和社会媒体及时发布灾区情况，保证灾区信息透明；同时，接受国际社会的援助，允许外国记者进入灾区进行采访报道等，这些都展现出了时代精神的活力。

第四，伟大的抗震救灾精神是社会主义荣辱观的有机构成。

社会主义荣辱观实现了社会主义的价值导向与社会主义道德规范的有机统一，体现了社会主义对社会成员道德行为规范的基本要求，奠定了形成良好社会风气的重要基础，为抗震救灾精神的产生坚定了主流价值引领。社会主义荣辱观以“八荣八耻”为主要内容，展现了中华民族优秀的传统道德价值规范和良好的社会风尚。共产主义远大理想和中国特色社会主义共同理想是中国共产党人的精神支柱和政治灵魂，也是保持党的团结统一的思

① 习近平．在第十二届全国人民代表大会第一次会议上的讲话［N］．人民日报，2013-03-18（1）．

想基础。社会主义荣辱观起着价值导向的重要作用，它能引导人们辨别是非、美丑，形成正确的价值取向。当前，人们的思想观念和价值标准显露出层次化及多元化的发展趋势。因此，迫切需要一个社会认同的道德标准，规范意识形态领域的多元化倾向，提升社会成员的思想道德境界，引领良好的社会风尚。社会主义荣辱观是建立和谐社会的基础所在，它旗帜鲜明地指出了何为假丑恶、何为真善美，为社会成员坚守高尚的道德规范及良好的社会风尚树立了一根标杆。在社会主义荣辱观的滋养下，汶川抗震救灾工作中涌现出了大量的感人事迹。灾区群众保持自力更生、艰苦奋斗的优良品质，依靠自身开展救助活动，减少了灾害带来的伤痛与损失。更有很多感人肺腑的故事在时刻上演，无数的人民子弟兵为了毫无血缘关系的灾民赴汤蹈火在所不惜，无数的老师们用自己宝贵的生命保护了自己的学生，无数的白衣天使累倒在了手术台上，他们不怕牺牲、严守职责，帮助灾区人民战胜困难、重建家园，他们用实际行动诠释着生命的最高价值，书写着人生的篇章。

3. 社会主义核心价值体系引领抗震救灾精神深入发展

在汶川抗震救灾工作中，马克思主义指导思想、中国特色社会主义共同理想、以爱国主义为核心的民族精神、以改革创新为核心的时代精神以及社会主义荣辱观凝聚了社会救援力量，指明了救灾工作的正确方向，注入了绵延不绝的精神动力，坚定了主流价值引领为抗震救灾精神构筑了坚实的后盾，同时也将引领抗震救灾精神深入发展。

第一，社会主义核心价值体系引领了抗震救灾精神的弘扬和践行。

首先，社会主义核心价值体系引领了抗震救灾工作和灾后重建工作的发展方向。当下，西方文化多元化的冲击给中国人的价值理念带来了极大的影响。在这样的特殊时期，尤其是面对特大灾难，如何秉承以人为本的理念，如何能最快最好最有效落实灾区安置工作是急需解决的问题。社会主义核心价值体系指引了方向，把握了航向，既突出了党和国家的指导思想，又强调了社会主义理想信念的重要作用，把中华民族优秀传统文化、民族精神、爱国精神和社会主义价值观念相融合。它在全社会的所有价值目标中处于统摄和支配的地位，指明了当代抗震救灾精神的发展方向。其次，社会主义核心价值体系指明了抗震救灾精神的核心内涵。抗震救灾精神是服务他人、服务社会和实现个人价值的统一，其实质是以人为本的奉献精神。而社会主义核心价值体系倡导的爱国、勤劳、诚信、友善、团结等价值观与这一实质是高度一致和契合的。最后，社会主义核心价值体系指明了抗震救灾精神的弘扬和践行途径。它引领社会思潮，并且能够尊重差异、包容多样，在尊重包容中扩大社会认同，团结不同阶层，最大限度地形成社会思想共识，从而推动人们参与抗震救灾的各项具体工作以及灾后重建等，发扬抗震救灾精神的积极性和主动性，成为当代中国人的精神主轴和价值坐标，为新时代思想政治教育工作提供取之不尽、用之不竭的教育资源，更好地构筑中国精神、中国价值和中国力量，更好地为人民提供精神指引。

第二，社会主义核心价值体系使抗震救灾精神提升到了更高的思想境界。

每一次的抗震救灾斗争都是对民众心理的一次大爱洗礼，成为人们精神信仰得以升华的伟大实践。抗震救灾中所凝结起的万众一心、众志成城的精神充分彰显了中国特色社会主义共同理想的向心力和凝聚力。抗震救灾的伟大胜利也是中国特色社会主义的伟大胜利，以中国特色社会主义共同理想为基础所形成的强大凝聚力是我们建设中国特色社会主义事业的有力保障。弘扬抗震救灾精神，有利于进一步培育社会主义核心价值观，促进社会和谐。在历次抗震救灾和灾后重建实践中，社会主义核心价值观得到了全民参与的培育和践行，伟大的民族精神在抗震救灾中发挥了第一力量的作用，中华民族的精神家园在地震中岿然不动。社会主义核心价值观不仅要在对中华民族优秀传统文化的继承与发展中确立，更需要在伟大的实践中检验与巩固。培育和践行社会主义核心价值观，必须有社会成员理性的认同与自觉的实践，必须通过广泛而深入的实践让这些核心价值理念内化为千千万万社会成员的主导价值观，升华为全民族全社会的精神动力。每一次突如其来的地震灾害，都是对社会成员社会主义核心价值观认同程度的全方位检验，也对社会成员践行社会主义核心价值观自觉程度和实际效果进行了检验。① 可以说，抗震救灾行动坚定了所有抗震救灾参与者、关注者的社会主义核心价值观。

综上所述，社会主义核心价值体系是统领理想、精神、道德各个层面的完整的科学体系②，而作为中国文化和中国精神重要组成部分的抗震救灾精神从本质上也属于这一体系。弘扬抗震救灾精神，有利于进一步培育社会主义核心价值观，促进社会和谐。

## 第二节　抗震救灾精神的产生和发展

### 一、抗震救灾精神的产生

“5·12”汶川特大地震是新中国成立以来破坏性最强、波及范围最广、救灾难度最大的一次地震。在党中央的坚强领导下，全党全军全国各族人民同舟共济、顽强奋战，展开了一场我国历史上救援速度最快、动员范围最广、投入力量最大的抗震救灾斗争。在这场伟大斗争中，我们的党、我们的军队、我们的人民用理想凝聚力量，用信念铸就坚强，用真情凝结关爱，表现出前所未有的自信和从容，表现出前所未有的爱心和热情，表现出前所未有的勇敢和智慧，培育和弘扬了伟大的抗震救灾精神。伟大抗震救灾精神是爱国主义、集体主义、社会主义精神的集中体现和新的发展，是我们党和军队光荣传统和优良作风的集中体现和新的发展，是中华民族的伟大民族精神和当代中国人民的时代精神的集中体现和新的发展，是党和人民极为宝贵的精神财富。中国共产党领导全国人民展开的抗震救灾斗争是抗震救灾精神形成的实践基础。我们党是中国人民的主心骨，是战胜一切艰难险阻的领导核心。③

#### （一）中国共产党领导全国人民展开的抗震救灾斗争是抗震救灾精神形成的实践基础

在抗震救灾斗争中，党中央心系人民、总揽全局，坚强领导、科学指挥，各级党组织

① 罗佳明，王晓霞，苟安经，等. 社会主义核心价值体系的确立与实践——汶川地震带来的启示［J］. 理论视野，2008（8）：30—32.

② 蔡婷玉. 中国志愿精神与社会主义核心价值体系的关系辨析［J］. 探求，2010（2）：66—70.

③ 刘云山. 大力弘扬抗震救灾精神　扎实推进公民道德建设［J］. 思想政治工作研究，2008（11）：4—7.

和广大共产党员充分发挥中流砥柱作用，极大地鼓舞和坚定了各族人民战胜地震灾害的勇气和信心，从而夺取了抗震救灾斗争的重大胜利。[①] 中国共产党领导全国人民展开的抗震救灾斗争是抗震救灾精神形成的实践基础。

新中国成立后，在党和政府的领导下万众一心共同抗灾救灾，最大限度地减少了人民生命财产的损失。毛泽东、周恩来等第一代领导不仅高度关注全国的自然灾害情况，还多次对抗灾救灾工作进行指示，特别要求各级党政干部树立“以民为本、为民解困、为民服务”的光辉榜样。针对灾害频发的基本国情，中国共产党始终把人民的利益放在首位，强调将挽救灾民的生命作为救灾的首要任务，在救灾文件中屡次提出“不许饿死一个人”[②]，以及“竭力救活生命为第一”的救灾口号。生产自救是党救灾指导思想的重要内容，用生产克服灾荒是中国共产党战胜自然灾害的基本道路，利用现有的物资条件在救灾中贯彻积极生产的精神，同时实行紧急赈济的措施帮助灾民更好、更快地恢复正常的生产生活。走群众路线，对群众进行积极的宣传和教育是中国共产党抗震救灾思想的重要组成部分，如晋冀鲁豫地区发动人民群众参与“打蝗”运动，鼓励群众相信自己的力量，积极投入抗灾救灾和灾后恢复生产中。将救灾工作上升为一项重要的政治任务，体现了中国共产党对灾害问题的高度重视，救灾与生产不仅是政治任务，而且贯穿于各个根据地工作建设的中心环节。呼唤在其博士论文中，在借鉴经济体制改革历史阶段划分的基础上，结合灾害管理领域阶段性重大改革任务和重大发展思路的变化，将灾害管理思想的发展划分为四个阶段。[③] 借鉴他的观点，按照抗震救灾精神的孕育和形成过程，我们将中国共产党领导的抗震救灾斗争划分为四个阶段：从 1949 年至 1978 年，为中国共产党领导抗震救灾工作的起步阶段，即起步时期。在传统的计划经济体制下，整个社会生产服从于中央的统一计划，物资由政府统一调拨，资金由政府统一分配，收入分配体制也是高度集中。总之，人力、物力、财力都由政府统一调配，这样居民自身就很难利用其他的灾害救助方式，形成了“抗震救灾全国找中央”的救灾局面。从 1979 年至 1992 年，为中国共产党领导的抗震救灾斗争的第二阶段，即调整时期。1980 年，我国推行财政体制改革，中央财政与地方财政改变过去的“一灶吃饭”为“分灶吃饭”，救灾管理体制和社会经济的发展状况不相适应。这个时期中央政府仍然是灾害管理工作的唯一主体。伴随着各行各业的改革，人民的生活水平逐步提高，群众灾后自救和互救能力大幅度提升，党和政府对自然灾害管理的认识回归科学。从 1993 年至 2002 年，为中国共产党领导的抗震救灾工作的第三阶段，即探索时期。1994 年 5 月 12 日，国务院在北京召开第十次全国民政会议，充分肯定了建立救灾工作分级管理、救灾款分级承担的救灾管理体制新思路；灾害管理理念从抗灾救灾为主转向了减灾防灾为主。2003 年到 2011 年，为中国共产党领导的抗震救灾斗争逐步成熟化、科学化的第四阶段，即抗震救灾精神正式确定和形成时期。这一时期，我国的灾害管理工作开始进入一个更高的层次，以综合减灾能力建设和灾害应急管理体系建设为重要内容，开展科学管理，显著提高了灾害管理的综合统筹协调能力、应急救助能力，以及救灾

---

① 刘云山．大力弘扬抗震救灾精神　扎实推进公民道德建设［J］．思想政治工作研究，2008（11）：4—7.

② 呼唤．新中国灾害管理思想演变研究［D］．武汉：中国地质大学，2013.

③ 呼唤．新中国灾害管理思想演变研究［D］．武汉：中国地质大学，2013.

减灾的社会化水平。① 抗震救灾工作体现了科学发展观的必然要求，体现了以人为本的执政理念。

1. 中国共产党领导抗震救灾工作的起步阶段（1949—1978）

新中国成立初期，由于以美国为首的帝国主义对我国实施封锁和包围，国家在这一时期一直处于非常艰难的国际环境中。当时的情况是科技水平不足，经济发展落后，抗震救灾的能力也十分薄弱。在这样的条件下，抗震救灾就不得不依靠党的集中领导和社会主义制度的优越性来进行。同时，这个时期我国处于传统的计划经济阶段，政治上高度集权、经济上实行指令性计划，这种高度集中的政治经济体制极大地影响了我国抗震救灾工作的开展和科学抗震救灾思想的建立。防震减灾思想主要表现为以防为主、防救结合的管理思想，救灾与政治相结合的抗震救灾活动，救人第一的管理思想，生产自救为主、政府救济为辅的管理思想，以工代赈的管理思想，组织移民的管理思想，拒绝国际援助的思想，等等。这一阶段中国发生了1966年邢台大地震、1975年海城地震、1976年唐山地震等几次大的地震。在同地震灾害斗争的过程中，唐山人民乃至中国人民铸就了“公而忘私、患难与共、百折不挠、勇往直前”的抗震精神。② 这是中华民族精神的重要体现。这个时期中国共产党抗震救灾的主要指导思想为以人为本、自力更生、团结互助。

（1）以人为本、为人民服务是减灾救灾工作的根本出发点。

毛泽东要求广大党员做事要从人民利益出发，把人民的利益放在第一位。在1945年《论联合政府》的报告中，毛泽东明确表述道：“我们共产党人区别于其他任何政党的又一个显著的标志，就是和最广大的人民群众取得最密切的联系。全心全意地为人民服务，一刻也不脱离群众；一切从人民的利益出发，而不是从个人或小集团的利益出发；向人民负责和向党的领导机关负责的一致性；这些就是我们的出发点。”③ 毛泽东一生热爱人民，关心群众生活，用实际行动践行着全心全意为人民服务的根本宗旨。他指出：“我们的责任是向人民负责。每句话，每个行动，每项政策，都要适合人民的利益。如果有了错误，定要改正，这就叫向人民负责。”④ 新中国成立后，毛泽东在领导全国人民战胜自然灾害的斗争中，要求各级党委政府在思想上高度重视抗灾救灾，把工作落实在具体行动上，努力保证受灾群众的吃住，并多次亲自批示安排粮食、棉衣、棉被等救灾物资的调配，亲自过问灾后人民群众的基本生活，保证灾害面前不冻死饿死一个人。如果说要把抗灾救灾作为一项重要工作，作为党和政府的大政方针，那么这个大政方针的落脚点就是在灾害面前，要保证人民基本的生活。正如华北局给毛泽东的报告中所说的“保证不饿死一个人，不冻死一个人”那样，毛泽东深知，中国的情况是由于人口众多、已耕的土地不足（全国平均每人只有3亩田地，南方各省很多地方每人只有1亩田、或只有几分田），时有灾荒

① 呼唤．新中国灾害管理思想演变研究［D］．武汉：中国地质大学，2013.

② 书中绪论部分已经交代，最早明确“抗震精神”的文献是唐士宣的一篇题为《弘扬抗震精神，再铸唐山辉煌——纪念唐山抗震救灾20周年》的文章，文中说道：震后20年来，唐山人民在党中央、国务院和省委、省政府的亲切关怀下，在中国人民解放军和全国人民的大力支援、帮助下，发扬“公而忘私、患难与共、百折不挠、勇往直前”的抗震精神，同心同德，艰苦奋斗，历经十年重建，十年振兴，创造了人类同地震灾害作斗争史上的伟大奇迹。1998年一篇题为《用抗震救灾精神搞好抗震救灾报道》的文章第一次明确出“抗震救灾精神”。

③ 毛泽东．毛泽东选集（第3卷）［M］．北京：人民出版社，1991：1094.

④ 毛泽东．毛泽东选集（第4卷）［M］．北京：人民出版社，1991：1128.

(每年都有大批的农田，受到各种不同程度的水、旱、风、霜、雹、虫的灾害）和经营方法落后，以致广大农民的生活，虽然在土地改革以后，比较以前有所改善，或者大为改善，但是他们中间的许多人仍然有困难，许多人仍然不富裕。[①] 所以，新中国成立初期毛泽东在领导全国人民抗灾救灾工作中，不仅要求各级党委政府在思想上高度重视抗灾救灾，更要求落实在具体行动上，努力保证受灾群众的吃住，并多次亲自批示安排调配。

邢台大地震是新中国成立后第一次发生在我国平原人口稠密地区（当时邢台地区总人口为377万，面积12456平方公里，平均人口密度为303人/平方公里）持续时间长、造成严重破坏和重大人员伤亡的地震灾害。从1966年3月8日至3月29日的21天时间里，在邢台地区的隆尧、宁晋、巨鹿以及石家庄地区束鹿北，先后发生了5次6级以上地震。邢台大地震袭击了河北省邢台、石家庄、衡水、邯郸、保定、沧州6个地区，80个县市，1639个乡镇，17633个村庄，尤其是第一震发生在凌晨五点半左右，人们都在熟睡之时，造成这一地区8182人丧生、38675人受伤，倒塌房屋508余万间，受灾面积达23000平方公里。特别是3月22日下午4时19分发生在宁晋东汪镇的7.2级强烈地震，有感范围北达内蒙古多伦，南至江苏南京，东至山东烟台，西到陕西铜川，有感面积达200万平方公里，有1.2亿人不同程度地感知到了这次大地震。地震袭击了110多个工厂和矿山、52个县市邮局，破坏了京广和石太等5条铁路沿线的桥墩和路堑16处，震毁和损坏了公路桥梁77座、地方铁路桥2座，毁坏了农业生产用桥梁22座。

邢台大地震创造了诸多的“中国之最”，开创了“一方有难、八方支援”的先河，是中国人民解放军首次大规模投入“军救”的开端，中国的地震预报事业在这里起步，全国最早的群众性地震预报队伍在这里诞生，包括地质部部长、著名地质力学家李四光在内的近四千余名科学家和全国一百多个科研单位云集地震现场，中共中央和国务院以及有关部委的百余名国家级、省部级、将军级领导来这里慰问、视察……周恩来总理十分关注邢台地震，在得到报告后，几次亲临地震灾区，对抗震救灾提出了一系列的批示，为抗震救灾活动进行了最高部署。邢台大地震发生后的第二天，周恩来总理就来到了邢台地区的隆尧县。在听取汇报后，周恩来总理就提出要“自力更生、奋发图强、重建家园、发展生产”[②]。第二天，周恩来又去了该县的震中白家寨村。在白家寨讲话时，周恩来总理说道：“这次地震受损失很大，要记录下来传给后代，下一代再发生就会受损失小，这样就对得起死了的，也对得起后代。”[③] 他提出：“发生了一个大地震，就是抓住不放，抓住地震的各种现象，从各个角度去研究。到现场去，实验方法，锻炼队伍。”总理对石家庄地市负责同志说：“你们要全力以赴，组织烙饼。”总理当面指示四航校执行空投任务，并提出粮食用运输机空投，装得多，不怕损坏，炊具怕损失，用直升机空投。总理还对地震科学研究作了重要指示：“这次地震，代价极大，必须找出规律，总结出经验。”[④] 周恩来指出，根据县志，在1200年以前，邢台地区就发生过地震，但是“我们的祖先只给我们留下了记录，没有留下经验”。这次隆尧又发生地震，而且付出了极大的代价，这个代价不能白

① 中共中央文献研究室．建国以来毛泽东文稿（第五册）[M]．北京：中央文献出版社．1991：246.

② 方樟顺．周恩来与防震减灾 [M]．北京：中央文献出版社，1995：7.

③ 方樟顺．周恩来与防震减灾 [M]．北京：中央文献出版社，1995：10.

④ 方樟顺．周恩来与防震减灾 [M]．北京：中央文献出版社，1995：33.

白付出，“我们必须做前人没有做过的事，把救灾经验记载下来，流传后代”[①]。7.2级强震后，他又从北京来到宁晋县的东汪村震中和巨鹿县的何寨等地。4月1日，周恩来在宁晋县东汪镇万人群众大会上提出：“救灾主要靠自己，国家要帮助。10号我到白家寨，他们提出首先靠自己。自力更生，大家帮助。国家是大家的，要依靠大家的力量搞好。我们是新中国的人民，是社会主义的农民，是有志气的。现在恢复生产要靠大家。过去我说的四句话，需要颠倒，现在看来要先搞生产，再搞建设，大家说的家里丢了从地里拿回来，这是毛主席思想。”[②] 此后，周恩来同志在多个场合特别强调这16个字的变化，告诉灾区人民主要是靠自己自力更生，搞好生产，只有发展了生产才能重建家园。这就是至今仍在这一带民间口口相传着的“周总理三进邢台大地震灾区”的故事。[③] 针对地震工作，周恩来提出了要进行地震检测预报研究的要求，他认为“地震是有前兆的，是可以预测的、可以预防的”。在邢台地震爆发后，周恩来了解到当时当地有很多异常现象，而这些现象正是地震的前兆。但是由于人们并没有这方面的经验，广大灾区并没有从中得到警惕，从而造成了严重损失。周恩来提出：“大胆设想，积极实践，只有这样，才能有所发现，有所创造。”周恩来向科技大学的同学提出了殷切期望：“希望在你们这一代能够解决地震预报问题。”[④] “为什么我们不能解决呢？也可能我们这一代，也可能下一代，我们一定要解决它，……我们要把地震事业作为一辈子的事业来抓。”[⑤]

总而言之，面对邢台地震，以毛泽东、周恩来为首的第一代领导集体重视以人为本，注重自力更生，也注重总结历史经验，找出客观规律，增强了人们战胜灾害的信心。

(2) 团结互助、群防群治是减灾救灾工作的重要工作

新中国成立初期，毛泽东的群防群治思想及工作模式在新中国减灾救灾实践中发挥了重要作用。宣传群众、教育群众、走群众路线，是毛泽东减灾救灾思想的重要组成部分。在生产力不发达的社会里，仅靠灾民个人和政府的力量去救治非常严重的灾荒是有一定困难的，这需要动员组织群众的力量，由全社会共同参与。人民群众是预防和战胜自然灾害的真正英雄，他们不仅是被救助的对象，更是减灾救灾活动的主体力量。发动灾区的干部群众自力更生，生产自救，互助互济，奋力防灾、抗灾、救灾，这是战胜自然灾害的重要途径。[⑥]

在邢台地震后几年，华北、华南（1969年7月26日广东省阳江发生6.4级地震）、西南和西北连续地震成灾，因此促成了地震工作的三件大事[⑦]：第一，成立了国家地震局。1971年国务院决定建立一个统一管理地震监视、预报和研究力量的机构。第二，确定地震工作方针、原则和方法。在1972年召开的全国地震工作会议上，根据周恩来的一

---

① 方樟顺. 周恩来与防震减灾［M］. 北京：中央文献出版社，1995：8.

② 方樟顺. 周恩来与防震减灾［M］. 北京：中央文献出版社，1995：14.

③ 由河北省作家协会副主席、邢台市文联主席、知名作家贾兴安创作的《周总理与邢台大地震》是一部全面、细致、生动再现周恩来总理在1966年3月邢台大地震期间，冒着余震不断的险情，三次亲临重灾区视察和慰问受灾群众情景的长篇报告文学。在邢台大地震五十周年、周总理逝世四十周年之际，作者沿着周总理曾经走过的足迹，采访当年见过周总理的干部和村民，力求再现周总理在邢台期间鲜为人知的细节。

④ 方樟顺. 周恩来与防震减灾［M］. 北京：中央文献出版社，1995：26.

⑤ 方樟顺. 周恩来与防震减灾［M］. 北京：中央文献出版社，1995：31.

⑥ 孙绍聘. 中国救灾制度研究［M］. 北京：商务印书馆，2005：147.

⑦ 马宗晋，傅征祥，张郢珍，等. 1966—1976年中国九大地震［M］. 北京：地震出版社，1982：2.

系列指示，提出了“在党的一元化领导下，以预防为主，专群结合、土洋结合，多兵种联合作战”的工作方针。与此同时，在总结前几年工作和国内外地震预报经验的基础上，针对7级以上大震，正式提出了“长期、中期、短期、临震”的试验性预报工作程序的建议，由此进一步推动了关于地震孕育过程的分期和包括实验研究在内的理论研究工作。第三，建立年度全国地震形势会商制度。鉴于大地震前存在持续一两年的中期前兆异常，全国地震活动状况一年内时常发生一定的变化，而且不同地区的地震活动也往往存在相关联系，为集思广益讨论全国地震的总形势，协调全国的年度工作安排，在1972年12月山西临汾召开的地震科研会议上建立了一年一度的全国地震形势会商制度，对近一两年全国地震形势进行估计，确定加强工作的地区。这次科研讨论会报告了地震大形势研究的初步结果，讨论了世界与我国地震活动的对应关系，提出我国已经处于地震活动高潮时段的看法。正是有了这样一些工作的开展，1975年海城地震才得以预报。

发生在1976年的唐山大地震是20世纪十大自然灾害之一。1976年7月28日凌晨3时42分，在河北省冀东地区的唐山、丰南一带突然发生里氏7.8级的强烈地震。一个百万人口的城市在顷刻之间便被夷为平地。唐山大地震灾情之重、损失之大，为历史所罕见。在党中央和国务院的统一指挥下，全国各族人民共同行动，救援队伍火速赶往灾区，开展救援工作。解放军是唐山大地震的救灾主体力量。地震发生后，国家以救人为第一的指导思想，组织救灾军队和当地人民全力开展救援，并发挥街道、工厂等基层组织的作用，更加广泛、深入、持续性地开展救灾工作。抢救生命、医治伤员、尽快恢复灾区人民的基本生活，让幸存者能够活下去，抗震救灾指挥部采取了各种措施。据统计资料表明，唐山地震后，唐山、天津等地共有71.7%的人得到了救济物资，尤其是唐山市，比例达到95.6%。[①] 党和政府带领灾区人民，通过组织调运基本生活物资、恢复商品流通等方式进行物资筹集。中共中央、国务院对唐山震后可能发生的疫情十分重视，一方面指示各救灾单位把防疫灭病作为与安排群众生活、恢复工农业生产并列的三大任务之一；另一方面从全国各地调运大批医务人员、医药用品支援灾区，派出飞机数百架次，喷洒防疫灭病药物面积万多亩。在军民的共同努力下，大灾之后不仅无大疫，传染病发病率比常年还低。

（3）重视科学研究在减灾救灾中的作用。

毛泽东一贯重视科学研究，充分肯定科学技术在国防、经济、社会和文化建设中的关键作用。早在抗日战争时期他就指出：自然科学是很好的东西，它能解决衣、食、住、行等生活问题，所以每个人都要赞成它，每个人都要研究自然科学。人们为了在社会上得到自由，就要用社会科学来了解社会，改造社会，进行社会革命。人们为了在自然界里得到自由，就要用自然科学来了解自然、克服自然和改造自然，从自然里得到自由。[②] 同时，一定要保证抗灾救灾的廉洁性。抗灾救灾，事关千家万户，事关受灾群众的生死冷暖。对于灾害情况，毛泽东要求向全国人民如实报道，指出“广东大雨，要如实公开报道。全国灾情，照样公开报道，唤起人民全力抗争，一点也不要隐瞒。政府救济，人民生产自救，要大力报道提倡。工业方面重大事故灾害，也要报道，讲究对策”[③]。同时，他十分重视

① 康沛竹．中国共产党执政以来防灾救灾的思想与实际［M］．北京：北京大学出版社，2005：51.

② 毛泽东．毛泽东文集（第2卷）［M］．北京：人民出版社，1993：269.

③ 中共中央文献研究室．建国以来毛泽东文稿（第八册）［M］．北京：中央文献出版社，1993：314.

抗灾救灾工作行为的廉洁，要求不能随意照顾不符合条件的人，即使是正常的照顾救济也不能讲人情。韶山曾有许多人跟随毛泽东参加革命，是革命烈士较集中的地方，解放初不少烈士家属生活困难。毛泽东远房叔父毛逸民写信给他，要求进行照顾。毛泽东回信说："烈属的照顾是全国范围内的事，全国有几百万户烈属，都要照顾，自未便单独地特殊地照顾少数地方。"[①]

唐山地震发生当天，党中央在获悉地震的准确消息后，便向灾区发出了慰问电。慰问电中提到了此次抗震救灾的方针、政策，既表明了全国人民支援灾区的决心，同时也号召灾区人民要"发扬艰苦奋斗的革命精神"，"奋发图强、自力更生、发展生产、重建家园"。慰问电不仅通过飞机在灾区上空散发，还通过广播电台、报纸向全国播放。8 月 4 日，受毛主席的嘱托，以华国锋为团长的中央慰问团赶赴唐山，慰问唐山人民，使灾区人民克服心理上和思想上的消极状态，鼓起生存的希望。

从 1949 年新中国成立初期到 1978 年改革开放的几十年间，党和政府对于频发的自然灾害十分重视，并且把救灾减灾作为民生问题的重要大事来抓，动员全国力量来抗击灾害，同时制定了许多科学的救灾管理政策，取得了一定的成绩，也巩固了新生的人民政权，得到了人民群众的信任和拥护。

2. 中国共产党领导抗震救灾工作的调整阶段（1979—1992）

这个时期为响应联合国的号召，我国成立了"国际减灾十年"委员会，开展减灾管理活动。改革开放后，党和政府对自然灾害管理的认识回归科学，这一时期对于地震等灾害的管理思想主要包括：救灾经费包干的思想、变无偿救济为部分有偿扶持相结合的思想、救灾与扶贫结合的思想、救灾与保险相结合的思想、救灾款管理确立专款原则、接受国际救灾援助的思想、坚持一手抓减灾一手抓经济建设的思想等。[②] 这一阶段的防灾减灾指导思想和方针变革在复杂的时代背景条件下推进，采取渐进改革的方式与策略，取得了一定的成效，但在接受救灾国际援助问题上仍然受到"左"的思想桎梏。此外，综合减灾理念的提出引发了灾害管理领域学术研究的热潮。自然灾害是一个严重的社会问题，它关乎人民的生命安全和中国共产党在人民心目中的形象和地位，直接影响到中国的革命和建设事业。邓小平等领导人对防灾减灾工作非常重视，继续完善了毛泽东时代的防灾减灾和抗震救灾指导思想，并提出"救灾与保险相结合的思想"。尽管邓小平对此直接论述不多，但其防治灾荒的思想和实践却具有很多的闪光点，对我们新时期的防灾救荒事业具有非常重要的启示意义。以下通过 1988 年云南澜沧、耿马、沧源地震的救灾案例，分析调整时期的抗震救灾工作的主要指导思想、方针和政策。

1988 年 11 月 6 日 21 时 3 分和 21 时 15 分，云南省澜沧、耿马、沧源县交界处发生了 7.6 级强烈地震。李鹏总理立即召开国务院总理办公会议，听取关于地震情况的报告，会议决定派国家地震局方樟顺局长代表国务院立即奔赴地震现场了解情况，向国务院报告，并立即组织了以国务委员宋健同志为团长的中央慰问团，由国务院副秘书长刘忠德组织实施救灾供应，请省政府立即组织灾区各级政府在部队支援下开展救灾。

---

① 中共中央文献研究室. 建国以来毛泽东文稿（第一册）[M]. 北京：中央文献出版社，1987：329.

② 呼唤. 新中国灾害管理思想演变研究 [D]. 武汉：中国地质大学，2013.

（1）灾荒救治，预防为主。云南是地震多发地区，因此十分重视预测预报。

此次澜沧、耿马、沧源地震预测、速报及对策工作是一次在国内外具有较高水平的科学实践。[①] 除此以外，灾前预防最主要的是发展经济，开源节流，以增加社会财富总量，为救治灾荒提供大量的可支配资源。大力发展社会生产力是防治灾荒的根本。灾荒是灾害作用于社会的恶果，属于严重的社会问题。也就是说，灾害是形成灾荒的重要原因，但不是唯一原因，灾荒是灾害发展的一种结果，但不是必然结果。当社会物质资料极大丰富、科技水平相当发达、社会保障体系十分健全、人与自然的关系十分和谐时，人类可以有效预防自然灾害，减少人为灾害，降低灾害的破坏力；反之则会增加灾害的频度，加剧其破坏程度，进而引发灾荒。而所有这一切都有赖于社会生产力的发展，马克思主义认为生产力是一切社会存在和发展的基础，而防治灾荒所涉及的灾前预报、抗灾、救灾、灾后重建等一系列工作，无一不需要社会生产力的发展、科学技术的先进与社会保障体系的完善，这一切都是以经济为基础的，只有经济发展了、国家强大了，我们才能有力量抵御任何自然的和社会的风险。由此我们可以认为，大力发展社会生产力，增加国家的综合国力是防备和救治灾荒的根本办法。这是邓小平所强调的以经济建设为中心的初衷之一，也是邓小平理论的题中应有之意。

（2）救灾与保险、扶贫相结合的思想，国家拨款，专款专用。

1988 年云南澜沧、耿马地震发生后，云南省保险公司及时赶到灾区调查核实，共提供保险赔偿 850 万元，澜沧县保险公司向 107 个事业单位支付 831 万元，向 2531 户家庭支付 43 万元以及 8 名学生和职工，支付人身保险金 7150 元。[②] 此次救灾中，民政部、财政部共下拨救灾款 6200 万元用于救灾。为了给抗震救灾、安排受灾群众生活提供必需的资金保障，云南省下拨抗震救灾应急专款 6740 万元，省财政下拨 200 万元，省民政厅从正常救灾款中划拨 240 万元，抗震救灾指挥部从捐赠款中划拨 100 万元。对国家和省里划拨的救灾专款，省民政厅均申请有关部门同意，为了确保应急救灾重点，贯彻国家有关地震专款使用规定，下拨救灾专款时，做到了拨款保重点，用款按配比。对 3 个重灾县，以及与人民群众生活、生产、生命密切相关的设施工程、复课困难的中小学校、省管重灾国营农场，均进行了定项定额。同时，根据受灾范围和程度，确定应急救灾专款的使用配比，农村、文教卫生、行政事业单位，分别按总额的 60%、30%、10%的比例统筹安排，专项使用。[③] 此外，这个时期民政部开始实行将救灾与扶贫结合起来，逐步调整救灾工作的办法。1988 年，民政部等九部委向国务院递交的《关于扶持农村贫困户发展生产治穷致富的请示》使得救灾与扶贫相结合的基本方针得以确立。该请示提出要把扶贫和救灾结合起来。救灾款在保障灾民基本生活的前提下，可用于灾民生产自救，扶持贫困户发展生产。救灾款有偿收回的部分用于建立扶贫救灾基金，有灾救灾，无灾扶贫。这一方针使得救灾工作有了新的途径。

（3）始终坚持政府救济和生产自救相结合。

这个阶段承接上一时期的救灾指导思想，仍坚持“政府救济和生产自救相结合”，减

---

① 姜葵．1988 年云南澜沧-耿马地震［M］．昆明：云南大学出版社，1993：109.

② 姜葵．1988 年云南澜沧-耿马地震［M］．昆明：云南大学出版社，1993：112.

③ 邹铭．减灾救灾［M］．北京：中国社会出版社，2009：165.

轻人民负担。灾荒发生后，政府直接救济灾民，帮助他们解决燃眉之急无疑是非常重要的。但这不是长远之计，解决不了灾民的灾后重建问题。生产自救则是最主要和最好的救灾方式，它通过政府出资兴办国有企业、合作社事业，安置灾民参加生产等，使灾民生活得到保障，有助于经济建设的发展，还能够消除灾民的单纯依赖思想，有利于调动他们的主观能动性。在救治灾荒方面，邓小平根据多年的军事斗争经验，主张实施群防群治的方法，在生产力不发达的社会里，仅靠灾民个人和政府的力量去救治非常严重的灾荒是十分困难的，这需要组织大家的力量由全社会来积极参与。所以，在抗日战争时期，邓小平就动员军队和政民干部参与灾荒的救治和灾荒后的生产恢复，军队和干部成了生产的主力军，专员、县长、司令员、政治委员都亲率干部战士去帮助灾民种地。①

这一阶段国家层面高度重视防灾减灾工作，在地震发生后及时有效地组织抗震救灾工作，继续完善了毛泽东时代的抗震救灾指导思想、方针和政策，并提出“救灾与保险相结合”科学的防治思想和方针。理论界也掀起了防灾减灾的深入研究，民政部与财政部等国家部委也对灾害的相关管理问题进行了积极的探索和调整，探索和调整的最终目的是缓解中央的救灾压力，由此出现了一系列的改革措施，如救灾保险、救灾款的包干、农村救灾扶贫互助储金会等。但是还存在一定的问题，如我国始终实行单灾种、单部门的管理模式，缺少一个综合部门统一进行灾害管理。此外，由于国际环境和国内环境的原因，我国长期以来在接受救灾援助问题上采取排斥和拒绝的态度。同时受到“左”的思想影响，自力更生与接受外援在当时看来是对立的，主张自力更生就要拒绝外援。这些措施的实施“始终未能突破传统救灾体制的框架，尚未从根本上改变以国家拨款为主体的救灾经费管理体制，没有形成适合我国国情的，适应社会主义市场经济体制需要的救灾工作管理体制”②。

3. 中国共产党领导抗震救灾工作的探索阶段（1993—2002）

1993 年，中共十四届三中全会在北京召开，会上通过了《中共中央关于建立社会主义市场经济体制若干问题的决定》，为社会主义市场经济体制描绘出一幅科学、系统的宏伟蓝图，我国开始由传统的计划经济体制转向社会主义市场经济体制，改革开放进入了新的历史时期，一场划时代的历史变革深刻影响到社会主义建设的各个领域，抗震救灾工作同样面临新的发展机遇。

（1）“预防为主，防救结合，综合治理”的抗震救灾指导思想。

自中华人民共和国成立以来，党和政府便对灾害工作十分关注，确定了以“预防为主，防救结合，综合治理”的总方针。20 世纪末，我国自然灾害发生率快速上升，江泽民同志把减灾防灾的重要性提到了前所未有的高度，指出灾害历来是中华民族的心腹之患，必须引起全党全国高度重视。③ 这从宏观视野上、战略高度上对全国当前和今后的减灾防灾工作做出了方向性的指导。他不仅从政治角度指出预防灾害的重要性和必要性，还从认识和尊重自然规律、注重环境保护角度对减灾防灾给予指示，减轻自然灾害的发生。为了纠正一些地方和部门只顾经济指标，忽略环境保护，引发自然灾害的错误情况，江泽

① 邓小平. 邓小平文选（第 1 卷）[M]. 北京：人民出版社，1995：81-82.
② 民政部法规办公室. 民政工作文件选编（1998）[M]. 北京：中国社会出版社，1999：291.
③ 江泽民. 江泽民文选（第 2 卷）[M]. 北京：人民出版社，2006：232.

民同志早在1995年的《正确处理社会主义现代化建设中的若干重大关系》一文中，就对人口、资源、经济发展与减灾防灾的关系提出了深刻的见解，指出实现可持续发展，核心问题是实现经济社会和人口、资源、环境协调发展。经过1998年抗洪抢险的殊死搏斗以后，江泽民同志对资源、环境、发展、减灾防灾的联动关系有了更明确的认识。他还通过具体事例，生动地教育全党和全国人民要认识、利用自然规律与减灾防灾的关系。要求党和政府及科技工作者要通过现象找出规律，善于自觉去认识和把握自然规律，学会按自然规律办事，只有这样，才能实现经济建设和生态环境协调发展。他指出："自然灾害是件坏事，但通过同它的斗争，人们可以加深对自然规律的认识和把握，从中得出有益的结论，从而更加科学地利用自然为自己的生活和社会发展服务。这就是人与自然关系的辩证法。"① 江泽民同志站在科学和长远的立场上，要求我们"认真总结这次防汛抗洪的新鲜经验，进一步深化对提高防范自然灾害的能力、更好地推进经济社会发展这个重大问题的认识，作出更科学合理的规划和部署"②。

（2）注重"中央的领导、地方的协同、民众的动员"三结合、三统筹。

随着自然灾害频率的增加，程度的加重，波及面的扩大，执政党必须动员全社会的力量，才能有效地防范肆虐的灾害并减轻受损程度。事实证明，1998年我国人民正是在中国共产党的正确领导下，全民总动员才战胜了特大洪水。江泽民同志在总结1998年抗洪抢险经验时，对中央的领导、地方的协同、民众的动员都有深刻的阐述。他首先谈到了对灾情的及时掌握和决策，指出"入汛以来，中央就一直密切注视气候的变化和江河的汛情"，在掌握第一手资料基础上，对全国抗洪工作进行了周密部署，提出"严防死守，确保长江大堤安全、确保重要城市安全、确保人民生命安全的战略方针"③。其次，江泽民同志指出要统一指挥，动员全社会的人力、物力，打攻坚战。为此，中央审时度势，正确判断，做出了大规模动用人民解放军投入抗洪抢险、军民协同作战的重大决策。除军队服从命令听指挥外，各级党委和政府贯彻中央、国务院的方针和决策，全国一盘棋，也是救灾、减灾防灾的重要举措。最后，民众的广泛动员是战胜自然灾害的基本力量。江泽民同志指出，只有全社会的动员才是战胜自然灾害的最强大的保障。那场与自然灾害的战斗，正是在了解实情、统一领导、广泛动员的前提下，在高度重视、充分准备、全面部署、果断指挥、科学调度下，才取得了胜利。江泽民同志的总结给我们今天的减灾防灾以深刻的启发：一是必须对灾情有充分的了解，有恰如其分的估计；二是统一指挥、协同行动能够在危急时刻提高效率；三是全社会的广泛动员是减灾防灾的主要力量，共产党员要身先士卒、以身作则。

（3）综合运用科技手段，提高减灾防灾效能。

当今社会，科学技术迅猛发展，要卓有成效地综合预防和治理自然灾害，就必须尊重科学，充分利用各学科知识，为减灾防灾工作服务。江泽民同志指出：离开科学技术的进步，离开综合国力的提高，是不可能取得抗洪斗争胜利的。没有经过长期努力建设和发展起来的物质基础，没有水利、气象、水文等方面取得的技术进步，要夺取这样的胜利是难

① 江泽民．江泽民文选（第2卷）［M］．北京：人民出版社，2006：232.

② 江泽民．江泽民文选（第2卷）［M］．北京：人民出版社，2006：232.

③ 江泽民．江泽民文选（第2卷）［M］．北京：人民出版社，2006：232.

以想象的。[①] 这一指示不仅给技术部门如何为社会服务，如何在服务中给自己准确定位指明了方向，而且对提高减灾防灾效能，科学地推进减灾防灾有着极其重要的意义。此外，江泽民同志的“要建立现代化的信息网络”[②] 思想对减灾防灾工作的深入开展也非常重要。毫无疑问，信息网络等现代工具的使用大大提高了各项工作效率，为减灾防灾工作提供了方便。江泽民同志的这一指示为高效能的减灾防灾找到了技术支持，给执政党和政府在这方面的决策提供了指导依据。

（4）提出了“公而忘私、患难与共、百折不挠、勇往直前”的唐山抗震精神。

“公而忘私、患难与共、百折不挠、勇往直前。”这是江泽民同志在 1996 年纪念唐山抗震 20 周年时，给唐山人民的亲笔题词，也是对唐山“抗震精神”的精辟阐述和高度概括。1976 年 7 月 28 日，一场震惊世界的大地震，顷刻之间把唐山这座具有百年历史的沿海工业城市夷为一片平地。其灾情之重，损失之巨，举世罕见，被称为“20 世纪全球十大灾难”之一。当时，西方一些媒体曾经断言：“唐山从地球上永远消失了！”然而，在中国共产党的英明领导下，在全国各地和人民解放军的无私支援下，英雄的唐山人民顽强地从血泊中站立起来，忍着失去亲人的巨大悲痛，发扬“特别能吃苦、特别能战斗”的精神，恢复生产、重建家园、改天换地、创造奇迹。在震后第 14 天唐山电厂就并网发电；第 20 天就造出了第一台机车；第 28 天就炼出了第一炉钢；被国外认为至少 20 年才能复产的开滦煤矿，仅用一年时间就全面恢复了生产……唐山人民就是以这种大无畏的“抗震精神”，创造了人类同地震灾害抗争的历史奇迹。

在巨大的地震灾害面前，唐山人民用生命、鲜血和汗水铸成了具有丰富内涵的抗震精神。公而忘私，就是勇于牺牲，甘于奉献：在地震发生后，无数的党员群众从废墟中爬出来，不顾家人的安危，自发组织起来，救人、保护国家财产；进入恢复建设和快速发展时期，广大党员干部、人民群众舍小家为大家，把全部的心血献给了唐山的恢复和发展。患难与共，就是心系群众，同甘共苦：在地震灾害面前和重建家园的过程中，党群之间、干群之间、群众与群众之间建立了患难真情。这种真情感天动地、激励后人。百折不挠，就是知难而进，奋力拼搏：在毁灭性的大地震面前，唐山人民不是捶胸顿足地哭泣，而是表现出了前所未有的镇定、从容、举重若轻和不屈的抗争，在党中央坚强领导和全国广大军民的支持帮助下，以顽强的意志和拼搏精神投入抗震救灾和灾后恢复重建。勇往直前，就是负重奋进，敢于争先：唐山人民素有不甘落后、勇于争先的优良品格，无论是在与震灾斗争中，还是在改革开放、快速发展的时期，都表现出了强烈的进取精神。正是依靠体现中华民族精神时代特征的唐山抗震精神，英雄的唐山人民在党中央坚强领导和全国广大军民支持帮助下，历经 42 年不懈奋斗，在一片废墟上重新建起了一座现代化城市，创造了凤凰涅槃、浴火重生的人间奇迹，在中华民族奋斗史上谱写了一部可歌可泣的壮丽诗篇。

4. 中国共产党领导抗震救灾工作的逐步完善阶段

党的十六大以来，伴随着自然灾害频繁发生的现实状况，党的抗灾减灾思想逐步成熟，以胡锦涛为总书记的领导集体一直把抗灾救灾作为关系国家经济社会发展全局、人民群众切身利益的一个关键问题。领导不仅经常不顾个人安危，亲临一线，考察灾情，指挥

---

① 江泽民. 江泽民文选（第 2 卷）[M]. 北京：人民出版社，2006：232.

② 江泽民. 江泽民文选（第 1 卷）[M]. 北京：人民出版社，2006：272.

战斗，而且在各种不同场合发表许多重要指示、讲话，形成了一系列丰富的抗灾救灾思想，凝练了“万众一心、众志成城，不畏艰险、百折不挠，以人为本、尊重科学”的抗震救灾精神。

（1）人民生命至上的理念为先。

人民生命至上是抗震救灾的首要原则和基本核心。世界上最宝贵的是人的生命，生命权是最大的人权，是以人为本理念的本质内涵。每当灾害袭来时，党中央总是把人民群众的生命安全放在首要位置，充分体现了我们党执政为民、以人为本的博大情怀。不论是在非典疫情暴发后，还是在汶川地震发生后，以胡锦涛为总书记的领导集体一再要求把保护人民群众的身体健康和生命安全放在第一位，把防治非典、抗震救灾作为各项工作的重中之重。汶川地震发生后，党中央反复强调：一是人民的生命高于一切、先于一切、重于一切，救人是首要任务、当务之急，要不惜一切代价救人，只要有一线希望，就要作出百倍努力，决不放弃。二是妥善安置受灾群众。胡锦涛同志明确指示，一方面要想方设法安排好群众基本生活，确保灾区群众有饭吃、有衣穿、有干净水喝、有住处、有病能及时得到医治；另一方面要注重做好心理安抚工作，为灾区群众在心田里托起希望的太阳。三是前所未有地为汶川地震、玉树地震、舟曲泥石流遇难同胞设立全国哀悼日，为普通国民降半旗志哀，开放国际救援队进入灾区……这一切无不充分彰显了以人为本的理念，表现出对生命敬畏、对人权尊重的时代精神。

（2）发挥制度优势是政治保障。

在国际上，一个国家应对重大自然灾害的能力，通常被作为衡量其制度优劣的重要指标。我国社会主义制度在抗灾救灾方面所充分显示的巨大优越性，主要体现在以下几个方面：一是能够集中力量办大事、团结各方渡难关。一方有难、八方支援，是社会主义制度的重要优势，也是我们党和人民共克时艰的力量所在。面对自然灾害，以胡锦涛同志为总书记的党中央“要求各地区各部门树立全国一盘棋思想，把抗灾救灾作为首要任务，动员各地区各部门行动起来”[①]，汇聚成全民族风雨同舟、生死与共的强大合力。二是有党的坚强领导，各级党组织和广大党员、干部发挥了中流砥柱作用。面对汶川特大地震灾害，各级党委快速反应、果断决策、有力指挥，充分发挥了领导核心作用；参加抗震救灾的基层党组织紧急动员、迅速行动、有力组织，充分发挥了战斗堡垒作用；各级干部挺身而出、身先士卒、靠前指挥，充分发挥了模范带头作用；广大共产党员舍生忘死、无私无畏、勇往直前，充分发挥了先锋模范作用。[②] 正是在党的正确领导下，重大灾害发生后才会出现党政军民齐心协力、万众一心、众志成城的局面，并在灾害面前显示出不可战胜的巨大威力。三是有一支不畏任何艰难险阻的人民军队。在同各种灾害的搏斗中，人民子弟兵都发挥了主力军和突击队作用，以惊天动地的伟大壮举交出了无愧时代的合格答卷，用忠诚和血肉之躯在人民心中筑起了巍然屹立的不朽丰碑。艰苦卓绝的抗灾救灾斗争一再证明，党领导下的人民军队是保卫人民的钢铁长城，是抗击自然灾害的中坚力量。鉴于此，胡锦涛同志满含深情地指出，抗灾救灾“使我们更加深切地感受到：社会主义祖国大家庭

① 王勇兵. 以胡锦涛为总书记的党中央应对突发自然灾害的经验研究［J］. 党的文献，2009（6）：70－75.

② 胡锦涛. 在抗震救灾先进基层党组织和优秀共产党员代表座谈会上的讲话［N］. 人民日报，2008－07－01（2）.

最温馨，人民群众最可敬，人民子弟兵最可爱，中国共产党人最贴心”[①]。

抗灾救灾不仅是对党的执政能力和先进性的考验，而且也是对综合国力的检验。以经济实力为基础的综合国力，是我们应对各种困难和风险的根本物质保障。改革开放是强国之路。改革开放促使我国以世界上少有的速度持续快速发展起来，综合国力得到极大提升，积累起雄厚实力，为战胜自然灾害提供了坚实的物质基础。四川汶川抗震救灾斗争以一种特殊的方式全面检阅和展示了我国改革开放40年的伟大成就，从中得出的一条宝贵经验和重要启示，即发展依然是解决中国所有问题的关键，发展是硬道理。要继续聚精会神搞建设、一心一意谋发展，更加自觉、更加坚定地推动科学发展，努力实现经济社会又好又快发展，为发展中国特色社会主义打下更加牢固的物质基础[②]，不断提高我国的综合国力和抵御风险能力。

(3) 提高防灾减灾能力是必然要求。

考察整个人类发展史，可以发现，灾害是与人类共存的、不可避免的自然现象。随着经济社会的快速发展和人民生活水平的不断提高，有效防御与减轻自然灾害给人类社会造成的损失和危害，保障民众公共安全，已成为国际社会文明程度的重要标志。加强防灾减灾工作，显著提高防灾减灾能力是保护人民生命财产安全的必然要求，也是人类社会共同面临的重大课题。因此，一方面要坚持兴利除害结合、防灾减灾并重、治标治本兼顾、政府社会协同，全面提高对自然灾害的综合防范和抵御能力；另一方面要加强防灾减灾领域及国际人道主义等方面的国际交流合作，为人类防范和抵御自然灾害做出积极贡献。以胡锦涛同志为总书记的党中央非常重视防灾减灾能力建设，如设立了国家“防灾减灾日”，以提高全社会防灾意识、知识水平；颁布了《中国的减灾行动》白皮书，要求在减灾工程、灾害预警、应急处置、科技支撑、人才培养和社区减灾等方面做好各项工作；强调把好的举措上升为制度，建立防灾减灾长效机制。

### (二) 中国特色社会主义是抗震救灾精神形成的制度保障

中国特色社会主义伟大旗帜是当代中国发展进步的旗帜，是全党全国各族人民团结奋斗的旗帜。只有社会主义才能救中国，只有中国特色社会主义才能发展中国，越是在困难和挑战面前，我国的制度模式越是能显示出巨大政治优势。正是由于中国特色社会主义具有很强的凝聚力，才能在全国范围内动员起巨大力量、汇聚起强大合力，才能团结全国各族人民同舟共济、共渡难关。[③] 改革开放以来，虽然西方各种社会思潮对我国的意识形态领域造成了严重的冲击，导致了个人主义、享乐主义、拜金主义等腐朽思想滋长蔓延，但是在新中国成立以来几十年不曾遭遇的最大自然灾害面前，海内外炎黄子孙却发出空前一致的心声：“再大的灾难我们共同面对。”面对2008年四川汶川8.0级大地震、2010年青海玉树7.1级地震、2013年四川芦山7.0级地震、2014年云南昭通鲁甸6.5级地震以及2017年四川九寨沟7.0级地震所造成的空前灾难，无论国内还是海外，无论贫穷还是富有，人们竞相以各自的方式表达着爱我中华、助我灾民、援我灾区的行动。灾情就是命

---

① 中共中央文献研究室．十七大以来重要文献选编（上）[M]．北京：中央文献出版社，2009：639－640．

② 中共中央文献研究室．十七大以来重要文献选编（上）[M]．北京：中央文献出版社，2009：639－640．

③ 刘云山．大力弘扬抗震救灾精神　扎实推进公民道德建设 [J]．思想政治工作研究，2008（11）：4－7．

令，救人、排险、通路、防疫、安置、捐助，抗震救灾工作迅速全面展开，从中央到地方各级党委和政府，从国家领导人到普通老百姓，从人民解放军将军到普通士兵，从国内民众到国外友人，展开了一场规模空前的抗震救灾大行动。那些饱含骨肉同胞深情的一组又一组数字，那些感人至深的一个又一个事例，充分地展示了跨越地域的同胞爱和骨肉情，显示了中华民族伟大的凝聚力与向心力，彰显了血浓于水和无法割舍的民族亲情，体现了中华民族扶危济困、一方有难、八方支援的传统美德。面对着大灾大难，中华民族充分地展现出了前所未有的不怨不艾、处变不惊、坦然淡定、坚强坚韧、成熟自信，在坚持独立自主、自力更生救灾方针的前提下，高度重视国际合作，呈现出了举世罕见的全球“大合唱”。这种高度的动员能力、组织能力和协作能力，不仅体现出了我国强大的人力、物力、财力、军力等硬件支撑，还体现出了中华民族“万众一心、众志成城，不畏艰险、百折不挠，以人为本、尊重科学”的伟大抗震救灾精神。这是21世纪中叶把我国建成富强民主文明和谐美丽的社会主义现代化强国的最根本希望所在，也是中华民族实现伟大复兴的最旺盛生命力、最强大的原动力所在。抗震救灾精神在本质上属于社会主义意识形态的范畴，它从人们的“现实生活过程中……揭示出这一生活过程在意识形态上的反射和回声的发展”①。抗震救灾精神归根到底应由中国特色社会主义实践这一现实基础来解释和说明。中国特色社会主义是抗震救灾精神形成的制度保障，为抗震救灾工作的顺利进行提供了重要保障，而这一切又为抗震救灾精神的生成奠定了坚实的现实基础。

1. 中国特色社会主义伟大实践坚持经济建设，勇于改革开放，为抗震救灾精神的生成奠定了坚实的物质基础

在马克思主义的指导下，我党立足现实、认清国情，准确把握社会主义建设中的重点、难点，遵循社会主义建设规律，把经济发展作为中心任务，毫不动摇地推进改革开放。邓小平同志指出：“基本路线要管一百年，动摇不得。”② 这充分说明了以经济建设为中心的中国特色社会主义道路是实现人民群众当家做主，促进民族复兴，增强理论、制度及文化自信的实践路径。马克思说道：“物质生活的生产方式制约着整个社会生活、政治生活和精神生活的过程。不是人们的意识决定人们的存在，相反，是人们的社会存在决定人们的意识。”③

综合国力的提升是一个国家对抗国际竞争和抵御风险必不可少的重要保障，同时也是战胜重大灾害的最重要的物质基础。所以说，抗震救灾实践和灾后重建工作不仅仅是对党的领导能力和先进性的考验，也是对是否拥有抵御重大灾害的综合国力的考验。我国的经济发展水平在改革开放后奋起直追，国际竞争力也显著提高，这为新时期我国抵御自然灾害提供了强大的物质后盾。④ 改革开放40年来所积累的雄厚实力，为汶川抗震救灾工作的顺利开展和抗震救灾精神的深化与升华提供了坚实的物质保障。汶川特大地震发生后，

① 中共中央马克思恩格斯列宁斯大林著作编译局．马克思恩格斯选集（第1卷）［M］．北京：人民出版社，1972：30．

② 邓小平．邓小平文选（第3卷）［M］．北京：人民出版社，1993：370－371．

③ 中共中央马克思恩格斯列宁斯大林著作编译局．马克思恩格斯文集（第2卷）［M］．北京：人民出版社，2009：591．

④ 张楠．中国共产党抗震救灾思想与实践研究——基于对汶川大地震分析的视角［D］．曲阜：曲阜师范大学，2016：16．

人民子弟兵、医务人员及社会志愿者冒着生命危险奔赴救灾第一线，他们不怕牺牲、不畏艰险，发扬着坚韧不拔的拼搏精神，涌现出了无数感人的先进事迹，而这些优良品质正是在中国特色社会主义道路的探索历程中逐渐形成的。

抗震救灾斗争以一种特殊的方式，全面检阅和展示了我国改革开放 40 年的伟大成就。地震灾害发生之后，首先需要的就是救灾资金。汶川特大地震发生之后，国家在一年之内向灾区调拨了人民币共 550 多亿元，同时无数先进的设备和物资也被纷纷送到灾区，这说明我国有足够的经济实力给救灾行动提供强大的物质后盾。[①] 40 年的改革开放，极大地解放了社会生产力，我国经济实力和综合国力大幅跃升，社会全面进步。正是由于改革开放积累了强大实力，我们国家才能迅速聚集起足够的人力、物力、财力，普通群众才能慷慨解囊、奉献爱心。短短一年的时间，民间集资 700 多亿元，我们看到了中国民族史无前例的团结，同时也看到了居民生活水平的提高。工作的完成按照预计情况，一般需三年时间，但是在党和人民的共同努力下，很多地区的重建仅仅用了一年的时间就顺利完成。可以说，改革开放的伟大成果，尤其是经济建设是我们战胜困难和风险的基础所在、力量所在、信心所在。

日积月累的思想道德建设是抗震救灾精神形成的重要条件。广大军民在抗震救灾中表现出昂扬的精神风貌，充分反映了社会主义精神文明建设特别是社会主义核心价值体系建设取得的实际成效。新时期以来，我们党坚持不懈地用马克思主义中国化最新成果武装全党、教育人民，牢固树立中国特色社会主义共同理想，大力弘扬以爱国主义为核心的民族精神和以改革创新为核心的时代精神，大力倡导社会主义荣辱观，不断丰富人们的精神世界，增强人们的精神力量。正是由于一点一滴的不断积累，潜移默化地影响着人们的思想意识，广大干部群众才能在危难关头表现出良好的道德品格和崇高的精神境界。总之，伟大抗震救灾精神产生于伟大的实践和伟大的时代，也必将升华为推动历史进步、实现中华民族伟大复兴的强大动力。[②]

2. 中国特色社会主义伟大实践推进政治建设，发挥中国特色社会主义制度的优越性，有效整合社会力量，为抗震救灾精神的生成提供了政治保障

政治建设是我党始终紧抓的一条红线，中国共产党立足于新时期基本国情和发展趋势，结合革命、建设时期宝贵经验，逐渐探索出了中国特色社会主义制度。尊重人民群众的主体地位是我党区别于其他政党的显著标志。正如马克思所言：“无产阶级的运动是绝大多数人的、为绝大多数人谋利益的独立的运动。”[③] 中国共产党自成立伊始，就始终牢记“为中国人民谋幸福，为中华民族谋复兴”的伟大历史使命和初心。[④] 正是因为具有这种鲜明的人民性，我党才能有效地整合社会力量，把全国各族儿女的力量扭成一股绳，领

① 张楠．中国共产党抗震救灾思想与实践研究——基于对汶川大地震分析的视角［D］．曲阜：曲阜师范大学，2016：16.

② 刘云山．大力弘扬抗震救灾精神　扎实推进公民道德建设［J］．思想政治工作研，2008（11）：4-7.

③ 中共中央马克思恩格斯列宁斯大林著作编译局．马克思恩格斯选集（第 1 卷）［M］．北京：人民出版社，1972：262.

④ 习近平．决胜全面建成小康社会　夺取新时代中国特色社会主义伟大胜利——在中国共产党第十九次全国代表大会上的报告［N］．人民日报，2017-10-28（1）.

导和团结人民群众实现了“从站起来、富起来到强起来的伟大飞跃”[①]。邓小平指出：“社会主义同资本主义比较，它的优越性就在于能做到全国一盘棋，集中力量，保证重点。”[②]在汶川抗震救灾工作中，我党统筹安排，优化救灾资源配置，有效地整合国际国内救援力量，提高了抗震救灾工作的实效性和针对性，夺取了抗震救灾工作的胜利，充分地展示了中国特色社会主义制度强大的凝聚力。

第一，中央到地方各级党委和政府的坚强领导和科学指挥。

党坚决践行以人为本、执政为民理念，以救人为第一要务，把群众的生命财产安全放在首位，积极发动社会各界力量协同抗震救灾，努力把握抗震救灾工作的实践要求，发挥中国共产党坚强领导的核心作用，整合社会力量参与抗震救灾工作。自20世纪50年代以来，我国建立了救灾抗灾的基本机制，此后又不断地完善并制定了一系列防治灾害的法律法规，逐渐把救灾抗灾纳入了法制化的轨道，提高了应急机制的科学性和实效性。每次灾难都不同程度地考验着中国共产党整合社会力量的能力。汶川特大地震发生后，需要在第一时间内迅速调集军队、武警部队及社会救援力量投入抗震救灾工作之中。由于投入的救灾力量非常多，如果没有党的坚强领导来协调指挥，那么就会分散救灾力量，影响汶川抗震救灾工作的效率。在汶川抗震救灾工作中，党中央集中统一领导指挥，各部门分工协作，地方政府部门负责落实中央的救灾指示，调派专业救援力量开展救灾工作，这有效地整合了社会救援力量，增强了抗震救灾工作的实效性。党和国家积极动员社会各界力量投入抗震救灾工作之中，加强社会互助，同时开展有效的国际国内合作，万众一心、众志成城，共同取得了抗震救灾工作的胜利。面对突如其来的地震灾害，从2008年“5·12”汶川特大地震到2017年四川九寨沟地震，党中央、国务院以及地方各级党委和政府始终把最广大人民的根本利益放在各项工作的首要位置，始终采取“最高层领导第一时间行动、应急响应机制第一时间启动、决策部署第一时间作出、各个层面第一时间投入”的高效领导决策机制，始终坚持沉着应对，科学决策、科学指挥、科学施救，开创了举世赞叹的“中国式救灾”模式，从而赢得了国际社会的普遍赞誉。

党和国家领导人第一时间做出重要指示。2008年5月12日14时28分，四川汶川发生了8.0级特大地震，地震波及四川、宁夏、甘肃、青海、陕西、山西、山东、河南、湖北、湖南、重庆、江苏、北京、上海、贵州、西藏等16个省（自治区、直辖市）的417个县（市、区）、4656个乡镇、47789个村庄，直接严重受灾地区达10万平方公里，“造成69227人遇难，374644人受伤，17923人失踪，直接经济损失8451亿元人民币”[③]。地震发生1小时27分钟后，时任中共中央总书记的胡锦涛作出重要指示，要求尽快抢救伤员，保证灾区人民生命安全。当晚，胡锦涛总书记主持召开中央政治局常委会，全面部署抗震救灾工作，强调灾情就是命令，时间就是生命。2010年4月14日7时49分，青海玉树发生了7.1级地震，造成了2698人遇难、270人失踪。玉树地震发生后，正在华盛顿出席核安全峰会的时任中共中央总书记的胡锦涛作出重要指示，立即召开紧急会议，分

---

① 习近平．决胜全面建成小康社会　夺取新时代中国特色社会主义伟大胜利——在中国共产党第十九次全国代表大会上的报告［N］．人民日报，2017-10-28（1）．

② 邓小平．邓小平文选（第3卷）［M］．北京：人民出版社，1993：16-17．

③ 胡锦涛．在全国抗震救灾总结表彰大会上的讲话［EB/OL］．(2008-10-08)［2017-05-31］．http://www.gov.cn/ldhd/2008-10/08/content_1115568.htm.

析研究灾情简报，向国内发出指示，要求全力做好抗震救灾工作；回国后立即主持召开中共中央政治局常委会议，部署抗震救灾工作。时任国务院总理的温家宝致电青海省委书记，要求青海省委、省政府全力以赴做好抗震救灾工作，强调青海有什么需要，尽快报国务院。2013 年 4 月 20 日，四川芦山发生了 7.0 级地震，造成 193 人死亡，23 人失踪，200 万人受灾。习近平总书记即刻作出重要指示，强调要把抢救生命作为首要任务，科学施救，最大限度减少伤亡。2014 年 8 月 3 日 16 时 30 分，云南昭通鲁甸发生了 6.5 级地震，造成了 617 人死亡，112 人失踪，3143 人受伤，22.97 万人紧急转移安置。党中央、国务院高度重视，中共中央总书记习近平和国务院总理李克强立即作出重要指示批示。2017 年 8 月 8 日 21 时 19 分，四川九寨沟发生了 7.0 级地震，造成了 25 人死亡，525 人受伤，6 人失联。中共中央总书记习近平立即作出重要指示，要求抓紧了解核实九寨沟 7.0 级地震灾情，迅速组织力量救灾，全力以赴抢救伤员，疏散安置好游客和受灾群众，最大限度减少人员伤亡。国务院总理李克强作出批示，要求抓紧核实灾情，全力组织抢险救援，最大限度减少人员伤亡，妥善转移安置受灾群众。

党和国家领导人亲赴抗震一线指挥救灾。2008 年“5·12”汶川特大地震发生后不到 5 个小时，时任总理的温家宝于 16 时 40 分乘专机冒着生命危险，在第一时间赶达都江堰市，坐镇指挥抗震救灾工作。5 月 16 日上午，在抗震救灾的危急时刻，时任中共中央总书记的胡锦涛飞抵灾区，亲赴四川地震灾区指导抗震救灾工作，强调要继续尽最大可能救人，只要有一线希望，就要做出百倍努力。胡锦涛、温家宝等中央领导同志亲临灾区指挥救灾，组织全国人力、物力、财力支援灾区，各种救援物资、救援力量迅速向灾区集结，使灾区人民在困境中看到希望、在悲痛中获得了温暖，增强了他们面对困难、战胜困难的勇气、信心和力量，极大地稳定了人心，极大地凝聚了力量。2010 年青海玉树地震发生后，时任国务院总理的温家宝同志取消了对文莱、印尼和缅甸的正式访问，于 4 月 15 日乘专机抵达青海玉树巴塘机场，随即乘车前往地震灾区，察看灾情，看望慰问灾区群众，指导抗震救灾工作。时任中共中央总书记的胡锦涛同志推迟对委内瑞拉和智利的访问，提前回国于 4 月 18 日前往青海省玉树地震灾区，看望慰问灾区干部群众，实地指导抗震救灾工作。2013 年四川芦山地震发生后，国务院总理李克强于 4 月 20 日在察看地震灾情时强调，要调集精干力量对伤员进行救治，重伤人员要及时向外转移，减少死亡率和致残率。21 日 10 时 35 分，中共中央总书记习近平乘坐的专机降落四川邛崃机场，他随即驱车 100 公里到达震中芦山县，在四川省委领导的陪同下看望慰问受灾群众，深入城镇、农村及受灾群众集中安置点、板房学校、临时建筑工地，实地指导抗震救灾工作。2014 年云南昭通鲁甸地震发生后，8 月 4 日早上，国务院总理李克强代表党中央、国务院，率国务院副总理汪洋、国务委员杨晶等紧急飞赴灾区察看灾情，现场指挥抗震救灾工作。飞抵地震灾区后，李克强立即乘车赶往震中鲁甸县龙头山镇，并徒步 5 公里多来到受灾最严重的龙泉村，实地察看灾情。随后，李克强在镇中学操场上的帐篷里召开现场会，协调解决抗震救灾中的问题。入夜，李克强又忙着到库房察看救灾物资的储备、配发等情况。次日一大早便来到鲁甸县人民医院，看望地震伤员。

应急响应决策机制第一时间部署与启动。2008 年“5·12”汶川特大地震发生 1 小时 32 分钟后，国家立即启动应急预案，从西安中央救灾物资储备库紧急调拨 5000 顶救灾帐篷支援四川灾区。当天 16 时，国务院总理温家宝在飞往灾区的飞机上召开第一次紧急会议，宣布国务院成立以温家宝为总指挥的抗震救灾指挥部，并设立了救援组、预报监测组、医疗卫生组、生活安置组、基础设施组、生产恢复组、治安组、宣传组等 8 个抗震救灾工作组。从 2008 年 5 月 12 日汶川地震发生当天至 10 月 14 日国务院抗震救灾总指挥部撤销，150 余天的时间，总指挥部共召开 26 次会议。地震发生 24 小时内，中国国家减灾委紧急启动救灾应急响应，国务院抗震救灾总指挥部集中全国救灾资源，建立了一个集军、警、消防、医疗等单位于一体的指挥调度体系，使来自全国各地的救援力量和救灾物资迅速向灾区集结。据相关资料统计显示，截至 2008 年 9 月 25 日，中央和地方共投入抗震救灾资金 809.36 亿元，其中中央财政投入 734.57 亿元（用于应急抢险救灾资金 331.32 亿元，灾后恢复重建资金 403.25 亿元），地方财政投入 74.79 亿元。2010 年青海玉树地震发生后，国务院当日立即成立抗震救灾总指挥部，由时任中共中央政治局委员、国务院副总理回良玉任总指挥，青海省委书记和国务院有关部门、解放军总参谋部有关部门领导任副总指挥，统一指挥抗震救灾行动。2013 年四川芦山地震发生后，国务院立即召开抗震救灾紧急会议，及时启动响应机制，迅速调集各种救援力量，立即开展抗震救灾工作安排部署。2017 年九寨沟地震发生后，按照习近平总书记、李克强总理等中央领导同志重要指示批示精神，国家减灾委、民政部紧急启动国家救灾应急响应，国家减灾委、国务院抗震救灾指挥部组成联合工作组。由民政部副部长、中国地震局副局长带队，会同发展改革委、财政部、国土资源部、住房城乡建设部、交通运输部、卫生计生委等 8 个部门有关负责同志紧急赶赴灾区，指导和帮助做好抢险救援、受灾群众紧急转移安置、伤病员救治和灾区交通通信抢通保通等各项救灾工作。同时，在地震发生后的第二天，财政部、民政部向四川省安排中央财政自然灾害生活补助资金 1 亿元，主要用于四川九寨沟 7.0 级地震和凉山州普格县泥石流灾区受灾群众紧急转移安置、过渡期生活救助、倒损民房恢复重建和向因灾遇难人员家属发放抚慰金，支持做好受灾群众基本生活救助工作。

第二，灾区党委和政府、干部群众紧急动员、迅速行动。

自 2008 年“5·12”汶川特大地震以来，各个地震灾区的党委政府、干部群众在党中央国务院的统一领导下纷纷迅速行动起来，启动应急响应机制、成立领导指挥机构，构成了一个从省、市（州）到县（市、区）、乡镇，覆盖全部受灾地区的纵横联结的指挥体系，使得历次抗震救灾实践活动呈现出了一种“集中领导、统一部署、有序开展”的良好格局。

加强领导、统一指挥。当每一次大地震发生时，各个灾区的党委政府、干部群众都积极响应党中央国务院的统一领导和指挥，全力投入历次抗震救灾的行动中去。2008 年“5·12”汶川特大地震是新中国成立以来继唐山大地震之后破坏性最强、波及范围最广、救灾难度最大的一次地震。大地震造成四川省绝大部分市、州受灾，重灾地区将近占全省县（市、区）的一半、辖区面积超过全省 1/5。灾情就是命令，时间就是希望，四川省委、省政府迅速召开会议，启动紧急预案，作出紧急部署，成立了“5·12”抗震救灾指挥部，坐镇受灾严重的都江堰，抗震救灾。时任四川省委书记的刘奇葆迅速做出 7 点批示，要求灾区各级党政干部在抗震救灾第一线组织党员干部群众进行抗震救灾工作，震后几小时内，省、市、县、乡抗震救灾组织指挥体系基本形成。四川省领导由分赴成都、绵阳、德阳、阿坝、广元和雅安等 6 大重灾区一线指挥、省前线指挥部决策指挥和坐镇成都指挥部居中联系协调三批行动，转为 11 位省领导分别负责四川省总指挥部总值班室、医疗保障、交通保障、通信保障、水利监控、救灾物资、宣传报道、港澳台及国际救援协调8个工作组和7位省领导分别联系，从而形成了一种自上而下的指挥和救援体系，有力地保证了各项救援工作的顺利开展。2010年青海玉树地震发生后，青海省委、省政府迅速召开抗震救灾紧急会议，成立青海省玉树抗震救灾指挥部，安排部署抗震救灾和应急处置工作。时任青海省委书记的强卫主持召开十一届省委第92次常委会议，要求全省立即行动起来，全力以赴支援灾区抗震救灾。玉树州委、州政府也立即启动了《玉树藏族自治州地震应急预案》，成立了玉树州抗震救灾临时指挥部，指挥全州6个县和州直机关40多个部门迅速开展人员搜救、灾情勘察和应急处置工作，同时也展开了人类历史上首次在高海拔地区的大规模救援行动，最大限度地挽救受灾群众的生命和减低灾害造成的损失。2017年四川九寨沟地震发生以后，四川省委、省政府立即成立“8·8”九寨沟地震抗震救灾应急指挥部，并启动了应急响应预案，抗震救灾工作全面启动。抗震救灾应急指挥部由四川省委书记王东明，省委副书记、省长尹力任指挥长，指挥部下设总值班室和医疗保障组、交通保障组、通信电力保障组、救灾物资组、宣传报道组5个工作组，从而保证了抗震救灾工作有条不紊地加以有序开展，也保证了九寨沟恢复重建的顺利进行。

全力救援、妥善安置。抗震救灾工作离不开各级党委和政府的坚强领导和统一协调，实践充分证明只有在社会主义制度下，才能集中全国之人力、物力和财力做好灾难救援和后续保障的各项工作，“5·12”汶川特大地震救援工作就是其中的一个典型的范例。2008年“5·12”汶川特大地震波及417个县（市、区）、4656个乡镇、47789个村庄，倒塌房屋778.9万间，损坏房屋2459.2万间，受灾人口4617万人，紧急转移安置人口1510万人。特别是地处震源中心区域的北川县城、汶川县映秀镇等部分城被镇夷为平地，地震导致工矿企业、机关、学校、医院严重受损，公路、电力、通信、供水等基础设施严重损毁，还导致很多次生灾害，特别是堰塞湖和震损水库隐患严重。时任中共中央总书记的胡锦涛明确要求：要千方百计向灾区运送食品、饮用水、药品和帐篷、防寒衣被等救灾物资，确保灾区群众有饭吃、有衣穿、有干净水喝、有临时住处。在党中央国务院的统一领导和指挥下，四川省委省政府紧急启动应急预案，一场大规模的抗震救灾救援行动迅速展开。各级卫生部门积极救治地震伤员，并对所有地震伤员予以免费治疗。同时，国家对因灾遇难人员家庭按每位遇难者5000元的标准发放抚慰金，对灾区孤儿、孤老、孤残安置工作，确保基本生活，在3个月内为“三孤”人员每人每月提供600元基本生活费。另外，在3个月内向灾区困难群众每人每天发放0.5公斤口粮和10元补助金。为了解决地震灾区受灾群众的临时居住问题，中央财政拨款497.48亿元，全国各部门共向灾区调运救灾帐篷150.01万顶以及80万套彩条布、篷布等物资，四川灾区建立了3000多个集中安置点和68100套过渡安置房。为了进一步加强对救灾款物的监督、管理和使用，民政部先后出台了《关于加强对抗震救灾资金物资监管的通知》《汶川地震抗震救灾生活类物资分配办法》《汶川地震抗震救灾资金物资管理使用信息公开办法》，有效地提高了抗震救灾款物管理使用的透明度。经过各方面的艰辛努力，“从废墟中救出生还者83988人，收治伤病员119万人次，1400多万人得到及时转移，800多万临时安置群众的基本生活得到保障”①。正是由于各级党委和政府在抗震救灾过程中始终坚持“急灾区群众之所急、办灾

① 刘奇葆．打胜抗震救灾硬仗　重建美好新家园［J］．四川党的建设（城市版），2008（7）：7.

区群众之所需、解灾区群众之所难”，才使得这场大规模的抗震救灾行动载入了史册。

恢复生产，重建家园。地震灾难发生之后，加快重建美好新家园，既是灾区人民的迫切愿望，又是灾区各级党委和政府的一项重大的政治责任。四川省各级党委和政府在“5·12”汶川特大地震发生后，积极引导灾区干部群众自力更生、艰苦奋斗，把“万众一心、众志成城，不畏艰险、百折不挠，以人为本、尊重科学”的伟大抗震救灾精神转化为灾后恢复生产、重建家园的实际行动，为夺取抗震救灾全面胜利提供坚实保障。四川省各级党委和政府主要围绕以下几个方面积极开展灾后恢复工作。一是抓紧恢复基础设施，组织救灾力量，加快恢复灾区交通、通信、供电等基础设施，为安置工作和恢复重建打下基础。二是抓紧恢复商贸流通和服务业，通过市场增加灾区商品供应，设置便民商店，搞活商品流通，维护灾区市场和物价基本稳定。三是抓紧恢复学校上课，在保证安全的前提下，优先解决教学场地问题，尽快组织灾区学校复课。四是抓紧恢复工农业生产，组织抢收抢种，抓好农资供应，争取大灾之年全省不减产、保增收；帮助受灾企业解决困难，支持尽快复产、复工和正常营运，重点支持大型骨干企业恢复生产，优先恢复供电、供气、供水企业生产。① 根据 2008 年 9 月国务院下发的《汶川地震灾后恢复重建总体规划》中关于三年灾后恢复重建的要求，四川省各级党委和政府在坚持“规划先行、民生优先、科学重建、尊重自然”的原则指引下，在兄弟省（市）“一省帮一重灾县”实施对口支援的倾力支援下，开始了地震灾后美好新家园的重建工作。2011 年 10 月 14 日，四川省人民政府新闻办公室召开了新闻发布会，就“5·12”汶川地震灾区三年恢复重建情况进行了通报。该通报指出，到 9 月 30 日，四川纳入国家总体规划的 29692 个重建项目已完工 29300 个，占重建任务的 98.68%；累计完成投资 8568.46 亿元，占规划总投资的 98.96%。其中，成功解决了近 540 万户城乡群众的住房问题。震后一年内，完成了 364 万户震损住房修复加固，震后一年半完成了 150 万户农房重建，震后两年时间基本完成 26 万套城镇住房重建。同时，截至 9 月 30 日，交通恢复重建项目完成投资 1186.6 亿元，占规划投资的 97.3%；灾区 6 条高速公路全部开工建设，完成干线公路 4625 公里，占规划总里程的 95.4%；完成农村公路 28077 公里，占规划总里程的 96.7%；水利重建项目累计完成投资 203.2 亿元，占规划投资的 98.4%；治理堰塞湖 29 个，完工 28 个；1222 座震损水库主体工程全部完工，灾区农业综合生产能力得到提高。② 三年灾后恢复重建目标任务的胜利完成，写了一部从悲壮走向豪迈、在危难中崛起的历史新篇章。

第三，人民解放军、武警部队官兵冲锋在前、勇挑重担。

2008 年“5·12”汶川特大地震发生后，十几万人民解放军、武警部队官兵以最快的速度开赴四川灾区，日夜奋战在抗震救灾的一线战场，成为抗震救灾的中坚力量，有效履行了抢救群众生命、保卫人民利益的神圣使命。在“5·12”汶川抗震救灾之后的历次救灾行动中，广大的人民解放军、武警部队官兵也都用同样的实际行动回答了“哪里有灾难，哪里就有军人”的庄严承诺。

精心组织、科学指挥。2008 年“5·12”汶川的 8.0 级特大地震相当于数千颗原子弹

① 刘奇葆. 打胜抗震救灾硬仗　重建美好新家园 [J]. 四川党的建设（城市版），2008（7）：8.

② 四川省人民政府新闻办公室. 四川通报“5·12”汶川地震灾区恢复重建情况 [N]. 四川日报，2011－10－14（1）.

的能量，在10万多平方公里的区域瞬间释放，其发生之突然、烈度之超强、损失之严重、伤亡之惨烈、救援之艰难，完全超乎世人之想象，历史所罕见。面对群山深壑、桥梁中断、道路堵塞等复杂环境，面对暴雨大雾气候、通信联络中断、给养供应困难等严峻问题，党中央、国务院和中央军委把人民解放军、武警部队官兵作为汶川抗震救灾的主力军和突击队，实施了投入兵力最多、出动强度最大、涉及面最广的救灾行动。本次抗震救灾的军种除了海军、空军、二炮、武警等部队以外，还包括水文气象、导航测绘、航天测控、航空遥感等专业部队，全军紧急组建的105支医疗队和2个野战方舱医院以及地处灾区的6万多广大民兵预备役人员，对抗震救灾的装备保障、组织协调、指挥调配和快速反应都带来了巨大考验。为了更好地发挥各个军种、各个部队自身的优势，进而形成整体合力，中央军委成立了全军抗震救灾最高领导机构——军队抗震救灾指挥组。指挥组在军委领导下统一协调全国范围内的军队，包括武警部队的救灾行动，并直接接受国务院抗震救灾总指挥部的指挥，由时任总参谋长的陈炳德上将担任指挥组组长，四总部各一名副职领导为副组长。指挥组办公室由四总部、机关的14个部门，外加国防部外事局、总后军事交通运输部的50多人组成，下设综合、地面行动、空中行动、材料、情况与指挥保障5个小组。指挥组规定，除成都军区①以外的其他军区赶赴灾区的兵力没有进入成都军区防区前，由军队抗震救灾指挥组负责指挥，到达灾区后由成都军区组成的抗震救灾联合指挥部指挥。成都军区抗震救灾联合指挥部由数十人组成，负责指挥在灾区的约13.7万人的救灾部队（包括解放军和武普部队，不含民兵预备役人员）。成都军区联合指挥部则把地震灾区划分为5个任务区，即汶川、理县、茂县片区，都江堰、彭州片区，什邡、德阳片区，北川、绵竹、安县片区和平武、青川片区。每个任务区都设立了相对应的责任区指挥机构，负责指挥责任区内的所有救灾部队，保证了各军种之间、军队之间的协同救灾，进而充分发挥了各专业救援队伍的积极作用。

反应快捷、行动迅速。以地震为代表的自然灾害往往具有突发性、紧急性和不可预测性，人民军队要有效地履行使命必须要有健全的应急反应机制、快速的动员能力、高效的组织指挥和可靠的远程机动，才能为履行使命赢得宝贵的时间。对于抢险救灾来说，军队的快速反应能力十分重要，同样重要的还有部队的投送能力。投送能力决定了动员起来的军队能以何种规模和何种速度进入灾区展开救援行动。军队的投送方式无非是地面投送（包括徒步开进、摩托化公路开进、铁路输送）、水路投送（包括内河输送和海上输送）和空中投送（包括机降和伞降）三种方式。2008年“5·12”汶川特大地震发生13分钟后，军队就启动了应急机制，我们的人民子弟兵用高效有序的行动向世界证明了什么才是人民的军队。14时42分，总参作战部发出了第一道命令，要求北京军区②某集团军的工兵团做好集结救援的准备。14时49分，成都军区派出4架直升机侦查灾情，驻灾区附近6100名解放军与3000余名武警官兵开赴灾区。15时许，汶川驻军和武警部队已开始救援行动。13日6时30分，不到一天时间，解放军和武警部队投入抗震救灾的兵力达16760

① 2016年2月，七大军区调整为五大战区，成都军区番号撤销。

② 中国人民解放军北京军区是中国人民解放军的原七个大军区之一，主管北京市、天津市、河北省、山西省、内蒙古自治区，是两市两省一自治区范围内军事事务的大军区，该军区主要负责首都北京的卫戍工作。2016年2月，七大军区调整为五大战区，北京军区番号撤销。

人。13日，总参谋部[①]下令济南军区[②]、成都军区和空军向灾区紧急增援34000多人，采取空中、铁路、摩托化甚至徒步机动的方式，多军兵种、远距离、多路同步向灾区开进。总后勤部[③]组织10支医疗队和防疫队，也采取空中输送方式，紧急投送到灾区；由军队人员、武警总医院医护人员和地震救援专家共同组成的国家地震灾害紧急救援队227人，于13日0时50分到达都江堰灾区展开救援。截至13日17时，军队已紧急出动近5万兵力奔赴灾区，其中2万多官兵已抵达救灾现场展开救援。从14日13时开始，海军陆战队出动2500名官兵，携带推土机、挖掘机、装载机、自卸车、电台车、程控交换车、救护车、防疫车、X光车、消毒挂车等各种专业工程和救援车辆，以摩步化形式机动1800多公里开赴灾区，48小时后抵达灾区展开救援。在地震发生的3天时间内，中央军委连续两次大规模增兵，以飞机投送、铁路运送、紧急空降、摩托化开进和徒步强行军等不同方式，把超过20个军兵种的专业部队，总人数高达13.7万人的人民解放军、武警部队官兵投送到了地震灾区。

统筹协作、科学救援。“5·12”汶川特大地震受灾范围广、救援战线长、救援人员多等特征，加上救援部队军兵种多、隶属关系不同、组成人员复杂等因素，决定了救援工作只有坚持统筹协作、科学救援，才能汇聚成与灾害抗争、为生命接力的强大合力。为此，中央军委、四总部和全军各大单位在部队调动中科学统筹，努力通过地面与空中联动、抢救与保障兼顾、专业设备与技术人员互动等方式，以保证各项救援工作取得最大的成效。在抗震救灾过程中，来自各大军区和武警部队的专业兵种包括地震救援、侦察、通信、工程、防化、测绘、气象、医疗防疫、修理等20余种，各个专业兵种之间采取互通情报、协商配合、发挥各自优势的方式，通过不断优化救援方案，优化兵力部署，优化装备组合，优化资源配置，形成了全军上下一盘棋的良好局面。相应的各专业、兵种的装备器材保障力量之间也相互协调与协同，为陆、海、空、天、电各种装备密切配合，充分发挥各自的效能起了重要作用。为了挽救更多的生命，空军克服了各种恶劣的自然条件，不断地加大救援的力度。截至6月1日24时，空军部队先后出动兵力38.7万余人次、各型飞机1412架次，空运人员16048名、物资3937.95吨，转移受困群众18839人，挖出被埋人员2995人，救治运送伤员8778人，抢修道路267.2公里，圆满完成了抗震救灾阶段性任务。[④] 同时，为了在“黄金72小时”内救出更多的老百姓，本次救援行动动用了卫星、生命探测仪、透墙雷达以及大型工程机械等高科技专业设备，对提高救援效率发挥了重要的作用。其中，资源1号、遥感卫星1号和3号、北京1号、北斗1号、风云1号和2号等卫星，不间断地对灾区进行遥感、导向和气象预报。14种先进工程车辆，抢通道路，挖掘废墟，直8、直9、直11参与了搜救与运输工作，运7、运8运输机参与了运输，运12参与了遥感航测，运5则参与了防疫和喷洒作业，无人机在遥感航测方面也发挥了巨大的作用。另外，一些专业兵种还运用了导航定位、道桥筑城、医疗防疫、网络远程救治等各种专业技术力量，运用搜索设备、破拆设备、顶升设备、支撑设备、救援绳索、动力

---

① 2016年1月10日，中国人民解放军总参谋部名称改为中国人民解放军中央军事委员会联合参谋部。

② 济南军区是中国人民解放军主管山东、河南两省以及周边部分地区军事事务的大军区，也是所有大军区的战略总预备队。2016年2月，七大军区调整为五大战区，济南军区番号撤销。

③ 2016年1月10日，中国人民解放军总后勤部名称改为中国共产党中央军事委员会后勤保障部。

④ 葛善斌，刘继光．抗震救灾斗争对加强部队建设的几点启示［J］．求是，2008（14）：35.

照明、红外生命探测仪，以及简易的手动破拆设备等专业技术手段和设备，大大地提高了抗震救灾工作的科学性、有效性。

第四，全国人民心系灾区、情系灾区，齐心协力抗击灾难。

在五千年的历史长河中，各民族之间逐渐形成了一种“一方有难、八方支援、团结互助、和衷共济”的伟大民族精神，充分凸显了中华民族强大的凝聚力和向心力。当以“5·12”汶川特大地震为代表的自然灾害突然袭来时，无论是13亿中国人民，还是港澳台同胞以及各个民间公益组织，都纷纷自发地行动起来，通过积极的捐款捐物，或者直接投身到抗击自然灾害的第一线，充分展现出了中华民族化悲痛为力量、争取早日从废墟上勇敢站立起来的强大动力。

增加信息透明，最大限度激发人们的救灾热情。随着改革开放的加速发展，我国政府对各类突发事件的处理越来越透明公开，也越来越开放自信。特别是“5·12”汶川特大地震的信息透明，不仅极大地满足了国人的知情权，也赢得了国际社会的高度肯定和赞赏。汶川以dℓ地震发生后不到半小时，中央电视台就开始发布汶川特大地震的消息。震后一小时，央视一套和新闻频道正式启动24小时直播，打破了原有的节目板块，形成了全天候播出的“抗震救灾、众志成城”特别节目。同时，各地方电视台也迅速反应，纷纷加入抗震救灾报道，关注营救进程。由于大量权威讯息均在第一时间发布，第一时间全面跟进和报道，国人对震情、灾情和救灾情况有了及时、客观、全面、深入的了解，极大地起到了稳定民心、凝聚民心、振奋民心的关键作用。此后，从中央到地方的各级官方权威机构，从中央到地方的各级、各种媒体，无不在第一时间以最快的速度，实时甚至是实况向国内外毫无保留地发布和报道抗震救灾的每一个重大讯息、每一个重要动态、每一个重要进程，甚至是每一个值得关注的场景、每一个令人难忘的细节。中国的主流媒体用客观、高效、平衡、透明的报道，第一时间赢得了电视媒体的话语权，也使得海外媒体广泛采用了中央电视台国际频道的节目信号，107家转播中文国际频道节目，231家转播英语频道节目，10家转播法语频道节目，7家转播西班牙语频道节目。[①] 通过各种媒体生动的现场报道，人们可以在第一时间看到遭受地震后灾区受灾的群众、倒塌的房屋，同时也感受到救援人员施救的感人场面，这些都极大地激发了广大人民群众抗震救灾的热情，使得我们的政府得以集中全民之力共同救灾，从而形成全民救灾的壮观场面。成都、北京、石家庄、上海、重庆……人们排起长队，捐款、捐物、献血，汇聚成一条奔流不息的长河。同时，我国港澳台地区也对地震灾区进行了大力援助。据有关资料显示，汶川地震发生后，香港特区政府先后捐赠63.5亿港元；澳门特区政府提供1.1亿人民币（包括半官方的澳门基金会捐出的1000万人民币）援助；台湾地区提供20亿新台币（约合4.5亿人民币）援助灾区。[②] 根据中华人民共和国审计署2010年发布的1号公告显示：截至2009年9月30日，全国共筹集社会捐赠款物797.03亿元（含“特殊党费”）。具体情况是：按形态划分，资金687.90亿元，物资109.13亿元；按捐赠意向划分，定向291.93亿元，非定向

① 袁芳. 汶川特大地震与党的领导［J］. 消费导刊，2008（12）：244.

② 邓绍辉. 汶川地震与国际援助［J］. 今日中国论坛，2013（7）：298.

505.10 亿元；按捐赠渠道划分，境内捐赠 723.05 亿元，港澳台地区捐赠 33.50 亿元。① 这些已经远远超过历年的捐赠纪录，开创了我国捐赠历史的新纪元。

发挥舆论引导，民间公益组织参与到救灾行列。从“5·12”汶川特大地震开始，我国的救灾行列中呈现出了一个显著的特征，那就是越来越多的 NGO 作为一支重要力量被纳入了救灾重建的过程之中。民间公益组织是 NGO 中的一种重要组织形式，是指民间自发的以慈善或公益为目标的非营利性组织，主要包括各类社会团体、社会服务机构以及志愿者团队。民间公益组织主要通过以下途径参与到抗震救灾的过程中来：一是向地震灾区直接捐款捐物。许多省（市）的慈善总会、红十字会以及公益组织机构通过启动电话和网络捐款捐物工程，向地震灾区提供直接的款物支持。二是参与现场救助。“5·12”汶川特大地震发生后，一些民间公益组织直接派人到灾区现场参与救援行动。三是提供抗震救灾的相关技术和信息支持。比如，一些民间组织通过 NGO 发展交流网，专门为公益组织参与赈灾救援提供信息交流服务的网页——“5·12 地震灾害救援行动”，为赈灾救援提供了大量的救灾综合信息。四是招募大量的志愿者开展救援活动。“5·12”汶川特大地震灾区共有 430 多万伤病员需要救治，需要大量的志愿者参与医疗救治、卫生防疫、心理救援和后勤保障等工作，许多民间非官方社会救灾赈灾团体和个人纷纷加入抗灾第一线进行救援活动。到 6 月 5 日为止，有记载的进入灾区提供服务的志愿者累计达 100 多万人。比如，“5·12 抗震救灾民间救助服务中心”在灾后三周内招募了 1000 多名志愿者，针对华西医院的需求进行医护志愿者专业培训，就是民间公益组织招募志愿者开展救援活动的一个范例。

加大宣传力度，海内外华人积极踊跃捐款捐物。2008 年“5·12”汶川特大地震发生以后，中国的主流媒体用客观、高效、平衡、透明的报道，弥补了由于“信息缺失”而造成的不必要的恐慌和非官方的小道消息满天飞的弊端，从而在第一时间内赢得了国际话语主导权。在整个抗震救灾过程中，我国政府应对危机处理的快速反应、信息开放程度使得我国新闻媒体在对外报道中牢牢地把握住了舆论导向的主动权，海外媒体包括 CNN、BBC 也大部分引用我国新华社、中央电视台、四川电视台等相关国内媒体的报道，从而把我国地震灾区受灾情况和救灾的最新进展以最快的速度告诉全国乃至世界人民。中国政府在这次抗震救灾行动中反应快、决策快、行动快，加上中国领导人表现出的亲民、爱民形象，给广大海外侨胞留下深刻印象。当新闻媒体将地震灾区数以万计同胞伤亡的实况图片和影像迅速传达给海外侨胞的时候，全球华人感同身受，情感震撼瞬间汇聚成为一股巨大的爱国情怀。为了使灾区群众能够得到更多的援助与支持，在时任国务院侨办主任李海峰的带领下，迅速召开党组会和主任办公会，并在 5 月 13 日召开新闻发布会，紧急启动“侨爱工程——抗震救灾温暖行动”，吹响了海外侨胞捐赠祖国灾区的“集结号”。“5·12”汶川特大地震灾区造成了严重的人员伤亡和经济损失，灾情牵动着海内外中华儿女的心，大量的海外华侨华人、中资机构工作人员、中国留学生等在哀悼大地震遇难同胞的同时也积极踊跃捐款捐物，以各种方式向灾区人民传递爱心。根据国务院侨办的统计，截至 5 月

---

① 中华人民共和国审计署. 汶川地震社会捐赠款物审计结果［EB/OL］.（2016－01－06）［2017－05－31］. http://www.gov.cn/zwgk/2010－01/06/content_1504299.htm.

28 日，在抗震救灾过程中，海内外侨胞合计捐赠款物达 9.1 亿元人民币。① 这是侨胞在资助祖国抗击自然灾害的历次行动中，捐款捐物规模最大、反应速度最快、所捐款项最多的一次。另外，许多海外侨胞还通过我驻外机构、中国红十字会、慈善总会捐款约 2 亿元人民币。海内外侨胞的义善之举表达了中华儿女血浓于水的骨肉情感，显示的是炎黄子孙守望相助和无法割舍的民族亲情，体现了中华民族扶危济困、一方有难、八方支持的传统美德，这种亲情和美德超越了地域、制度和政治，使海内外中华儿女更加团结。

3. 中国特色社会主义伟大实践落实文化建设，培育和践行社会主义核心价值观，为抗震救灾精神的生成提供了精神源泉

社会主义核心价值观是文化建设的重要组成部分，社会主义核心价值观作为一种先进的价值规范和价值取向，发挥着教育人民、引领风尚的重要作用，为抗震救灾精神的产生提供了精神泉源。第一，“富强、民主、文明、和谐”是国家层面的价值凝练，提振了民族精气神，坚定了中华儿女的价值观自信，蕴含着人民群众实现“中国梦”的强烈愿望，坚定了党和人民取得抗震救灾工作胜利的信念。在汶川抗震救灾工作中，全国儿女紧密团结在党的周围，抱有取得汶川抗震救灾决战胜利的坚定信念，团结一心，夺取了抗震救灾工作的胜利。第二，“自由、平等、公正、法治”是社会层面的价值凝练，展现了良好的社会风貌，进行了正确的价值导向，引导了良好的社会风尚，有力地凝聚了社会共识，把社会各界救援力量凝聚到抗震救灾工作中。汶川特大地震发生后，全国人民情系灾区，万众一心、众志成城、共克时艰，20 多万志愿者、400 支专业救援队、9 万名医务人员活跃在抗震救灾最前线，共接受国内外社会各界捐款 900 多亿元。② 第三，“爱国、敬业、诚信、友善”是个人层面的价值凝练，培育了个人的精神特质，为个人提供了价值准则和价值规范，塑造了个人自力更生、艰苦奋斗、不怕牺牲的优良品质，为取得抗震救灾工作的胜利注入了绵延不绝的精神动力。在社会主义核心价值观的滋养下，汶川抗震救灾工作中涌现出了大量的感人事迹。灾区群众保持自力更生、艰苦奋斗的优良品质，依靠自身开展救助活动，减少了灾害带来的伤痛与损失。更有在地震发生时用自己身体保护学生的人民教师，为了挽救伤员生命累倒在手术台前的医务工作者③，他们不怕牺牲、严守职责，帮助灾区人民战胜困难、重建家园，他们用实际行动诠释着生命的最高价值，书写着人生的篇章。

4. 中国特色社会主义伟大实践创新社会治理，完善公共安全体系，提升防灾减灾救灾能力，为抗震救灾精神的生成提供了制度支撑

习近平在党的十九大报告中指出：“提高保障和改善民生水平，加强和创新社会治理。”④ 健全的公共安全体系作为社会治理的重要组成部分，是人民群众美好生活需要的

① 国务院侨办. 海内外侨胞为抗震救灾捐赠款物逾 9 亿元［EB/OL］.（2008－05－29）［2017－05－31］. https://news.qq.com/a/20080529/003855.htm.

② 高中伟，纪志耿. 抗震救灾恢复重建的伟大胜利 展现“中国精神”的强大凝聚力［J］. 思想政治工作研究，2013（5）：14－15，49.

③ 胡沁熙. “抗震救灾”精神与大学生感恩教育研究［J］. 吉首大学学报（社会科学版），2015，36（S1）：188－191.

④ 习近平. 决胜全面建成小康社会 夺取新时代中国特色社会主义伟大胜利——在中国共产党第十九次全国代表大会上的报告［N］. 人民日报，2017－10－28（1）.

重要内容，是最基本的民生。[①] 健全公共安全体系，提升防灾减灾救灾能力，一要“完善党委领导、政府负责、社会协同、公众参与、法治保障的社会治理体制”，既要明确党在构筑公共安全体系中的核心领导作用，又必须在法治保障下由政府负责协调社会各界力量共同参与；二要“弘扬生命至上、安全第一的思想”，努力营造安全的社会生产、生活环境，切实保障人民群众的生命和财产安全；三要“加强社会心理服务体系建设”，培育人民群众积极健康向上的良好心态，“使人民获得感、幸福感、安全感更加充实、更有保障、更可持续”。[②] 汶川地震发生后，党中央第一时间就启动了灾害应急机制，地方政府部门负责落实中央的救灾指示，有效地整合了国际国内的救援力量，加强社会互助，极大地提高了抗震救灾工作的科学性和有序性。在汶川抗震救灾工作中，党和国家始终把救人作为第一要务，维护灾区群众的利益。救援官兵、医务人员及社会志愿者日夜兼程奔赴灾区，争分夺秒地抢救每一位幸存人员。同时，及时抚慰灾区群众的心理创伤，增强他们对灾区重建和社会经济秩序恢复的强大信心。

5. 中国特色社会主义伟大实践推动生态文明建设，树立尊重自然的生态文明理念，为抗震救灾精神的生成注入了生态文明意蕴

马克思在《1844年经济学哲学手稿》中指出，自然界为人类提供了供个人肉体生存以及用于劳动加工的生活资料，即自然界是人的无机的身体。人是自然界的一部分，人和自然界之间的关系就等同于自然界与自身之间的关系。因此，我们在改造客观世界时就必须遵循自然界的客观规律。在社会主义建设新时代，我们党积极汲取马克思主义生态文明思想，大力推进生态文明建设。习近平指出：“必须树立和践行绿水青山就是金山银山的理念……像对待生命一样对待生态环境……”[③] 马克思主义生态文明思想不仅为树立新的发展观提供了理论指导，也为培育人民群众树立尊重自然的生态文明理念提供了思想沃土。在生态文明建设的实践中，我们积累了丰厚的经验，逐渐地树立起了尊重自然的生态文明理念，这种生态文明意识成了指导我们科学有序地进行抗震救灾工作的重要法宝。在汶川抗震救灾实践中，党和国家依据灾区的实际情况，尊重地震灾害的客观规律，制定科学高效的救灾方案。同时，迅速调遣专业素养过硬的救援队伍赶赴灾区，救援部队充分发挥主观能动性，依据科学常识及经验，及时地排除了堰塞湖险情。大型运输机及时为灾区群众输送了饮用水等生活必需品，卫星技术的发展保障了灾区的通信畅通，生命探测仪的投入使用有效地减少了受灾群众的伤亡，公共安全应急平台的投入为协调物资与救灾力量发挥了重要作用。党和国家在汶川抗震救灾工作中尊重地震客观规律，并充分发挥主观能动性，有效地利用科学技术和科学知识抢救了受灾群众的生命，减少了财产损失，取得了抗震救灾工作的胜利。

① 龚维斌. 公共安全与应急管理的新理念、新思想、新要求——学习党的十九大精神体会 [J]. 中国特色社会主义研究，2017 (6)：11-14.

② 习近平. 决胜全面建成小康社会 夺取新时代中国特色社会主义伟大胜利——在中国共产党第十九次全国代表大会上的报告 [N]. 人民日报，2017-10-28 (1).

③ 习近平. 决胜全面建成小康社会 夺取新时代中国特色社会主义伟大胜利——在中国共产党第十九次全国代表大会上的报告 [N]. 人民日报，2017-10-28 (1).

## 二、抗震救灾精神的发展和深化（2011—2017）

党的十八大以来，以习近平同志为核心的党中央领导全国各族人民奋力进行抗灾救灾斗争，以攻坚克难的执着和艰苦卓绝的经历，谱写了不惧灾难、顽强奋进的壮丽史诗。面对四川雅安地震、玉树地震、九寨沟地震灾害，全党全军全国各族人民众志成城、迎难而上，展开了我国历史上救援速度最快、动员范围最广、投入力量最大的抗震救灾工作，奋勇夺取了抗震救灾斗争重大胜利，谱写了气壮山河、感天动地的英雄凯歌，书写了中华民族发展史上新的壮丽诗篇。青海玉树地震发生后，全党全军全国人民紧急动员，各路救援大军千里驰援、抢救生命，灾区各族干部群众临危不惧、奋起自救，再次谱写了中华儿女不屈不挠、气壮山河、感天动地的英雄凯歌![①] 可以说，从2011年开始到现在，中国共产党抗震救灾精神在不断地深化和发展。这一时期，我国的灾害管理工作开始进入一个更高的层次，更加注重防灾减灾，以综合减灾能力建设和灾害应急管理体系建设为重要内容，开展科学管理，显著提高了灾害管理的综合统筹协调能力、应急救助能力，以及救灾减灾的社会化水平。

### （一）2011—2017年历次地震的情况

#### 1. 2013年“4·20”雅安地震

2013年4月20日，四川省雅安市芦山县发生了7.0级地震，震源深度达13公里，重庆及陕西的宝鸡、汉中、安康等地均有较强震感。据雅安市政府应急办通报，震中芦山县龙门乡99%以上房屋垮塌，卫生院、住院部停止工作，停水停电。截至2013年4月24日10时，共发生余震4045次，3级以上余震103次，最大余震5.7级。受灾人口152万，受灾面积12500平方公里。据中国地震局网站消息，截至24日14时30分，地震共计造成196人死亡，21人失踪，11470人受伤。地震发生后，四川省立刻启动一级应急程序，军区部队紧急出动2000人赶往芦山，两架直升机已经起飞。

2013年4月23日，芦山地震震后第四天，抗震救灾工作正处于关键时刻。下午3时，中共中央总书记习近平在中南海勤政殿主持召开中共中央政治局常务委员会会议，进一步全面部署四川芦山抗震救灾工作。发生在四川芦山的强烈地震，牵动着党中央的心，牵动着全国各族人民的情。面对突如其来的自然灾害，以习近平同志为核心的党中央与灾区人民同呼吸、共命运、心连心，沉着冷静，科学应对。一场紧张有序、争分夺秒的抗震救灾斗争，在青藏高原和四川盆地结合过渡的大山里迅速展开……

“灾情就是命令”，雅安地震发生后，党中央运筹帷幄，果断决策，及时启动一级响应机制，迅速调集各种救援力量。中共中央总书记、国家主席、中央军委主席习近平当即作出重要指示，要求中央办公厅全面了解灾情，强调要把抢救生命作为首要任务，千方百计救援受灾群众，科学施救，最大限度减少伤亡；要加强地震监测，切实防范次生灾害；要妥善做好受灾群众安置工作，维护灾区社会稳定。人民子弟兵始终是抢险救灾的突击队。

① 强卫. 众志成城抗震救灾　再建美丽新家园 [J]. 求是，2010 (10)：16－18.

习近平总书记强调地震已给当地人民生命财产安全造成重大损失，要部署部队迅速投入抗震救灾第一线，各救灾部队要发扬我军能打仗、打胜仗的精神，全力抢救受困群众，全力救治伤员，努力防范次生灾害，积极配合地方做好受灾群众安置、灾区社会稳定等工作。同时，各救灾部队一定要注意自身安全防护。20 日上午，在中南海一间会议室里，根据总书记重要指示精神，国务院召开抗震救灾紧急会议。芦山震情的视频信号直通会场，来自各部门的灾情信息和救援动态不断汇总而至，一项项任务随即部署……地震发生 5 小时后，即 20 日下午 1 时许，受党中央和习近平总书记委托，中共中央政治局常委、国务院总理李克强飞赴灾区察看灾情，现场指导抗震救灾工作。

习近平总书记始终强调要及时把工作重点转移到恢复重建上来。恢复重建是一项复杂的系统工程，要科学规划，精心组织实施。特别要按时完成灾害损失、灾害范围评估，搞好资源环境承载能力评价；按照以人为本、尊重自然、统筹兼顾、立足当前、着眼长远的要求，科学编制好规划；加大政策支持力度，统筹研究资金、税费、金融、土地、产业、住房、就业、社会保障等各项支持政策。工作中，既要考虑灾区原有发展基础、资源禀赋，又要充分利用恢复重建提供的机遇，高起点、高标准建设，高度重视产业升级、节能环保，努力实现恢复重建和经济社会发展双赢。要实行中央统筹、分级负责的体制机制，充分调动市场和社会力量，发挥群众主体作用，积极引导灾区群众开展自力更生、生产自救活动，充分调动群众建房兴业、创业就业、增收致富的积极性、主动性、创造性。

习近平总书记对做好下一步抗震救灾工作提出了六点要求：一是继续搜救被困群众，全力救治受伤人员；二是妥善安排灾区群众基本生活；三是抓紧做好基础设施修复和废墟清理工作；四是做好恢复生产和灾后重建工作；五是加强舆论引导；六是加强对抗震救灾工作的领导。各级党政领导班子和领导干部务必靠前指挥、身先士卒，到灾情最严重、群众最需要的地方去，在关键时刻同人民群众心连心、共患难，注意关心爱护救援救助人员，积极为他们提供各种保障。军队和武警部队要发扬我军不怕疲劳、连续作战的顽强作风，保持旺盛斗志和持续战斗力，按照中央统一部署，继续当好突击队。

2013 年 7 月 15 日上午，中华人民共和国中央人民政府官方网站公布了《芦山地震灾后恢复重建总体规划》（以下简称“规划”）。规划中明确指出了规划范围，分析了灾区特点及重建条件，明确了重建的指导思想、原则、目标，介绍了重建分区、城乡布局、土地利用等问题。同时还涉及了重建中有关居民住房和城乡建设、公共服务、基础设施、特色产业、生态家园、政策措施等方面的内容。该规划的制定依据《中华人民共和国防震减灾法》，在地震灾害评估、地质灾害排查及危险性评估、房屋及建筑物受损程度鉴定评估和资源环境承载能力综合评价的基础上，经过专家论证，广泛听取了各方面意见。根据《四川芦山“4.20”强烈地震灾害评估报告》，地震波及区域划分为极重灾区、重灾区、一般灾区和影响区。本规划范围为极重灾区和重灾区，包括雅安市芦山县、雨城区、天全县、名山区、荥经县、宝兴县等 6 个县（区），以及邛崃市的 6 个乡镇，共 102 个乡镇，面积 10706 平方公里，2012 年末总人口 114.79 万人。规划中表示，此次重建将借鉴汶川、玉树等地震灾后恢复重建的成功经验，用三年时间完成恢复重建任务，使灾区生产生活条件和经济社会发展得以恢复并超过震前水平，为到 2020 年与全国同步实现全面建成小康社会目标奠定坚实基础。根据本规划确定的目标和重建任务，恢复重建资金总需求经测算约为 860 亿元。

习近平总书记在会议上强调，“多难兴邦”，“艰难困苦，玉汝于成”，要大力宣传这次抗震救灾斗争中涌现出来的模范人物、崇高思想、先进事迹，为中国精神、中国力量增添新的正能量，鼓舞和动员全党全国各族人民在中国特色社会主义道路上，众志成城为实现党的十八大作出的战略部署而团结奋斗，为实现中华民族伟大复兴的中国梦而不懈奋斗。

2. 2014年“8·3”鲁甸地震

2014年8月3日，在云南省昭通市鲁甸县发生了6.5级地震，震源深度12千米，余震1335次。截至2014年8月8日15时，地震共造成617人死亡（其中鲁甸县526人、巧家县78人、昭阳区1人、会泽县12人），112人失踪，3143人受伤，22.97万人紧急转移安置，108.84万人受灾，8.09万间房屋倒塌。中央财政下拨救灾资金22亿元，解放军和武警部队近万兵力抗震救灾。地震发生后，习近平总书记第一时间作出重要指示，要求全力以赴做好受灾群众安置和灾后恢复重建工作。2015年首次离京考察，习近平总书记将第一站选在了云南鲁甸地震灾区。5个多月过去了，灾区群众生活过得怎么样？恢复重建工作进展得如何？灾区群众还有哪些要求和期盼？总书记十分关心和牵挂。19日一大早，习近平总书记从北京乘坐飞机直接前往昭通，一路颠簸前往鲁甸县。在震中的鲁甸县龙头山镇，习近平踏上废墟查看灾情。在受损严重变形的龙头山镇镇政府大门废墟前，习近平听取了当地干部关于灾区恢复重建的情况介绍。他强调，灾区恢复重建一定要搞好规划，生活恢复和生产恢复一起抓，灾后恢复重建和扶贫开发一起抓，重建家园步伐要加快。要把住房质量放在首位，提高抗震水平，建设抗震民居，确保灾区群众住有所居、住有所安。当前最紧要的工作是安排好群众生活，确保受灾群众安全温暖过冬。2017年11月30日，云南鲁甸6.5级地震灾后恢复重建指挥部在鲁甸县龙头山镇宣布：经过三年奋战，鲁甸6.5级地震灾后恢复重建全面完成。到11月底，除个别项目因客观原因正在实施外，灾区1771个恢复重建规划项目已全部完成，实现了“户户安居、家家有业、乡乡提升、生态改善、设施改进、经济发展”的重建目标。①

3. 2017年“8·8”九寨沟7.0级地震

2017年8月8日21时19分46秒，四川省北部阿坝州九寨沟县发生7.0级地震，震中位于北纬33.20度，东经103.82度，九寨沟核心景区西部5公里处比芒村，震中东距九寨沟县城永乐镇39公里，南距松潘县66公里，东北距舟曲县83公里，东南距文县85公里，西北距若尔盖县90公里，东偏北距陇南市105公里，南距成都市285公里。截至2017年8月13日20时，地震造成25人死亡（其中24名遇难者身份已确认），525人受伤，6人失联，176492人（含游客）受灾，73671间房屋不同程度受损（其中倒塌76间）。2017年8月8日九寨沟7.0级地震发生后，习近平总书记立刻对四川九寨沟7.0级地震作出重要指示：最大限度减少人员伤亡。李克强总理批示要求国家减灾委、国务院救灾指挥部即派联合工作组赶赴灾区，指导帮助地方做好抗震救灾。

从雅安地震到昭通地震再到九寨沟地震，我国应对地震灾害的经验越来越丰富，灾害管理工作进入一个更高的层次，抗震救灾精神也在逐步深化和发展。民众的感受就是最直

① 吉哲鹏. 鲁6.5级地震灾后恢复重建全面完成［EB/OL］.（2017－11－30）［2018－01－17］. http://www.xinhuanet.com/2017-11/30/c_1122038595.htm.

接的体现。

第一，人们感受到的是来自党和国家领导人的深深关切和牵挂。

当坍塌的山体将灾难现场隔离成一座孤岛，灾难现场没有慌乱，一切救援快速而有条不紊……人们感受到的是来自党和国家领导人的深深关切和牵挂。地震发生后，习近平总书记高度重视，深夜做出重要指示，要求抓紧了解核实九寨沟7.0级地震灾情，迅速组织力量救灾，全力以赴抢救伤员，疏散安置好游客和受灾群众，最大限度减少人员伤亡。李克强总理做出批示，要求抓紧核实灾情，全力组织抢险救援，最大限度减少人员伤亡，妥善转移安置受灾群众，加强震情监测，防范次生灾害。而地方政府人员更是马不停蹄，一刻没有休息。8月8日晚灾情发生后，四川省委书记王东明第一时间作出指示，要求立即启动应急响应，派出省委、省政府工作组赶赴现场指导救灾工作，强调首先要全力开展抢险救援，千方百计减少人员伤亡；要迅速把群众和游客转移到安全地带；要尽快了解情况，加强震情监测，防范次生灾害。8月9日早上6时许，由于前方道路阻断，省委书记王东明在九寨沟机场就地主持召开省抗震救灾指挥部第一次会议，传达贯彻习近平总书记、李克强总理重要指示批示精神，研究部署抗震救灾工作。8月9日上午10点20分，王东明抵达震中九寨沟县漳扎镇，看望灾区受灾群众。随后，王东明在现场指挥部召开省抗震救灾指挥部第二次会议，听取阿坝州和九寨沟县以及有关方面抗震救灾工作情况汇报，对认真贯彻习近平总书记、李克强总理重要指示批示精神，严格落实责任，进一步做好人员搜救、伤员救治、游客疏散转移、受灾群众安置、基础设施抢通保通、次生灾害防治、救灾物资保障、遇难者家属心理抚慰和善后处置、信息公开、维护社会大局和谐稳定等，作出具体部署。

8月9日14时30分，国家减灾委、国务院抗震救灾指挥部联合工作组听四川省抗震救灾工作情况汇报。省委书记、省抗震救灾指挥部指挥长王东明汇报了我省抗震救灾工作进展和下一步安排部署情况。王东明感谢联合工作组来四川指导抗震救灾，表示将深入贯彻落实习近平总书记、李克强总理重要指示批示精神，继续扎实抓好抗震救灾各项工作，尽最大努力减少人员伤亡和灾害损失，坚决打赢抢险救援、抗震救灾这场硬仗。

8月9日20时30分，王东明召开省抗震救灾指挥部第三次会议，进一步传达学习中央领导同志重要指示批示精神，研究四川省贯彻落实意见，部署抢险救援和抗震救灾有关工作。

第二，人们感受到的是来自国企的即时反应和守护。

“挺进灾区，有我在!”这是来自国家电网、中国移动、中国联通、中国电信、中石油等央企的承诺和紧急应对行动。国网阿坝若尔盖公司应急队伍赶赴灾区，在震后不到两小时，九寨县城和黄龙景区便恢复供电！可以想象，黑暗中，当身旁的灯瞬间点亮，那温暖的灯光，不仅仅刺透了黑暗，更点燃了灾区群众对生命和未来的深深期许。而仅仅震后20分钟，中国移动四川公司已经为3682户停机用户恢复通信功能。应急保障车、应急通信车、抢险队徐徐开进震区，便携式微型设备和卫星电话早已发挥强大功能，中国联通开通的应急热线为用户联系到家人报平安。

第三，人们感受到的是强大的中国军人“哪里有灾难，哪里就有军人”的庄严承诺。

地震发生后，四川省军区当即启动地震灾害应急预案。当晚，武警四川省总队阿坝州支队第十三中队第一时间出现在现场。凌晨0时40分，四川消防总队权威发布最新情况，全省共出动消防车辆396台，消防官兵1108人，生命探测仪55台。凌晨1点57分，77集团军440名官兵组成的第一梯队救援力量由两个方向奔赴灾区，该集团军12架直升机做好出动准备。

第四，人们感受到的是各职能部门对整个灾区处理情况的快速、有序和规范。

我们见证了四川九黄机场启动应急预案，8月9日早上9点25分，一架载客量约140人的空客客机满载飞往杭州；我们看到了四川高速实行救援车辆“保通保畅”应急预案，同时发布沿线高速出行提示，都汶、绵广、广甘高速公路通行正常；四川省水利厅已发出通知，要求沿线水文站严密监测，严防安全事故和堰塞湖。

只有中国共产党才能培育形成如此伟大的抗震救灾精神；只要中国共产党和全国人民团结一心，共同应对，就完全能够从容应对征途上的各种复杂局面，战胜各种可能出现的艰难险阻。

### （二）抗震救灾精神的发展和深化

近年来，随着社会经济的飞速发展，我国救灾实力大大增强。而改革开放以来思想解放的进一步深入，也使得抗震救灾工作的思路逐步发生变化。可以说，2011年至2017年为中国共产党抗震救灾的发展深化阶段。在这个阶段，抗震救灾思想更加成熟，无论是防灾减灾救灾水平还是民间救援力量，都有了突破与成长，决策指挥更科学、救灾效率更高、救灾能力更强、救灾水平更专业、信息公开更及时，人员转移更高效，秩序维护工作效果更显著。[①] 抗震救灾精神进一步深化和发展，抗震救灾精神中的科学精神、人本精神、创新精神更加突出和完善。这一时期，我国的防灾减灾、抗震救灾管理工作开始进入一个更高的层次，更加注重防灾减灾，更加体现宗旨意识、创新意识和使命意识，以综合减灾能力建设和灾害应急管理体系建设为重要内容，开展科学管理，显著提高了灾害管理的综合统筹协调能力、应急救助能力，以及救灾减灾的社会化水平。

#### 1. 抗震救灾工作凸显时代精神和创新精神

2017年8月8日21时19分，四川省阿坝州九寨沟县发生7.0级地震，此次九寨沟地震距离“5·12”汶川特大地震已经9年。这些灾难给人们带来伤痛的同时，也增加了灾区民众应对自然灾害的经验，推动了四川应急抢险救灾能力的快速提高，九寨沟地震也是新时代下对四川应急救灾工作的又一次全新的检验。

首先，按照新时代法律法规，合理调整应急响应级别。2017年8月8日21时19分，四川省阿坝藏族羌族自治州九寨沟县发生7.0级地震。四川省委、省政府同九年前汶川特大地震发生一样，立即启动Ⅰ级应急响应预案，抗震救灾工作全面启动。[②] 8日晚，中国地震局启动Ⅰ级应急响应。但是第二日国务院抗震救灾指挥部根据九寨沟7.0级地震震情灾情综合判断，决定将国家地震应急响应由Ⅰ级改为Ⅱ级。民政部9日凌晨3时发布消息

---

① 陈旭，盛丹萍．从九寨沟地震应对看四川抢险救灾的进步［J］．四川行政学院学报，2017（5）：58－62.

② 按照旧的《国家地震应急预案》，造成300人以上死亡，或直接经济损失占该省（区、市）上年国内生产总值1%以上的地震；发生在人口较密集地区7.0级以上地震，可初判为特别重大地震灾害。2012年出台的《国家地震应急预案》，特别重大地震灾害是指造成300人以上死亡（含失踪），或者直接经济损失占地震发生地省（区、市）上年国内生产总值1%以上的地震灾害。当人口较密集地区发生7.0级以上地震，人口密集地区发生6.0级以上地震，初判为特别重大地震灾害。

表示，国家减灾委、民政部针对四川九寨沟 7.0 级地震，紧急启动国家Ⅲ级救灾应急响应。很多人对此很不解。这其实是非常科学的决策，是符合新时代法律法规规定的。中国人民大学法学院教授杨建顺、行政法学专家在采访中谈道，这种调整符合 2012 年国务院发布的《国家地震应急预案》规定：地震应急响应启动后，可视灾情及其发展情况对响应级别及时进行相应调整，避免响应不足或响应过度。依据该法规，地震灾害分为特别重大、重大、较大、一般四级，地震灾害应急响应相应分为Ⅰ级、Ⅱ级、Ⅲ级和Ⅳ级。杨建顺分析，影响灾害程度和应急响应评级的，从《国家地震应急预案》来看，主要是两点：人口死亡（含失踪）人数和经济损失、地震级别。国家地震局当晚初步决定启动Ⅰ级应急响应，是按照该法规中"当人口较密集地区发生 7.0 级以上地震……初判为特别重大地震灾害"而作出的。之后的调整，是因为该法规要求Ⅰ级响应的死亡（含失踪）人数应在 300 人以上。随着灾情震情最新讯息的获取，9 日 0 时 24 分，国务院抗震救灾指挥部决定将应急响应由Ⅰ级改为Ⅱ级；9 日 3 时，地震造成九寨沟县 7 人死亡、数十人受伤，国家减灾委、民政部启动国家Ⅲ级救灾应急响应。这一变更，与该法规规定的Ⅲ级应急响应的条件"10 人以上、50 人以下死亡（含失踪）或者造成较重经济损失的地震灾害"相适应。其实，在地震发生后应急响应的级别越高，响应得越深，资源调动得越多。但是如果应急响应级别定得偏高，会导致行政资源的浪费；如果偏低又会不利于灾后救助。所以行政部门要根据最新获取的讯息来及时调整，这是一种积极能动、依法行政、治理能力现代化的体现。在地震发生后最容易导致讯息传输不畅，进而导致最初的应急响应级别判定不精准。不过，初步判断时定级高一些，一定意义上有利于救灾工作的迅速开展，利大于弊。

对于九寨沟地震后的救灾应急响应级别，在国务院抗震救灾指挥部Ⅰ级改为Ⅱ级后，8 日晚，交通部、四川省交通厅迅即启动Ⅱ级应急响应预案。9 日，中国气象局、中国红十字总会等纷纷启动Ⅲ级应急响应服务。这体现了行政一致性的原则。[①] 虽然由于获取信息的先后有差别，导致一些部门的应急响应级别有所不同，但总体上都是随着国务院的行政决策在作出相应变化。《四川省地震应急预案》规定，地震灾害事件发生后，省政府按地震灾害事件的初判指标，确定地震应急响应级别；在地震灾害事件的应急处置过程中，根据因灾死亡人数及灾害损失情况，按地震灾害事件的分级标准，及时提高或降低应急响应级别。据阿坝州政府应急办消息，截至 9 日 13 时 10 分，经初步核查，"8・8"九寨沟地震已致 19 人死亡，247 人受伤。"当前从中央到地方，以分级方式启动的九寨沟地震后的应急响应救助工作，是行之有效的。"[②] 学者认为从学理上，对于地震灾害、食品安全、环境保护等领域的分级应急响应机制，可以允许下位法比上位法规定的标准更严格、更具体，以便更好地保护社会公共利益。[③]

其次，从新闻报告方式看，融入了创新精神，更加时代化，更加智能化。对比相隔九年的汶川特大地震和九寨沟地震，我们不难发现不仅仅是应急指挥机制、救灾能力和水

---

① 郑赫南. 九寨沟地震后，应急响应级别为何会变化［EB/OL］.（2017－08－10）［2018－01－18］. http://news.china.com.cn/2017－08/10/content_41386392.htm.

② 郑赫南. 九寨沟地震后，应急响应级别为何会变化［EB/OL］.（2017－08－10）［2018－01－18］. http://news.china.com.cn/2017－08/10/content_41386392.htm.

③ 郑赫南. 九寨沟地震后，应急响应级别为何会变化［EB/OL］.（2017－08－10）［2018－01－18］. http://news.china.com.cn/2017－08/10/content_41386392.htm.

平，单就新闻报道也能够看出更加时代化，更多地融入了创新精神。9年时间里，新闻媒体经历了传统媒体向融媒体转型，新闻报道方式由单一报道到多媒体报道变革，移动社交媒体成为重要信息来源等深刻变化。地震报道作为典型的灾难报道，是新闻实务探讨的重要领域。四川大学文学与新闻学院教授陈华明从报道时效与新闻来源、新闻专业主义、报道伦理、社交媒体参与等四个方面对两次地震报道进行对比分析，特别是对九寨沟地震新闻报道呈现出的新特点进行研究[①]，为新时代抗震救灾、防灾减灾提供了可资借鉴的经验。

“5·12”汶川特大地震后的第一则新闻是地震32分钟后新闻网发布的，紧接着就是半个多小时后中央电视台对汶川地震的24小时直播，推出了“抗震救灾，众志成城”的特别节目，让身处各地的国人得以了解地震的最新进展和情况。而5年后的芦山地震，地方卫视启动直播的时间则走在了中央电视台前面。8时20分，上海东方卫视最先开始直播报道震区消息，这距离地震发生刚过去18分钟。在18分钟内，东方卫视做了几件事：信息核实、初步判断破坏程度、决定报道的规模及需投入的力量，并整合可调动的资源。在如此短的时间内就启动直播报道，体现出该台应对突发事件的组织能力。东方卫视的直播比中央电视台提早了一个半小时，成为公众在震后初期获得有关震区消息的主要来源。它一方面播发来自新华社、国家地震局等权威信源的消息；另一方面联系该台驻四川记者和四川当地媒体的记者，播发震感范围、破坏情况、救援组织情况，以及震区的山川地理背景和天气信息。广播媒体的反应是第一时间启动了应急广播报道程序。中央人民广播电台中国之声从4月22日起，以“国家应急广播”为呼号，向芦山县开播定向的应急频率。这是我国首次在重大灾难事故中使用应急广播。[②]

9年后九寨沟地震后的第一则新闻是地震后18分钟后由机器人撰写的新闻，来自微信公众号“中国地震台网”推送出第一条消息《四川阿坝州九寨沟县发生7.0级地震》。与传统的地震信息发布相比，该报道的特色在于这篇字数不到1000字，总共由8个小标题和段落组成的报道是由计算机自动生成的。它的内容包括速报参数、震中地形、热力人口、历史地震、震中天气等。中国地震台网用机器代替人完成实时监控信息源，利用文本解析和信息抽取技术实现自动信息抽取，采用机器学习算法并融合编辑记者团队的经验和智慧，以模板和规则知识库的方式，根据实时抽取的信息作出判断，输出相应的模板及规则知识库内容，从而产生新闻，以此应对海量、高速、多样的大数据产生的信息。截至9月1日，该公众号累计发布27条九寨沟地震、余震的新闻报道，全部为机器人撰写。

无人机航拍、利用大数据收集整理广大用户信息生产的UGC新闻等人工智能的参与让报道更快速、精准与全面。地震发生后第四天，中国移动在四川九寨沟荷叶寨[③]紧急起飞一架无人机信号基站，在离地100米的高空搭建了一个4G移动基站。为周围区域提升通信质量。这台无人机是中国移动公司设计研发的“无人机高空基站”，也是中国移动首次在地震中尝试用无人机搭载基站进行抢险作业。

---

① 陈华明，周丽．从汶川地震到九寨沟地震：灾难新闻报道变化分析［J］．新闻界，2017（11）：35－38，57．

② 陈力丹．毛湛文．期待理性而专业的灾难报道——芦山和汶川地震媒体报道比较［J］．新闻爱好者，2013（6）：12－15．

③ 荷叶寨是进九寨沟的第一个寨，也是九寨沟最大的一个藏族村寨。7.0级地震过后，那里不时有余震出现，山体滑坡、飞石不断，多处通信光缆损毁，多个基站中断，导致通信受阻。

选择荷叶寨投放无人机高空基站是因为当地居民集中，抢险队伍密集，传统的应急通信手段难以快速全面恢复当地通信。当时，荷叶寨里的160户居民，以及抢险救援人员和灾后在这个区域设立的后勤保障点都急需信号和外界通信。此台无人机高空基站搭载了4G基站作为指挥调度系统，覆盖面积最大可达100平方公里，能为1200个手机用户提供语音通信和上网服务。“5·12”汶川特大地震后的新闻来源主要依据中国地震局的地震级数监测数据，它的新闻报道由赶往现场的新闻工作人员发出，受到很多时间和空间的限制。在基础建设薄弱、移动网络技术不发达的年代，地震后四川与周边省市出现了不同程度的断网、断电的情况，受众接收信息困难，出现信息饥渴现象。[①] 目前，中国移动已通过依托无人机高空基站、超级基站等创新举措，建立起一套“平战结合、天地一体、高效协同”的通信综合应急体系，提升了网络防灾救灾能力，也为此次四川移动通信生命线畅通提供了保障。距汶川地震近十年后，依靠科技进步和新闻从业人员的不断探索，灾难性报道已经形成较为成熟与规范的流程，九寨沟地震报道更多地依靠人工智能技术。

2. 抗震救灾工作凸显科学精神和专业精神

第一，应急决策指挥更加凸显科学精神。

应急决策指挥是领导在实现应急决策目标的过程中，按照应急预案的目标和要求，对应急抢险救灾工作进行领导和指导的活动。在九寨沟地震应对过程中，四川省委书记和省长第一时间到达地震现场，靠前指挥科学决策，根据受灾情况及时调整应急响应等级，避免救灾资源浪费，实现了精准救灾。[②] 整个救灾工作井然有序，环环相扣，上下协同，展现出了新时代救灾的特点。整个抗震救灾既着眼于“救”，要求抓紧了解核实九寨沟7.0级地震灾情，最大限度减少人员伤亡；也着眼于“防”，要求密切防范各类灾害，尽最大努力保障人民群众生命财产安全。地震后从中央到地方，有关各方迅即开展处置、抢险、救人、医治和保障工作。尤其是地震后很快将九寨沟景区的5万游客进行了最高效和最安全的转移，成为九寨沟地震后应急指挥机制下最成功的一笔。

四川旅游发展委员会迅速反应，在地震发生后第一时间启动了一级应急预案，通过与旅行社、酒店建立的微信群、QQ群等各种渠道收集游客信息，并在8月9日凌晨1点召开紧急会议，成立抗震救灾工作组，落实24小时值班值守制度。抗震救灾工作组要求各成员单位继续核查省内外游客的伤亡和失踪情况，分阶段报送相关信息；核查旅行社、酒店等涉旅企业的受灾情况；敦促各旅行社、酒店配合当地政府和有关部门，做好游客的安抚和疏散工作；敦促阿坝州旅发委、九寨沟县旅游局配合当地政府和有关部门做好游客的安抚和疏散工作，并及时上报信息；通知相邻的绵阳市、德阳市、理县、红原、若尔盖等地旅游部门，主动为路经的游客提供必要帮助。这些应急决策措施缓解了游客的紧张和恐惧心理，为后续的游客安全快速大转移奠定了基础。

第二，新闻报道工作更加凸显科学精神。

汶川地震时，就我国灾难新闻报道的专业化程度引发了广泛的探讨。当时的报道中，存在着一些假新闻、煽情化报道、官本位思想、作秀等违背专业主义的行为。学者陈力丹

① 陈华明，周丽. 从汶川地震到九寨沟地震：灾难新闻报道变化分析［J］. 新闻界，2017（11）：35－38，57.

② 陈旭，盛丹萍. 从九寨沟地震应对看四川抢险救灾的进步［J］. 四川行政学院学报，2017（5）：58－62.

曾呼吁“期待理性而专业的灾难报道”①，在地震新闻的报道中，媒体的首要职责是灾情信息的传递和告知，而不是依靠突发性事件煽情，或者煽动恐慌情绪博眼球。NHK 为日本政府指定的媒体灾难报道的“法定报道机构”，其基本准则就是准备充分，引起公众注意但不煽情，注重防灾报道。在地震中媒体的责任应当是注重地震相关信息的发布、核实数据的准确性、对用户进行各种提示等。

九寨沟地震后，政府信息公开非常充分及时，随时通报新动态，多层面进行灾情报道，给外界公众一个更真实的灾区现状，同时，微博、微信、微视频等新媒体凭借用户基数大、内容更新快、互动性强、扩散快等优势，也成了救灾信息的汇集和传播途径。九寨沟地震发生后不到两小时，四川省地震局就召开了第一场新闻发布会。之前“5·12”汶川地震在发生 26 小时后才召开了第一场新闻发布会，芦山“4·20”地震在发生 4 个多小时后由省政府举办了首场新闻发布会。相比之下，官方在信息披露方面的反应较芦山地震再次提速。地震发生后 5 分钟，@中国地震台网速报、@四川省地震局等权威地震发布平台反应迅速，第一时间播报现场灾情、救援部署和救援知识，通报余震信息，为广大网友了解灾情、遏制谣言传播起到了良好的导向作用。国内多家媒体网站和机构账号及时发布多条辟谣信息，共同呼吁大家不传谣、不信谣。② 有的学者梳理了 8 月 8 日九寨沟地震后一个星期之内的谣言，发现一共出现 7 条主要的谣言：一是凌晨 3 时许，陕西、甘肃、青海等地将还有余震发生；二是阿坝地区将发生 8.7 级地震；三是放射云或为地震前兆；四是“四川震前黑鸟乱飞”的震前异象；五是网传某楼房坍塌的图片；六是北川防震减灾局正式报目前死亡 4 人，受伤 30 多人；七是九寨沟地震和精河县地震有关，中国进入地震模式。③ 由于辟谣及时，最终没有造成很严重的后果。

第三，救援队伍更加专业化。

在九寨沟地震救援中，专业救援队发挥了重要作用，阿坝州内和绵阳市的专业救援队第一时间进入灾区，抢通道路、搜救人员、医治伤员等方面的救援更加专业。9 年前的汶川地震，很多救援力量尤其是民间救援团队“没装备、没经验、没技术”，而现在，各种救援团队不仅数量更多，经验、技术、装备、意识也都有了稳步提升，救援的专业能力和水平有了显著增强，救援队伍的装备更先进。大量的红外生命探测仪、雷达生命探测仪、蛇眼生命探测仪等用在灾区的人员搜救上。除了地面的“机动部队”，还有通信应急保障、直升机勘探、无人机侦查等手段，确保了我们能在第一时间看到震中网友发出的平安信息，随时了解震区受灾和救援情况。新设备、新术应用于抗震救灾、传递信息、抢救伤病员，提高了救灾效率。

九寨沟地震专业救援队伍既争分夺秒赶赴现场，又科学研判防止次生灾害；既有实地救援，也有专业心理疏导安抚；既分工明确，又秩序井然；既协调安置游客，又确保了当地群众安全，体现出抢险救援的专业和高效。

---

① 陈力丹，毛湛文．期待理性而专业的灾难报道——芦山和汶川地震媒体报道比较［J］．新闻爱好者，2013（6）：12－15.

② 陈旭，盛丹萍．从九寨沟地震应对看四川抢险救灾的进步［J］．四川行政学院学报，2017（5）：58－62.

③ 牛佳佳．突发事件中的网络谣言传播——以九寨沟地震为例［J］．新闻研究导刊，2017，8（18）：68－69.

### 3. 抗震救灾工作凸显人文关怀和人本精神

第一，震后救援的人文关怀。

汶川地震以后，四川应对自然灾害的应急反应能力不断提高，在应对自然灾害中也更加凸显人文关怀和人本精神。2017 年九寨沟地震发生后，四川省迅速制定救援措施并尽快实行，在最佳救援时间内提供最好的物质援助和医疗等方面的救助，将人员伤亡和财产损失降到最低，将救人放在第一位，及时有效地安置转移灾区群众和游客，组织了矿泉水、干粮、衣物、帐篷、棉被、医疗设备等救灾物资运往灾区。在灾后第三天，九寨沟、松潘、红原、若尔盖等县基本做到了受灾群众有饭吃、有衣穿、有干净水喝、有临时住处、有病能得到及时治疗，所有的情况比预想的要好。在中国人民大学危机管理研究中心主任唐钧看来，“这次应急救援非常棒”，抢险、救人、医治等工作效率非常高，而且很快将灾区的游客转移走，防止了次生灾害和进一步的损害，阻止了灾害的升级。[①] 此外，灾区动员当地民众和志愿者也积极自救互救。在灾区，现场志愿者迅速集结起来，有序为游客服务。九寨沟当地民众也非常积极地参与救灾，这次参与现场服务的两千多位志愿者，绝大部分是本地人。大规模游客转移时由于车辆不足，当地公安部门发布“征集令”，许多酒店和志愿者挺身而出，加入护送游客回家的大军中。党员干部担当、当地群众善行、司机导游敬业，“四川好人”稳定了游客情绪，抗震救灾精神的形成与先进科技的使用保障了转移行动的顺利开展。在漳扎镇的游客中，团队游占很大比例，距离游客最近的导游承担起“稳定军心”的使命。不少游客表示，刻骨铭心的震后第一夜，满镇飞舞的“导游旗”和及时赶来的党员干部、救援队伍，让他们感受到了满满的关爱，感受到了同胞之间的骨肉深情，助人、救人，把一切生命看得比天还大，这就是最大的感动，这就是最强的力量。四川导游群体的职业操守、敬业精神和救援队伍的及时施救，旅游行业的规范和责任，都体现了浓浓的人本精神和人文关爱，都为抗震救灾工作注入了强大的内动力，万无一失地保障了游客的及时顺利转移。

第二，新闻报道中的人文关怀。

作为肩负社会责任的公共传播者，新闻工作者不仅要做好信息传递工作，同时也要成为人文关怀的具体实践者。灾难性报道同样是对新闻从业者新闻伦理道德的全面检验。对灾难现场画面的处理，对灾难议题的选择，对灾民的报道需要注意以人为本的报道理念。在汶川地震的报道中，出现了一些未考虑人文关怀的行为。一些媒体未经任何处理就展示大量血腥画面，未考虑死者和伤者的尊严。从传播角度看，血腥画面只能让受众产生恐惧，无助于救灾防灾教育。有些媒体记者看到刚从废墟中抢救出来的伤员一拥而上，完全不顾伤员的生命体征是否适合接受采访。有的媒体对受难者家属造成二次伤害或者多次伤害，让受难者家属反复接受不同媒体的采访，不断回忆痛苦的场景。经历多次传播伦理的探讨与反思后，我国媒体在灾难性新闻处理中以人为本的报道理念得以提升，并将人文关怀落实到具体的报道中。报道芦山地震时，媒体整体上就比较克制了，至少没有出现聚焦死者的镜头，也减少了对遇难者惨烈状况的呈现。对地震中失去亲人的幸存者的采访，注重情绪的抚慰，为抓拍痛苦的镜头而诱导提问的情形较少。另外，地震发生后，浙江、湖

---

① 韩丹东，陈遥. 九寨沟地震救援折射中国应急能力提升［N］. 法治日报，2017-08-12 (5).

南、江苏等9个地方的卫视停播娱乐节目和电视剧的做法得到社会认可，这一举措虽然会影响广告收入，但从尊重人性和公众感受的角度看，无疑坚守了社会责任。[①] 而媒体对九寨沟地震的报道显得更加理性与成熟，有灾难报道却不煽情，有伤亡人员的数据和具体信息却不侵犯个人权利，有各种信息提示却不造成恐慌，这些都体现着媒体报道的专业主义与人文关怀。以人为本首先体现在强化受众意识，突出信息的实用性，将受灾群众的需求放在第一位。四川发布微信公众号在8月9日发布《实用！你需要的救援电话和信息就在这里》，具体到寻亲热线、加油绿色通道、航班退改服务、应急电话等，告知民众获得帮助的渠道。这些报道体现了以人为本的理念，有助于救灾工作的顺利开展。此外，以人为本还体现在报道应当鼓励坚强的精神和冷静的态度，尊重灾民的心理和情感。在对地震受灾情况报道议题的设置上及在对受灾群众的采访中，人性化视角能避免对灾民造成再次伤害。此次对地震灾民的报道记者也随时注意被采访者的情绪，尊重他们的意愿，并设身处地地考虑受灾群众的状况。例如，搜狐记者在现场采访一位灾民，被采访者翻阅自己的手机给记者看地震时拍下的照片与小视频，当记者注意到她的手机快没电时，为了保障她的基本通信便停止了采访。《新京报》记者在对灾民的灾后生活进行采访时，一位灾民谈到发生地震的场景时情绪失控，记者立刻对灾民进行情绪抚慰说现在已经安全了，并询问住在帐篷里晚上冷吗，用水问题有没有解决，物资是否到位等。这种关切体现了记者良好的职业素养。[②] 如果说汶川地震、芦山地震给中国媒体带来的最重要的启示是学会及时真实采访报道的话，那么九寨沟地震教给中国媒体的应当是恪守理性，冷静客观，以人为本地报道事实。

此外，经过数次地震救灾的考验，国人的心理素质和救灾理念也发生了很多变化。可以说，地震救灾，不仅是对一个国家、一个地区的社会管理和应急防灾综合能力的考验，更是对社会公众有序参与重大公共事务的能力的一种及时检验。汶川特大地震后，自2009年起，每年5月四川都会开展抗震救灾综合演练。四川省很多地区的中小学都设立了防灾减灾课程。四川省地震局还联合教育部门编写相关书籍，下发到学生手中。部分重点地区，如龙门山断裂带学生们几乎“每周一跑”。九寨沟地震发生后，人们说得最多的是“冷静”，在经历短暂恐惧后，不少游客开始调动这9年来关于地震救援的所有知识与能力，为自己、为周围人提供便利、寻找出路。九寨沟地震后，越来越多的民众没有慌乱到六神无主，而是自发投入传递真相、求证问题的网络热潮中。无论是灾区现场，还是天南海北，人们多了理性，少了迷茫，多了分析，少了困惑。有人默默捐款捐物，为灾区献出一份份爱心；有人传递消息，呼吁人们不要堵住救援生命通道；有人出来辟谣，降低灾害可能对生产生活造成的不利影响等，这些体现的正是公民愈发成熟的抗灾救灾素养，有助于为紧张的救灾工作提供稳定的舆论和社会环境，而政府与民众的良性互动，也形成了战胜灾难的强大合力。[③]

① 陈力丹，毛湛文．期待理性而专业的灾难报道——芦山和汶川地震媒体报道比较［J］．新闻爱好者，2013（6）：12－15．

② 陈华明，周丽．从汶川地震到九寨沟地震：灾难新闻报道变化分析［J］．新闻界，2017（11）：35－38，57．

③ 陈华明．从汶川地震到九寨沟地震：灾难新闻报道变化分析［J］．新闻界，2017（11）：35－38，57．

### （三）新时代防震减灾事业需强化“五大意识”

#### 1. 防灾忧患意识，是防震减灾事业走向成熟的重要标志

忧患意识是中华民族自古以来的精神传统之一，它代表着一种高尚风格，体现的是一种社会责任感和历史使命感。作为一种文化传统，忧患意识渊源至深，从一定角度来说，正是中华文明孕育和包含的忧患意识，才使中华民族历经磨难而不衰，始终屹立于世界民族之林。忧患意识体现的是一种居安思危的高超智慧。“思则有备，有备无患”，“忧劳可以兴国，逸豫可以亡身”，不就是告诫世人和国家要常有忧患意识吗？新时期防灾减灾、防震减灾、抗震救灾同样需要保持忧患意识。回顾新中国成立 69 年来防灾减灾历史，我们也曾有过惨痛的教训，可以说，灾害意识与防灾意识淡薄是放大灾害问题的重要原因，不重视灾害宣传教育，完全缺乏临灾自救知识，是灾害意识与防灾意识淡薄的重要表现之一。① 汶川特大地震后，曾有报道，在这次特大地震中只有一所学校在校舍坍塌前，2200 多名学生、上百名老师，用时 1 分 36 秒，从不同的教学楼和不同的教室中，全部安全冲到操场，并以班级为组织站好，无一伤亡，创造了地震中无一人伤亡的奇迹。② 该校师生之所以在这么短的时间内躲过了地震这一大劫，是因为该校在“最牛校长”叶志平的带领下，平时多次演习如何躲避地震等灾难，但这样的灾害宣传教育和防灾演练实在是太少了。在汶川特大地震中，学生是伤亡最大的群体之一。整个地震，死亡及失踪的学生共有 5300 余名，残疾 500 余名。③ 这在一定程度上与不懂科学避难知识及缺乏训练有关。有调查显示，由于缺乏安全教育与防灾自救知识的普及，有近三分之一的居民、近一半的学生不懂消防常识和缺乏自救逃生的知识，有近百分之七十的居民不关注公共消防安全。公众的安全防范意识不强，甚至缺乏最基本的防灾减灾能力和自我保护意识④，与日本相比，我们值得深思。日本与中国一样，也是一个地震多发国家，日本基本上从小学开始就对学生进行诸如地震的原因、发生地震时如何避难等防震防灾知识方面的教育。每年的 9 月 1 日是日本的“防灾日”，在这一天的前后一个星期，日本各地都要举行防震防灾训练，或举行讲习会，向居民讲述防震防灾知识。此外，每年的 1 月 17 日是日本的“防灾志愿者周”，各地也要举行各种活动，以提高人们的志愿者意识。正因为有专门的安全课程教育和举行各种防灾活动，日本居民的防灾意识很强。在日本的地震中，居民均能够快速、有序地逃避灾难。因此，强化全民防灾减灾知识和安全知识宣传教育，积极开展防灾减灾知识进校园、进课堂、进社区活动，以及开展地震、火灾等不同类型的突发事件应急演练，不断提高人们的自我防护能力和自救互救能力，在中国显然具有必要性与紧迫性。

党的十八大以来，习近平总书记多次就加强防灾减灾救灾工作作出重要指示，在

---

① 郑功成. 抗灾救灾：新中国 60 年的经验与教训［J］. 华中师范大学学报（人文社会科学版），2010（4）：13－18.

② 董立林. 寻访川地震 16 名焦点人物：震后 365 天的生命记录［EB/OL］.（2009－05－11）［2017－05－31］. http://news.sohu.com/20090511/n263892898.shtml.

③ 四川省人民政府新闻办公室. “5・12”汶川特大地震灾后恢复重建情况通报［EB/OL］.（2009－05－07）［2017－05－31］. http://news.sina.com.cn/o/2009－05－07/110915585755s.shtml.

④ 郑功成. 抗震救灾：新中国 60 年的经验与教训［J］. 华中师范大学学报（人文社会科学版），2010（4）：13－18.

2015年5月29日中央政治局第二十三次集体学习时强调，防灾减灾救灾事关人民生命财产安全，事关社会和谐稳定，是衡量执政党领导力、检验政府执行力、评判国家动员力、体现民族凝聚力的一个重要方面。李克强总理多次就加强防灾减灾救灾工作提出明确要求。习近平总书记在唐山抗震救灾和新唐山建设40年之际来到河北唐山市，就实施“十三五”规划、促进经济社会发展、加强防灾减灾救灾能力建设进行调研考察。他强调，同自然灾害抗争是人类生存发展的永恒课题，要更加自觉地处理好人和自然的关系，正确处理防灾减灾救灾和经济社会发展的关系，不断从抵御各种自然灾害的实践中总结经验，落实责任、完善体系、整合资源、统筹力量，提高全民防灾抗灾意识，全面提高国家综合防灾减灾救灾能力。[①] 总书记的讲话告诫我们，必须增强忧患意识，时刻保持清醒的头脑，居安思危，未雨绸缪，不断提高地震监测预报水平，逐步夯实灾害防御的技术，大力提升应急救援能力，将“宁可千日不震，不可一日不防”的理念深深地扎根于我们的震情工作之中。

中共中央、国务院在《关于推进防灾减灾救灾体制机制改革的意见》（2016年12月19日）中指出：“我国防灾减灾救灾工作取得重大成就，积累了应对重特大自然灾害的宝贵经验，国家综合减灾能力明显提升。但也应看到，我国面临的自然灾害形势仍然复杂严峻，当前防灾减灾救灾体制机制有待完善，灾害信息共享和防灾减灾救灾资源统筹不足，重救灾轻减灾思想还比较普遍，一些地方城市高风险、农村不设防的状况尚未根本改变，社会力量和市场机制作用尚未得到充分发挥，防灾减灾宣传教育不够普及。坚持以人民为中心的发展思想，正确处理人和自然的关系，正确处理防灾减灾救灾和经济社会发展的关系，坚持以防为主、防抗救相结合。”[②] 在该意见中，第十条单列“强化灾害风险防范”[③]，意见指出要“加快各种灾害地面监测站网和国家民用空间基础设施建设，完善分工合理、职责清晰的自然灾害监测预报预警体系。开展以县为单位的全国自然灾害综合风险与减灾能力调查，发挥气象、水文、地震、地质、林业、海洋等防灾减灾部门作用，提升灾害风险预警能力，加强灾害风险评估、隐患排查治理。建立健全与灾害特征相适应的预警信息发布制度，明确发布流程和责任权限。加强国家突发事件预警信息发布系统能力建设，发挥国家突发事件预警信息发布系统作用，完善运行管理办法。充分利用各类传播渠道，通过多种途径将灾害预警信息发送到户到人，显著提高灾害预警信息发布的准确性和时效性，扩大社会公众覆盖面，有效解决信息发布‘最后一公里’问题”。2013年雅安“4·20”地震就是有效地对地震进行预报的典范。值得提倡的是电视媒体，通过与民间地震预测网相连，比官方提早报道了地震波的到来。20日8时02分，四川汶川电视台突然中断节目，插播防震减灾局和成都高新减灾研究所的紧急公告：“四川芦山正发生有感地震，汶川将震感轻微，请做好避险准备。地震横波还有42秒到达。”随后这个数字开始倒计

① 大力弘扬唐山抗震精神　开创各项事业发展新局面［N］. 河北日报，2016-07-31（1）.

② 中共中央国务院. 关于推进防灾减灾救灾体制机制改革的意见［EB/OL］.（2017-01-10）［2017-05-31］. http://www.gov.cn/zhengce/2017-01/10/content_5158595.htm.

③ 中共中央国务院. 关于推进防灾减灾救灾体制机制改革的意见［EB/OL］.（2017-01-10）［2017-05-31］. http://www.gov.cn/zhengce/2017-01/10/content_5158595.htm.

时。[1] 这一紧急公告的播出，比官方中国地震台网发布地震公告的时间（8时16分）早了14分钟。电视台工作人员利用电脑或手机上已安装的预警软件，在获知地震信息后，即刻通过电视这一公共平台向全社会告知，说明其反应之迅速。可见，防灾忧患意识，是防震减灾事业走向成熟的重要标志。

2. 创新意识，是防震减灾事业永葆先进的不竭源泉

创新是一个民族进步的灵魂，是一个国家兴旺发达的不竭动力，是个人保持蓬勃朝气和昂扬锐气的力量源泉。创新是一种锐意进取的精神面貌，是一种勇于探索的工作态度，是一种不断追求卓越、追求进步、追求发展的理念。古书中有着很多对创新的阐释，《广雅》中有"创，始也"，《魏书》有"革弊创新"，《周书》有"创新改旧"，《大学》有"苟日新、日日新，又日新"。改革开放后，中国共产党从解放思想、实事求是到与时俱进，从摸着石头过河的勇敢探索到科学发展的大胆实践，不断开展社会主义的理论创新、道路创新和制度创新。实践证明，善于用创新才能破解前进道路上的难题，只有创新才能顺应时代的潮流，才能谋求事业的可持续发展。防震减灾事业的发展进步，必须要坚持创造与创新。安徽省地震局坚持以科学发展观为指导，以突出重点、综合防御的发展方针为导向，立足于我国华东地区震情形势，制定了"一场一带一站"的宏观科技战略，全面促进地震监测预报工作再攀高峰；队伍建设上，强化军地联合、区域联合、部门联合基础，并首创性地建立了与人防协作、灾评工作局校联合的全新模式，在全省上下形成了政府主导、军地协调、专群结合、全社会参与的防震减灾工作格局；学术研究上，近年来在国际国内刊物中发表各类高质量的学术论文数百篇；交流合作上，走出国门，与蒙古、菲律宾、新西兰等多个国家开展了地震合作项目和科技研讨交流……回顾我国防灾减灾走过的风雨历程，其本身就是创新意识不断升华的具体体现，也正是因为地震，人们凝心聚力，锐意进取，真抓实干，奋勇争先，才真正把简单的事情做得不简单，把平凡的工作做得不平凡。

以防灾减灾科普创新为例。目前，防灾减灾科普宣传是提高国民素质教育的重要手段，根据防灾减灾科普工作实践，我国防灾减灾科普形式主要分为"图文展示类""课堂教学类""仪器体验类""灾害现场考察类"四种。不过，我国防灾减灾科普工作中不同科普宣传形式满意度与关注度都有些不尽如人意，造成这些问题的原因在于防灾减灾科普宣传工作中创新还不够，时代感不强，主要问题有：过分依赖"图文宣传"，科普内容形式陈旧单一，且创新不足。重理论轻实践是我国传统教育的通病，灾害科普教育也不例外。区别于其他教育，灾害教育实践演习比理论知识更重要，因为灾害往往都具有突发性和偶然性，不是日常生活常见的情景，所以模拟环境下的演习很重要。在有关灾害科普知识的学习上，重视"图文展示类"理论知识的宣传，而在"课堂教学类"中的强化训练和集体演练等落实情况欠佳，导致学到的知识无法应用，现有的应急设备不懂使用，最后的结果是科普宣传没有达到想要的效果，知识的学习不能转化为能力的应用，灾害的应急能力、灾害综合素质没有得到有效提高。不管是灾害教育课程资源、灾害教育专业科技研究资

---

[1] 陈力丹，毛湛文. 期待理性而专业的灾难报道——庐山和汶川地震媒体报道比较［J］. 新闻爱好者，2013(6)：12-15.

源，还是灾害教育配套设施物质资源，都还有待充分挖掘。① 今后要将应急教育正式纳入国民教育计划，设计专业课程，研发专业教材体系，培训专业教师，对民众普及安全教育和应急知识，增强群众的防灾减灾救灾意识和能力。

2016 年 12 月，中共中央、国务院印发《关于推进防灾减灾救灾体制机制改革的意见》(以下简称《意见》)，对防灾减灾救灾体制机制改革作出全面部署。《意见》贯彻了党中央关于防灾减灾救灾工作的重要决策部署，总结了我国应对重特大自然灾害的成功实践，充分借鉴国际减轻灾害风险管理先进经验，顺应我国灾害发展趋势，适应防灾减灾救灾工作形势，明确了新时期防灾减灾救灾工作的新定位、新理念和新要求，对体制机制改革提出了一系列新举措，是指导我国防灾减灾救灾体制机制改革的规范性、纲领性文件。

《意见》强调要健全社会力量参与机制和充分发挥市场机制作用；要搭建社会力量参与的协调服务平台和信息导向平台，完善政府与社会力量协同救灾联动机制；鼓励支持社会力量全方位参与，构建多方参与的社会化防灾减灾救灾格局；强化保险等市场机制在风险防范、损失补偿、恢复重建等方面的积极作用；鼓励各地结合灾害风险特点，探索巨灾风险有效保障模式；同时要全面提升综合减灾能力。《意见》强调要强化灾害风险防范、完善信息共享机制、提升救灾物资和装备统筹保障能力、提高科技支撑水平、深化减灾国际交流与合作；要加快各种灾害地面监测站和国家民用空间基础设施建设，完善自然灾害监测预报预警体系；加强灾害风险评估、隐患排查与治理，建立健全预警信息发布制度。健全重特大自然灾害信息发布和舆情应对机制，确保公众知情权；健全救灾物资储备体系，提高物资调配效率和资源统筹利用水平；建立科技支撑防灾减灾救灾工作的政策措施和长效机制，加强基础理论研究和关键技术研发；创新深化国际交流合作的工作思路和模式，完善国际多双边合作机制。②

### 3. 宗旨意识，是防震减灾事业蓬勃发展的重要基石

什么是“宗旨意识”?《中国共产党章程》做出了最好的阐释：“中国共产党必须全心全意为人民服务，不惜牺牲个人的一切，为实现共产主义奋斗终生。”古往今来，顺民心则政兴，逆民心则政废。中国共产党 90 多年的发展历史和实践告诉我们，全心全意为人民服务是我们党的立党之本，它贯穿于我们党的全部理论与实践，是党存在与发展的力量所在，一代又一代的共产党人，从张思德、雷锋到焦裕禄、孔繁森、郑培民、牛玉儒、任长霞等，都把为人民服务当作毕生的追求。新时期下，增强宗旨意识，更应该用“权为民所用，情为民所系，利为民所谋”来诠释，努力把好事办实，把实事办好，用人民赋予的权力全心全意为人民服务和保障工作。

党的十八大以来，在习近平总书记发表的系列重要讲话中，“人民”是出现频率最高的词汇之一。习近平总书记反复强调，要始终把人民放在心中最高位置，始终与人民心心相印、与人民同甘共苦、与人民团结奋斗。这充分彰显了习近平总书记真挚的人民情怀、鲜明的人民立场，充分体现了习近平总书记显著的以人为本的执政理念。习近平在新的历史时期多次明确提出了“人民对美好生活的向往，就是我们的奋斗目标”和“全面建成小

① 袁丽，曾雪蓉，褚鑫杰，等. 防灾减灾科普宣传对策创新研究［J］. 灾害学，2014 (3)：174-178.

② 中共民政部党组. 提升防灾减灾救灾能力 保障人民生命财产安全［EB/OL］. (2017-01-12)［2017-05-31］. http://paper.people.com.cn/rmrb/html/2017-01/12/nw.D110000renmrb_20170112_1-11.htm.

康社会"等思想，进一步推动了"以人为本"理念的丰富与发展。"全面建成小康社会"把共产主义远大理想与具体的阶段性目标有机结合起来，"人民对美好生活的向往，就是我们的奋斗目标"明确了"人民群众幸福安康"是"以人为本"在当代的价值追求，强调了人民群众是全面建成小康社会的根本动力，是习近平对"以人为本"理念继承与创新的集中体现。[①]

习近平同志在十八届一中全会上当选为党的总书记，随后在中央政治局常委中外记者见面会上的讲话中强调："人民对美好生活的向往，就是我们的奋斗目标。"[②] 2014 年 2 月 8 日，他在接受俄罗斯电视台专访答问时又指出：中国共产党坚持执政为民，人民对美好生活的向往就是我们的奋斗目标。我的执政理念，概括起来说就是：为人民服务，担当起该担当的责任。[③] 2017 年 10 月 25 日习近平同志在十九届一中全会的谈话中指出：人民群众始终是我们党的坚实执政基础；只要我们永不动摇信仰、永不脱离群众，我们就能无往而不胜。[④] 这既是对我们党以人为本理念的充分诠释，也是践行中国共产党为人民服务的根本宗旨的必然要求。毛泽东很早就指出：共产党就是要奋斗，就是要全心全意为人民服务，不要半心半意或者三分之二的心三分之二的意为人民服务。[⑤] 习近平总书记坚持和发扬了党的根本宗旨，多次谈到为人民服务，全心全意为人民服务：我们的人民热爱生活，期盼有更好的教育、更稳定的工作、更满意的收入、更可靠的社会保障、更高水平的医疗卫生服务、更舒适的居住条件、更优美的环境，期盼着孩子们能成长得更好、工作得更好、生活得更好。[⑥] 总之，当下为人民服务，就是要时时事事想着为人民办好事、办实事、真正懂得权为民所赋，真正践行权为民所用，利为民所谋，情为民所系。要让人民过上美好的生活，有真正的获得感、幸福感，就要真正了解民众所需所想，解决民众最迫切、最紧要、最切身的利益。

2016 年，习近平在唐山听取河北省和唐山市工作汇报时指出：唐山抗震救灾和新唐山建设之所以能够在条件相当艰苦的情况下取得显著成效，很重要的一点就是在大灾大难面前，党的各级组织和广大党员、干部始终同人民群众同呼吸、共命运、心连心，吃苦在前，冲锋在前，成为人民群众的主心骨，党的力量来自人民，只要党把人民凝聚起来，紧紧依靠人民，我们就能经受住前进道路上的各种严峻考验，战胜各种困难和挑战。[⑦] 事业的发展如果失去了为民服务的宗旨，就会成为无源之水、无本之木。防震减灾是集科技型、社会性、基础性为一体的公益性事业，是国家公共安全的重要组成部分，这就决定了

---

① 任百成. 习近平对"以人为本"理念的继承与创新——基于对全面建成小康社会理论的深入思考 [J]. 长春工程学院学报（社会科学版），2016 (4)：16－19.

② 习近平在十八届中共中央政治局常委同中外记者见面时强调：人民对美好生活的向往　就是我们的奋斗目标 [N]. 人民日报，2012－11－16 (4).

③ 习近平谈执政理念：为人民服务，担当起该担当的责任 [EB/OL]. (2014－02－09) [2017－05－01]. http://politics.people.com.cn/n/2014/0209/c70731－24303863.html.

④ 习近平在党的十九届一中全会上的讲话 [J]. 实践（思想理论版），2018 (1)：5－9.

⑤ 毛泽东. 毛泽东文集（第 7 卷）[M]. 北京：人民出版社，1999：285.

⑥ 本报评论员. 人民对美好生活的向往就是党的奋斗目标——四论学习贯彻习近平总书记"7·26"重要讲话精神 [J]. 人民日报，2017－08－03 (1).

⑦ 习近平. 全面提高国家综合防灾减灾救灾能力 [EB/OL]. (2016－07－28) [2017－05－31]. http://www.china.com.cn/news/2016－07/28/content_38978786.htm.

我们要面向社会、面向大众，将“以最大限度减轻地震灾害损失为根本宗旨”贯穿于我们的一切工作之中。多年来，各省地震局不断加快推进防震减灾法规体系建设，强化建设工程抗震设防要求管理，不断探索城市地震安全示范社区和农村防震保安工作新方法，社会综合防御地震灾害水平稳步提升；多年来，坚持将防震减灾宣传教育作为提升社会抵御地震灾害的有效抓手，利用各种渠道、各种途径持久广泛的防震减灾科普宣传和教育，全社会的防震减灾意识不断提高；多年来，开展形式多样、规模不同的地震应急演练，提高了政府应对地震灾害事件指挥能力、处置能力和群众自救互救能力，全社会的防震减灾能力明显增强。

以保障灾区群众生命安全的执政为民理念为核心的抗震救灾思想是符合时代要求的，是经得住时代考验的思想体系，凸显了中国共产党以及其执政理念无法比拟的优越性。同时也正是由于奉行以人为本的科学理念，使得广大群众愿意拥护中国共产党，能够在灾难发生之时团结一致对抗灾难。新时代抗震救灾的伟大胜利不仅向世界展示了中国共产党的灾害应急能力，也用实际行动证明了中国共产党执政理念的科学性。

4. 科学意识，是防灾减灾事业取得成功的重要保障

无数的防灾减灾告诉我们，抗震救灾需要临危不惧、临危不乱、齐心协力，需要爱国热情和关爱生命的人文意识，更离不开科学精神。雅安地震、九寨沟地震发生后有关部门一再提醒，除了政府组织的人员队伍和车辆设备前往灾区施救外，各地民众不要自发驾车去灾区救援，以免使受到地震严重破坏的公路交通陷入拥挤阻滞，反而拖累了统一部署的救援计划的有效实施。可见，即使在大灾面前，人们的爱国爱民赤诚之心，仍然需要保持冷静和秩序，需要强调科学精神，才能达到救灾的最佳效果。

2010 年玉树地震发生后，党中央与地方政府上下齐动，第一时间启动应急预案，第一时间成立各级抗震救灾指挥机构，第一时间投入抗震救灾中。抗震救灾过程中，在各级抗震救灾指挥机构严密的调度指挥下，各方救援力量密切配合，科学组织施救，确保救援方案科学合理，确保各种救灾物资最大限度地发挥作用。灾后重建开始后，科学发展观融入灾后重建的每个环节，尊重自然、尊重规律、尊重科学被郑重写入国务院发布的《关于做好玉树地震灾后恢复重建工作的指导意见》中。该意见对公共管理如何完善、配套服务如何跟进、社区文化如何开展、就业创业如何实现都作全面深入的调研，都有详细周密的路径方案。科学理性和科学精神的彰显，使玉树抗震救灾更加有序有效，使我们能够及时抢抓 72 小时的最佳救援时机抢救出那么多生命，使我们能够战胜各种困难打赢抗震救灾这场硬仗，在抗震救灾的战斗中深化了在汶川特大地震中凝练而成的抗震救灾精神。

震后的玉树，以惊人的毅力挺立，以惊人的速度重生。震后的九寨沟也以最快的速度复原。高效有力的组织动员，协调联动的应急救援，离不开科学精神、科技成果的支撑。国土资源部紧急调集航遥飞机，以最快速度获取灾区图片。我国首个自主研发的具有世界先进水平的测图系统投入了救灾行动。中央气象台推出了“公路交通天气实况图”服务抗震救灾。中国国际救援队用生命探测仪，搜寻废墟下的幸存者。第二炮兵拿出了精心研制的专利制氧设备抢救危重灾民。《高原病防护须知》《抗震救灾自助手册》《灾后传染病防控须知》，及时发放到了受灾群众手中。在抗震救灾的同时，加强卫生防疫、加强生态保护、加强草原鼠害防治……这场人类迄今为止在如此高海拔地区进行的最大规模地震救

援，始终贯穿科学救援的理念，处处凸显出了科学技术的巨大力量。[①]

汶川地震、雅安地震、玉树地震中取得的宝贵经验，已经转化为科学的救援制度、救援行动。心理救援与生命救援、物质救援同步进行；及时公布地震灾情，主动向社会公布捐赠款物的来源、数量、种类和去向；审计机关提前介入，主动跟进，对救灾款物的募集使用环节跟踪审计，交出一份明白账、廉洁账、放心账……唯有将科学精神、科学制度、科学方法贯穿始终，才能夺取抗震救灾斗争的全面胜利，推动震区灾后重建的科学发展。

5. 使命意识，是防震减灾事业扬帆远航的精神之本

2016年，习近平总书记在唐山听取河北省和唐山市工作汇报时指出：我国是世界上自然灾害最为严重的国家之一，灾害种类多、分布地域广、发生频率高、造成损失重，这是一个基本国情。新中国成立以来特别是改革开放以来，我们不断探索，确立了以防为主、防抗救相结合的工作方针，国家综合防灾减灾救灾能力得到全面提升。要总结经验，进一步增强忧患意识、责任意识，坚持以防为主、防抗救相结合，坚持常态减灾和非常态救灾相统一，努力实现从注重灾后救助向注重灾前预防转变，从应对单一灾种向综合减灾转变，从减少灾害损失向减轻灾害风险转变，全面提升全社会抵御自然灾害的综合防范能力。……防灾减灾救灾事关人民生命财产安全，事关社会和谐稳定，是衡量执政党领导力、检验政府执行力、评判国家动员力、体现民族凝聚力的一个重要方面。当前和今后一个时期，要着力从加强组织领导、健全体制、完善法律法规、推进重大防灾减灾工程建设、加强灾害监测预警和风险防范能力建设、提高城市建筑和基础设施抗灾能力、提高农村住房设防水平和抗灾能力、加大灾害管理培训力度、建立防灾减灾救灾宣传教育长效机制、引导社会力量有序参与等方面进行努力。[②] 由此可见，在新时期我们党有责任、有义务、有使命全面提升全社会抵御自然灾害的综合防范能力。这种使命意识是一个国家历史传统、精神情感等方面的积淀和传承，是人们认同归属的精神家园和沟通交流的桥梁纽带。作为一种凝聚力、创造力，使命感深深熔铸在经济发展、社会进步、民族振兴的每一个历程之中。“一诺犹重，黄金贱于白圭”，“海岳尚可倾，口诺终不移”，中国共产党自诞生之日起就勇敢地担当起带领中国人民创造幸福生活、实现中华民族伟大复兴的历史使命。既受命于民，使命意识便时刻不能忘记，使命大于天、使命厚于地、使命重如山、使命深似海，我们应当咬定青山不放松，任尔东西南北风，面壁十年图破壁，心无旁骛做事情，踏石留印、抓铁有痕，锲而不舍、聚精会神地把党和国家的发展大业推行前进。

完成使命是防震减灾的根本任务，是地震事业存在和发展的理由。然而，我们脚下还有很长的路。根据国家总体发展战略和发展目标要求，到2020年，我国将基本具备综合抗御6级左右地震的能力，大中城市、经济发达地区的防震减灾能力力争达到中等发达国家水平。我们不能忘记地震预报是当今世界科学难题，其探索之路仍将艰难曲折、布满荆棘，我们肩负的历史使命是党和人民的重托。为完成地震人的使命，我们必须着力打造海陆空一体的立体地震监测网络，必须知难而进勇攀地震预报科学高峰，必须切实保障城市、工程建设和农村民居地震安全，必须不断加强地震紧急救援能力建设，必须打造一支

① 人民日报评论员．让科学精神贯穿抗震救灾始终［EB/OL］．(2010－04－25)　［2017－05－31］．http://opinion.people.com.cn/GB/11446183.html．

② 大力弘扬唐山抗震精神　开创各项事业发展新局面［N］．河北日报，2016－07－31 (1)．

高素质人才队伍，矢志不渝地向着每一个目标前进。党的十八大以来，抗震救灾事业是艰难的5年，也是辉煌的5年，足以折射出我们国家在中国共产党执政近70年来的“天翻地覆”的巨大变化。当前，防震减灾的宏伟蓝图已经绘就，伟大的抗震救灾精神已经确定并不断深化、发展，固化为我国特色社会主义文化的重要篇章，未来让我们以十九大精神为指引，在以习近平同志为核心的党中央的坚强领导下，牢记“空谈误国、实干兴邦”，彰显“四个意识”，开拓进取，扎实工作，努力提升防震减灾综合能力，继续谱写防震减灾事业发展的新篇章，为全面建设小康社会、构建社会主义和谐社会、实现国富民强“中国梦”做出新的更大的贡献！

# 第四章 抗震救灾精神的历史地位与理论价值

## 第一节 抗震救灾精神的历史地位

抗震救灾精神具有崇高的历史地位，它是以自强不息、以民为本等为核心的中华优秀传统文化在新的历史条件下的时代升华，是中国共产党革命传统在新时期的继承和弘扬。抗震救灾精神折射出了中国特色社会主义制度的优越性，是建设中国特色社会主义的强大精神力量。

### 一、传承和弘扬中华民族优秀传统文化

中华民族在五千年的历史发展长河中，孕育出了光辉灿烂的优秀文化。中华优秀传统文化是世界文明史上的文化瑰宝，是中华民族之魂，是华夏文明之根，是中华民族生生不息的强大精神动力。中国共产党领导中国人民在抗击汶川特大地震等地震灾害的过程中，不畏艰险、迎难而上、舍家保国、爱民富民、团结互助等精神得到了进一步传承和弘扬。

（一）不畏艰险、迎难而上的不屈精神

不畏艰险、迎难而上是中华民族战胜一切自然灾害，消灭一切来犯之敌，克服前进道路上的一切困难的精神力量。这种精神贯穿于抗击汶川特大地震的始终。

1. 不畏艰险、迎难而上——中华民族自强不息的民族精神

史前时期就流传着先民们不怕牺牲、敢于战天斗地的催人奋进的神话故事。在希腊神话中，火是普罗米修斯从太阳神阿波罗那里偷来送给人类的。但在中国的古代传说中，火是人们通过钻木的方式取得的。中国古籍中记载钻木取火的典故很多。据《韩非子·五蠹》记载：民食果蓏蜯蛤，腥臊恶臭而伤害腹胃，民多疾病，有圣人作，钻燧取火，以化腥臊，而民悦之，使王天下，号之曰燧人氏。《太平御览·礼含闻嘉》卷 78 中写道：燧人始钻木取火，炮生为熟，令人无腹疾，有异于禽兽，遂天之意故为燧人。钻木取火是人类改造自然，走向文明的里程碑。恩格斯指出：尽管蒸汽机在社会领域中实现了巨大的解放性的变革——这一变革还没有完成一半，——但是毫无疑问，就世界性的解放作用而言，摩擦生火还是超过了蒸汽机，因为摩擦生火第一次使人支配了一种自然力，从而最终把人

同动物界分开。[①] 在西方的传说中，上帝制造了洪灾，除了上帝的选民诺亚一家及少许生物乘坐挪亚方舟逃脱洪水灾难外，其余人及其他生物都葬身洪水之中。中国的先民们面对洪水灾难毫不退缩，与之进行了艰苦卓绝的斗争。大禹治水和李冰父子降服兴风作浪的孽龙就是最传奇的与洪水抗争的民间传说。

此外，中华文化一开始就反对命中注定的思想，否认上天决定人们的命运，强调人的命运是可以通过自己的主观努力改变的。周公提出“天畏棐忱，民情大可见”[②]，他更进一步指出“天不可信”“天难谌”[③]。这包含了人的命运掌握在自己手中，人不能指望上天的恩赐，只有奋发图强，才能取得成功的思想。这一思想对后世的影响非常巨大。

孔子继承了周公奋发图强的思想，他说：和而不流，强哉矫；中立而不倚，强哉矫；国有道，不变塞焉，强哉矫；国无道，至死不变，强哉矫。[④] 孔子认为，真正强大的人，应该坚持信念；无论世道如何改变，他都应该坚持自己的原则。因此，他倡导“发愤忘食，乐以忘忧，不知老之将至”的人生进取精神。据《史记·孔子世家》记载：“孔子晚而喜易，……读易，韦编三绝。曰：‘假我数年，若是，我于易，则彬彬矣。’”孔子为读《易》而多次翻断了牛皮带子的简。“韦编三绝”这个成语就来自于此，孔子的刻苦用功为后人治学树立了光辉榜样。孔子认为，为人处世，必须坚持原则。他说：志士仁人，无求生以害仁有杀身以成仁。[⑤] 周易中的乾卦象进一步将孔子提倡的坚韧不拔精神发展为“天行健，君子以自强不息”的思想，意思是自然的运动刚强劲健，相应地，君子处世也应像天一样，自我力求进步，刚毅坚卓，发愤图强，永不停息，即使颠沛流离，也不屈不挠。自强不息也可以就一个国家或民族而言，一个国家或民族身处逆境，要励精图治，奋发图强，才能渡过难关。孟子秉持孔子的思想，认为人要有骨气，为坚持原则，即使牺牲身家性命也在所不辞，他说：生，亦我所欲也，义，亦我所欲也；二者不可得兼，舍生而取义者也。[⑥]

荀子继承了孔孟的奋发有为的思想，并发展了孔孟的天人关系。孟子认为，天（自然）是按照自身规律运行的，“天行有常，不为尧存，不为桀亡”[⑦]。人如果遵循了客观规律，采取正确的处世之道，就能利用自然，人类社会就能顺利发展，即使遇到天灾也无所畏惧。荀子说：应之以治则吉，应之以乱则凶。强本而节用，则天不能贫；养备而动时，则天不能病；修道而不贰，则天不能祸。故水旱不能使之饥，寒暑不能使之疾，妖怪不能使之凶。[⑧] 在此基础上，人还能征服和改造自然。荀子说：大天而思之，孰与物畜而制之？从天而颂之，孰与制天命而用之？[⑨] 意思是说，与其尊崇天而思慕它，哪里比得上把天当作物一样蓄养起来而控制着它呢？与其顺从天而赞美它，哪里比得上控制自然的变化

① 中共中央马克思恩格斯列宁斯大林著作编译局．马克思恩格斯全集（第22卷）［M］．北京：人民出版社，1971：126.

② 尚书·周书·康法。

③ 尚书·周书·君奭。

④ 中庸·第十章。

⑤ 论语·卫灵公。

⑥ 孟子·告子上。

⑦ 荀子·天论。

⑧ 荀子·天论。

⑨ 荀子·天论。

规律而利用它呢？

孔孟的舍生取义、杀身成仁的思想，成了中华民族精神的核心内涵之一，鼓舞、教化了历史上为坚持真理，为维护民族大义和利益不惜抛头颅、洒热血的无数仁人志士。几千年来，特别是近代以来，中华民族的优秀儿女们在苦难中坚守信念，面对邪恶势力和外来侵略，不屈不挠、前赴后继、英勇奋斗。荀子的利用自然、征服自然思想，为中华民族面对各种自然灾害时勇于抗争奠定了思想基础。春秋战国时期除了儒家学派主要代表孔子、孟子和荀子提出一系列催人奋进、奋发有为的思想之外，道家学派的创始人老子提出了“自胜者强”[①] 的深刻思想，认为只有战胜自己的人，才是真正的强者；诗人屈原提出了不畏艰险、勇于探索的“路遥遥其修远兮，吾将上下而求索”千古名句；谋略家苏秦“读书欲睡，引锥自刺其股，血流至足”的故事为后世学子治学树立了光辉典范。

先秦时期形成的自强不息的民族精神世代相传，不断得到发扬光大。晋时孙敬，读书夜深，常恐盹倦，乃以绳系头髻悬于梁上，若昏沉眼闭，头欲坠，索必扯醒，以防困睡。后人用成语“悬梁刺股”来概括孙敬悬梁苦读与先秦时期苏秦刺股攻读的催人奋进的故事。东晋政治家车胤博学多通，家贫不常得油，夏夜以练囊盛数十萤火虫以照书。据晋朝史书记载，孙康，晋京兆人，性敏好学，家贫无油，于冬月映雪读书。这便是成语“囊萤映雪”的来源。《晋书西京杂记》记载：匡衡勤学而无烛，邻居有烛而不逮，衡乃穿壁引其光，发书映光而读之。这便是成语“凿壁偷光”的来源。南北朝时的任末、江泌及宋朝陆游的祖父陆佃，这三人的少年时代都曾有借月之光读书的勤学事迹留传于世。特别是江泌，为了追赶西斜的月光，竟捧着书本爬上屋顶再继续看下去。唐朝开国皇帝唐太宗李世民作为最高统治者，仍克勤于邦，求谏纳谏，重视农业生产，轻徭薄赋，为政宽简公平，带头依法守法，达到政通人和，国势强盛，睦邻安邻，周围邻邦咸来朝拜，史称“贞观之治”。唐太宗认为，为政必须抚之以仁义，示之以威信。因人之心，去其苛刻，不作异端，自然安静。[②] 唐代文学家韩愈要求人们，特别是年轻人做人要勤奋，做事要内省，强调“业精于勤，荒于嬉；行成于思，毁于随”。北宋时期思想家张载面对儒学式微、佛老盛行、圣人之道不传以致世道混乱的局面，痛心疾首，决心传承圣人之学以安天下，于是树立了“为天地立志，为生民立道，为去圣继绝学，为万世开太平”[③]（南宋以后思想界将之改为“为天地立心，为生民立命，为往圣继绝学，为万世开太平”）的远大抱负。北宋名臣范仲淹为人耿直，敢于直谏，曾多次上书批评当时的宰相，因而三次被贬。他对当时的朝弊极为痛心，提出“十事疏”，主张建立严密的仕官制度，注意农桑，整顿武备，推行法制，减轻徭役，为北宋的国家建设做出了不小贡献。他写下的“先天下之忧而忧，后天下之乐而乐”为千古佳句，也是其一生的爱国写照。南宋岳飞自幼立下了“精忠报国”的雄心壮志。长大后，当他看到胡人入侵，人民生灵涂炭，心急如焚，写下了“铁骑满郊畿，风尘恶。兵安在？膏锋锷。民安在？填沟壑。叹江山如故，千村寥落。何日请缨提锐旅，一鞭直渡清河洛。却归来、再续汉阳游，骑黄鹤”[④] 的壮丽诗篇。岳飞的军队史称

---

① 老子·三十三章。

② 贞观政要·论仁义。

③ 张子语录·语录中。

④ 满江红·登黄鹤楼有感。

“岳家军”，给入侵宋朝的金兵以沉重打击，为保国安民做出了巨大贡献。岳飞39岁时遭到奸臣秦桧的陷害，遭受凌迟酷刑，但他大义凛然，临死不屈，最终被勒死于风波亭。南宋末期爱国诗人、政治家、军事家文天祥率军英勇抗击元军，兵败被俘，在被押解途中写下《过零丁洋》一诗，表现了他慷慨激昂的爱国热情和视死如归的高风亮节，以及舍生取义的人生观，是中华民族传统美德的崇高表现，其“人生自古谁无死？留取丹心照汗青”更是成了体现铮铮铁骨的千古名句。明末清初的思想家黄宗羲、顾炎武和王夫之在清军入关以后，起兵抗清，九死一生。明朝灭亡后，他们潜心研究学术，至死不仕清，表现出了富贵不能淫、贫贱不能移的高贵品质。

进入近代，西方列强将侵略魔爪伸向中国，中国一步一步地陷入了半封建半殖民地的深渊。帝国主义和中华民族的矛盾、封建主义和人民大众的矛盾成了中国近代社会的主要矛盾。第一位主张坚决抵抗外国资本主义入侵的爱国英雄是林则徐，他无情地批驳投降派的主张，坚决主张抵抗英帝国的侵略，坚决主张没收英帝国非法输入中国的鸦片。他还坚决抵抗俄国对中国的侵略，提出俄国是中国的心腹大患的思想。其后一大批仁人志士抛头颅、洒热血，挽救中华民族于水火。最为著名的有洪秀全领导的太平天国农民革命运动等，资产阶级维新派康有为等人领导的维新变法运动，革命先行者孙中山领导的资产阶级民主革命运动。其中涌现出了丁汝昌自杀殉国、谭嗣同为变法献身等可歌可泣的英雄事迹。这是对祖先流传下来的自强不息、英勇不屈精神的继承和发扬。这些运动都不同程度地推动了中国社会向前发展，特别是孙中山领导的辛亥革命推翻了中国两千多年的封建帝制，但是它们都没能改变中国半封建半殖民地的性质。推翻国内外反动势力的统治，解放全中国的重任历史地落到以中国共产党为领导的中国工人阶级的身上。

中国共产党继承了中华民族自强不息的民族精神，领导中国人民，推翻压在中国人民头上、严重阻碍中国社会发展的三座大山，在中国开展社会主义革命运动。中国共产党把马克思主义与中国实际和时代特征相结合，充分发挥自强不息的民族精神，以少胜多，以弱胜强，走出了一条以农村包围城市的革命道路，终于推翻了国内外反动派，建立起了人民当家做主的社会主义新中国。社会主义新中国建立初期，一穷二白，工业化水平极低，连拖拉机都不能自行生产，国际上还受到以美国为首的西方国家军事上的包围、政治上的打压和经济上的封锁，而社会主义国家给予中国的援助十分有限。因此，新中国建立初期的社会主义建设面临巨大的困难。中国共产党领导中国人民，继承和发扬自强不息的民族精神，坚持马克思主义的指导地位，自力更生，艰苦奋斗，涌现出了大庆精神、“两弹一星”精神、抗洪精神等。经过半个多世纪的奋斗，最终把中国建设成了一个强大的社会主义国家。

### 2. 不畏艰险、不屈不挠——抗击汶川地震的自强不息精神

巨大的地震灾害没有吓到中国人民，在巨大的灾害面前，蕴藏在中国人民中间的自强不息精神瞬间被激发出来，在党中央的领导下，他们与地震灾难进行不屈不挠的斗争，地震灾区上演了一幕幕自强不息的感人画面。

在都江堰向峨中学，300多名学生在地震中被埋在瓦砾堆下。初一学生小雪和同班的伙伴小亚手握着手，在黑暗中约定决不放弃生存的机会，一定要挺到救援来临。下午5点多，小亚握住小雪的手慢慢松开，她渐渐听不到伙伴大声呼喊她的名字，也听不到小雪为自己加油的呐喊，看不到小雪疯狂地试图踢开周围的石头。晚上7时许，救援队员终于把

两个女孩从废墟中刨了出来，小雪活着，而小亚没有等到实现跟小雪的约定，就离开了这个世界。

北川县城被夷为平地，北川中学的建筑几乎全部垮塌。北川中学高一学生小健参加了自救行动，他回忆说，当地震过后，有股浓烟弥漫了整个学校，呼吸也比较困难，整个校园处在一片恐慌之中。一些有电话的同学颤抖着拿出电话，一个号码一个号码地拨，可是怎么也拨不通，因为信号中断了。在惊恐了一段时间后，老师们、同学们开始镇定了下来，老师们组织学生拯救被埋的同学，同学们凭着坚强的毅力和大无畏的勇气走进垮塌的教学楼拯救被埋的同学，小健也加入了拯救的行动中，由于不是专业的搜救人员，只好将碎石慢慢搬运出来。他提到，当时心里什么都没有想，因为那时根本不敢想，但是并不恐慌。

13 日，已化为废墟的北川县城里，救护人员在一处严重损毁的屋角处发现一名眨着大眼睛的小女孩。已经遇难的年轻父母脸对着脸、胳膊搭着胳膊，用自己的身体搭成一个拱形，在地震发生的一瞬双双挡住倒塌下来的沉重墙体，用血肉之躯为孩子构筑了一道“生命之墙”。

5 月 12 日午夜零时，都江堰市观景路上一栋六层居民楼塌了一半。一个怀着八个月身孕的孕妇和她的妈妈被卡在离地面半米深的废墟里，门和水泥板之间的狭小缝隙让她们幸免于难。从成都武侯区赶来营救的抢险人员，在停电情况下用轮流手刨的方式营救二人，因为缺少救援工具没能成功。一直到 14 日下午，这位在废墟中跪了 50 多个小时的坚强妈妈才被山东救援队的消防官兵成功救出，幸运的是母子都平安。

地震来临时，四川农业大学都江堰分校的师生们在恐惧中从教室、实验室、图书馆等地迅速撤离，向学校操场汇聚。集中到学校操场以后，在 15 点左右，从街上进入学校操场躲避地震的其他群众说附近的新建小学教学楼整体垮塌，埋压了大量小学生，听到这个消息后，立即有 100 多名大学生自发地组成志愿者抢救队，奔赴新建小学营救被埋压的小学生。在没有任何工具的情况下，他们就用自己的双手刨土块、搬碎砖、运钢筋。在地震后一个小时左右就有孩子在楼房的废墟中被营救出来。大学生们就地取材，用门板、广告牌等做成担架，把刨出来的孩子飞奔送往水电十局医院和四川农业大学都江堰分校设立在操场边的临时救护站。大学生们只有一个心愿，尽快地救出被埋的学生，不顾双手及身体的伤痛，奋战了 5 个多小时，救出了许多被埋的小学生。大学生们一直坚持到 5 月 12 日 20 点左右，待第一批赶来救援的武警官兵赶到救援现场时，才离开现场返回了学校。

东汽中学的情况远比想象中严重，除了一幢宿舍楼，整个中学成了一堆废墟。高二学生小科右脚被砖块压住，一块水泥板给他撑起了一小块空间。“我上面可能有 20 厘米的空间，头能微微抬起来，全身都能活动，但是不能翻身。”小科的同学小全和小建就在附近，小全伤得比较重，已经吐血。小科掏出口袋里的手机，播放歌曲好让自己少些恐惧，同时也让同学们知道他还活着。靠着喝自己的尿液维生，小科终于坚持到了最后。

地震发生时，映秀镇上一名年仅 9 岁半的小学生林浩成了孤胆英雄。5 月 12 日那天，映秀镇渔子溪小学二年级的 31 名学生中，仅有 10 人幸免于难。这 10 名学生中，有两人都是被同班同学林浩冒险救出的。年仅 9 岁半的林浩，也成为汶川地震中年纪最小的救人英雄。在接受四川电视台记者采访时林浩告诉记者，地震发生时，他与小朋友一起逃出了教室。“逃到走廊上时，我被两名同学压倒了。当我使劲爬了出来后，发现两名同学都昏迷了。我拉出其中一人后，把他背出去交给校长，他后来被他妈妈领走了。”在把一名同学交给校长后，林浩又折返教室，把另外一位同学拖了出来。就这样，这个9岁的男孩救出了一男一女两名同学，还被掉落的石头碎块砸伤了手臂。

不少从成都赶来的出租车司机等在小学周围，只要救出一个孩子，就立即抬上出租车送医院。陈扬杰长了一张黑红的脸，看上去是一条四川硬汉，他面无表情地接受电视台记者采访，当说到“很多出租车司机都来帮忙运送伤员”后突然转过头去，双肩颤动，用尽力气不让自己哭出声来，再也说不出一个字来。

……

武警官兵是抗震救灾的中流砥柱。5月13日上午11时左右，已经有1000多名武警官兵走过满是碎石、裂缝的破败不堪的山路，强行军进入北川县城，用背扛的方式转移出了部分灾民。几千名解放军战士、武警、消防官兵和民兵从外地赶到北川县，但13日白天持续小到中雨，给搜救和抢险工作带来了极大的难度。抢救现场十分泥泞，从废墟中抬出一名重伤员需要十二三名战士。官兵们说，到13日已救出一百多名重伤员，而轻伤者一般是自救。《绵阳晚报》记者杨卫华和3名战士仅用了半个小时就搬开了压着一个孩子的废墟。救援过程中，小男孩一直没有哭闹。这时，他被压在地下已经17个小时了。

抗震救灾是一场与时间赛跑的生命接力。13日23时15分，王毅参谋长带领200名官兵，徒步强行军向汶川县城出发。此时，路上到处都是塌方，70%以上的路面损坏，桥梁全部被毁，加之连续的大雨，救援人员迎着6级大的狂风，每前进一步都十分困难。官兵们相互搀扶，边开路边前进。遇到山谷，大家上山时就手脚并用，爬着一步步往上挪；下山时，大家就像坐滑梯一样往下滑。晚上，大家每6个人分成一组，一组1个手电筒，有时刚走过一个路段，背后就发生了塌方险情。13日16时15分，部队一路疾驰行至车皮沟时，经过长时间山水、雨水的浸透形成的10米多宽泥石流挡住了大家的去路。面对这道突然降临的险情，王毅参谋长带领连长白文汉率先跳进水中，200名先遣队员随后一个接一个地一只手拉手，趟着齐腰深泥石流艰难前行。泥石流中的碎石、杂木不停地击打官兵的身体，官兵们忍着疼痛闯过了这道“鬼门关”，每个官兵都成了“泥人”。战士刘强的脚被山下滑落的山石砸伤了，他硬是咬紧牙关，始终坚持不掉队。历经21个小时，强行军90多公里，他们率先到达了这次地震的重灾区四川省汶川县城，成了第一支到达汶川县城的救援部队，并立即用卫星电话向上级报告了汶川情况。自此，震后隔绝了33个小时的汶川与外界有了联系，也为党中央、国务院部署抗震救灾工作提供了重要参考。

指导员杜明璋带领40多名党员临时组成的“攻坚突击队”在一阵阵大雨中展开攻坚。不到一会儿工夫，突击队队伍越来越壮大，团员、青年也纷纷加入。官兵们用铁锹一下一下地将废墟铲掉，用手将石头一块一块抬走。工具不够，官兵们就用脚踩，有的找来大木棒一下一下地往实里夯。不到1小时，一个足球场那么大的空投场就平整好了。另一路官兵又在威州镇开设空降场，设置了空降标志。接着，该师又将兵力分成6个小组，官兵们忍着饥饿，发挥不怕疲劳、连续作战、英勇顽强的战斗作风，分别向龙西镇、映秀镇等6个乡镇抢运粮食、帐篷等急需物资。就在王毅成功开进汶川县城后不久，武警森林四川总队阿坝支队的100名官兵，也成功进入了汶川县，300名子弟兵在这里展开了大规模的救援行动。

灾区人民没有被大灾难所吓倒，他们一边抗灾，一边发展生产。震后第五天，东风电机风电事业部正式恢复生产，经过两天一夜的艰苦努力，灾后首批风电机组已正式下线。大地震使四川6条高速公路局部受损，10条国省干线、5条国道、10条省道严重受损，四川2300多公里的农村公路基本上全部毁掉。抢修通往灾区的道路是开展救援的前提。在公路的抢通过程中，抢修人员面临山体滑坡、泥石流、落石和余震的巨大危险，山体滑坡会把抢修人员千辛万苦取得的进展化成乌有。但是，抢修公路的人们坚持在已经几乎被完全毁掉的公路上继续着他们的挖掘和铺设，把一切危险置之度外。这就是中国人民在灾难面前的大无畏精神，是中国人民战胜一切艰难险阻，永远屹立于世界东方的力量源泉。

## （二）舍弃小我、保护大我的家国情怀

### 1. 舍弃小我、保护大我的优良传统

舍弃小我、保护大我的家国情怀在中国历史上源远流长。2014年3月27日，习近平在中法建交50周年纪念大会上的讲话中大力倡导“穷则独善其身，达则兼济天下”的高尚品德。习近平指出，这是中华民族始终崇尚的品德和胸怀。中国一心一意谋发展，聚精会神搞建设，既是对自己负责，也是为世界作贡献。中国的发展壮大，不仅能解决中国的发展问题，而且能为世界和平与发展作出自己的贡献。儒家认为，人生应该循着修身齐家治国平天下的轨迹发展，即人身的自我道德修养目的在于齐家，齐家的目的在于治国，国家治理好以后，就可实现天下太平。儒家重要经典《礼记·大学》中写道：古之欲明明德于天下者，先治其国；欲治其国者，先齐其家；欲齐其家者，先修其身；欲修其身者，先正其心；欲正其心者，先诚其意；欲诚其意者，先致其知，致知在格物。物格而后知至，知至而后意诚，意诚而后心正，心正而后身修，身修而后家齐，家齐而后国治，国治而后天下平。有志者的最终目标是实现国家大治，天下太平，百姓安居乐业。

西汉时期，军事天才、大将霍去病屡屡打败匈奴对汉朝的进攻，声威闻名遐迩，深得汉武帝的器重。一次，他率军击溃了10万匈奴军队的进攻，使匈奴大伤元气，保卫了汉朝江山社稷和老百姓生命财产的安全。汉武帝为表彰其赫赫战功，为其修建了富丽堂皇的府邸。霍去病坚决推迟，不肯入住，他说：“匈奴不灭，无以家为也？”[①] 这句旷世名言千百年来激励着无数优秀中华儿女保家卫国。后人十分怀念霍去病，不仅因为他是一位军事奇才，更因为他舍小我为大我的家国情怀。唐代诗人李白为纪念霍去病，写了一首名为《无胡人》的诗，诗中写道：“严风吹霜海草凋，筋干精坚胡马骄。汉家战士三十万，将军兼领霍嫖姚。流星白羽腰间插，剑花秋莲光出匣。天兵照雪下玉关，虏箭如沙射金甲。云龙风虎尽交回，太白入月敌可摧。敌可摧，旄头灭，履胡之肠涉胡血。悬胡青天上，埋胡紫塞傍……”这首诗还原了当年霍去病率军大战匈奴的场景，再现了霍去病英勇杀敌的英雄气概。唐代诗人杜甫也写了一首歌颂霍去病的诗：“……中天悬明月，令严夜寂寥。悲笳数声动，壮士惨不骄。借问大将谁，恐是霍嫖姚……”这首诗描写了霍去病带兵征战沙场上，将士们高度警戒的情形。

马援是东汉初期的名将，一生戎马倥偬，战功赫赫。他誓死为国效力，坚持认为好男儿应该战死沙场，把自己的生命献给国家，保护社稷百姓的安宁，“男儿要当死于边野，

---

① 汉书。

以马革裹尸还葬耳”[①] 的豪言壮语是对其一生的真实写照。他虽未战死，但病死于战场上，实现了把一生献给国家和百姓的愿望。“马革裹尸”后来成为家喻户晓的成语，意指为国捐躯的决心和意志，是家国情怀的最集中体现。后世中华英雄都以马援为榜样，舍小家为大家，勾画了几千年来中华民族的英雄儿女们为家为国前赴后继的壮丽诗篇。

三国时期，蜀国名相诸葛亮的名字妇孺皆知。他忧国忧民，为匡扶汉室、统一中国积劳成疾，鞠躬尽瘁，死而后已。诸葛亮在《出师表》一文中写道：“……益州疲弊，此诚危急存亡之秋也……北定中原，庶竭驽钝，攘除奸凶，兴复汉室，还于旧都。”字里行间既折射出其忧国忧民的情怀，又洋溢着其平定天下的雄心壮志。诸葛亮病逝于北征途中，年仅 54 岁。唐朝诗人杜甫写了《蜀相》一诗，其中的“出师未捷身先死，长使英雄泪满襟”两句成了流传甚广的千古名句。

隋唐时期是我国诗歌非常繁盛的时期，众多诗人通过诗歌或赞美古今爱国英雄，或抒发自己一心报效祖国的爱国热情，或描写边关将士的生活和思乡之情。高适的边塞诗歌笔力雄健，气势奔放，洋溢着盛唐时期所特有的奋发进取、蓬勃向上的时代精神。高适在《燕歌行》中写道：“汉家烟尘在东北，汉将辞家破残贼。男儿本自重横行，天子非常赐颜色。”这几行诗气势恢宏，描写好男儿辞别亲人，奔赴战场英勇杀敌的场景。岑参的诗与高适风格相近，也是气势蓬勃，雄健刚劲。岑参的《白雪歌送武判官归京》一方面描写西域八月飞雪的壮丽景色，抒发了作者雪中送客的依依惜别之情；另一方面体现出作者身处边疆，思念故土的情怀，同时展示了边关将士生活的艰辛。王翰的《凉州词》中的“醉卧沙场君莫笑，古来征战几人回”一语彰显了沙场将士豪放、开朗、视死如归的豪迈胸怀。张为《渔阳将军》中的“向北望星提剑立，一生长为国家忧”，让我们看到了一位手持宝剑，眺望北方星空，随时担忧国家安危的英雄形象。王昌龄的“黄沙百战穿金甲，不破楼兰终不还”，描写唐朝将士长年戍守边关，长期在沙尘中与敌人鏖战，盔甲都被流沙打破了，但是他们不畏艰辛，发誓不把敌人消灭殆尽就不班师回朝。公元 755 年 12 月 16 日，唐朝爆发安史之乱，“由是祸乱继起，兵革不息，民坠涂炭，无所控诉，凡二百余年”[②]。杜甫看到叛军给国家和人民带来的灾难，内心极度悲愤，写了《春望》一诗。诗中写道：“国破山河在，城春草木深。感时花溅泪，恨别鸟惊心。烽火连三月，家书抵万金。白头搔更短，浑欲不胜簪。”从诗中看得出作者忧国忧民，由于国家破碎而痛心疾首。

北宋时期，著名文学家苏轼借古伤今，通过赞美古代的英雄人物以表达自己的爱国热忱。其《江城子·密州出猎》《浪淘沙·赤壁怀古》等词脍炙人口，奔放豪迈，通过对孙权、周瑜等古人的颂扬，抒发报国之志。著名文学家、政治家、军事家范仲淹的名句“先天下之忧而忧，后天下之乐而乐”和“不以物喜，不以己悲；居庙堂之高则忧其民，处江湖之远则忧其君”流传千古，表达了其随时忧国忧民，从不计较个人得失，把国家和黎民百姓的利益生死放在第一位的高尚情怀。范仲淹在《渔家傲·秋思》中写道：“浊酒一杯家万里，燕然未勒归无计。羌管悠悠霜满地。人不寐，将军白发征夫泪。”作品沉郁雄浑，边关将士的殷殷思乡情与拳拳报国志完美结合起来，意境开阔，基调健朗，形象鲜明，表达了作者以国为家、家国一体的价值理念。

---

① 后汉书·马援传。

② 资治通鉴·卷二百二十。

南宋时期，国力羸弱，北方大片领土被占领。富国强兵，抵御侵略，收复失地成了仁人志士们思考的首要问题。爱国将领岳飞年少时，其母就要求他报效国家，在其背上刺下“精忠报国”四个字。岳飞后来成为抗金名将，为南宋收复大片失地，保护了人民群众生命财产的安全。岳飞还是南宋时期的著名词人，其《满江红·登黄鹤楼有感》高亢而悲壮，其中写道：“想当年、花遮柳护，凤楼龙阁。万岁山前珠翠绕，蓬壶殿里笙歌作。到而今、铁骑满郊畿，风尘恶。兵安在？膏锋锷。民安在？填沟壑。叹江山如故，千村寥落。何日请缨提锐旅，一鞭直渡清河洛。却归来、再续汉阳游，骑黄鹤。”词中描写了山河今非昔比，过去兴旺繁华，而今却山河破碎，生民涂炭，让人痛心惋惜。看到国家山河破碎，民不聊生，著名爱国诗人陆游痛心疾首，多么希望国家兵强马壮，打败侵略者，收复被占领的大片河山。“夜阑卧听风吹雨，铁马冰河入梦来”一句，承载着陆游收复山河的心愿和梦想。“当年万里觅封侯，匹马戍梁州。关河梦断何处？尘暗旧貂裘。胡未灭，鬓先秋，泪空流。此生谁料，心在天山，身老沧州”，诉说着作者拳拳的爱国之情。“王师北定中原日，家祭无忘告乃翁”，体现了陆游临终前也不忘祖国复兴大业。南宋末年的爱国诗人文天祥率军抵抗元军，被元军俘虏，但视死如归，大义凛然。在被元军押解的途中写下了《过零丁洋》一诗。其中的“山河破碎风飘絮，身世浮沉雨打萍”描写了破碎的河山就像风雨里面的败絮一样，十分凄惨。“人生自古谁无死？留取丹心照汗青”彰显了其在敌人的屠刀面前大义凛然，视死如归，誓不苟且偷生，要把自己的一片忠心献给国家的抱负。

明清时期也涌现出不少把一生献给国家和人民的英雄人物。明代著名将领戚继光一生率军打击倭寇，保护了明朝海防和沿海人民的生命财产安全。戚继光的士兵称为“戚家军”，在中国历史上与岳飞的“岳家军”齐名。戚继光还是一位著名诗人，其《马上作》一诗中的“一年三百六十日，多是横戈马上行”一句是其一生的真实写照。

中国共产党继承了中国传统文化中的家国情怀，并用马克思主义的世界观对它进行改造。中国共产党领导中国人民经过 28 年的艰苦斗争，推翻了中国的封建主义，打跑了入侵的殖民主义，建立起了独立自主的新中国。其间，涌现出了大量舍小家为大家的感人故事。毛泽东就是舍小家为大家的典范。毛泽东青年时代就离家出走，寻找救国救民的真理。1919 年，其母亲弥留之际，毛泽东也未能赶到其身边。毛泽东赶到家时，其母已去世两天。毛泽东在悲痛中写下《祭母文》，其中“……育吾兄弟，艰辛备历。摧折作磨，因此遘疾。养育深恩，春晖朝霭。……报之何时？精禽大海……”表达了对母亲深深的怀念之情。料理完母亲的后事以后，毛泽东又匆匆上路，投入革命中去。在毛泽东的动员下，毛泽东一家几乎都参加了革命。毛泽东的亲人毛泽民、毛泽覃、毛泽建、杨开慧、毛楚雄、毛岸英等为中国革命献出了宝贵的生命。毛泽东把自己的一生献给了祖国和人民。1975 年，已经 82 岁高龄的毛泽东仍高度关心中国社会主义的前途和命运，写下了《诉衷情》一词。其中的“当年忠贞为国愁，何曾怕断头？”是对自己一生为国为民，不怕断头牺牲的真实写照。“如今天下红遍，江山靠谁守？”表达了毛泽东虽已暮年，但仍无时无刻关心社会主义发展的高尚情怀。在中国革命过程中，有类似毛泽东的千千万万的革命志士，舍小家为大家，为中国的革命事业做出了巨大的贡献和牺牲。正因为有他们的贡献和牺牲，才有新中国的建立。舍小家为大家的革命精神在中国社会主义现代化建设过程中，得到继承和发扬，成了建设社会主义现代化的强大精神力量。

### 2. 抗击汶川地震中舍弃小我、保护大我的感人事迹

在抗击汶川特大地震的过程中，舍弃小我、保护大我的优良传统得到了发扬光大。

太平寺街派出所民警邓波在地震发生时忙着和同事一起救人，还接受了看管派出所内枪支的任务。他冒着5级余震冲上了已经接近垮塌的楼房，从钢筋水泥的夹缝中救出了一名少女，又把一名70多岁腿部骨折的老人背到开阔地。正当他试图营救一名被预制板压住动弹不得的妇女时，爱人张娟来到他的身旁，告诉他："娃娃不在了，走了……"地震发生时，邓波6岁的儿子邓沛正在幼儿园睡午觉。孩子睡在下铺，地震时床垮了，正好压在孩子胸口上。张娟跑到幼儿园时，被告知孩子已经被老师送到医院，张娟跑到医院，却没有找到孩子。张娟又跑回幼儿园，这次她见着儿子了：他小小的身体被平放在幼儿园外的草坪上，身上盖着一块布。老师告诉她，孩子被送到医院时，医生确定孩子已经停止了呼吸。张娟不相信早上出门时还撒娇要妈妈早点来接自己的孩子就这样永远地离开了，她又把孩子抱起，冲向附近的一家职工医院。医生再次确定，小邓沛离开了。邓波失去了儿子，还要继续守护枪支，他怀抱着孩子的遗体，和妻子一起在派出所静静坐了一夜。

28岁的蒋敏是四川省彭州市公安局女民警，在汶川地震中，她的10位亲人失去了生命。我们无法想象，是一种什么样的力量让她强忍丧亲之痛坚守工作岗位5个昼夜？"我不哭，母亲很小就告诉我，要坚强，不要哭。"她说话时努力保持平静和缓慢的语气，苍白的脸上看不出什么表情。地震发生后，蒋敏立刻投入抗震救灾的滚滚洪流，连续5天坚守在自己的岗位上，出门抢救伤员，上街维护秩序……尽管她已累得脸色发黄、走路不稳。这期间，她还不断拨打北川县家里亲人的电话，但电话始终无法接通。蒋敏说："地震发生时，我从4楼的办公室迅速跑下楼，当时街上很乱，我第一反应就是给家里打个电话，报个平安。但直到13日凌晨，舅舅给我打来电话，他告诉我，我的母亲、女儿……我在北川的家人已经遇难。"5月17日凌晨3时多，蒋敏把一名熟睡的孩子安置到帐篷内，为孩子盖好被子，掖好被角，才恋恋不舍、一步一回头地离开。看着别人的孩子，心中对亲人的思念袭来，几天几夜没合眼的蒋敏再也坚持不住，一下倒在帐篷门口。医生检查发现，她的血压非常低。在医生的坚持下，蒋敏被送到了医院输液，但一醒过来，马上要求再次回到安置点。"我还行，我不能占医院的床位，我也不能停下来。"她挣扎着回到天彭中学安置点。有人问蒋敏："当你帮助灾区群众的时候，遇到和你母亲及你女儿一样年龄的人，你会不会想起她们？""会想起，一切都会想起。当时丈夫回去了，我希望他能给我带点什么回来，可是什么都没有，只剩下一片废墟。我想对母亲说一句，妈妈！对不起！此时此刻我都还没有回来。"蒋敏说。"你失去亲人，却把全部的爱献给灾区人民，你是人民警察的骄傲，我们都是你的亲人。"国务委员、公安部部长孟建柱这样对蒋敏说。

5月16日，四川省绵竹市玉妃路十字路口。炽热的骄阳下，一名中年交警繁忙地指挥着进入灾区的各种车辆。他叫杨占彪，是绵竹市公安局交警大队副大队长。"慢点，慢点，让救援的车辆先过！"杨占彪一边打着手势，一边扯着嗓子说。望着杨占彪专心致志工作的样子，谁能想到他刚刚在地震中失去了自己的儿子。地震发生后，杨占彪匆忙出门，和战友们一起指挥、疏导交通，协助群众抬伤员到医院抢救。直到下午4点多，杨占彪开车前往汉旺，准备到汉旺中队了解情况，顺便看看在汉旺东汽中学读书的儿子。杨占彪的儿子叫杨浩天，小名冬冬，18岁，读高二。当杨占彪赶到东汽中学时，眼前的一幕让他惊呆了：五层的教学大楼整体垮塌。一边是儿子冬冬生死未卜，一边是拯救生命的物

资安全畅通；一边是父亲的角色，一边是警察的职责，在“小家”与“大家”面前，杨占彪悄无声息地选择了后者，因为头顶的警徽，肩上的重任。14 日下午 4 时，爱人打来电话，泣不成声地说：“冬冬的尸体找到了，我们去看看吧！”杨占彪马上请假赶赴汉旺，当看到浸满血渍和灰尘的儿子的遗体，杨占彪再也掩饰不住心中的痛楚，失声痛哭。杨占彪颤抖着用清水洗去儿子脸上的血迹和灰尘，用白布包裹好儿子遗体后，含泪对身边人说：“冬冬的遗体你们统一处理吧，和同学们在一起，他不会孤独的！”当晚 7 时，杨占彪赶回救灾指挥部，匆忙的身影重新出现在工作岗位。

都江堰市公安局交警大队有 9 名民警家属在地震中身亡，有 4 名民警家属下落不明，但全体民警强忍失去亲人的痛苦，坚守抗震救灾第一线。幸存的民警火速投入抢险救援中去：常务副局长佘大庆忍受着妻子丧生的剧痛，带领 5 名民警，经过两个多小时的艰苦跋涉，躲过山上飞下的滚石，把 17 名在押人员押送至绵阳市看守所；副局长李跃进在妻子、儿子、母亲全部丧生的打击下，没有被击垮，带领民警在爆炸物品所在地坚持守护一天一夜，直至将爆炸物品安全转移才离开现场。

大地震发生后，大量志愿者冒着生命危险加入救援的队伍中，很多出租车免费往来于医院与灾区之间。“免费去成都！”成了当时流行的一句话。一名成都的姐姐家里收容了 20 多个来自都江堰的灾民。丈夫在成都正常营运，自己每天运送免费的食品饮料到都江堰，回程时再拉上几个去成都避难的都江堰人。一辆普通的三厢轿车，每次最多运不到 20 箱方便面和水，她像这样每天往返于都江堰和成都。

学生是祖国未来的希望，在地震发生时，灾区大量老师把生的机会留给学生，留给祖国的未来。一位作家在评论中这样写道：“我总在想，如果地震早来一点点，那些已在教室里上课的学生就本该走在来学校的路上，那该多好；那些已在教室里上课的老师，他们也同样走在路上，那该多好。可是，当灾难不可避免地发生时，人民教师只能义无反顾地保护学生，甚至献出生命，也在所不惜。于是，我们记下这些教师的名字：谭千秋、严蓉、张米亚、吴忠红、汤宏、苟晓超、向倩、瞿万容、杜正香。他们用生命诠释了什么是责任，什么叫作人民教师！还有许多许多教师，当面临生死抉择时，他们也会如上面的教师一样，永远把生还的机会留给学生……我已经不忍再回顾他们的壮举，因为回顾意味着重温伤痛，可是，我们又必须回顾，在这场生与死的浩劫中，我们有着不能忘却的记忆，伤痛让我们记住这些教师的名字，记下在 2008 年 5 月 12 日这一天，他们为了学生的生，自己选择了死！”

何翠青是青川县木鱼中学初一学生。5 月 12 日地震发生后，学校一幢 3 层的宿舍楼发生坍塌，正在午休的 400 多名学生被埋废墟。地震发生时，何翠青正在睡午觉，她们寝室共 19 名学生，当天几名学生刚好不在。“当地面晃动时，我已经起床走出了寝室来到走廊。当意识到地震发生时，我就开始跑，突然想到寝室里还有许多同学，我就返回寝室去喊她们。”何翠青说，“地震刚开始时，一些同学还以为是有人在捣蛋摇床，我进来后大喊‘地震了！地震了’，许多同学才赶紧起床往外跑。”在何翠青喊人的同时，学生寝室开始倒塌。她和另外 4 名女孩一起被压在废墟底下。她说，下面一片漆黑，什么也看不清，也无法动弹。刚开始 4 个人还能够互相说话，互相鼓励，都说要好好活下去，并且轮流呼救以保存体力。她说：“但后来能够说话呼救的学生越来越少，不知过了多久，只剩下自己还能说话。”在灾难发生 47 个多小时后，14 日 14 时左右，现场救援人员听到废墟中传来微弱的呼救声，他们加紧行动并于当日16时58分将何翠青救出。当天晚上，她被紧急送到广元市中心医院急救，由于被埋时间太长，何翠青右小腿已发生坏死被迫截肢。记者问道何翠青后悔不后悔返回寝室救人，这位救人小英雄说："不后悔，后悔的是我没有救出更多的同学。"

在映秀镇映秀小学，官兵们徒手挖出了被埋三天的幸存女孩张春梅。救出200多名被困群众的江苏省消防部队都江堰籍消防战士黄恒，在搜救幸存者时不幸被裸露的钢筋刺成重伤，血流不止。当志愿者将他从搜救现场抬下来时，这位钢铁战士说："我还会回来。"

除了公安干警和人民教师外，在许许多多的普通老百姓身上也绽放出舍小家保大家的高尚品格。一位小女孩12日晚上被送到了绵阳市人民医院。据送她来的救援者说，在废墟中发现她时，一对男女弓起身子挡在她的上方，用身体挡住了落下的楼板。女孩身上有些烫伤和压伤，而两位大人已经死亡。救援人员根据现场的情景推测，那可能是女孩的父母。来到了医院陌生的环境，可怜的孩子一直在哭泣。很多人都过来安慰她、照顾她，好心的居民拿来玩具给她，小志愿者们每天过来给她讲故事。每天晚上，只有大夫抱着她她才能睡着。慢慢地，小女孩情绪逐渐平静，但仍然不说一句话。一周过去，为了减轻医院的压力，不少伤员被转移到重庆，这个小小的孩子仍然牵动着医生和护士们的心，大家坚持把她留了下来。不少家庭也表示愿意领养这个孩子。正当人们为孩子的将来打算时，一个更好的消息传来：孩子的父母找到了，她并不是孤儿。李崇进大夫一直在照顾小女孩，他在电话中说：孩子的真名叫郑丹宇，地震发生时，她并不在父母身边。小丹宇的父亲名叫郑居全，两夫妻都在广州一家电子公司打工。地震发生后，他们立即回到四川寻找女儿，数天都没有消息。直到亲友在电视中看到，节目中的小孤儿长得很像丹宇。父母急忙赶到医院，一下子就认出了自己的孩子。既然小丹宇的父母没有死，那么当时用身体保护她的那两个人又会是谁？丹宇的父母也无法回答这个问题。

### （三）一心为民、生命至上的人文关怀

汶川特大地震发生后，时任中共中央总书记、国家主席的胡锦涛在抗震救灾工作会上强调：抗震救灾工作必须坚持以人为本，抢救人民群众生命是首要任务。时任国务院总理的温家宝指出：只要有一线生机，我们就要尽百倍的努力，救人是我们当前抗震救灾战斗的重中之重。国家为遇难人民设立国家哀悼日，为他们降半旗。这些体现出了在整个抗震救灾过程中，把抢救人民的生命放在第一位，把生命看得高于一切的以人为本的重要理念。以人为本是中国古代民本思想在新的历史条件下的升华。

#### 1. 中国民本思想发展简况

"以人为本"一词最早出现在《管子》一书中，是管仲关于齐桓公霸业的见解。管仲说："夫霸王之所始也，以人为本。本理则国固，本乱则国危。"[①] 意为霸王的事业之所以有良好的开端，也是以人民为根本的；这个本理顺了国家才能巩固，这个本搞乱了国家势必危亡。中国古代民本思想客观上促成了重视人民、生命至上、人命关天文化的形成，是中华民族几千年来生息繁衍的强大的文化力量。

① 管子·霸言。

中国民本思想源远流长。神话传说“女娲补天”是为了救民于水火。相传，往古之时，四极废，九州裂，天不兼覆，地不周载，火滥焱而不灭，水浩洋而不息，猛兽食颛民，鸷鸟攫老弱。于是，女娲炼五色石以补苍天，断鳌足以立四极，杀黑龙以济冀州，积芦灰以止淫水。苍天补，四极正；淫水涸，冀州平；狡虫死，颛民生。[①] 神农冒着生命危险尝尽百草，教人们种五谷是为了解决人们的饥饿和疾病问题。《周易》说：神农氏作，斲木为耜，揉木为耒，耒耨之利，以教天下。[②]《白虎通义》记载：古之人民皆食禽兽肉，至于神农，人民众多，禽兽不足，于是神农因天之时，分地之利，制耒耜，教民农作，神而化之，使民宜之，故谓之神农也。[③] 神农教导人们：士有当年而不耕者，则天下或受其饥矣；女有当年而不绩者，则天下或受其寒矣。[④] 于是他身先士卒与其妻子亲自耕织，使百姓大获其利。他尝味草木，宣药疗疾，救夭伤人命。百姓日用而不知，著《本草》四卷。[⑤] 可见，神农尝百草和教人耕织，既反映了中国农业和中医早期发展，也是中华文化中以民为本、体恤民情的最早文化渊源之一。

关于尧舜禹的传说中，也不乏爱民保民、尧亲近百姓、体恤民情的思想。尧“不敖无告，不废穷民，苦死者，嘉孺子而哀妇人”[⑥]，而舜“好学孝友，闻于四海，陶家事亲，宽裕温良，敦敏而知时，畏天而爱民，恤远而亲亲”[⑦]，禹更是舍小家顾大家，全身心投入治理洪水中去，为了治理洪水连刚生产的妻子都顾不上照看。禹提出了为政以德，政在养民的思想，对后世的民本思想影响深远。传说舜看到禹德才俱全，“克勤于邦，克俭于家，不自满假”[⑧]，决定把首领的位置禅让于他。这些神话传说描述的是中国原始氏族时期，国家尚未形成时的爱民亲民情况，对后世民本思想的形成产生了巨大影响。

中国进入封建社会以后，历代大多统治者多爱抚百姓，体恤民情，把上古时期流传下来的民本思想发扬光大。周朝时期，文王卑服，即康功田功；徽柔懿恭，怀保小民，惠鲜鳏寡；自朝至于日中、昃，不遑暇食，用咸和万民。文王不敢盘于游田，以庶邦惟正之供。[⑨] 文王视民如伤，望道而未之见。[⑩] 说明虽然文王身居高位，但是仍然与百姓一样劳作，不敢浪费国家财力，重农爱民，为后世统治者树立了光辉典范。周公提出敬德保民思想，强调敬德重德，“保惠于庶民”。他说：呜呼！君子所其无逸！先知稼穑之艰难乃逸，则知小人之依。[⑪] 周公还提出了从民情知天命的思想。周公认为，天命无常，上天是否真诚地保护统治者，从民情中就可以看得出来。“天惟时求民主”[⑫]，上天为老百姓寻找贤明的君主，让老百姓安居乐业。因而统治者应该顺应天意，尽人事，体察民情，保护人民百

① 淮南子・卷六・览冥训。
② 易传・易辞下。
③ 白虎通义・卷上・德论上・号。
④ 吕氏春秋・爱类。
⑤ 帝王世纪。
⑥ 庄子・天道。
⑦ 大戴礼记・卷七・五帝德。
⑧ 尚书・大禹谟。
⑨ 尚书・无逸。
⑩ 孟子・离娄下。
⑪ 尚书・无逸。
⑫ 尚书・多方。

姓，以便其安居乐业。如果这样，统治者的统治就会得到上天的保佑。如果统治者违背民意，那么他们也违背了天意，上天就要更换统治者，其统治也行将结束。

春秋时期，中国历史上著名的大教育家孔子提出了一整套以“仁”为核心的伦理思想。“仁”的内涵非常广泛，但“爱人”是其核心意涵，“仁者，爱人”。孔子认为，如果尽到了自己的主观努力，那么就能具备“仁”的道德品质，即求仁得仁。培养“仁”的道德品质，必须率先垂范，做到“己欲立而立人，己欲达而达人”[①]。特别是对士大夫来说，更应该成为“求仁”的楷模，士大夫修炼成“仁人”，目的是安天下，“修己以安百姓”[②]。孔子说，能行恭、宽、信、敏、惠于天下者，仁者也。“恭则不侮，宽则得众，信则人任焉，敏则有功，惠则足以使人。”[③] 孔子认为，“仁”是人生道德的最高境界，比生命更为重要，“志士仁人，无求生以害仁，有杀身以成仁”[④]。在孔子时代，生产力落后，迷信盛行，但是“仁”在孔子的心中具有至高无上的地位，事人比事鬼更为重要，他说：“未能事人，焉能事鬼?”[⑤] 在孔子看来，国家是家庭的扩大，社会上人与人之间的关系是家庭关系的延续，家庭成员之间的“仁”体现为孝悌，家庭以外的“仁”体现为忠恕。如果“仁”成为全社会的道德规范，那么整个社会就能建立起相互仁爱的社会关系。孔子对人的重视，对人的爱护，体现了其仁学的博爱精神，奠定了中国古代人本主义的基础。

战国或秦汉时期儒学大家借孔子之名创作的《大道之行也》，脍炙人口。其间写道：大道之行也，天下为公。选贤与能，讲信修睦。故人不独亲其亲，不独子其子，使老有所终，壮有所用，幼有所长，矜寡、孤独、废疾者，皆有所养。男有分，女有归。货，恶其弃于地也，不必藏于己。力，恶其不出于身也，不必为己。是故谋闭而不兴，盗窃乱贼而不作，故外户而不闭，是谓大同。[⑥] 作者对人类社会进行美好设计，开宗明义提出公天下的主张。并指出那是行人间正道的必由之路。这是民本思想的最直接的表达。作者还提出国家之间、邻居之间睦邻友好，社会为每一个人提供全面的保障，人与人之间互敬互爱，人人丰衣足食，人们各司其职，各得其所，公而忘私。这篇文章是对整个社会的美好设计，有人说它是东方空想社会主义思想的最早渊源，其中有着非常丰富的民本思想内涵，在中国民本思想发展史上占有十分重要的地位。文章提出的天下为公的主张，对中国后世产生深远影响。

战国时期孟子以继承孔子的思想为己任，并在孔子思想的基础上加以发展。在孟子心中，人民群众最为重要，“民为贵，社稷次之，君为轻”[⑦]。百姓是国家的根本，国君应该爱民，视民如伤，要实行王道，反对霸道。实行仁政必须“制民之产”，让百姓有自己的产业，实现安居乐业。实行仁政还要有同情之心，爱人之心，“以不忍人之心，行不忍人之政，治天下可运之掌上”[⑧]。统治者权利的合法性在于仁，其身正而天下归之，具体表

① 论语·雍也。
② 论语·宪问。
③ 论语·阳货。
④ 论语·卫灵公。
⑤ 论语·先进。
⑥ 礼运·礼记。
⑦ 孟子·尽心章句下。
⑧ 孟子·公孙丑上。

现为内圣外王。如果统治者不实行仁政，那么将发生“圣人革命”，摧毁暴君的统治。在人与人之间，也要建立“仁”的关系，也要互爱。孟子在孔子“己所不欲勿施于人”的基础上，提出了“老吾老，以及人之老；幼吾幼，以及人之幼”① 的思想，最终达到“仁者无不爱”②。虽然这种爱是有“差等”的，但仁爱是社会的黏合剂，只要君臣、父子、兄弟、夫妻之间都互敬互爱，那么就能建立和谐美好的社会。孟子的仁爱思想，特别是其民贵君轻思想，对中国后世人本主义思想产生了巨大影响。

先秦时期了道家学派的创始人老子主张无为而治，使老百姓无知无欲，虚其心，实其腹；弱其志，强其骨③，从而达到无不为的最高境界。老子希望通过无为而治，百姓无知无欲，安于现状，甘其食，美其服，安其居，乐其俗。邻国相望，鸡犬之声相闻，民至老死不相往来。④ 但他的这一主张与现实相去甚远，他看到了人民群众中间所蕴藏的巨大力量，“民不畏死，奈何以死惧之?”⑤ 因此，他要求统治者关心老百姓的疾苦，以民为本苦，“以百姓心为心”⑥。这与儒家强调的视民如伤如出一辙。中国民本思想的形成和发展，也有以老子为代表的道家学派的一份贡献。

西汉初年，经过秦朝暴政和八年楚汉战争，经济凋敝，田园荒芜，人心思定。西汉统治者根据社会的现状，推行黄老之学，其核心是清静无为，让百姓休养生息，发展社会生产，医治战争创伤，减轻人民负担，以使百姓丰衣足食。汉初淮南王刘安召集门客所做的《淮南子》一书中写道：食者，民之本也；民者，国之本也；国者，君之本也。⑦ 为使人民丰衣足食，安居乐业，必须厉行节俭，轻徭薄赋，勿夺农时，“足用之本在于勿夺时，勿夺时之本在于省事，省事之本在于节欲，节欲之本在于反性，反性之本在于去载”⑧。汉初思想家贾谊的重民安民思想与刘安的如出一辙，他认为，民众是国家的根本：闻之于政也，民无不为本也，国以为本，君以为本，吏以为本也。故国以民为安危，君以民为威侮，吏以民为贵贱，此之谓民无不为本也。⑨ 人民是决定战争胜负的决定性因素：夫战之胜也，民欲胜之，攻之得也，民欲得也。⑩ 人民的力量不可战胜，但凡与人民群众作对的，总会被人民群众打得落花流水。贾谊说：自古至于今，与民为仇者，有迟有速，而民必胜之。……夫民，万古之本也，不可欺。⑪ 因此，汉朝的统治者必须重民、利民、安民、惠民。贾谊认为，民以食为天，扬本抑末，发展农业生产，使末技游食者转而归田亩，实现仓廪实、衣食足、天下安的局面。西汉初年主张黄老之学中的民本主义，在中国民本思想的发展中起到了承上启下的作用。

隋唐两个朝代都是经过多年战乱之后才建立了中央集权，两个朝代的开明之士在战乱

---

① 孟子·梁惠王上。
② 孟子·尽心上。
③ 老子·三章。
④ 老子·八十章。
⑤ 老子·七十四章。
⑥ 老子·四十九章。
⑦ 淮南子·主术训。
⑧ 淮南子·诠言训。
⑨ 新书·大政上。
⑩ 新书·大政上。
⑪ 新书·大政上。

中看到了人民群众的力量，因此对民本思想进行了改造和发挥，以巩固自己的统治。隋朝思想家王通提出“爱民厚生”的思想，他认为，民众是国家的根本，统治者必须爱抚百姓，千万不能把百姓当作贱民而轻视人民的生命和财产。王通提出：“不以天下易一民之命。”[①] 意思是说，统治者不能认为天下、基业与百姓相比，前者才是最重要的，为了夺取和治理好天下，可以牺牲百姓的性命。王通认为，君主应该庇护生民，重视百姓的生活和生产。统治者还要爱惜民力，轻徭薄赋，宽刑政，不能滥用民力，让百姓安居乐业。隋炀帝没有采纳王通的建议，大兴土木，荒淫无度，弄得民不聊生，结果隋朝存在三十多年就走向终结。

唐初统治者吸取隋朝灭亡的教训，结合各朝代兴衰的经验教训，看到了人民群众中所蕴含的巨大力量，其畏民、重民、安民思想对中国民本思想产生深远的影响。贞观六年(632)，唐太宗对侍臣说：看古之帝王，有兴有衰，犹朝之有暮……可爱非君，可畏非民。天子者，有道则人推而为主，无道则人弃而不用，诚可畏也。[②] 意思是说，古代历朝，兴衰更替，就在一夜之间……指出君主的缺点和错误的行为，是非常受欢迎的，而指责为难百姓的行为确是十分可怕了。何为天子？天子只不过是那些有德行的人被众人推举为君主，如果他丧失道德，人民就会弃他而去，这真可怕呀！唐太宗的许多大臣对这一点也有清醒的认识，大臣魏征给唐太宗的上书中说：荀卿子曰：君，舟也，民，水也，水所以载舟，水所以覆舟。故孔子曰：鱼失水则死，水失鱼犹为水也。[③] 君与民的关系，犹如水与舟的关系，国君依靠人民而存在，人民可以推翻不仁之君。因此，国君必须爱抚百姓，不得损害人民的利益：为君之道，必须先存百姓，若损百姓以奉其身，犹割股以啖腹部，腹饱而身毙。[④] 唐初统治集团认为，百姓欲治不欲乱，欲富不欲贫，喜安逸而恶劳弊，敢于犯上作乱、图谋大位者几稀；君王之所取，就是百姓之所失，两者在物质欲望上是矛盾的。鉴于此，唐太宗认为，一国之君切不可与民争利，他说：“孔子云：‘有一言可以终身行之者，其恕乎，己所不欲，勿施于人。’劳弊之事，诚不可施于百姓……若百姓所不欲，必能顺其情也。”[⑤] 唐太宗认为，君王应该创造条件，发展生产，满足百姓的物质需求，百姓丰衣足食是君主、国家富足的前提条件；如果百姓都不能安居乐业，生活富足，那么君王的统治危也。唐太宗牢记古人的遗训：“百姓不足，君孰与足。”[⑥] 基于这样的认识，唐太宗要求“去奢省费，轻徭薄赋，选用廉吏，使民衣食有余”[⑦]。以唐太宗为首的唐初统治者，看到了人民群众中所蕴含的巨大力量，认识到了百姓的丰衣足食、安居乐业是国家长治久安的前提条件。唐太宗畏民、利民、安民、富民，与民不争的惠民思想和政策是唐朝走向强盛最重要的原因。

宋代民本思想也非常丰富，许多思想家都提出了重民、富民、安民的思想，且各有其

---

① 中说·天地。
② 贞观政要·政体。
③ 贞观政要·君臣鉴戒。
④ 贞观政要·君道。
⑤ 贞观政要·俭约。
⑥ 贞观政要·辨兴亡。
⑦ 资治通鉴·卷一九二。

特点。大儒李觏在总结历代民本思想的基础上，提出了“安民”“足食”的思想。[①] 李觏继承和发展了周公敬天保民、明德慎罚和孟子天视自我民视、天听自我民听的重民保民思想，他说：“立君者，天也；养民者，君也。非天命之私一人，为亿万人也。民之所归，天之所右也；民之所去，天之所左也。天命不异哉！民心可畏哉！是故古先哲王皆孳孳焉以安民为务也。”意思是说，谁来当君主，那是天意；君主的任务是让天下百姓健康富足，而不是为了其一己私利。得民心者，上天也要庇佑他，失民心者，上天也会反对他。天命从来都是这样，百姓的力量令人生畏，所以不变，古代先王们以使民众安居乐业为第一要务。如何才能让百姓安居乐业呢？李觏认为，民以食为天，君主应该想方设法让百姓丰衣足食，“生民之道食为大”[②]，“人之所以为人，足食也；国所以为国，足用也”[③]。李觏引用司马迁仓廪实而知礼节的思想说：然则民不富，仓廪不实，衣食不足，而欲教以礼节，使之趋荣而避辱，学者皆知其难也。[④]

北宋另一大儒张载，自小志存高远，长大后立下了“为天地立志，为生民立道，为去圣继绝学，为万世开太平”[⑤] 的宏伟壮志。可以看出他为民请命、为天下百姓开拓太平盛世的民本思想。张载认为，国家要安定，要消除偷盗等社会病害，唯一的办法是满足人民的生活需要，执掌国家权力的人（为政者）必须设法足民富民，“使无所不足，不见可欲而盗必息也”[⑥]。

程颢、程颐（史称“二程”）是北宋时期著名的理学家，继承了前人的民本思想，并根据形势的需要提出了自己的民本主张。程颢为官期间，体恤民情，凡坐处皆书“视民如伤”四字，常曰：“颢常愧此四字。”程颢与其弟程颐讲道，为政之道，以顺民心为本，以厚民生为本，以安而不扰为本。[⑦] 这是他们的“三本”民本思想，强调统治者要顺民心，不得惹恼百姓，要厚民生，使老百姓丰衣足食，不打扰老百姓的生产生活，让百姓安居乐业。因此，为政者要爱护民力，不得随意滥用民力。如果老百姓得到爱护，安居乐业，则天下就平安无事了。

南宋时期的朱熹也是“民为邦本、足食为先”民本思想的积极倡导者。朱熹认为，百姓是国家的根本，得民心者不仅可以得天下，而且可以安天下，因此“人君为政在于得人”[⑧]。君主如何才能得到民心呢？答案在于“恤民”，君主要体恤民情，“天下之务莫大于恤民，而恤民之本，在人君正心术以立纪纲”[⑨]。让百姓丰衣足食是“恤民”的第一要义，“生民之本，足食为先”[⑩]。为使百姓丰衣足食，国家必须把农业生产放在第一位，“惟民生之本在于食，足食之本在于农，此自然之理也”[⑪]。朱熹认为，只有农业发展了，

---

① 安民策・第一。
② 平士书。
③ 周礼致太平论・国用第一。
④ 周礼致太平论・国用第十六。
⑤ 张子语录・语录中。
⑥ 正蒙・有司篇。
⑦ 文集・卷五。
⑧ 四书集注・中庸章句。
⑨ 宋史・朱熹转。
⑩ 朱子大全・文一〇〇。
⑪ 朱子大全・文一〇〇。

百姓衣食无忧了，道德礼仪才能得到遵守，君主的统治才能持续稳定。

除了上述几个著名思想家以外，宋朝陈亮、叶适等思想家也提出了民本思想。总的来说，宋朝思想家的民本思想在中国思想史上占有着重要地位。

明清时期，工商业有了一定程度的发展，在此基础上，民本思想也出现了一些质的变化。明朝大学士、实权派人物张居正继承和发展了自周初以来的民本思想。张居正认为，天下存在着倚强凌弱，以众暴寡，知而不教，独占利益而不分等祸害，百姓因之而疾苦的现状。上天设立君主，让他智慧过人，赋予其礼乐征伐之权力，目的就是“使之齐一其乱而均适其欲望，衣食其饥寒而拊循其疾苦”[①]。也就是说，上天之所以立君主，就是要他来使天下大治，消除百姓疾苦，让百姓过上安居乐业的生活，因此，“天之立君以为民也”[②]。张居正认为，君保民，民护君，君主与民众是融为一体，相互依存。张居正把民众说成一个国家的元气，元气充则国势强，元气虚弱那么国家就丧失其根本。因此，民为邦本，本固邦宁，治理国家最重要的莫过于安民。勤俭节约，惩治贪官污吏，抑制豪强，减免赋税是安民的根本措施。

明末清初思想家黄宗羲认为君主的设立是民生的需要，君主是为人民服务的。在这一点上，黄宗羲与历代思想家没有太大区别。但是黄宗羲认为，民众与君主的关系是主客关系，“天下为主，君为客”[③]。这一思想超越历代民本思想之处在于它把历代君民关系颠倒了过来，历代民本思想虽然强调国君是为民服务的，但是君民之间的主客关系，甚至是主仆关系不容僭越。基于这种思想，黄宗羲对当时的君主进行了猛烈抨击，谴责他们自私自利，敲骨吸髓，挥霍无度，尽情淫乐的行为，“视天下为莫大之产业，传之子孙，享受无穷”[④]。设臣也是为了辅佐君主服务百姓。但是三代以降，君臣关系混乱了，臣下成了君主的私人工具。三代以下之法也是君主的一家之法，是为君主一家的私利而设立的。当世法令严而苛，但天下混乱，根本原因就在于行天下之法则治，行一家之法则乱。黄宗羲认为，只有进行政治、经济、法制制度的改革，行天下之法，“以天下万民为事”，国家才能实现长治久安。黄宗羲的民本思想在许多方面突破了历代民本思想的范畴，是近代民权、民生思想的先驱。

明末清初的另一位思想家顾炎武也对封建专制主义做了批判，他认为君主之位是为了人民而设立的，君主只是一个职位，各级官阶的设定也是职务的需要，君主以及各级官员与百姓之间没有高低贵贱之分，只有分工的不同。顾炎武这一众生平等的思想在当时是很进步的，是明末清初明本思想的一大亮点。

王夫之也是明末清初的大思想家，其民本思想也独具一格。他认为百姓是君主实行统治的基础，“君以民为基”，“无民而君不立”，深得人心是君主稳固其统治的关键。因此，君主应该爱护百姓，体恤民情，这是君主的第一要务。针对中国封建时代君主家天下的专制统治，王夫之发展了黄宗羲“天下为主，君为客”的思想，提出了“不以天下私一人”的反专制思想。王夫之认为，历代君主都把天下作为自己的私有财产，只关心自己统治地

① 张太岳集·卷十五，人主保身以保民辛未程论。
② 张太岳集·卷十五，人主保身以保民辛未程论。
③ 明夷待访录·原君。
④ 明夷待访录·原君。

位的巩固，漠视百姓的生死，这是历代统治者后来都被民众推翻的原因。王夫之认为，治理天下，不是为了君主一家之私，而应该百姓的“大公”放在第一位。王夫之看到了土地兼并和繁重的赋役是致百姓生活艰难的根源，因此，他主张抑兼并、均天下的主张。为了让百姓过上幸福的生活，除了要均天下之外，还要制止官吏耀武扬威，欺压百姓的行为，即“严以治吏、宽以养民”。王夫之民本思想中的反专制思想，把中国古代的民本思想向前推进了一大步。

清初思想家唐甄看到社会动荡的原因在于民众不能安居乐业，一旦民众起而抗争，整个社会就会处于危险之中。民众是国家的基础：封疆，民固之；府库，民充之；朝廷，民尊之，官职，民养之。因此，养民是君主必须重视的大事：古之贤君，举贤以图治，论功以举贤，养民以论功，足食以养民。虽官有百职，职有百务，要归于养民。[①] 在唐甄看来，养民最主要的措施在于富民。发展农渔生产，减轻赋税徭役，勤俭节约，使百姓富足。此外，减轻刑罚，教化百姓，赈济穷人，除暴安民，也是养民的基本措施。此后，自乾隆称帝至鸦片战争时期，由于思想控制严格，社会上鲜有再提出民本思想者。

鸦片战争爆发后，中国一步一步地陷入半殖民地半封建的深渊。一方面，清政府失去了对社会的控制；另一方面，西方列强逐渐侵蚀中国的国家主权。在这种情况下，中国民本思想包含了救亡图存的成分，同时引入了西方自由、民主、人权和空想社会主义等观念。

清朝第一个提出民本思想的思想家是林则徐。鸦片战争爆发以后，林则徐是坚决的主战派。他相信“民心可用”，认为战胜侵略者要“恃民力”。林则徐要求沿海人民组织起来，一旦英军侵入，允许人人持刀痛杀。林则徐领导的禁烟运动沉重打击了英国侵略者的嚣张气焰，为中国人民反击侵略者树立了光辉典范。

随着西方侵略的加深，西方文化也进入中华大地。维新派主要代表、儒学大师康有为深受空想社会主义和西方人文主义的影响，其民本思想既继承了中国古代民本思想的核心理念，也打上了空想社会主义的烙印，其《大同书》就是这方面的重要体现。《大同书》的基本内容包括：其一，废除私有财产，实行财产公有。康有为指出：今欲致大同，必去人之私产而后可；凡农工商之业，必归之公。[②] 这既是中国古代大同、君天下思想的继承和发展，也是西方空想社会主义基本内涵。其二，实行计划经济和按劳分配。这完全是空想社会主义的主张。其三，消灭阶级，人人平等。康有为说：“既无帝王、君长，又无官爵、科第，人皆平等，亦不以爵位为荣，所奖励者唯智与仁而已”[③]。康有为倡导废除封建社会的帝王、官阶，消灭阶级，实现人人平等，以“智和仁”作为奖励的唯一标准，这既是对中国古代君民平等思想的突破，也是对空想社会主义人人平等和西方自由平等思想的借鉴。

集中国古代民本思想、空想社会主义思想、西方人文主义思想及革命思想于一身的当数孙中山先生，其三民主义就是对这几种思想的提炼和升华。三民主义包括民族主义、民权主义和民生主义。民族主义是指推翻封建统治，实现民族平等，在此基础上建立资产阶

① 潜书·考功。

② 康有为. 大同书［M］. 长春：时代文艺出版社，2009：200.

③ 康有为. 大同书［M］. 长春：时代文艺出版社，2009：227.

级民族国家。从孙中山的民族主义可以看出，他受到了西方民族国家观的影响。民权主义是指推翻清朝封建统治以后，“创立合众政府”，还政于民。这既是对“天下为主，君为客”的发展，亦是对西方资产阶级自由、民主、人权观念的引进和借鉴。民生主义，就是要解决百姓的吃饭穿衣问题，使其衣食无忧，通过“平均地权”和“节制资本”以实现民生主义。平均地权，就是把封建土地所有制变为资产阶级土地国有制。国家控制土地以后，为实现社会主义创造条件。节制资本在于阻止垄断资本主义在中国的出现，由国家控制国计民生的企业，同时允许资本主义的充分发展，由此即可发展经济、富裕人民，亦可防止垄断和两极分化的发生。可见，孙中山的三民主义中包含了民本思想的丰富内涵，使中国古代的民本思想达到了高峰。

古代及近代民本思想强调民众是国家（君主）的基础，人民群众中间蕴含着巨大力量，统治者要保护人民群众生命财产的安全，通过发展生产来保证百姓丰衣足食，实现国家长治久安，具有巨大的历史进步意义。中国共产党依据马克思主义的群众观，对中国的民本思想进行改造，取其精华，去其糟粕，提出了以人为本这一科学概念，确立了以人为本的路线、方针和政策。以人为本概念的提出和以人为本路线的确立，是马克思主义与中国实际和时代特征相结合的理论成果。

以人为本，不仅主张人是发展的根本目的，回答了为什么发展、发展“为了谁”的问题；而且主张人是发展的根本动力，回答了怎样发展、发展“依靠谁”的问题。“为了谁”和“依靠谁”是分不开的。人是发展的根本目的，也是发展的根本动力，一切为了人，一切依靠人，二者的统一构成了以人为本的完整内容。只讲根本目的，不讲根本动力，或者只讲根本动力，不讲根本目的，都不符合唯物史观。胡锦涛说，相信谁、依靠谁、为了谁，是否始终站在最广大人民的立场上，是区分历史唯物主义和历史唯心主义的分水岭，也是判断马克思主义执政党的试金石。以人为本，是以广大的人民群众为本，这里的人，不是抽象的人，也不是某个人、某些人。一切为了人，一切依靠人，就是一切为了人民群众，一切依靠人民群众。

在社会主义新时代，以习近平同志为核心的党中央把人民群众的利益放在最核心的地位。习近平总书记平日理万机、夙夜在公，只为心中人民。在他的系列重要讲话中，“人民”一词是出现频率最高的词，仅在十八届中央政治局常委同中外记者见面时一千多字的讲话中，他就 19 次提到了人民。习近平多次强调“落实以人民为中心的发展思想”，他指出：“全面建成小康社会，在保持经济增长的同时，更重要的是落实以人民为中心的发展思想，想群众之所想、急群众之所急、解群众之所困，在学有所教、劳有所得、病有所医、老有所养、住有所居上持续取得新进展。”① 为了人民、依靠人民、服务人民是他治国理政的亮丽主线，也是唯一主线，中国人民在以习近平同志为核心的党中央领导下，正在走向中华民族的伟大复兴。

2. 以人为本——贯穿抗击汶川特大地震的红线

巨大的地震灾害没有吓倒中国人民，在巨大的灾害面前，蕴藏在中国人民中间的自强不息精神瞬间被激发出来，在党中央的领导下，他们与地震灾难进行着不屈不挠的斗争。

---

① 习近平．想群众之所想　急群众之所急　解群众之所困［EB/OL］．（2016－12－22）［2017－09－22］．http://www.xinhuanet.com/politics/2016-12/22/c_129415660.htm.

在整个抗震救灾过程中，救援和自救融为一体，政府和群众相互配合，自强不息的民族精神和以人为本的崇高理念体现得淋漓尽致。

地震发生后的第一时间，时任国家主席的胡锦涛作出批示：尽快抢救伤员，确保人民生命安全；生命的价值高于一切，只要有一线希望，都要做出百倍的努力。时任国务院总理的温家宝反复要求要把抢救受灾群众的生命放在第一位；胡锦涛也指示部队快速挺进，用最快的速度挽救人民群众的生命。震后两小时，温家宝赶赴地震灾区。地震当晚，中共中央政治局常务委员会召开会议，全面部署抗震救灾工作。会议决定，成立抗震救灾总指挥部，由温家宝任总指挥，全面负责抗震救灾工作。会议号召全党、全军、全国各族人民万众一心、众志成城，迎难而上、百折不挠，共同夺取抗震救灾斗争的胜利。5 月 14 日，胡锦涛亲临地震重灾区，指示救援队伍，把抢救人民生命作为重中之重，号令军队和武警向乡村挺进，彻底排查，做到无一疏漏；他鼓舞受灾群众自强不息，战胜灾难。

参与抗震救灾的军队和武警官兵达 13 万之多，他们争分夺秒，与死神赛跑。在他们的概念中，把地震损失降到最低，就是把生命存活提到最高。救灾呈现着无数的感动，最大的感动是生命的感动。救人，救人，救人！如果说这是一部抗击灾难气势恢宏的交响乐，那么生命呵护便是它最动听的乐章。

军队干部临危受命，冒死出征、勇挑重担。优秀共产党员、成都支队政委李丕金，在得知家里房屋倒塌、10 多位亲人遇难失踪的同时，也接到了赴映秀镇抗灾的命令。他只有把不幸压在心底，只有化悲痛为力量。他带领 1500 名官兵爬高山、攀悬崖、钻涵洞，徒步奔袭 13 小时抵达映秀，解救数百被困群众。地震发生时，8740 部队运输科科长刘文宏正率着长长的汽车运输队行驶在赴马尔康的路上。在抗震救灾战斗打响之际，他组织党员成立了震区第一个临时党支部。18 天救灾，他和战友们解救了幸存者 100 多人，让 3000 多名无家可归的群众投入了党的温暖怀抱。8740 部队参谋长王毅带领 200 名勇士，借着电筒微光，抠着石缝，蹬着树根，匍匐穿行在山脚下、碎石中，连续 21 个小时徒步强行军 90 公里，成了第一时间到达震中的救援队伍！正在京外部队检查指导工作的武警部队司令员吴双战、政委喻林祥紧急通话："坚决贯彻执行党中央、国务院、中央军委和胡主席的指示，以最大的决心、最快的行动、最有力的指挥，挺进灾区，紧急救援!"地震消息传来不到 5 分钟，驻川武警部队就收到来自武警总部下达的号令，20 分钟后，第一支作战命令中的数千武警将士已经整装开拔，不到 12 个小时，汶川、北川、茂县、理县、青川、绵竹……空中运送、铁路输送、摩托化开进……内卫、森林、交通、水电、黄金……武警部队成为第一时间投放兵力范围最广、兵种最多的救援力量。在汶川震后仅仅两个小时，水电三总队总工程师陶然就率领 150 名官兵，开动 22 台大型机械设备，凭着一身英雄虎胆，冒着余震频发、飞石滚落、塌方等危险，在险象环生的山间向汶川掘进，经过 72 小时的昼夜奋战，终于打通了这条生命之路。官兵感叹道："打通这条路，可以说每推进一步，都是和死神过一次招。"重庆总队 500 名官兵在副总队长常建明的率领下，冒着上有滚石、下有悬崖的威胁，徒步强行军 10 小时，第一时间到达茂县。水电三总队狮子坪项目部 100 多名官兵，经过 73 小时的昼夜奋战，第一时间打通通往汶川的"生命之路"……

在北川，19 岁的武警战士荆利杰刚从损毁的校舍中救出一个孩子，余震发生了，房屋随时坍塌，部队被迫暂时撤离，可他还想冲进去再救孩子。群众把他死死拉住，他却流着泪跪地大喊："求求你们，让我再去救一个吧！我还能再救一个！"他视死如归，不怕牺牲，把生的希望留给他人，把死的危险留给自己。战士钟旺，身患绝症仍坚决要求上战场；支队政委许红军，心脏装着 3 个支架，仍身先士卒，救出 60 余名受困群众；8740 部队 10 朵警花战汶川，令世人惊叹“战场不分性别”……冲进去的都是英雄，撑起废墟的都是脊梁。在生与死的较量中，英勇善战，不怕牺牲，敢打敢拼，决不屈服，成为这些钢铁战士的生动写照。张秋红，成都支队二大队副大队长，承担的任务区域就在家乡的救灾现场，得知父亲和两名亲人已经遇难，他来不及对亲人的亡灵尽最后的孝道，就率领部队转战重灾区，在废墟中救出 212 名幸存者。陆苇，绵阳支队通信班班长，8 个亲人被埋废墟，表妹到救灾一线拽他回家救人，他一声“对不起”，两行热泪流。先救别人还是先救家里人？对于这个问题，陆苇告诉记者，都是亲人，哪个亲哪个不亲？我是武警，一切要听从部队的统一调遣。5 月 12 日晚，德阳支队士官党员万守均在废墟中发现了 4 名幸存者。余震中，残垣断壁摇摇欲坠，随时可能再次坍塌。生死关头，他 6 次钻进废墟内，用双手扒开了一条生命通道。5 月 15 日凌晨，乐山支队士官党员朱伟、王玉征等在漩口镇逸夫小学废墟内发现一名被预制板卡住的孩子。他们凿洞钻进废墟，脸被瓦砾划破，腿被钢筋刺伤，大家全然不顾，经过 10 个小时的接力大营救，硬是将孩子从死神手中抢回。5 月 13 日上午，在都江堰抢险救援的成都指挥学院一大队大队长谈兵接到家人捎来的消息：5 位罹难亲人等他回去安葬。谈兵拭去悲伤的泪水：“废墟下这么多被埋群众等待救援，此时此刻我怎能丢下不管？”他面朝家中方向跪下磕了三个响头，旋即起身又投入救灾战斗。5 月 13 日，正在都江堰奋力搜救被困群众的凉山森林支队直属大队士官党员何健接到姨妈打来的电话：家中房屋变成废墟，父亲、爷爷、奶奶和二叔全家下落不明。“何键，请假回来吧！”一边是家中亲情的期盼，一边是灾区群众的呼唤。面对取舍，何健的回答坚定而决然：“不，这里需要我，我不能走！”一天下来，他和战友一道搜救出 2 名遇险群众，掩埋 5 名遇难者遗体，转移贵重物品 100 余件。第二天噩耗传来，家中 8 位亲人全部遇难。何健擦干眼泪，骨肉亲情让位于大爱大情，挺胸冲进废墟内。

地震发生时，东方汽轮机厂的职工宋志国正在休假。地震发生后，他听说东汽中学垮了。宋志国很焦急，妻子正在厂里上班，但他来不及寻找妻子，首先跑到了学校。“除了一栋宿舍楼外，整个中学全成了废墟，到处是孩子的哭声。”宋志国回忆，除一个班在上体育课成功逃生外，其余的孩子都被埋在了废墟里。“叔叔，救救我吧，我好痛……”宋志国首先发现一个男孩。“快，这里有个活着的娃儿……”宋志国大声呼喊。四周群众迅速围过来，众人把孩子身上的砖块一块一块挪开。“救命，救命……”废墟里依稀传出呼救声。宋志国正准备前去搜救，却被旁边的人拉住，“太危险了！”呼救声是从一间摇摇欲坠的教室里传出来的。一个小女孩的腿全压在了砖块下，她满脸泪水，气息微弱。宋志国刨开压在她腿上的砖块，抱起女孩走出废墟。突然，一大块砖倒下来，压在了宋志国的左手臂上，两人同时倒地。随后，女孩被送进了医院，在成功救出 30 多名孩子后，宋志国左肱骨受伤，粉碎性骨折。温家宝到达现场后说道：“乡亲们，这场特大的地震灾害让你们吃苦了，你们有很多亲朋好友失去了生命，救援队马上就会来，他们是专业的救援队，我们会尽最大的努力把他们救出来。”①

① 解密国家地震救援队：承担最紧急最危险任务［EB/OL］.（2008－06－16）［2017－05－12］. https://news.qq.com/a/20080616/000029.htm.

2008年5月12日，时任国务院总理的温家宝同志在地震灾区都江堰临时搭起的帐篷内召开国务院抗震救灾指挥部会议，分析当前抗震救灾形势，部署下一步抗震救灾工作。温家宝提出四项要求：第一，现在第一位的工作是抓紧时间救人，多争取一分一秒的时间就可能多抢救出一个被困者。我们必须把抗震救灾工作组织好，尽最大力量救人。要调动更多的解放军和武警部队官兵紧急投入到抗震救灾中。第二，要不惜一切代价连夜打通道路，这是目前抗震救灾工作的关键。同时，要采取措施，尽快恢复通水、通电、通信，不能有丝毫耽误。第三，卫生部要统筹协调，从各地调医疗人员赶赴灾区。要准备好足够的救护车、药品等。第四，要全力妥善安置好受灾群众，要紧急从各地调运大批帐篷，满足群众避震、避雨需要。温家宝还特别强调，人命关天，救人要紧，抗震救援要科学、有序、统一进行。干部和党员要站在第一线，组织好抗震救灾工作。①

## 二、彰显中国特色社会主义制度的优越性

汶川特大地震发生以后，灾区人民迅速得到救援，灾害造成的损失被降到最低程度，灾后恢复重建的速度令西方人吃惊。这在其他社会制度下是不可想象的，充分体现了中国特色社会主义制度的优越性。

### （一）中国特色社会主义政治制度优越性的彰显

中国特色社会主义政治制度，既具备社会主义国家的一般特征，也有中国特色社会主义的基本特点。新型马克思主义政党的领导，新型民主和新型专政相统一的国家性质，国家职能主要是对发展政治经济文化进行管理，都是社会主义国家的基本特征。中国共产党领导下的多党合作制度和政治协商制度，人民代表大会制度以及民族区域自治制度是中国特色政治制度的本质特点。抗震救灾的理论和实践证明了中国特色政治制度具有无比优越性。

#### 1. 中国共产党领导英明性的再次印证

中国共产党的领导是中国社会主义政治制度的本质特征，党政军民学，东西南北中，党是领导一切的。中国共产党的产生是马克思主义与中国工人运动相结合的产物，是适应中国人民的解放运动和世界社会主义运动的需要而产生的。马克思主义产生前的19世纪中叶，无产阶级已经作为一个独立的阶级登上历史舞台，英法美等主要资本主义国家的工人阶级作为新社会的缔造者开展了轰轰烈烈的反资本主义的斗争。但是，他们缺乏一个以马克思主义武装起来的无产阶级政党，因而其运动具有明显的自发性。马克思、恩格斯认为，无产阶级要夺取革命的胜利，必须有一个以马克思主义武装起来的政党的领导。共产党与资产阶级政党有着本质的区别，与其他无产阶级政党也有明显的不同。“在实践方面，共产党人是各国工人政党中最坚决、始终起推动作用的部分。”② 这突出了共产党人在运

---

① 温家宝要求不惜一切代价连夜打通道路［EB/OL］．（2008－05－13）［2017－05－12］．http://news.sina.com.cn/c/2008－05－13/032715525052.shtml.

② 中共中央马克思恩格斯列宁斯大林著作编译局．马克思恩格斯选集（第1卷）［M］．北京：人民出版社，2012：413.

动中无与伦比的先进性，他们既不会向资产阶级妥协，也不会受资产阶级的利诱，始终代表工人运动前进的方向。在工人阶级运动史上，一些国家的工人领袖受到资产阶级的收买而背叛了工人阶级，成为资产阶级的走狗。这在英国尤为明显。英国宪章运动失败以后，出现了工商业繁荣，直到19世纪70年代末一直作为“世界工厂”保持在世界市场上的垄断地位。这种垄断地位使英国在世界资本主义进入帝国主义之前就具备了帝国主义的两大基本特征：拥有极广大的殖民地，拥有垄断利润。[①] 英国在世界市场上的垄断地位使英国资产阶级占据了世界贸易中的支配地位，攫取高额垄断利润，因此他们能够拿出一部分利润来收买工人领袖。这“使‘群众’分化出一部分半市侩的机会主义的‘工人贵族’。这种工人贵族总是投靠资产阶级，直接间接地受资产阶级豢养”[②]。工人贵族为了维护自己的利益，打着为工人服务的幌子，倡导劳资合作，反对工人进行革命斗争，鼓吹问题可以在资本主义制度框架内得到解决。就这样，英国工人中的机会主义便产生了。大部分普通工人也在英国的垄断地位中得到一些好处，生活水平有所提高，因此愿意接受工人贵族机会主义的教唆。这种通过牺牲工人阶级的长远利益来获得眼前利益，以牺牲工人阶级的集体利益来满足部分工人（特别是工人贵族）的个别利益，鼓吹通过改良来实现社会主义的机会主义无孔不入，深入劳工运动的骨髓。恩格斯很早就觉察到英国工人中的这种动向，他在1858年10月7日给马克思的信中指出：“英国工人阶级实际上日益资产阶级化了。”[③] 结果，英国早期社会主义思想和宪章运动中的革命精神在机会主义的土壤中被消解了，社会主义运动消失了，工人失去了革命的理想，“英国工人阶级在政治上成了‘伟大的自由党’即工厂主领导的政党的尾巴”[④]。英国机会主义的盛行是由于英国工人阶级没有共产党。因此，19世纪80年代，恩格斯意识到在英国成立一个共产党的必要性，认为这“未解决的冲突得到最好的解决”[⑤]。由于英国共产党成立时英国机会主义已经深入工人运动的骨髓，所以英国共产党成立以后的工作开展得十分艰难。

列宁说：我们认为革命的、无产阶级的、独立的、毫不妥协的马克思主义政党，是社会主义胜利的唯一保证，是一条通向胜利的康庄大道。[⑥] 列宁认为，共产党的领导是使工人运动从自发走向自觉的关键。共产党能够自觉走在自发运动的前面，带领工人群众朝着正确的方向前进；共产党善于比其他人更先解决运动中自发地遇到的一切政治的、组织的、策略的和理论的问题，善于用批判的、富于说服力的理论指出自发运动的危险性，从而使工人阶级的运动从自发性走向自觉性。列宁说，党的最终目标是夺取政权，建立社会主义制度，实现人民群众的解放；党要以工人阶级为领导，以工农联盟为基础；能够把眼前利益与长远利益结合起来，能够根据形势的变化采取不同的斗争形势。列宁认为，共产党的组织应该是统一的、稳定的、持久的、有战斗力的和能够保持持续性的组织，这样的

---

① 中共中央马克思恩格斯列宁斯大林著作编译局. 列宁选集（第2卷）[M]. 北京：人民出版社，2012：710.

② 中共中央马克思恩格斯列宁斯大林著作编译局. 列宁全集（第39卷）[M]. 北京：人民出版社，1986：22.

③ 中共中央马克思恩格斯列宁斯大林著作编译局. 马克思恩格斯选集（第4卷）[M]. 北京：人民出版社，2012：434.

④ 中共中央马克思恩格斯列宁斯大林著作编译局. 马克思恩格斯文集（第1卷）[M]. 北京：人民出版社，2009：373.

⑤ 中共中央马克思恩格斯列宁斯大林著作编译局. 马克思恩格斯全集（第36卷）[M]. 北京：人民出版社，2006：634.

⑥ 中共中央马克思恩格斯列宁斯大林著作编译局. 列宁全集（第9卷）[M]. 北京：人民出版社，1986：257.

组织不应该是党员的简单相加，而是以革命家组织为核心的有机组织，从中央到地方有一个严密的组织体系，内部实行精密细致的分工，实行秘密性和集中制两条原则。

在理论方面，共产党人胜过其余无产阶级群众的地方在于他们了解无产阶级运动的条件、进程和一般结果。① 这是由于共产党是以马克思主义为指导的。马克思主义是无产阶级的科学世界观和方法论，是关于自然、社会和思维发展的普遍规律的学说，是关于资本主义发展和转变为社会主义以及社会主义和共产主义发展的普遍规律的学说。马克思主义具有高度的科学性。首先，它是科学的世界观和科学的方法论的统一。马克思恩格斯发现了人类实践的真正实质，创立了唯物史观，实现了唯物主义自然观和唯物主义历史观的高度统一，坚持辩证唯物主义和历史唯物主义的世界观和方法论，指出实践是人类社会产生和发展的真正奥秘，指出生产力和生产关系、经济基础和上层建筑的矛盾运动是人类历史发展变化的力量源泉，生产力是推动社会前进最活跃、最革命、最根本的力量，科学分析了资本主义社会的内在矛盾，深刻揭示了历史发展的客观规律，为人类社会发展进步指明了正确方向。其次，它代表了最广大人民的利益。人民群众是物质财富和精神财富的创造者，是变革社会的决定性力量，其利益代表着历史前进的方向。马克思主义把实现人民群众的根本利益作为自己的出发点和归属，把全人类解放和人的全面发展作为最高价值追求，不谋求任何私利，不抱有任何偏见。这决定了马克思主义是符合时代前进方向的科学的理论。正如恩格斯所说，科学越是毫无顾忌和大公无私，它就越符合工人的利益和愿望。最后，马克思主义是与时俱进的理论，不会因历史的发展而过时。马克思主义理论深深植根于人民群众的实践中，随着实践的发展而不断发展。实践既是人与世界关系最基本的形式，又是全部人与世界关系最本质的基础。通过对实践的正确理解和实践观的合理建构，马克思和恩格斯有效地化解了困扰着旧哲学的种种理论难题，从根本上克服了旧哲学固有的理论缺陷，实现了哲学史上的伟大革命变革，而科学实践观由此也成为马克思主义哲学的理论基础和核心内容，实践的观点成为马克思主义哲学的首要的和最基本的观点。马克思主义认为，实践是人们改造客观世界的一切活动。实践具有客观性、主体能动性和社会历史性的特点。实践包括生产实践活动、处理社会关系的实践活动、科学实验活动等三个基本形式。马克思说：社会生活在本质上是实践的。凡是把理论引向神秘主义方面去的神秘东西，都能在人的实践中以及对这个实践的理解中得到合理的解决。② 对于客观世界，不仅要从客体的方面去理解，更主要的是要从"主体的方面"去理解，当作人的感性的人的活动，当作实践去理解。实践就是"人的自由自觉的活动"，这就肯定了主体的能动性；同时，实践又是真正现实的感性的活动，这又否定了抽象能动性，把人与自然、主体与客体、思维与存在、主观与客观、合目的性与合规律性等关系在实践基础上统一了起来。人的一切真理性的认识来源于实践。马克思认为，客观世界既是人们认识的对象，又是人们改造的对象，人们对客观世界的认识，正是在改造客观世界的实践活动中实现的，实践是检验认识和理论是否具有真理性的唯一标准，人应该在实践中证明思维的真理性，

① 中共中央马克思恩格斯列宁斯大林著作编译局．马克思恩格斯选集（第1卷）［M］．北京：人民出版社，2012：413.

② 中共中央马克思恩格斯列宁斯大林著作编译局．马克思恩格斯选集（第1卷）［M］．北京：人民出版社，2012：139－140.

即自己思维的现实性和力量，自己思维的此岸性。人的思维是否具有客观的真理性，这并不是一个理论的问题，而是一个实践的问题。因此，马克思主义是真理，是随实践发展而不断发展的科学理论。共产党就是以马克思主义为指导思想的最先进的现代无产阶级政党。

共产党还有一个其他政党无法比拟的优点——大公无私性，其目标和宗旨是推翻资产阶级的统治，实现无产阶级和全人类的解放。正如马克思恩格斯所说："共产党人不是同其他工人政党相对立的特殊政党。他们没有同整个无产阶级的利益不同的利益。"① 共产党领导的无产阶级革命运动，是为全人类谋利益、求解放。"过去的一切运动是少数人的，或者为少数人谋利益的运动。无产阶级的运动是绝大多数人的，为绝大多数人谋利益的独立的运动。"② 在这个运动中，共产党人始终代表运动的未来。

中国共产党就是这样一个以马克思主义武装起来的无产阶级政党，它是适应世界和中国近现代革命斗争的需要而产生的，适应中国特色社会主义建设的需要而长期执政和发展的。19 世纪末 20 世纪初，世界资本主义进入了帝国主义阶段。帝国主义具有五个基本特征：①生产和资本的集中发展到这样高的程度，以至造成了在经济生活中起决定作用的垄断组织；②银行资本和工业资本已经融合起来，在这个"金融资本"的基础上形成了金融寡头；③和商品输出不同的资本输出具有特别重要的意义；④瓜分世界的资本家国际垄断同盟已经形成；⑤最大资本主义大国已把世界上的领土瓜分完毕。③ 政治经济发展的不平衡是帝国主义的基本特征。在自由资本主义时代，没有哪一个国家能够挑战英国的优势地位。随着帝国主义时代的到来，资本主义的这种平衡逐渐被打破，德国、美国和日本在某些方面赶上并超过英国。后起的帝国主义大国必然要求与其实力相一致的国际特权，因此对世界上各种资源的霸占得重新洗牌，以此来重新瓜分世界上的各种利益。这种重新瓜分是通过实力和武力来实现的。因此帝国主义国家之间不可避免地经常发生战争。帝国主义时代资本主义的生产力已经高度发达，与其外壳——生产关系已经越来越不相容，而且帝国主义大战给无产阶级和广大人民群众带来无尽的灾难。因此，进入帝国主义时代，无产阶级革命的时机已经成熟了，资本主义进入帝国主义以后，人类已经进入帝国主义战争和无产阶级革命时代。

在世界资本主义进入帝国主义之前，中国人民反对资本殖民主义和本国的封建主义的斗争已经进行了几十年，在此期间涌现出了无数可歌可泣的英雄事迹。世界资本主义进入帝国主义的过程中，列强对中国的侵略变本加厉，中国曾一度处于亡国灭种的危险境地。中国无数仁人志士前赴后继，以鲜血和生命抵御外国帝国主义和打击本国封建主义。孙中山领导的辛亥革命把中国旧民主主义革命推到顶峰，结束了在中国两千多年的封建专制制度。但是辛亥革命没有改变中国半封建半殖民地的性质，中国人民仍然生活在水深火热之中。

十月革命的胜利，为中国革命指出了前进的方向；在帝国主义战争和无产阶级革命时

---

① 中共中央马克思恩格斯列宁斯大林著作编译局. 马克思恩格斯选集（第 1 卷）［M］. 北京：人民出版社，2012：413.

② 中共中央马克思恩格斯列宁斯大林著作编译局. 马克思恩格斯选集（第 1 卷）［M］. 北京：人民出版社，2012：411.

③ 中共中央马克思恩格斯列宁斯大林著作编译局. 列宁选集（第 2 卷）［M］. 北京：人民出版社，2012：651.

代，中国只有走俄国十月革命式的道路，才符合世界革命发展的潮流，也才符合中国的历史和现实。为适应中国新式革命的需要，1921 年 7 月 1 日，中国共产党诞生了。中国共产党把马克思主义与中国具体实际相结合，走出了一条农村包围城市的道路，经过 28 年的浴血奋战，打跑了国外帝国主义，打垮了国内的封建主义和官僚资本主义，建立起了人民当家做主的新中国。在社会主义革命和建设时期，中国共产党领导中国人民在一穷二白的基础上建立了独立的比较完整的工业体系和国民经济体系，使古老的中国以崭新的姿态屹立于世界的东方。在改革开放和社会主义现代化建设时期，中国共产党开创了中国特色社会主义道路，坚持以经济建设为中心、坚持四项基本原则、坚持改革开放，到汶川特大地震发生前，初步建立起社会主义市场经济体制，大幅度提高了我国的综合国力和人民生活水平，为应对各种挑战打下了坚实的物质基础。

在抗击汶川特大地震的过程中，中国共产党的先进性和英明性再次体现出来。

首先，党中央对大地震做出的反应之快，不是其他政党可以比拟的。灾情就是命令，时间就是生命，在抢救受伤群众生命面前，一分钟，甚至一秒钟都显得弥足珍贵。灾情传来，时任中共中央总书记的胡锦涛立即作出重要指示：尽快抢救伤员，确保灾区人民群众生命安全。震后两小时，时任国务院总理的温家宝赶赴地震灾区。地震当晚，中共中央政治局常务委员会召开会议，全面部署抗震救灾工作。会议决定，成立抗震救灾总指挥部，由温家宝任总指挥，全面负责当前的抗震救灾工作。会议号召全党、全军、全国各族人民万众一心、众志成城，迎难而上、百折不挠，共同夺取抗震救灾斗争的胜利。根据胡锦涛和军委指示，成都军区、兰州军区[①]迅速派出部队奔赴灾区救援。5 月 14 日，灾后第二天，中共中央政治局常委会再次召开会议，强调要把抢救被困群众放在第一位，只要有一线希望，就要尽一切努力施救。5 月 22 日，灾后第十天，中共中央政治局常委会会议又一次专题研究抗震救灾工作，强调要继续搜救被困群众，切实把搜救工作落实到每一个乡村，特别是要抓紧彻底排查边远乡村，努力做到无一疏漏。面对千头万绪的救灾任务，胡锦涛明确要求：抗震救灾工作必须坚持以人为本。抢救人民群众生命是首要任务，必须继续作为当前抗震救灾工作的重中之重。只要有一线希望，只要有一点生还可能，我们就要作出百倍努力。5 月 16 日，在抗震救灾的危急时刻，胡锦涛乘飞机赶赴四川省地震灾区，慰问灾区干部群众，看望奋战在抗震救灾第一线的部队官兵、公安民警和医护人员，指导抗震救灾工作。5 月 22 日，了解到灾区安置受灾群众急需大批帐篷，胡锦涛立即赶赴浙江省湖州市，实地考察救灾帐篷生产情况。5 月 25 日，胡锦涛又专程前往河北省廊坊市，实地考察救灾过渡安置房生产情况。温家宝在地震当天赶赴灾区之后，于 5 月 23 日再赴灾区。他走上废墟，走进野战医院，走进帐篷小学，走进灾民临时安置点，与地震中的人们站在一起。

其次，中国人民解放军是中国共产党领导的人民的军队，以保家卫国和保护人民群众生命财产的安全为最高神圣职责。地震发生后 13 分钟，全军启动应急机制。地震发生后 2 小时 07 分，成都军区 2 架察看灾情的直升机冒雨起飞。同一时间，驻灾区的 9100 名官兵紧急出征，南北并进开赴救灾一线。兰州军区 3000 多名官兵在第一时间抵达灾区。成都军区司令员要求部队“带上精干人员，不惜一切代价进入汶川”！某集团军军长许勇用

① 2016 年 2 月，七大军区调整为五大战区，兰州军区番号撤销。

嘶哑的声音报告说，几个小时前，他已经带领一支 30 人的先遣队，徒步进入了失去联系多时的映秀镇，并已经成功解救了 300 名灾民。同一时间，一支 500 人的后续部队正在向映秀进发。解放军战士和武警官兵们冒着大雨、山体滑坡和余震，艰难地向震中失去联系的区域挺进。通信困难，作战室里的参谋们喊话的声音越来越大，李世明也对着话筒吼叫起来："不管是将军还是士兵，谁先到汶川就给谁记功!"他的嗓门越来越大："焦点在汶川，制高点也在汶川，关键的关键在汶川！你们要连夜出发，进入汶川!"由四川省军区副司令员李亚洲带领的一支队伍，从理县方向冲往汶川。李亚洲的这支队伍，刚刚完成一次 32 公里的强行军，目标是理县。还有一支 700 人的队伍由茂县方向往汶川开进，他们在路上遭遇了塌方，与指挥部失去了联系。距地震发生不到 10 小时，解放军和武警部队就有 1.2 万名官兵进入四川灾区展开救援。14 日中午 12 点，已经有 15 名战士成功伞降茂县，并与指挥部取得了联系。这是空军首次在高原复杂地域，无地面指挥引导、无地面标识、无气象资料条件下运用伞降方式参加抗震救灾。由于茂县为高山峡谷地形，境内山峰多在海拔 4000 米左右，伞降难度很大，平时训练只需在数百米高度跳伞的空降兵要在 4999 米高空实施伞降。5 月 13 日，党中央、国务院、中央军委决定，再向地震灾区增派 3 万名解放军指战员，这样，投入四川抗震救灾中的解放军指战员、武警官兵和公安干警达 10 万人。14 日，来自各方的救援队伍从四川地震灾区救出伤员 18277 人，救出伤员的总数达到 64725 人。中共中央对地震的迅速反应和有力措施，得到了国际社会的肯定和颂扬。

最后，广大基层党员干部在抗震救灾中舍己为人，身先士卒，成了抗震救灾的主心骨。时任北川县县长经大忠在整个抗震救灾和灾后重建中处处体现出一名共产党员的本色。经县长在地震中失去了 6 位亲人，他强忍悲痛，不顾个人安危，冲锋在抗震救灾第一线；在灾后重建中，他成为北川县重建的"操盘手"，承担起北川灾后重建的第一重任。时任北川县副县长的兰辉同志做了痔疮手术后，顾不上休息，带病冲在抗震救灾第一线，在查看唐家山堰塞湖时摔下悬崖，因公殉职。在抗震救灾和灾后重建中涌现出来的优秀的基层党员不胜枚举。由于中国共产党的英明领导们和科学决策，以及广大党员奋不顾身的献身精神，汶川特大地震造成的损失被降到最低，这再次证明了中国共产党的领导是解决中国一切问题的前提条件。就连西方国家媒体都不得不承认中国力量的强大，《纽约时报》报道：关键时刻中国政府反应迅速，温家宝对灾区群众高度关切的形象和他亲临第一线的鲜明姿态一次次出现在电视屏幕上，与其他一些国家发生灾害后政府的迟缓表现形成了鲜明对比。中国领导人的努力证明了在关键时刻中国政府能够做到反应迅速。美联社报道：这种快速的动员，反映了中国领导层已经将灾难救援放在突出的位置，也向世界展示了，他们对奥运期间的任何突发事件都会准备充分。加拿大 CBC 电视台报道说，中国军队的反应速度和人员、装备、物资投放能力均给人留下深刻印象。《葡萄牙快报》报道：地震检验了中国领导层的能力。《德国世界报》说，中国"历史上最大的军事行动"是为了救灾。马来西亚的《光华日报》对于地震之后中国政府的快速救援，特别是中国共产党高级领导人的快速、及时、恰当的指挥是这样评价的：一个好政府，不只要看管好社会秩序，保护人民生命财产，还要以民为本，把人民的苦乐视为首要任务，好政府的领导人也要充满爱心，先天下之忧而忧。这次四川地震灾害，中国政府领导层，胡锦涛和温家宝，第一时间深入灾区指挥救援工作，视民如子的情怀，应该说，没有几个其他国家领袖能够像他们这样体察民情。

2. 充分体现了人民当家做主的社会主义国家性质

中国共产党的领导和人民当家做主的统一是中国特色社会主义政治制度的又一大特点。无产阶级专政（通过共产党的领导）的社会主义国家是在打碎资产阶级专政的国家的基础上建立起来的，是新型民主和新型专政相结合的国家。过去的一切剥削者类型的国家，都是少数剥削阶级对广大劳动人民的统治（专政）。马克思和恩格斯指出，资产阶级的国家政权“不过是管理整个资产阶级的共同事务的委员会罢了”①。而无产阶级专政的国家则不同，它是占人口绝大多数的劳动人民对少数敌对分子的统治。马克思、恩格斯非常重视无产阶级专政的重要性，认为它是建立社会主义的第一步，他们说：“工人革命的第一步就是使无产阶级上升为统治阶级，争得民主。”② 十月革命胜利以后，面对国内外反动势力的破坏和进攻，列宁强调对他们进行无情专政。列宁同时认为，专政与民主是同一问题的两个方面，一定阶级的民主，就是一定阶级的专政，只有处于专政地位的阶级才享有真正的民主，被专政的阶级是没有民主可言的。因此，资产阶级标榜的全民民主是骗人的鬼话。列宁公开声明无产阶级专政的国家对“资产阶级即对少数居民实行专政，同时它又充分发扬民主”③，是专政和民主的统一。因为民主属于上层建筑，是由一定的经济基础决定的。私有制经济基础上的民主制度是狭隘的民主，只是在经济上居于统治地位的占人口极少数的统治阶级的民主，占人口绝大多数的劳动群众根本没有民主权利。以公有制为经济基础的社会主义保证了人民群众是生产资料的主人，保证了人民在政治上的广泛地的民主权利。正如毛泽东所说的：“我们的这个社会主义的民主是任何资产阶级国家所不可能有的最广大的民主。……在人民内部实行民主制度，而由工人阶级团结全体有公民权的人民，首先是农民，向着反动阶级、反动派和反抗社会主义改造和社会主义建设的分子实行专政。所谓有公民权，在政治方面，就是有自由和民主的权利。”④ 无产阶级专政的国家的民主与专政这一矛盾中，民主是矛盾的主要方面，因为社会主义国家的主要矛盾已经不是阶级矛盾，而是人民群众不断增长的物质文化需要同发展生产之间的矛盾。

无产阶级专政在不同的社会主义国家可以有不同的形式，而它们的本质内容都是相同的。人民民主专政是中国共产党领导中国人民所创造的适合我国国情和革命传统的一种形式。毛泽东在《新民主主义论》《论联合政府》《将革命进行到底》《论人民民主专政》等著作中，多次提出和论述了工人阶级领导的以工农联盟为基础的人民民主专政的思想。在《论人民民主专政》一文中，毛泽东指出：“总结我们的经验，集中到一点，就是工人阶级（经过共产党）领导的以工农联盟为基础的人民民主专政。”“对人民内部的民主方面和对反动派的专政方面，互相结合起来，就是人民民主专政。”⑤ 中华人民共和国的国家政权就是按照人民民主专政的原则组建的。因此，我国的国家对于我国广大人民群众来说，是

① 中共中央马克思恩格斯列宁斯大林著作编译局. 马克思恩格斯选集（第1卷）[M]. 北京：人民出版社，2012：402.

② 中共中央马克思恩格斯列宁斯大林著作编译局. 马克思恩格斯选集（第1卷）[M]. 北京：人民出版社，2012：421.

③ 中共中央马克思恩格斯列宁斯大林著作编译局. 列宁全集（第23卷）[M]. 北京：人民出版社，1958：14.

④ 毛泽东. 毛泽东选集（第5卷）[M]. 北京：人民出版社，1977：366-367.

⑤ 毛泽东. 毛泽东选集（第5卷）[M]. 北京：人民出版社，1977：366.

民主的（居于统治或者说专政地位），对于少数剥削者来说是专政的（处于被统治和被专政的地位），是新型民主和新型专政的统一，这不同于以往一切剥削者类型的国家。社会主义经济制度建立以后，我国的阶级结构发生了根本性的变化。我国生产资料公有制的经济性质决定了人民民主专政的政治制度的真实性和广泛性。

抗击汶川特大地震的过程充分体现了人民群众的主人翁地位。

首先，人民群众的生命受到前所未有的尊重。汶川特大地震发生后，党中央、国务院高举“以人为本”大旗，第一时间发出了全国动员令，发出了“举全国之力抗震救灾”“视人民群众的生命高于一切”的伟大号召。中国人民解放军及武装警察部队十万余人立即奔赴灾区，各省、市立即派出了救援团，成千上万的志愿者从各个方向进入抗震第一线，社会各界捐款捐物支援灾区，共同谱写了一曲“一方有难，八方支援”的光辉乐谱，唱响了一首“万众一心、不屈不挠、友爱互助、自强不息”的雄伟赞歌。

其次，人民群众的主体地位得到充分展现。人民群众是物质财富和精神财富的创造者，是社会变革的决定性力量。在剥削阶级社会，人民群众的积极性、主动性和创造性受到压抑。在社会主义条件下，人民当家做主，视社会主义的各项事业为自己的事业，建设社会主义的热情空前高涨，其积极性、主动性和创造性得到前所未有的发挥。这是社会主义能够比资本主义创造更高生产力的根本原因。近几年来，西方不少经济学家对中国的发展速度咋舌，哀叹“西方经济学无法解释中国经济神速的发展，如果有人找出了中国经济高速发展的奥秘，那么他毫无疑问会被授予诺贝尔经济学奖”。殊不知答案是显而易见的，中国有以马克思主义理论为指导思想的共产党的指导，有人民真正当家做主的民主制度，这种共产党的领导和人民当家做主的统一，能够把人民群众的积极性、主动性和创造性充分发挥出来，这是中国改革开放四十年来取得飞速发展的根本原因，这是中国的最大优势。汶川地震发生后，全国各族人民视灾区群众为兄弟姐妹，同心协力共克时艰。在抗震救灾的日日夜夜里，心系灾区、情系灾区，“汶川加油、中国加油”成为响彻中华大地的最强音。数不清的人民在前方后方充当志愿者，数不清的群众自发前往遍布全国的献血点无偿献血。中华慈善总会、中国红十字会等全国性慈善和公益组织发出救灾捐助倡议，文艺界、体育界、科技界、宗教界、工商界纷纷响应，广大民众踊跃捐款捐物、献智出力。截至2008年底，31个省（区市）、新疆建设兵团和18个中央部门单位直接接受捐赠款物高达640多亿元。大量企业和民间组织以多种方式参与救灾，灾区内外生产企业开足马力加紧生产救灾帐篷、活动板房、医疗器械药品等紧缺物资。灾区各市（州）、县（市、区）、乡（镇）党委政府也依法全面履行属地应急责任，充分依托内外救援力量和资源，精心实施各项决策，紧张有序开展工作，确保救灾工作在最短时间达到了有序状态，这为夺取抗震救灾胜利汇聚了深厚力量。四川灾区十万多基层党员干部既是受灾者，又是自救者，还是指挥者。灾区共组建了8.2万多个各类党员抢险队、党员突击队从事急难险重任务，参与党员达110多万人。在外部救援力量暂时无法到达灾区前，基层党组织和干部群众的自救互救迅速开展，广大党员干部舍小家顾大家，不顾亲人伤亡自家被毁，顽强奋战在第一线。这种在抗震救灾中上下一心，精诚团结，人民群众冲锋陷阵的宏大局面只有在人民群众当家做主的社会主义制度下才看得到。所以，抗震救灾斗争的重大胜利，归根到底是人民的胜利。

最后，抗震救灾的理论和实践证实了社会主义的国家政权是为人民服务的国家政权。

我国人民民主专政的国家性质决定了我国国家职能以经济文化的管理职能为主，政治统治职能为辅。马克思和恩格斯认为，无产阶级“争得民主”以后，将利用自己的政治统治，一步一步地夺取资产阶级的全部资本，把一切生产工具集中在国家即组织成为统治阶级的无产阶级手里，并且尽可能快地增加生产力的总量。[①] 列宁领导苏联人民打退了国内外反动派的进攻以后，认为苏联的主要职能转变为对国家的管理的时机已经成熟。中国社会主义改造基本完成以后，毛泽东在《关于正确处理人民内部矛盾的问题》一文中论述了我国人民民主专政国家实行专政的两个方面：一是压迫国家内部的反动阶级、反动派和反抗社会主义革命的剥削者，压迫那些对于社会主义建设的破坏者[②]；二是预防国家外部敌人的颠覆活动和可能的侵略[③]。毛泽东同时强调：专政的目的是为了保卫全体人民进行和平劳动，将我国建设成为一个具有现代工业、现代农业和现代科学文化的社会主义国家。我们的人民政府是真正代表人民利益的政府，是为人民服务的政府。[④] 党的十一届三中全会以后，党中央正确地分析了国际国内形势，提出阶级矛盾已经不是我国的主要矛盾，我国的主要矛盾是人民日益增长的物质文化需要同落后的社会生产之间的矛盾，人民民主专政的主要职能不再是搞阶级斗争，而是组织和推动社会主义经济文化的发展，以满足人民群众日益增长的物质文化生活的需要。自从改革开放以来，我国经济、社会、文化等方面取得飞速发展，人民群众生活水平得到快速提高。进入新时代，我国社会的主要矛盾变成了人们日益增长的美好生活需要同不平衡不充分的发展之间的矛盾。

抗击汶川特大地震的伟大实践再次充分证实了国家机关是为人民群众服务的机构。在地震灾情发生之后，时任中共中央总书记的胡锦涛立即做出重要指示，要求全力以赴地抢救伤员，保证灾区人民的生命安全。中共中央政治局常委会召开专题会议，全面部署了当前的抗震救灾工作。党中央、国务院成立了以时任国务院总理的温家宝为总指挥，李克强、回良玉为副总指挥的抗震救灾指挥部，下设若干工作小组，分别负责相关的工作。温家宝当天便赶到灾区，在灾区第一线指挥救灾工作。人民解放军、武警部队官兵再次出现在最危险、最困难的地方，全力抢修通往灾区的道路。中央各有关部门、地震灾区的各级党委、政府及党员干部群众紧急动员起来，各界群众积极参与救灾工作，救援队、医疗队、救灾物资源源不断地运往灾区。国家减灾委、民政部在震后紧急启动了国家救灾一级响应，中央财政紧急下拨了地震救灾应急资金 8.6 亿元，统筹用于各方面的抢险救灾和受灾群众的紧急转移安置。民政部向地震灾区调拨救灾帐篷 60600 顶和 50000 床棉被，还下发通知要求各地积极响应党中央、国务院关于开展抗震救灾工作的号召，动员党员干部带头，发扬一方有难、八方支援的中华民族优良传统，积极为灾区捐赠救灾款物。2008 年 6 月 18 日，国务院总理温家宝主持召开国务院常务会议，对支持汶川地震后恢复重建的政策措施进行了研究。会议决定，主要从财政、金融、税收、土地、就业和粮食收购等方面采取措施，大力支持灾后恢复重建。这些行动充分说明我国政府是人民意志的执行者和利益的捍卫者，对人民负责，努力为人民服务，也充分说明了我国政府是真正为人民服务的政府。

---

① 中共中央马克思恩格斯列宁斯大林著作编译局. 马克思恩格斯选集（第 1 卷）［M］. 北京：人民出版社，2012：402.

② 毛泽东. 毛泽东文集（第 7 卷）［M］. 北京：人民出版社，1999：207.

③ 毛泽东. 毛泽东文集（第 7 卷）［M］. 北京：人民出版社，1999：207.

④ 毛泽东. 毛泽东文集（第 7 卷）［M］. 北京：人民出版社，1999：205.

### （二）中国特色社会主义经济制度优越性的彰显

社会主义的经济制度是对过去一切生产资料私有制经济制度的否定，是建立在生产资料公有制基础上的经济制度。在私有制的经济制度下，生产关系最终会成为生产力发展的障碍，从而为高一级的生产关系所代替。资本主义生产关系的建立极大地解放了生产力，资产阶级在它不到一百年的阶级统治中所创造的生产力，比过去任何时代创造的全部生产力还要多，还要大。但是随着资本主义生产力的进一步社会化，资本主义的生产关系越来越成为生产力发展的桎梏。当资本主义的生产关系与生产力的矛盾达到激化程度时，资本主义通过经济危机的形式来破坏生产力的发展，使之勉强维持在资本主义生产关系的框架内。这种以破坏生产力的发展来维系生产关系的社会，最终必然被高一级的社会——社会主义所代替。就如马克思恩格斯所说的，资本主义的灭亡和社会主义的胜利是同样不可避免的。

中国通过新民主主义革命和社会主义革命两个革命阶段建立起了社会主义的经济制度。由于我国正处于并将长期处于社会主义的初级阶段，我国不能实行当年马克思和恩格斯所设想的生产资料全由社会共同占有，取消商品货币关系，实行各尽所能、各取所需的高水平经济制度，而只能实行以生产资料公有制为主体，多种所有制共同发展的生产资料所有制形式，实行以按劳分配为主，多种分配制度并存的分配制度，培育和发展市场经济，使市场在社会主义经济建设中起到决定性作用。改革开放前，我国曾一度实行纯而又纯的公有制和平均主义的分配方式。基于这种生产关系有集中力量办大事的优越性，我国建立起了比较完整的工业体系国民经济体系。但是这种生产关系超越了我国生产力的发展阶段，导致我国经济速度和人民群众生活水平提高得很缓慢，与发达国家，甚至很大一部分发展中国家的差距越拉越大。改革开放以后，我国逐渐调低经济基础水平，使之逐渐与我国生产力发展水平和速度保持一致。虽然我国经济基础的水平不高，但是它已经是公有制性质的经济基础，比资本主义的生产关系优越千万倍，是消除生产领域的对抗性矛盾，从而避免经济危机的唯一的所有制形式和分配形式，是目前世界大生产条件下唯一适合生产力发展的经济形式。就是这种经济关系，极大地解放和发展了我国的生产力，促进我国经济在短期内腾飞。

中国在世界经济发展的赛道上连续赶超多个国家，1981 年 GDP 总量在世界上的排名为第 13 名；到汶川特大地震发生前的 2007 年排在了第三位；2010 年中国的 GDP 总量超过了日本，排名第二；2017 年中国 GDP 虽仍排名第二，但差不多是排名第三的日本的 3 倍。

中国特色社会主义的经济制度除了能促进生产力的快速发展之外，还有一个不可比拟的优点——能够集中力量办大事。在公有制经济制度的基础上，经济的发展兼顾国家、集体、个人的利益；各地区、各部门及个人能够正确处理国家、集体和个人的利益关系，在个人利益与国家、集体利益不一致时，把国家、集体利益放在第一位。这就是社会主义的集体主义。社会主义的集体主义是对资本主义个人主义的否定，它在理论和实践上强调国家利益高于集体利益，集体利益高于个人利益。在马克思主义者看来，集体主义是共产主义的基本原则，个人离开了集体，其本质就得不到体现，个人就得不到解放。马克思和恩格斯强调，无产阶级的革命运动是整个无产阶级和全人类的解放运动，过去的一切运动是少数人的，或者为少数人谋利益的运动。无产阶级的运动是绝大多数人的，为绝大多数人谋利益的独立的运动。[①] 无产阶级奉行集体主义的原则，革命成功后建立的人民当家做主的制度也以集体主义原则为社会的最高道德准则。在资本主义社会，工人在形式上集体劳作，但是那是一种虚幻的集体，工人们被资本主义异化了，被固定在岗位上，成为资本家生产剩余价值的机器的一部分。只有在社会主义真正的集体大家庭中，个人才能获得解放和自由。马克思和恩格斯指出：个人力量（关系）由于分工转化为物的力量这一现象，不能靠从头脑里抛开关于这一现象的一般观念的办法来消灭，而只能靠个人重新驾驭这些物的力量并消灭分工的办法来消灭。没有共同体，这是根本不可能实现的。只有在共同体中，个人才能获得全面发展其才能的手段，也就是说，只有在共同体中才可能有个人自由。[②] 因此，马克思和恩格斯认为，在个人利益与集体利益这对矛盾中，集体利益是矛盾的主要方面。在真实的社会主义集体中，必须使个别人的私人利益符合于全人类的利益。[③] 共产党是工人阶级的先锋队，他们没有任何同整个无产阶级的利益不同的利益。[④] 列宁继承和发展了马克思恩格斯集体主义的思想，他认为，在社会主义条件下，要消除"人人为自己，上帝为大家"的荒谬论调，要努力建立"大家为一人，一人为大家"的社会主义集体原则，人人都应该为社会主义社会贡献自己的劳动。[⑤] 毛泽东把马列主义的集体主义思想运用于中国的实际。毛泽东认为，践行集体主义原则，共产党员应该起到先锋模范作用，共产党员无论何时何地都不应把个人利益放在第一位，而应以个人利益服从于民族的和人民群众的利益。因此，自私自利，消极怠工，贪污腐化，风头主义等，是最可鄙的；而大公无私，积极努力，克己奉公，埋头苦干的精神，才是可尊敬的。[⑥] 毛泽东还认为，集体利益和个人利益是一致的，个人是集体的一分子，集体利益增加了，个人利益也随着改善了。[⑦]

改革开放以后，我国在经济领域以建立社会主义市场经济为经济改革的基本目标。市场经济条件下存在着性质不同的经济利益主体，但是我国的市场经济是社会主义市场经济，是公有制经济占主体的市场经济，市场经济条件下仍然要奉行集体主义原则。邓小平认为，在改革开放过程中，允许一部分人通过诚实劳动和合法经营先富起来，然后由他们带领其他人民群众一同致富。社会主义不同于财富集中于少数人的资本主义社会，社会主义最大的优越性就是共同富裕，这是体现社会主义本质的一个东西。[⑧] 共同富裕是集体主义原则在社会主义经济领域的体现。习近平治国理政的新思想新观点新论断也充满丰富的集体主义思想，其"人类命运共同体"思想就是马克思主义集体主义在新的历史条件下的

---

① 中共中央马克思恩格斯列宁斯大林著作编译局．马克思恩格斯选集（第1卷）［M］．北京：人民出版社，2012：411.

② 中共中央马克思恩格斯列宁斯大林著作编译局．马克思恩格斯选集（第1卷）［M］．北京：人民出版社，2012：199.

③ 中共中央马克思恩格斯列宁斯大林著作编译局．马克思恩格斯全集（第2卷）［M］．北京：人民出版社，1957：167.

④ 中共中央马克思恩格斯列宁斯大林著作编译局．马克思恩格斯选集（第1卷）［M］．北京：人民出版社，2012：413.

⑤ 中共中央马克思恩格斯列宁斯大林著作编译局．列宁全集（第39卷）［M］．北京：人民出版社，1986：100.

⑥ 毛泽东．毛泽东选集（第2卷）［M］．北京：人民出版社，1991：522.

⑦ 毛泽东．毛泽东文集（第8卷）［M］．北京：人民出版社，1999：134.

⑧ 邓小平．邓小平文选（第3卷）［M］．北京：人民出版社，1993：364.

体现，具有非常宽广的国际视野。

中国社会主义经济的快速发展，为中国抗震救灾奠定坚实的物质基础；中国经济制度的公有性质和集体主义原则，为战胜汶川特大地震提供了坚实的制度保障。汶川特大地震发生后，民政部立即向灾区紧急调运救灾物资。5 月 12 日 16 时，国家减灾委Ⅱ级响应启动后，民政部立即从西安中央救灾物资储备库紧急调拨 5000 顶救灾帐篷支援四川灾区。21 时，民政部从合肥、郑州、武汉、南宁四个物资储备库紧急向四川灾区调拨救灾帐篷 45650 万顶，同时商总参作战部准备向四川汶川县空投棉大衣、棉被、食品等救灾物资。13 日凌晨，民政部又从沈阳、西安、天津三个物资储备库调运帐篷 10600 顶，棉被 5 万床。累计第一批调拨的救灾帐篷共计 61250 顶，棉被 5 万床。5 月 13 日，民政部向灾区调拨了第二批救灾帐篷 39130 顶。其中，从天津库调运 3000 顶、从沈阳库调运 100 顶、从哈尔滨库调运 10520 顶、从合肥库调运 6270 顶、从郑州库调运 2500 顶、从武汉库调运 6040 顶、从南宁库调运 7200 顶支援四川地震灾区，从西安库调运 3500 顶支援甘肃地震灾区。①

地震发生后，卫生部紧急号召全国各省组织医疗队，支援救灾活动。5 月 13 日中午之前，全国各地的多支救灾医疗队已经在赶往灾区的路上。5 月 13 日 8 时，郑州市第五人民医院召开大会提出“一方有难，八方支援”的号召，号召组织支援服务队前往灾区支援。截至 8 点 30 分，报名前往灾区的医护人员已达 300 余名，第五人民医院的医疗队已经成立待命。当天，郑州市卫生局成立了 6 支医疗队。上海连夜组织了 5 支医疗队，派出全市最精锐的医生和护士，随队携带了针对地震灾害的必备药品、手术器械和帐篷。浙江也组织了 5 支医疗队。安徽连夜组织了 4 支医疗队。天津市的抗震救灾医疗队于早上 7 点出发，携带价值数十万元灾区急需的医疗救治药品和器械，转道首都机场，飞赴四川省受灾地区，支援当地开展医疗救治。此时，卫生部组织了 1000 多人的庞大医疗预备队，根据需要随时赶赴灾区；调拨了大量血液和血浆代容物，于 13 日随同医疗队一起送往灾区。中国每个省都向灾区派驻了医疗队，四川一下子有了无数各地的医疗护理精英，医生们在手术中操着不同的口音向护士索要着相同的医疗器械，命令注射同一种药品，向奄奄一息的人们呼喊着同一句话，想着同样一件事——救人。

### （三）中国抗震救灾和灾后重建的伟大胜利——以四川省为例

中国特色社会主义制度的优越性，保证了中国抗震救灾和灾后重建的胜利。四川省受灾最重，损失最大，但是四川人民的英勇抗击和在其他省区的大力支援下，四川人民战胜了这一罕见的自然灾害。2008 年，四川省全年生产总值实现 12506.3 亿元，增长 9.5%，比计划目标低 0.5 个百分点，高于全国 0.2 个百分点；地方财政一般预算收入 1041.8 亿元，同口径增长 18.9%，比计划目标高 4.9 个百分点；城镇居民人均可支配收入 12633 元，增长 13.8%，比计划目标高 3.8 个百分点；农民人均纯收入 4121 元，增长 16.2%，比计划目标高 8.2 个百分点；居民消费价格上涨 5.1%，低于 5.9%的控制目标。整个抗震救灾过程中，抢救被埋人员 83988 人，收治伤病员 400.5 万人次，紧急转移、应急安置

---

① 民政部向地震灾区紧急调运两批救灾帐篷 100380 顶［EB/OL］.（2008－05－13）［2017－05－12］. http://www.gov.cn/gzdt/2008－05/13/content_971489.htm.

受灾群众1200余万人，妥善安置因灾新增孤儿、孤老、孤残人员1460人和受伤致残人员5899人，3个月内完成了445.4万户住房损毁家庭的过渡安置，9月1日前灾区中小学生全部复课。加强卫生防疫，及时对建筑物废墟等环境进行消毒，实现了大灾之后无大疫。抢修交通、通信、电力、供水等损毁的基础设施，有效保障了抗震救灾和灾后恢复重建。严防次生灾害，成功排除唐家山等堰塞湖、震损水库、堤防险情，排查12969处地质灾害隐患点并及时采取防患措施。强化物资和资金保障，抓好救灾物资的筹集、接收和调配，下拨中央和省级财政各类抗震救灾资金985.5亿元。①

抗震救灾结束后，四川人民加快推进灾后恢复重建的步伐。四川省发展和改革委员会及时编制完成全省灾后恢复重建总体规划、10个专项规划和43个行业规划，出台贯彻落实国家汶川地震灾后恢复重建条例的实施办法和支持灾后恢复重建的政策措施。灾后恢复重建进展顺利，2008年开工城乡住房116.6万户，建成57.5万户；启动公共服务设施项目建设，建成学校211所、医疗卫生机构189个；开工高速公路和国省干线公路项目76个、水利项目862个；97%的受灾工业企业恢复生产。建立协调对接机制，积极做好对口支援协调服务工作，确定援建项目1907个、资金431.1亿元，到位资金134.5亿元，开工项目736个、完工项目179个。抓好港、澳援建工作，组织实施省内对口支援。第一产业实现增加值2366.2亿元，增长3%，比计划目标低1.5个百分点。稳定播种面积，粮食总产量350亿公斤，增长3.2%。特色效益农业加快发展，油菜籽产量19亿公斤，增长10%。畜牧业保持良好发展势头，生猪出栏9020万头，肉类产量91亿公斤（增长4.3%），水产品总产量13亿公斤（增长7.5%），畜牧业产值占农业总产值比重的52.2%。农业产业化经营明显推进，各类农业产业化龙头企业达到6000多家（增长5%），农民专业合作经济组织达到1.6万个，产业化经营带动农户占农户总数的53%左右。劳务经济稳步发展，全年实现劳务总收入1228亿元，增长14%。第二产业实现增加值5790.1亿元，增长12.9%。其中，规模以上工业增加值4939.3亿元，增长17.9%，比计划目标高2.9个百分点；利润总额680亿元，增长12%。高新技术、优势资源开发、装备制造、农产品加工等优势产业逐步壮大，大企业集团"两个带动"工程和"小巨人企业计划"深入推进，新增规模以上工业企业1458户。492个重点技改项目完成投资391亿元。产业园区建设步伐加快。工业对经济增长的贡献率达61.4%。第三产业实现增加值4350亿元，增长8.3%，比计划目标低1.7个百分点。商贸服务业发展较快，实现社会消费品零售总额4800.8亿元，增长19.6%，比计划目标高6.6个百分点。旅游业因灾受到较大影响，全省旅游总收入1091.5亿元，下降10.3%。房地产业在调整中发展，商品房及住宅销售价格涨幅回落，商品房销售面积3000万平方米，下降35%。金融业稳步发展，全省金融机构人民币各项存贷款余额分别为18661亿元、11163.4亿元，增长33.8%、25.5%。②

2008年全年全社会固定资产投资完成7581.2亿元，增长29.5%，比计划目标高9.5

① 关于四川省2008年国民经济和社会发展计划执行情况及2009年计划草案的报告［EB/OL］.（20009－02－05）［2017－04－12］. http://www.sc.gov.cn/zwgk/ndjh/sjhbg/200902/t20090205_572624.shtml.

② 关于四川省2008年国民经济和社会发展计划执行情况及2009年计划草案的报告［EB/OL］.（2009－02－05）［2017－04－12］. http://www.sc.gov.cn/zwgk/ndjh/sjhbg/200902/t20090205_572624.shtml.

个百分点。投资结构进一步优化，优先启动了一批与人民群众生产生活密切相关和对灾后恢复重建具有先导性、基础性作用的项目；农林牧渔业投资 323.9 亿元，增长 67.3%；工业投资 3080.1 亿元，增长 27.7%。基础设施建设投资加大，交通投资 614.8 亿元，增长 41.2%，全省高速公路通车里程达 2162 公里；能源投资 838 亿元，新增天然气输气干线 440 公里、发电装机容量 264 万千瓦；水利基本建设投资 25.4 亿元，新增有效灌面 35 万亩、蓄引提能力 1.45 亿立方米。全省 462 个重点项目全年完成投资 1615 亿元，其中 50 个重点支持和重点推进项目完成投资 890 亿元。南渝、邻垫、西攀、攀田 4 条高速公路建成，成都至都江堰快速铁路、成绵乐铁路客运专线、双流国际机场二跑道、珙县火电厂一期等重大项目开工建设，成兰铁路及官地、大岗山、长河坝、泸定水电站和福溪火电厂等项目前期工作加快。

加大与国际组织和外国政府的合作，争取到世行、亚行等提供的灾后重建国外优惠紧急贷款 12 亿美元。全年引进国内省外资金 2998.2 亿元，增长 52%。实际利用外资 33.4 亿美元，增长 66.1%。来川落户的世界 500 强企业达到 142 家，新增 7 家。外贸进出口总额 220.4 亿美元，增长 53.3%，其中出口 131.1 亿美元，增长 52.3%，比计划目标高 36.3 个百分点。境外投资企业达到 138 家，新增 30 家。

地震对四川省的生态造成严重影响，为一系列次生灾害埋下隐患。四川着力抓好生态经济、生态环境、生态文化三大战略工程，全年完成造林面积 900 万亩、“三化”草地治理 1315 万亩、退牧还草 580 万亩，新增治理水土流失面积 1907.7 平方公里，创建生态示范区 86 个，森林覆盖率达到 30.6%。加强野生动植物保护，成功申报若尔盖湿地为国家重要湿地、海子山高原湿地为国家级自然保护区。坚持“十分珍惜、合理利用土地和切实保护耕地”的基本国策，严格保护耕地，节约集约利用土地，整理土地 139.7 万亩，新增耕地 17.5 万亩。

抗震救灾和灾后恢复重建没有淡化民生工程的建设。2008 年实施八项民生工程，共投入资金 501.4 亿元，安排拨付富民安康工程资金 76.4 亿元。解决农村特困无房户、城市低收入家庭住房困难，投入资金 14.4 亿元。新解决 25 万绝对贫困人口的温饱问题。新建和改扩建通村通乡公路 2.7 万公里，新建沼气池 52.2 万口，新解决 281.8 万人的安全饮水问题。在 11 个县（市、区）开展了城乡环境综合整治试点工作，启动 300 个省级村庄人居环境治理试点。全部免除农村和城市义务教育阶段学生的学杂费，1043.5 万城乡学生受益，农村义务教育阶段寄宿贫困学生生活费补助人数达 140 万人，各级财政资金资助高校、中职学校、普通高中家庭经济困难学生 129 万人。

2008 年，四川的教育、科技、卫生、文化、体育等社会事业全面发展。继续实施“民族地区教育发展十年行动计划”，贫困寄宿制学生总数达 37 万人，新增基本普及九年义务教育县 2 个，“普九”人口覆盖率 99.6%。职教攻坚计划有序推进，高中阶段教育加快发展，高等教育质量稳步提升。自主创新体系逐步完善，新增国家工程研究中心 4 个，工程实验室和企业技术中心 25 个，国家支持建设高技术产业化示范项目 25 个，4 个高技术产业基地获得国家授牌。公共卫生体系不断完善，新建社区卫生服务机构 112 个，启动 143 个妇幼保健机构建设项目，全省 23 个项目县（市、区）达到国家血吸虫病传播控制标准。及时做好婴儿奶粉事件处置工作，对全部患儿实行免费医疗救治，未出现死亡病例。人口和计划生育工作继续加强，人口自然增长率 2.4‰。公共文化服务体系建设进一步加强，新建乡镇综合文化站 148 个，认真实施广播电视“村村通”工程、“西新工程”，广播、电视综合覆盖率分别达 96%、97.1%。全民健身运动广泛开展，川籍运动员在北京奥运会上获得 4 金、3 银、5 铜的好成绩。

就业规模不断扩大，基本实现动态消除“零就业”家庭目标。城镇新增就业 63.5 万人，比计划目标多 8.5 万人，城镇登记失业率 4.6%，低于 5%的控制目标。下岗失业人员和失地无业农民再就业 33.1 万人。8 个重灾市（州）共帮助 119.1 万名城乡劳动者实现就业。全省转移输出农村劳动力 2023.4 万人。

社会保障水平提高，城镇参加基本养老和基本医疗保险人数分别比上年末增加 92.6 万人和 376.3 万人，农民工参加工伤保险人数比上年末增加 26.1 万人，城镇居民医疗保险试点参保人数 500.7 万人。185.5 万城镇低保对象实现应保尽保，人均月补助 124 元，比上年高 33 元；纳入农村低保 351.5 万人，人均月补助 41 元，比上年高 18 元。新型农村合作医疗实现全覆盖，参合农民 6141.3 万人。对符合条件的城乡贫困患者实施医疗救助 121.8 万人次。①

2009 年以后，四川经济社会进入快速发展的快车道，灾区各方面的建设取得长足进步。2009 年全年四川省实现生产总值 14151.3 亿元，比上年增长 14.5%，比计划目标高 5.5 个百分点，高于全国 5.8 个百分点。纳入国家灾后恢复重建总体规划的项目开工 94.3%，完成投资 6002.7 亿元。城镇新增就业 72 万人，城镇登记失业率 4.3%；城镇居民人均可支配收入 13904 万元，增长 10.1%；农民人均纯收入 4462 元，增长 8.3%；居民消费价格上涨 0.8%；人口自然增长率 2.7%。39 个重灾县 GDP 增长 16.2%，规划重建的 126.3 万户农村永久性住房全部完成，因余震等因素新增 19.6 万户农村住房重建已开工 99.9%，其中完工 77%。北川、汶川、青川 3 个县城和映秀、汉旺等 35 个城镇恢复重建全面启动。生态修复、精神家园等重建有序推进，39 个重灾县生产总值增长 16.2%，比全省高 1.7 个百分点，地方财政一般预算收入增长 37.5%，比全省高 15.6 个百分点。25.9 万户城镇住房开工 97.1%，其中完工 74.7%。3002 所学校开工 99.2%，其中完工 79.7%。1362 个医疗卫生机构开工 93.8%，其中完工 75.5%。福利院和敬老院开工 79%。②

2010 年，四川省 GDP 增速保持了强劲的增长劲头。数据显示，2010 年，四川实现生产总值（GDP）16898.6 亿元，比上年增长 15.1%，较全国平均水平高出 4.8 个百分点，居全国第 5 位，在 GDP 总量过万亿元的地区中增速第一。③ 2011 年，四川省实现地区生产总值 21026.7 亿元，增长 15.0%；完成工业投资 5732.0 亿元，增长 14.4%，保持强劲的高增长势头。④

---

① 关于四川省 2008 年国民经济和社会发展计划执行情况及 2009 年计划草案的报告 [EB/OL]. (2009-02-05) [2017-04-12]. http://www.sc.gov.cn/zwgk/ndjh/sjhbg/200902/t20090205_572624.shtml.

② 2009 年国民经济和社会发展计划执行情况及 2010 年计划草案报告 [EB/OL]. (2010-02-10) [2017-04-12]. http://govinfo.nlc.cn/search/htmlflash4Radar?docid=2263581.

③ 2010 年全国各地 GDP 数据一览　准万亿俱乐部 4 家 [EB/OL]. (2011-02-15) [2017-04-12]. http://www.ce.cn/macro/more/201102/15/t20110215_22214061.shtml.

④ 四川 2011 年 GDP 突破 2 万亿元大关 [EB/OL] (2012-03-05) [2017-04-12]. http://finance.china.com.cn/roll/20120305/571179.shtml.

2011年年末，四川省三年灾后重建任务完成。三年多来，四川如期实现了“家家有房住、户户有就业、人人有保障、设施有提高、经济有发展、生态有改善”的目标，成功解决了540多万户、1200多万人的住房修建问题；3001所学校完工2989所，1362个医疗卫生和康复机构完工1359个；1449名因灾新增“三孤”人员生活得到保障，2.7万余名地震伤残人员得到医疗康复，再生育家庭已有3194个新生命诞生。[①] 地震灾区浴火重生，以崭新的面貌呈现在世人面前（如下图）。

汶川新县城

北川新县城

可见，有中国共产党的坚强领导和人民当家做主的民主制度，有为人民谋福利为主要职能的人民政府，有优越的中国特色社会主义经济制度，四川灾区人民战胜了特大地震灾害，迅速过上了幸福美满的好日子。这在其他社会制度下是不可想象的。正如习近平2016年7月28日考察唐山抗震救灾和新唐山建设40年之际发表的重要讲话中指出的，之所以能够在条件相当艰苦的情况下取得显著成效，很重要的一点就是在大灾大难面前，党的各级组织和广大党员、干部始终同人民群众同呼吸、共命运、心连心，吃苦在前，冲锋在前，成为人民群众的主心骨。党的力量来自人民。只要党把人民凝聚起来，紧紧依靠人民，我们就能经受住前进道路上的各种严峻考验，战胜各种困难和挑战。唐山抗震救灾和

① 四川省长：汶川地震灾后重建完成［EB/OL］.（2012－01－10）［2017－04－12］. http://www.chinanews.com/gn/2012/01-10/3593415.shtml.

新唐山建设40年的光辉历程，以及我们开展的许多重大抗灾救灾和灾后恢复重建取得的伟大成就，充分体现了中国共产党领导和我国社会主义制度的优越性。

## 第二节 抗震救灾精神的理论价值

### 一、有利于推动抗震救灾文化的研究

我国是一个地震灾害多发的国家，长期以来，在我国人民群众与地震灾害做斗争的过程中，形成了独特的抗震救灾文化。但是，迄今为止学术界尚未对抗震救灾文化进行过研究，这既不利于抗震救灾精神的弘扬、抗震救灾经验的总结和防灾减灾知识的普及，也不利于发展和壮大社会主义先进文化。抗震救灾文化在我国是一种客观存在，是社会主义先进文化的一个组成部分，对抗震救灾文化进行研究，有着重要的理论意义和实践意义。

#### （一）抗震救灾文化的内涵

文化一词在中国早已出现，在中国的古汉语中，“文”指各种颜色交错的纹理，如《易·系辞下》中说的“物相杂，故曰文”、《礼记·乐记》中的“五色成文而不乱”都是这个意思。在此基础上文化有其延伸意义。第一，指包括语言、文字符号在内的各种象征符号，进而具体化为文化典籍、礼乐制度。孔子说“文王既没，文不在兹乎”，就是此意。第二，指彩画、装饰、人的修养。《论语·雍也》中说：“质胜文则野，文胜质则史，文质彬彬，然后君子。”意思是质朴多于文采，就像没有文化的人，流于粗俗；文采多于质朴，就流于虚伪、浮夸。只有质朴和文采配合恰当，才是个君子。第三，在前两层意思的基础上引申出美、善、德行的意思。《礼记·乐记》中说的“礼减而进，以进为文”就是这个意思。郑玄注“文犹美也，善也”。这句话是说，礼节、礼数上如果陈旧了，不符时代了，就应该促进增强。“化”，本为改易、生成、造化之意。如《易·系辞下》中说的“男女构精，万物化生”，即是此意。总体说来，“化”指事物形态或性质的改变，又引申为教化迁善之意。

西汉以后，“文”和“化”合成“文化”，其内涵丰富，或指文治教化，或与自然、“质朴”“野蛮”相对应。如《说苑·指武》中“文化不改，然后加诛”中的文化，就是指文治教化。

拉丁文中的Cultura，含有耕种、居住、练习、注意等多重意思。英语和法语中的Culture表示栽培、种植之意（英语中“农业”Agriculture就是在Culture前面加了一个表示“农田、田地”的前缀Agri），由此引申为“陶冶”“训练”“教化”的意思，与汉语中的“文治教化”的含义比较接近。

“文化”历经长时间的演变，发展成了一个内涵十分丰富的词汇。在人们使用这一词汇时，其内涵和外延存在巨大的差异。大致说来，广义的“文化”可以从以下几个方面和层次进行阐述。其一，由人类加工自然创制的各种器物，即“物化的知识力量”构成的物

态文化层。其二，由人类在社会实践中建立的各种社会规范构成的制度文化层。其三，由人类在社会实践，尤其是在人际交往中约定俗成的习惯性定势构成的行为文化层。其四，由人类社会实践和意识活动中长期培育出来的价值观念、审美情趣、思维方式等构成的心态文化层。这是文化的核心部分。[①] 这些层面的含义实际上与人们常把文化定义为“人类创造的物质财富和精神财富的总和”差不多。狭义的“文化”特指人类的精神活动及其结果。毛泽东说的一定的文化是一定社会的政治和经济在观念形态上的反映[②]，指的就是狭义的文化。

抗震救灾文化既包括千百年来中国人民在与各种自然灾害和人为灾害作斗争的实践过程中形成的自强不息的民族精神，以人为本的人文关怀，顾全大局的家国情怀，抗震救灾科学理论以及防灾减灾科学文化知识等精神文化，亦包括为纪念抗震救灾英雄树立的雕像和纪念碑，为纪念地震中逝去的生命、弘扬抗震救灾精神、传播防灾减灾知识等建立的地震场馆和收集的地震遗物等实物文化。因此，抗震救灾文化既包括精神层面的文化，亦含有实物层面的文化，属于广义的文化现象。

如前所述，自强不息的民族精神是中国人民在几千年的历史发展中，与各种灾难作斗争的过程中形成的不畏艰险，迎难而上，不怕牺牲的大无畏精神。自强不息的民族精神是中华优秀传统文化的一个重要组成部分。自强不息的民族精神在旧时代是中华民族优秀儿女战胜各种自然灾害，英勇抵御外敌入侵，勇敢反抗各种暴政的精神支柱。在社会主义新时期，是战胜社会主义现代化建设中遇到的各种困难，战胜各种自然灾害，打破西方反动势力对我国的封锁和包围，粉碎敌对势力的和平演变图谋，维护国家主权和领土完整的精神力量。在抗击唐山大地震、几次大洪水灾害、汶川特大地震、玉树大地震以及九寨沟大地震等自然灾害中，自强不息的民族精神自然而然地迸发了出来，成为战胜这些巨大自然灾害的精神力量。

以人为本的理念源于我国优秀传统文化中的民本主义思想，经过马克思主义改造以后，成为马克思主义群众观的一个重要组成部分。以人为本具有两方面的科学内涵。一方面人民是国家和社会的主人。中国传统文化中的民本思想看到了人民中所蕴含的巨大力量，强调统治者要关心人民的生产生活，这样国家才能长治久安。但是它没有看到人民群众是历史的创造者和社会的主人，只把人民百姓看作一股巨大而必须利用好的力量。马克思主义以人为本的科学内涵扬弃了中国传统民本思想，不但认为人民群众的力量是无穷的，而且认为人民群众就是自己的主人，是社会的主人。因此，社会主义现代化建设必须依靠人民群众的力量，必须充分调动人民群众的积极性、创造性和主动性，社会主义现代化建设的成果归人民群众所享受。同理，只有充分调动人民群众的力量才能战胜地震等自然灾害。另一方面，强调人民群众的生命高于一切。马克思主义的人道主义认为，人是最高价值和最高目的的统一，也是实现这种价值和目的的具体社会过程。人民群众“最为天下贵”，人民群众生命的价值高于一切。因此，在地震等灾害中，要把抢救人民群众的生命放在第一位。在新中国成立以后的地震灾害中，党中央要求把抢救人民群众的生命放在第一位，强调只要被掩埋的群众有一线生的希望，就要作出百分之百的努力去营救。因

① 张岱年. 中国文化概论［M］. 北京：北京师范大学出版社，1994：6.

② 毛泽东. 毛泽东选集（第2卷）［M］. 北京：人民出版社，1991：694.

此，以人为本也是抗震救灾文化的核心内涵之一。

舍小家保大家的家国情怀，在我国历史上源远流长。千百年来，我国无数仁人志士从国家和民族大义出发，为维护国家和民族团结以及保护国家民族的安全，不惜牺牲自己和家人的利益甚至生命。中国传统文化中的这种家国情怀，是中华民族即使受到强敌入侵，遭受罕见的自然灾害也昂首挺立、生生不息的重要原因，是中华文明经久不衰的动力源泉。这种优秀传统文化，实际上已经内化为集体主义的基因，在受到马克思主义的洗礼和熏陶以后发展成为社会主义时期的集体主义。集体主义是中国社会主义文化的独特优势，是世界上其他文化所无法比拟的。在抗击汶川特大地震和其他各种自然灾害及反对西方各种渗透和干涉的斗争中，集体主义发挥出了无比巨大的威力。集体主义是抗震救灾精神核心内涵，是抗震救灾文化的重要组成部分。

抗震救灾理论在抗震救灾文化中占有十分突出的地位。破坏性地震发生后，需要一整套科学合理的抗震救灾理论来指导抗震救灾的开展。抗震救灾理论包括政府和社会力量的角色定位理论，应急指挥系统的构建理论，现代自然科学知识的运用理论，公共卫生安全维护理论，社会媒体力量的利用和引导理论，等等。这些都是值得进一步研究的理论和现实问题。在抗震救灾过程中，政府起到了不可替代的重要作用，主要救灾人员的安排，救灾物资的调度，社会治安的维护，灾区公共卫生的保证等，都是政府的职责。如果发生的是大地震，单靠政府的力量难以完成抗震救灾的艰巨任务，必须把社会力量动员起来。社会力量在抗震救灾中发挥着巨大作用，可以弥补政府力量的不足，形成抗震救灾的巨大合力。因此，在抗震救灾中，如何充分发挥政府和社会的力量，使两者相互协调，相得益彰，是一个应该充分研究的重要理论问题，这一问题决定其他问题是否能够得到顺利解决。应急指挥系统是抗震救灾活动的头脑和心脏，其组织是否科学合理，关系到抗震救灾的速度和效率。建立结构合理、运转协调、灵活高效的应急指挥系统，是破坏性地震或者其他自然灾害发生时有效进行抢险救灾的关键。应急指挥系统的构建理论也是抗震救灾文化的组成部分。随着科学技术的发展，科技越来越被运用于人们日常生活的各个领域。抗震救灾过程中，现代科学技术发挥着不可替代的作用。如何在抗震救灾中充分发挥现代科学技术的功能，是抗震救灾研究的重点之一。大地震造成人畜及野生动物的死亡，改变了原有的地形地貌，破坏灾区原有的生态系统，极易引起疫情的大爆发。因此，公共卫生安全的防护，防止疫情的爆发，是抗震救灾一项艰巨任务，研究在地震发生后如何防止疫情的爆发，也是抗震救灾理论研究的基本任务。公共危机的发生，是对媒体社会责任能力的考验。媒体的品格、公信度及责任感，决定了媒体在处理公共危机中的作用。谣言止于公开，汶川特大地震发生以后，主流媒体的一篇篇感人肺腑的报道、一张张震撼心灵的图片、一个个凝聚人心的镜头，把灾情以最快的时间传递出去，对弘扬人性关爱和抗震救灾精神，对遏止谣言和振奋人心起到不可替代的重要作用。但是，在新媒体时代，人人都可以成为信息的制造者、传播者和接收人，各种媒体信息以海量的形式向大众袭来。在这些媒体信息中，有主流媒体的正面报道，也不乏造谣惑众者。如何规范媒体的行为，充分发挥主流媒体传播正能量的功能，消除不良媒体的影响，是抗震救灾过程中必须思考的一个理论问题。

防灾减灾实践要与防灾减灾理论相结合，深入研究防灾减灾理论，对有效预防自然灾害有着十分重要的意义。2016 年 7 月 28 日习近平总书记在唐山考察时指出，防灾减灾救灾事关人民生命财产安全，事关社会和谐稳定，是衡量执政党领导力、检验政府执行力、评判国家动员力、体现民族凝聚力的一个重要方面；同时，习近平总书记还指出要总结经验，进一步增强忧患意识、责任意识，坚持以防为主、防抗救相结合，坚持常态减灾和非常态救灾相统一，努力实现从注重灾后救助向注重灾前预防转变，从减少灾害损失向减轻灾害风险转变，全面提升全社会抵御自然灾害的综合防范能力。[①] 习近平总书记的讲话充分说明了防灾减灾的重要性。国内外都十分重视防灾减灾理论的研究。2008 年汶川特大地震以后，中国成立了不同级别的防灾减灾中心，研究防灾减灾理论，在实践上预防自然灾害或最大程度上减少不可逆的自然灾害造成的损失。防灾减灾是一个交叉学科，既涉及自然科学的相关知识和理论，也涉及社会科学的理论和知识。自然科学中的防灾减灾研究主要偏重于技术问题，也就是结构性的防灾减灾；而社会科学重视非结构性的防灾减灾研究，通过社会组织、文化、政治、经济等方法来达到预防和减灾的目的。[②] 社会学家认为，防灾减灾的关键是社会文化功能得到保持，当中最为关键的问题是文化系统崩溃与否的问题，灾害之所以是灾害，就是因为文化应对的失败[③]，或者是文化保护功能的崩溃[④]。所以，防灾减灾是一种文化现象，既是在物质层面减轻自然灾害的伤害和损失，也是在文化层面构筑起预防灾害的心理意识，还是在制度层面预防和减少灾害损失的设计。物质层面的防灾减灾包括科学规划城乡布局，严格审核城乡基础设施的质量，提高其抵御自然灾害的能力。文化层面的防灾减灾主要指增强人们预防自然灾害的意识，提高其应对不可控的自然灾害的能力。制度层面的防灾减灾也就是要做好预防灾害和减少灾害损失的制度安排。防灾减灾文化是抗震救灾文化的一个重要组成部分，大力发展抗震救灾文化对有效预防自然灾害和减少灾害损失有着十分重要的意义。

为纪念在抗震救灾中拯救人民群众生命而牺牲的英雄而竖立的雕像和纪念碑，与为在革命战争和民族解放战争中牺牲的革命先烈们竖立的雕像和纪念碑一样，有着十分重要的纪念和教育意义。在抗震救灾中，成千上万的人民子弟兵和志愿者不顾余震和建筑垮塌的巨大危险，冲锋在抗震救灾第一线，争分夺秒抢救人民群众的生命。其中一些人为此先出了宝贵的生命。邱光华机组成员就是这样的英雄，他们包括 51 岁特级飞行员邱光华和他的 734 机组成员——27 岁的副驾驶李月、47 岁的空勤机械师王怀远、28 岁的空勤机械师陈林、23 岁的物资装卸和地面警戒员张鹏。为了抢救人民群众的生命，他们冒着危险，在高山峡谷中贴着峰壁飞行，在毫无回旋空间的狭窄江边寻找降落点，在山头间蜘蛛网一样的高压线间穿越，在陡然变化的强烈气流中颠簸……拐弯、拉升、降落，飞行员的每个动作只有一次机会。窄窄的山谷中，一股突然袭来的强气流，一团突然飘来的云，一根看不见的高压线，一处变形凸出的山体，都有可能给飞行中的直升机猝不及防的致命一击。2008 年 5 月 31 日 14 时，邱光华机组在执行飞行任务时遇上恶劣天气直升机失事，全部机组人员壮烈牺牲。为纪念邱光华机组成员的英雄事迹，四川省政府和成都军区于 2009 年 5 月 12 日为邱光华机组成员竖立了雕像和纪念碑。

---

① 习近平在河北唐山市考察时强调：全面提高国家综合防灾减灾救灾能力［N］. 人民日报·海外版，2016-07-29 (1).

② 李永祥. 论防灾减灾的概念、理论化和运用展望［J］. 思想战线，2015 (4)：16-22.

③ 李永祥. 论防灾减灾的概念、理论化和运用展望［J］. 思想战线，2015 (4)：16-22.

④ 李永祥. 论防灾减灾的概念、理论化和运用展望［J］. 思想战线，2015 (4)：16-22.

抗震救灾英雄为了保护国家和人民的利益，在抗震救灾中把自己的生命安全置之度外，一心想着挽救人民群众的生命而壮烈牺牲，这是在社会主义新时期对中国大无畏精神的弘扬。人们通过瞻仰抗震救灾英雄雕像和纪念碑，看到了这些英雄身上的英雄气概和不屈不挠的精神，这是继承和发扬传统中华民族自强不息精神的重要途径。同时，通过树立雕像和纪念碑，让中国人民永远瞻仰和缅怀这些英雄，铭记他们的英雄事迹，感谢他们在人们危难之际挺身而出，这有利于中华民族的感恩文化代代相传。所以，抗震救灾英雄雕像和纪念碑是抗震救灾的文化实物，也是抗震救灾文化符号，是抗震救灾文化的一个重要组成部分。

抗震救灾结束以后，四川各重灾区陆续建立起了抗震救灾纪念馆。建立抗震救灾纪念馆具有多方面的文化意义。抗震救灾纪念馆除了陈列有抗震救灾英雄雕像（照片）、小型纪念碑外，还收集了大量地震遗物，以视频的形式全面展示抗震救灾中可歌可泣的事迹及灾后重建的画面。抗震救灾遗物有死难者的衣物、用具及受到损坏的墙体等，诉说了地震灾害的残酷无情。抗震救灾和灾后重建的雄壮画面体现了勇敢的中国人民在巨大地震灾难面前团结一致，不屈不挠，勇于斗争的坚韧不拔的民族精神，证明了再大的灾害也吓不倒中国人民，中国人民能够战胜一切灾难的事实，让前来瞻仰的爱国人士为中华民族坚韧不拔的精神而自豪，使他们看到了社会主义制度的优越性及中华民族的远大前程。同时，抗震救灾纪念馆展现的抗震救灾和受灾群众如何逃生的壮烈场面，对培养瞻仰者的防灾减灾抗灾意识起到了潜移默化的促进作用。抗震救灾纪念馆是一个综合的文化符号，具有多重文化意义和教育意义。

### （二）研究和传播抗震救灾文化的意义

研究抗震救灾文化具有十分重要的意义。

首先，有利于填补国内在抗震救灾文化研究方面的空白，壮大社会主义文化实力和增强社会主义文化自信。自“五四运动”到新中国成立这段历史时期，一股文化虚无主义思潮席卷中华大地。这时期的文化虚无主义者认为，中国的落后，原因就在于腐朽没落的儒家传统文化，中国要独立和富强，必须彻底抛弃儒家文化并引入西方新文化。于是，他们提出了打倒“孔家店”的口号。新中国成立后，马克思主义被确立为我国的指导思想。文化虚无主义思潮暂时潜伏了下来。改革开放后，随着欧风美雨进入中国大地，文化虚无主义又重新抬头，今天仍是社会上的一股蛊惑力量。除了文化虚无主义之外，在改革开放过程中我国还出现了历史虚无主义思潮、新自由主义思潮、文化复古主义思潮和平均主义等“左”的和右的思潮。

历史已经证明，只有社会主义才能救中国，只有中国特色社会主义才能发展中国。中国自开始建设中国特色社会主义以来，发展速度令西方国家咋舌，用30多年的时间就走完了西方发达国家几百年时间才走完的路程。2017年中国国内生产总值超过12万亿美元，差不多是排名第二的日本的三倍。现在中国正处于赶超美国的赛道上。习近平总书记说，中国现在比历史上任何时期都接近中华民族伟大复兴的目标，中国共产党和中国人民要顺势而为，抓住时机，加快发展，为实现中华民族伟大复兴的中国梦而奋斗。因此，中国既不走封闭僵化的老路，也不走改旗易帜的邪路。我们今天面临着复杂尖锐的意识形态斗争。正如习近平总书记在党的十九大报告中指出的，我国“意识形态领域斗争依然复杂，国家安全面临新情况”①。我们不能任由上述各种非马克思主义和反马克思主义、非社会主义和反社会主义为思潮泛滥。为此，我们必须壮大社会主义文化实力，增强社会主义文化自信。

壮大社会主义文化实力，增强社会主义文化自信，要大力发展社会主义先进文化。为此，在以马克思主义的指导的基础上，必须大力挖掘、整理中国一切先进文化，并批判吸收外来文化。抗震救灾文化既是对传统文化精髓的继承和弘扬，也是对革命精神的继承和弘扬，还是对防灾减灾抗灾理论和知识的提炼和总结。因此，抗震救灾文化是社会主义先进文化的一个重要组成部分。目前国内学术界尚未有人提出“抗震救灾文化”这一概念并对其进行探索，这不能不说是发展社会主义先进文化工作方面的一大缺憾。因此，推动抗震救灾文化研究，对树立社会主义的文化自觉，增强社会主义文化自信和壮大中国特色社会主义文化实力，有着十分重要的意义。

其次，有利于传播防灾减灾知识，增强群众防灾减灾意识。我国是一个自然灾害多发的国家，气象灾害、地质灾害、海洋灾害、水文灾害等每年给我国工农业生产、人民生命财产带来巨大损失。面对如此多的自然灾害，中国人民群众理应具备比较丰富的防灾减灾知识和较高的防灾减灾意识。然而，我国人民群众的防灾减灾知识相当匮乏，防灾减灾意识十分淡薄。中国扶贫基金会发布的《中国公众防灾意识与减灾知识基础调查报告》显示，防灾意识薄弱、防灾准备不足是普遍存在的问题，只有不到4%的城市居民在日常生活中做好了基本的防灾准备；仅有一成的农村受访者关注灾害知识；95.5%的城市小学普及防灾减灾教育，八成以上受访学生具有初级防灾意识。但很多学校没有系统地开展防灾减灾教育，防灾减灾主题的活动也非常少，不少学校只是介绍一些简单的防火知识。我国媒体不时发布一些人由于不具备防灾减灾知识和意识而导致失去生命的惨痛报道。汶川特大地震中，有不少人由于不具备科学的逃生本领而惊慌失措，结果致伤致残甚至失去了宝贵的生命。

---

① 习近平. 决胜全面建成小康社会　夺取新时代中国特色社会主义伟大胜利——在中国共产党第十九次全国代表大会上的报告［N］. 人民日报，2017-10-28（1）.

一些防灾减灾宣传教育搞得好的单位，在大灾中能把损失降到最低程度。比如，因为安县地处地震断裂带上，四川省安县桑枣中学的校领导平时非常注重防灾避险知识的普及和防灾减灾特别是预防地震灾害的实践演练。汶川特大地震发生使安县遭到重创，成为重灾区。但是桑枣中学按照以往应急演练的经验，有序疏散 2200 多名师生，全校师生没有伤亡。只可惜我国像桑枣中学那样做到有备无患的单位实在太少。国际上一些自然灾害多发的国家的防灾减灾经验值得我们学习。日本是一个自然灾害频发的国家，每年有感地震达 1000 多次，台风、大海啸也是日本的主要威胁。日本上下的防灾减灾意识普遍较强。日本也建有抗震救灾纪念馆——“人与防灾未来中心”。该纪念馆除了有纪念意义之外，还具有防灾减灾教育功能。日本政府把防灾教育编入中小学教育计划中，课程包括逃生演练、规避灾害、野外生存及防灾减灾理论知识，让国民从小就树立起防灾减灾意识和具备相关的基本知识。日本几乎每家每户储备有防灾减灾用品，比如防毒面具、安全帽、睡袋、便携式充电器、便携报警器、雨衣、小型便捷灭火器、家庭防灾急救医药箱、简易帐篷等。这些用品在中国的一般家庭中是很难见到的。日本的商店里面一般都有防灾减灾用品销售，方便国民购买。日本还把现代科学技术用于防灾减灾之中，最大限度地减少了国民在灾害中的损失。[①] 日本的防灾减灾知识在很多方面是值得我们借鉴和学习的。因此，在全国加强防灾减灾知识的普及，是一项需要长期坚持的国策。研究抗震救灾文化，推动抗震救灾文化的普及，有利于让防灾减灾知识深入人心，有利于培养和树立人民的防灾减灾意识，有助于增强人们的防灾减灾能力。

最后，有利于加强公民道德教育。其一，随着我国市场经济建设的深入推进和西方价值观念的渗入，以及我国人民物质生活水平的提高，客观上要求我国加强公民道德的建设。改革开放以后，在一定范围内出现了利己主义、利益至上的现象。原有的以马克思主义的世界观为指导，以为人民服务为核心，以集体主义为原则，以诚实守信为重点，以社会主义公民基本道德规范，以社会主义荣辱观为主要内容，以代表无产阶级和广大劳动人民根本利益和长远利益的社会主义道德体系受到侵蚀。于是社会上损人利己、见死不救、助人被讹事件偶有发生。一些人据此认为我国道德领域出现了大滑坡现象，急需加强公民道德建设。虽然“道德大滑坡”论言过其实，但是这也说明我国确实出现了与社会主义核心价值体系和社会主义核心价值观背道而驰的社会道德现象。如果任由这些现象发展下去，整个社会主义现代化建设也会归于失败。因此，通过加强公民道德建设来消除上述现象，刻不容缓。其二，道德属于上层建筑，是社会主义现代化的一部分。改革开放以后，我国经济高速发展，人民群众物质生活水平不断提高。2012 年，中国进入了中等收入国家行列，但是，我国经济、文化、环境、道德等发展不平衡。从党的十八大到党的十九大的五年间，我国经济建设取得重大成就，民主法治建设迈出重大步伐，思想文化建设取得重大进展，人民生活不断改善，生态文明建设成效显著，强军兴军开创新局面，港澳台工作取得新进展，全面从严治党成效卓著。但是我国发展的不平衡性仍然没有得到根本的扭转。党的十九大报告指出，从党的十八大开始，中国特色社会主义进入新时代，我国社会主要矛盾已经转化为人民日益增长的美好生活需要和不平衡不充分的发展之间的矛盾。这种不平衡性是多方面的，既包括东中西部发展的不平衡，也包括政治、经济、文化、社

---

① 余姗姗. 日本的“防灾之道”[J]. 中国消防，2015 (10)：23－24.

会、生态等领域发展的不平衡。社会主义道德的发展滞后于经济的发展是其中的一个重要方面。在努力提升我国人民的物质生活条件的同时，努力提高他们的道德水平是当前和今后相当长的一个时期的重要任务。

研究和传播抗震救灾文化，是提升我国公民道德水平的有效途径之一。抗震救灾精神中的集体主义精神，是对个人主义和利己主义的无情否定。在抗震救灾过程中，广大群众在党的领导下，顾全大局，从整个抗震救灾的需要入手，在第一时间抢救人民群众的生命财产。在个人和家庭利益与集体利益发生不可调和的矛盾的时候，他们义无反顾地把集体利益放在第一位，体现出了高尚的利他主义精神。汶川特大地震是自然界带给中国人民的一次巨大灾难。面对巨大的国难，举国上下，空前团结，短期内就战胜了这一巨大灾难。抗震救灾结束以后，重灾区在全国各兄弟省份的帮助下，浴火重生般地焕发了新的生机和活力。

北川羌族自治县新县城

全国人民的这些自发行为，是他们浓烈的爱国主义和集体主义精神的体现。研究和传播抗震救灾文化，挖掘抗震救灾中爱国主义和集体主义的典型事例，有利于增强人们的爱国主义和集体主义精神。

## 二、有利于推动科学精神和人文精神辩证关系的再思考

### （一）科学精神与人文精神的内涵

关于科学精神的内涵，学界存在许多观点。马来平教授认为，科学精神的核心是求真。[①] 吴国盛教授认为，科学精神就是理性精神，理性的原则是内在性原则和自主性原则。[②] 秦元海在其博士毕业论文中指出，科学精神是指科学与科学活动的内在精神和灵魂，是科学主体（科学家）的内在精神气质、品质和科学活动的内在性质、特质在求真创新基础上的统一。科学精神体现为科学家高尚的情操、非凡的品质和高尚的行为特征，是

① 马来平．试论科学精神的核心与内容［J］．文史哲，2001（4）：51－54，128.

② 吴国盛．科学精神的起源［J］．科学与社会，2011（1）：94－103.

科学家在长期探索中表现出来的崇尚真理、唯实求是的精神，锲而不舍、执着探寻的精神，坚守志业、忘我献身的精神。[①] 笔者基本赞同秦元海的观点。笔者认为，科学精神是科学活动主体不畏艰险，百折不挠，勇于探索自然、人类社会及人类思维的本质和规律的精神品质。科学精神包括执着的探索精神，有着不达目的誓不罢休的特点。创新是科学活动的终极目标，没有创新的科学活动是没有结果的活动。科学研究不但要学习和借鉴本领域其他人的研究成果，而且由于随着科学技术的发展，各门学科相互影响，交叉融合，各领域之间的研究人员也得相互学习，取长补短。因此，科学研究过程，既是研究过程，也是学习过程。人的认识中，理性因素和非理性因素都起作用。理性因素的作用体现为：第一，选择认知对象；第二，规范处理信息；第三，形成理论解释；第四，进行合理预见；第五，指导人的知行。非理性因素在科学研究中也起作用，在某些情况下甚至超过理性因素的作用。首先，主体的意志、情感、精神等因素影响主体能动性的发挥。其次，主体在许多情况下能以直觉、灵感等非逻辑的形式达到对客体的领悟和认识。最后，主体在提出假说、猜测以及进行想象时，也伴有意志、情感、灵感、直觉等非理性因素的作用。总体上，理性因素起着主导作用，因此不能认为非理性因素的作用超过了理性因素的作用。有些人在认识和实践活动中凭感情用事，结果好心办了坏事。著名科学家都强调理性因素在科学认识课程中处于不可代替的地位，正如爱迪生所说，天才只不过是百分之一的灵感，再加上百分之九十九的汗水。灵感是非理性因素，汗水说明理性思维的艰难过程。科学研究是求真，也就是科学研究的根本目的是获取真理，使主观与客观相吻合、理论和实践相统一，因此科学研究中任何弄虚作假的行为都是有违科学精神的。随着科学技术的发展，学科都向精细化方向发展，同时，各学科的联系也越来越紧密，在这种情况下，单靠一己之力已难以达到预期的研究目标，因此，团队合作精神已经成为科学研究中的必备条件。敢于挑战权威的精神。任何真理都是相对真理和绝对真理的统一，因此，任何理论都没有穷尽对事物的认识，任何理论都有待发展和完善。发现现有理论的不足并对之提出质疑，是科学研究必须具备的一种品质。同时，科学研究需要独立实践、独立思考，必须排除外来的一切干扰，这就需要具有对管理权威和行政权威说“不”的精神。总之，科学探索活动是一种复杂艰辛的实践活动，科学主体必须具备多方面的精神和气质，必须不畏艰险，刻苦钻研，才有可能在自己的研究中取得预想的成果。正如马克思所说的，在科学上面是没有平坦的大路可走的，只有那在崎岖小路上攀登不畏劳苦的人，才有希望到达光辉的顶点。

学术界对人文精神的定义不下数十种。“人文”一词在我国出现很早，与“天文”相对，意思是社会的礼乐教化。在古籍《周易》的《贲卦·彖传》中出现了“文明以止，人文也……观乎人文，以化成天下”的句子，意思是通过人文，就可以教化天下，让社会发生变化，这就是中国“人文化成”一词的由来。无独有偶，古希腊时期就出现了表示人文教育的“Paideia”一词，“Paideia”表示教育能使人的优良品质全部体现出来。现在一般认为，西方的文化中人文精神源于英文中的“humanism”和德文中的“humanismus”，均来自古罗马思想家西塞罗拉丁语著作中的“humannitus”（人受到的文科教育）。“人文主义”一词最先是由德国教育家尼采曼尔于1808年在阐述古代经典在中等教育中的作用

---

① 秦元海. 论科学精神［D］. 上海：复旦大学，2006.

时提出来的。1859年，历史学家乔治·伏伊格特在《人文主义的第一个世纪》、1860年雅各布·布克哈特在《意大利文艺复兴时期的文化》中用“人文主义”指称文艺复兴，主张自由平等，宣扬个性解放，追求人生幸福，崇尚知识理性，反对等级特权和专制蒙昧等。近代以来，国内学者都是从中西方的这两个渊源来构建“人文精神”的内涵的。

新儒家代表人物唐君毅认为，《易传》中“文明以止，人文也……观乎人文，以化成天下”的说法，“是表示周代礼乐之盛所表现之人文中心的精神”①。新儒家另一代表人物牟宗三认为，应该沿着古文中的最初内涵，来探究人文思想的意义。袁伟时综合了中国传统文化中关于人文的思想和西方文化中人文主义的内涵，把人文精神概括为五个方面：重视终极追求，执着追求超越现实的理想世界与理想人格；高扬人的价值，否定神和神学对人的束缚；追求人自身的完善和理想的实现，在肯定人欲的合理，反对禁欲主义的同时，亦反对人性在物欲中汩没；谋求个性解放，建立人际间的自由平等关系，实现自身的价值，反对宗法等级关系及与其相应的意识形态束缚；坚持理性，反对迷信、盲从和认知领域的强制服从。② 张立文教授认为，人文精神是对人的生命存在和人的尊严、价值、意义的理解和把握，以及对价值理想或终极理想的执着追求。人文精神既是形而上的追求，也是形而下的思考。③ 还有一些学者从更狭窄的角度定义人文精神的内涵，认为人文精神就是人类在与自然进行物质和能量交换的过程中的求善、求美的精神。

可见，学界对人文精神的看法众说不一，但有一点是统一的：尊重人的地位和尊严，强调人的价值。笔者认为，强调尊重人，重视人，强调人的价值确实是人文精神的核心意涵，但是仅有这些是不够的。因为人既是自然存在物，也是社会存在物。从人的自然属性上来说，人只有无时无刻地与自然界进行物质和能量的交换才能生存下去。正如马克思、恩格斯所说，人只有首先解决吃穿住的问题，然后才能进行科学、艺术、文学、政治等方面的活动。因此，物质资料的生产方式是人类社会存在和发展的基础。人是社会存在物，人不仅有物质方面的需要，而且还有精神文化方面的需要。只有不断创造价值（物质价值和精神文化价值），才能满足人的各方面的需要。基于此，笔者认为，既要强调人的地位和尊严，重视人的价值，更要从人的价值需求的角度来审视人文精神，把能否为人带来价值作为衡量一切理论探索和实践活动是否具有人文精神的标准。

### （二）科学精神和人文精神的对立与统一

科学精神和人文精神是对立统一的关系。科学研究在于追求主观和客观相统一，理论和实践相吻合。根据马克思主义唯物主义的基本原理，在主观和客观的矛盾体中，客观是矛盾的主要方面，客观决定主观。因此，科学研究受制于客体尺度，必须一切从实际出发，按照世界本来的面目去认识世界。由于科学精神的客体性原则，主体认识客体的广度和深度受制于一定历史时期的客观条件，这决定了主体与客体的统一是具体的历史的统一。因此，真理尺度是衡量主体的探索活动是否具有科学精神的唯一标准。所谓真理尺度，是指真理是人们在认识和实践中追求的唯一目标，主体的认识和实践活动的目的在于

① 唐君毅. 唐君毅集［M］. 北京：群言出版社，1993：404.

② 谷声然. 人文精神的内涵探析［J］. 西华师范大学学报（哲学社会科学版），2010（1）：79.

③ 张立文. 儒学的人文精神［N］. 新长征，2000（5）.

发现和把握事物的客观规律和本质。因此，真理尺度排除了一切情感的或道德的因素。

人文精神与科学精神的评价标准有很大不同，能否为人带来价值是衡量一切理论探索和实践活动是否具备人文精神的标准。因此，人文精神受制于价值尺度。所谓价值尺度，是把能否给人带来价值作为衡量一切认识和实践活动正确与否的标尺。而价值具有主体性、社会历史性和多维性的特点。所谓主体性，是指同一价值客体对同一价值主体存在不同的价值，如某特定价值客体对价值主体 A 来说具有很大的价值，但对于价值主体 B 则可能不具有价值，甚至是负价值。“药”这种价值客体就具有这种特点。而且，同一价值客体在不同的历史时期具有不同的价值。我国传统文化中的一些礼仪规范，比如我国封建时期人们把“三纲五常”奉若神明，把它们尊崇为具有巨大伦理价值的道德规范，但今天我们看来，这是传统文化中的糟粕。同一价值客体还可能具有多方面的价值。

由此可见，科学精神的标准具有唯一性，着眼点在于客观性，主观和客观相统一是其追求的唯一目标。人文精神的标准具有多元性，具有主观性，是否带来价值是其根本目的，而价值具有多元性和可变性的特点，这决定了科学精神与人文精神在特定条件下不可避免地产生冲突，即追求真理的努力可能与人类的价值需求背道而驰。创造价值是人类一切理论和实践活动的终极目标。但是，如果价值追求违背事物的规律和本质，像英国思想家阿伦·布洛基所说的人的“尊严是其他一切价值源泉和人权的根源”[①] 那样，那么就漠视了科学精神，犯了唯心主义的错误，创造价值的实践活动也会是缘木求鱼。在不尊重客观规律的情况下去创造价值，是一种盲动的行为，不但不能成功，还会受到客观规律的惩罚。

迄今为止，人类总是在科学精神与人文精神的矛盾中生存与发展的。古希腊人创造了光辉灿烂的古代文明，对后世文明特别是西方文明产生了深远的影响。正如恩格斯所说的：在希腊哲学的多种多样的形式中，差不多可以找到以后各种观点的胚胎、萌芽。[②] 古希腊的毕达哥拉斯、赫拉克利特、德谟克利特、苏格拉底、柏拉图及亚里士多德等思想家的身上都在很大程度上绽放出了伟大的科学精神和人文精神，他们在思考和研究自然现象，即进行自然科学活动的时候，往往把它与人类的命运结合起来。例如，苏格拉底提出了“知识即美德”的著名命题。正如英国历史学家欧内斯特·巴克所说的，古希腊人关于物理自然的元素及其相互关系的结论，也包含了人类道德自然的元素及其联系的类似结论——关于国家的元素，即起源于统一机制。[③] 但是，古希腊人的科学精神与人文精神也存在对立的情况，如古希腊人也致力于杀人武器的研究。据《伊利亚特》一书记载，特洛伊人发明了近距离战斗中使用的两刃枪；而阿哈伊亚人则发明了双矛，一支用作投枪，另一支用来刺杀。中国古代“神农食百草”的民间传说最能说明科学精神与人文精神的统一性。神农为了能够给人间找出治病的植物，冒着中毒身亡的危险，尝尽各种植物。这种科学精神与人文精神高度统一的精神，值得今天的人类学习。但是中国古代也存在科学精神与人文精神相悖的情况。比如西周统治者就发明了炮烙之刑，这是一种残害人民百姓的

① ［英］阿伦·布洛基. 西方人文主义传统. ［M］. 董乐山，译. 北京：生活·读书·新知三联书店出版社，1997：233.

② 中共中央马克思恩格斯列宁斯大林著作编译局. 马克思恩格斯选集（第 3 卷）［M］. 北京：人民出版社，1972：468.

③ ［英］厄奈斯特·巴克. 希腊政治理论. ［M］. 卢华萍，译. 北京：人民出版社，2003：64.

发明。

到了近代，随着科学技术的蓬勃发展，科学技术越发显示出其无比的威力，推动人类社会急速发展，极大地提高了人类认识自然和改造自然的能力。于是一些思想家就拜倒在科学的膝下，产生了科学崇拜。科学崇拜者只看到科学技术带来的历史进步，认为科学技术可以解决人类的一切问题，没有看到其负面作用，更为严重的是他们把人的价值需求给忽视掉了。这实际上已经把科学精神范化，使之沦落为科学主义。笛卡尔是这方面的鼻祖，他坚持认为只有自然科学的方法才是可靠的和标准的，人类存在的一切问题只有通过科学技术来解决，客观主义是人类必须遵循的唯一的原则，科学（自然科学）终将消解并取代一切学科门类。笛卡尔之后，也有不少自然科学家持这样的观点。诚然，近代大部分自然科学家为了增进人类的福祉探索自然奥秘而不遗余力，体现了可贵的科学精神和人文精神，比如牛顿进行科学研究时几乎到了废寝忘食的地步。但是，必须看到，英法等资本主义国家的部分科学家为了提高杀人武器的威力殚精竭虑，殖民主义者的新式武器也给殖民地半殖民地国家带去了无尽的伤害。

到了现代，科学技术日新月异，极大地改变了人类的生产方式、生活方式和思维方式，上天、下海、入地，已经成为人类的基本实践活动，人类的生活品质不断提高，平均寿命越来越长。这些都是科学家们秉承刻苦钻研的科学精神的创造出来的结果，具有巨大的价值。但是，科学精神与人文精神的对立仍然存在。

一方面，由于现在世界仍处于由资本主义向社会主义过渡的时代，帝国主义国家的一些科学家为了维护资产阶级的统治，为了延续资产阶级对世界各国人民的镇压和掠夺，研究和制造出大量大规模杀伤性武器。这些科学家的“科学精神”与人文精神背道而驰，对人类价值造成了巨大伤害。必须指出的是，社会主义中国的科学家必须发扬刻苦钻研的科学精神，研究和制造出尖端的武器。这不是为了统治和剥削世界人民，而是为了粉碎帝国主义的进攻，保护人类最先进的社会主义制度，维护世界和平的需要，这是符合人类的价值需求的。中国的社会主义制度是人类社会前进的灯塔，如果被帝国主义国家颠覆，将导致人类历史的大倒退，给人类造成的价值损失无可估量。因此，中国科学家的科学精神符合中国人民和世界人民的价值需要。

另一方面，即便一些科学家主观上是为了进行科学探索，为人类创造价值，但其科学研究活动客观上违背了人类的价值需求。比如，有些生物学家提出进行克隆人的实验就是一个典型的例子。探索克隆人的技术是一个求真的过程。要使这项技术成熟，必须付出艰辛的劳动，也就是说必须具有科学精神，因为每一次克隆动物的成功都经历了成百上千次实验的失败，耗费了科学家大量的精力和时间。但是探索克隆人的这种科学精神并没有得到世界上大多数科学家和政府的认可，克隆人的科学精神被认为是一种匹夫之勇，违背了人的道德价值，不符合人类的价值需要，就连曾经培育出世界上第一只克隆羊“多利”的英国科学家伊恩·威尔穆特宣布申请进行克隆人类胚胎（不是克隆人实验）实验，以研究运动神经元疾病的行为，也广受质疑。我国一些科学家曾提出把病毒库中的非典病毒取出来进行人体免疫实验的建议也遭到否决，因为这样做可能打开装满病毒的潘多拉魔盒。迄今为止科学精神与人文精神始终是矛盾的，以至于一些思想家对科学进行“诅咒”。卢梭曾说：天文学诞生于迷信，论辩术诞生于野心、仇恨、谄媚和谎言，几何学诞生于贪婪，物理学诞生于虚荣和好奇心。科学技术消解人的天性，窒息着人们那种天生的自由的情操。[①] 尼采也认为科学技术的进步所带来的机械化生产使人沦为机器的奴隶，使活生生的生命失去生机和活力。这说明科学精神是难能可贵的，但是，它的绽放必须以符合人的价值为依归。

人文精神与科学精神必须而且是可以统一的。一方面，科学研究应该以人的价值需求为依归，应该与人文精神相结合。只有结合人的价值需求，主动与人文精神相结合的科学精神才是人类所需要的科学精神。任何科学探索活动都不能置人的价值需求而不顾，如果科学研究活动不考虑人的价值需要，那么这种活动是无意义的，甚至是有害的。另一方面，人文精神的张扬也要以科学精神的高扬为前提。人文精神强调人的价值需求，但是价值创造以坚持真理、发扬科学精神为前提，只有遵循事物的本质和规律的价值创造活动才可能取得成功。在阶级社会，科学精神与人文精神不可能完全统一。这是由于两方面的原因造成的。其一，阶级根源。列宁指出：所谓阶级，就是这样一些大的集团，这些集团在历史上一定的社会生产体系中所处的地位不同，同生产资料的关系（这种关系大部分是在法律上规定了的）不同，在社会劳动组织中所起的作用不同，因而取得归自己支配的那份社会财富的方式和多寡也不同。所谓阶级，就是这样一些集团，由于他们在一定社会经济结构中所处的地位不同，其中一个集团能够占有另外一个集团的劳动。[②] 阶级社会存在着阶级利益差别和阶级斗争，在价值利益相冲突的情况下，科学会被用来为不同阶级的利益服务，由此导致科学精神与人文精神的冲突与矛盾。其二，认识论根源。迄今为止，人类社会认识自然的能力还相当有限，人在很大程度上还受必然的支配，还没有获得完全的自由，人的探索活动即使没有阶级立场，也可能给人类带来负面的影响，即带来负价值。只有消灭了利益差别，消灭了阶级差别和阶级斗争，实现全人类利益完全一致，生产力和科学技术高度发达，人类完全驾驭了自然以后才能完全实现二者的完全统一。正如马克思所说：作为完成了的自然主义，等于人道主义，而作为完成了的人道主义，等于自然主义，它是人和自然界之间、人和人之间的矛盾的真正解决，是存在和本质、对象化和自我确证、自由和必然、个体和类之间的斗争的真正解决。[③]

### （三）抗震救灾精神体现科学精神与人文精神的统一

#### 1. 我国科学精神与人文精神统一与对立情况分析

在我国，剥削阶级作为一个阶级已经被消灭，阶级矛盾已经不是社会的主要矛盾。生产资料社会主义公有制改造完成以后，我国仅存在两大阶级和一大阶层——工人阶级、农民阶级、知识分子阶层。改革开放以后，我国阶级和阶层结构逐渐发生分化。目前学界对我国阶层划分的观点众多，但总体认为主要有工人阶层、农民阶层、知识分子阶层、私营企业主阶层、管理者阶层、防卫阶层等。从总体上看，我国并没有新的阶级产生，这些阶

---

① ［法］卢梭．论科学与艺术［M］．何兆武，译．北京：商务印书馆，1959：16．

② 中共中央马克思恩格斯列宁斯大林著作编译局．列宁专题文集：论社会主义［M］．北京：人民出版社，2009：145．

③ 中共中央马克思恩格斯列宁斯大林著作编译局．马克思恩格斯全集（第42卷）［M］．北京：人民出版社，1995：120．

层受上述两大阶级和一大阶层统属。因此，我国产生科学精神与人文精神对立的阶级根源已经不复存在了。我国科学家们兢兢业业，刻苦钻研，在社会主义现代化建设中起着不可替代的作用，其科学精神令人钦佩，其目的是为祖国和人民创造价值，把我国建设成为富强民主文明和谐美丽的社会主义现代化强国。在这一点上，我国科学家的科学精神和人文精神是高度一致的。

但是，我国正处于并将长期处于社会主义的初期阶段，这决定了我国还存在产生科学精神与人文精神相冲突的根源。其一，经济根源。剥削阶级在我国作为一个阶级已经被消灭，阶级矛盾已经不是社会的主要矛盾，但是由于我国还处在社会主义的初级阶段，生产力不发达，我国各阶级、阶层在根本利益一致的基础上还存在具体利益的差别。这体现在地区收入差异、行业收入差异等方面。在存在具体利益差异的情况下，不可避免地会出现科学研究中的“唯经济利益马首是瞻”的冲动。如果科学研究的目的只是“向钱看”，那么不管其科学研究是多么刻苦，其科学精神是多么外显，那么它不可避免地至少在一些方面与人民群众的价值要求相矛盾，不可避免地会违背人文精神。这在 21 世纪初我国理论界掀起的一场关于“要不要克隆人”的争论中体现得淋漓尽致。众所周知，进行克隆人的实验违背了人类基本的道德价值，克隆人的科学精神与人文精神是背道而驰的。我国政府明确宣布反对克隆人的实验，卫生部曾宣布说，在任何情况、任何场合、任何条件下，都不赞成、不允许、不支持、不接受生殖性克隆人的试验。国家人类基因组南方研究中心伦理委员会主任沈铭贤则从克隆人的安全性、基因多样性、历史、意识形态等方面，对“支持克隆人研究”的观点进行了逐一反驳。他提出，反对克隆人研究绝不是反对科技、束缚科技，恰恰相反，是为了科技更健康有序地发展。我国一部分科技工作者之所以坚决支持进行克隆人的实验，是出于功利主义的考量，是为了出名和获利，简单一点说，至少可以获得研究经费和赞助等。其二，认识论根源。我国科学家的认识能力和认识水平远未达到“自然主义”与“人道主义”完全统一的程度，他们在对自然的探索中获得巨大“自由”的同时，还在相当大的程度上受到必然性的支配。因此，我国目前及今后很长一段时间将存在产生科学精神与人文精神相对立的认识论根源。我国部分科技工作者的科学研究活动或者准备进行的科学研究活动无意识中违背了人民群众的价值需求。在关于要不要进行克隆人的试验中，国内有部分科学家或者其他方面的理论工作者支持克隆人的实验，不是出于经济利益的考虑，而是希望通过克隆人实验来助推我国克隆技术和医疗技术的发展，只是想要试一试生命是否以克隆这样的方式产生，产生了又是什么样的结果。这种愿望是善良的，但是它违背了人类的道德价值。

党的各代领导人是把科学精神与人文精神相结合的典范。毛泽东强调科学研究要遵循马克思主义的认识论，指出要得出对事物本质的正确认识，就得遵循规律，实事求是，要有锲而不舍的功夫，并指出实践、认识，再实践、再认识是认识活动的辩证发展过程。毛泽东还指出，这种探索精神要与人民群众的利益结合起来，正如他在《为人民服务》一文中指出的，我们这个队伍完全是为着解放人民的，是彻底地为人民的利益工作的。[①] 邓小平提出科学技术是第一生产力的著名论断。邓小平认为，只有把全副身心投入进去，专心

① 毛泽东. 毛泽东选集（第 3 卷）[M]. 北京：人民出版社，1991：1004.

致志，精益求精，不畏劳苦，百折不回，才有可能攀登科学高峰。[①] 邓小平说，科学研究是求真，追求表面文章，不讲实际效果、实际效率、实际速度、实际质量、实际成本的形式主义必须制止。说空话、说大话、说假话的恶习必须杜绝。[②] 同时，科学研究要以人民群众的利益为出发点和归宿，邓小平始终把“人民答应不答应”“人民赞成不赞成”“人民高兴不高兴”“人民满意不满意”作为评价包括科学研究在内的一切工作是非得失的标准。江泽民提出的“三个代表”重要思想包含了丰富的科学精神与人文精神。发展先进生产力和先进文化，离不开科学技术的发展，离不开广大科技人员的辛勤和努力，先进生产力和先进文化的发展最终以人民群众的利益为归宿。胡锦涛提出的科学发展观指出：中国的第一要务是发展，核心是以人为本，基本要求是全面协调可持续发展，根本方法是统筹兼顾。发展是解决中国一切问题的关键，推动发展需具有锲而不舍的精神，发展必须依靠人民群众，发展的成果归人民群众享受。习近平新时代中国特色社会主义思想中包含了丰富的科学精神与人文精神相统一的思想。在全国科技创新大会两院院士大会中国科协第九次全国代表大会上，习近平指出：普及科学知识、弘扬科学精神、传播科学思想、倡导科学方法，在全社会推动形成讲科学、爱科学、学科学、用科学的良好氛围，使蕴藏在亿万人民中间的创新智慧充分释放、创新力量充分涌流。同时，科学研究既要追求知识和真理，也要服务于经济社会发展和广大人民群众。[③]

2. 抗震救灾精神体现科学精神与人文精神的统一

在抗击汶川特大地震的过程，党中央、国务院、中央军委强调以人为本，尊重科学。以人为本，就是要让人文精神充分地体现出来，把人的生命财产放在第一位；尊重科学，就是要充分发扬科学精神，按照客观规律进行抢险救灾活动。以人为本，尊重科学，就是把人文精神与科学精神统一起来，从以下几个方面组织抢险救灾活动。

首先，把抢救生命与遵循现代组织管理规律结合起来。抗震救灾是一场和时间赛跑的活动，是争取在救援生命的黄金时间内救出更多被掩埋群众生命的活动。汶川特大地震发生以后，全国各地广大武警干部、官兵，各地自发组织的志愿者，夜以继日地准备好救援工具或医疗器械，匆匆奔赴抗震救灾第一线，希望在最短的时间内抢救出最多的群众，体现出可贵的人文主义精神。据统计，在抗击汶川特大地震过程中，各路抗震救灾人马高峰时加起来达数十万之多。大地震造后，通信中断，道路损毁，建筑垮塌，山体崩塌，生态脆弱，落石、垮塌、泥石流等次生灾害随时都可能发生。不同灾区情况有共同的特点，同时也存在不同的需求。在这种情况下，只有尊重现代组织管理规律，才能把庞大的抗震救灾力量的功效发挥到最佳。

第一，成立抗震救灾工作领导小组。抗震救灾工作小组负责统筹规划和总协调，否则，如此庞大抗震救灾力量会群龙无首。因此，成立抗震救灾工作领导小组是保证抗震救灾工作顺利开展的前提。汶川特大地震发生后，党中央成立了由时任国务院总理的温家宝任组长的抗震救灾工作领导小组，全面负责指挥抗震救灾工作。

第二，制订科学合理的计划。计划工作的基本任务就是设定目标和明确达到目标的必

---

① 邓小平．邓小平文选（第2卷）[M]．北京：人民出版社，1994：94.

② 邓小平．邓小平文选（第2卷）[M]．北京：人民出版社，1994：99.

③ 习近平指出科技创新的三大方向 [N]．人民日报，2016-05-31（1）.

要步骤，通俗地说，就是要解决两个基本问题：一是做什么，二是怎么做。计划工作包括评估形势，建立目标，制定实现目标的具体方案等。评估工作是完成任务的第一步，评估正确与否，关系到整个计划的成败。评估工作是对实践环境、实践对象的充分审视，先拿到第一手材料，然后通过思维的加工，论证计划是否可行以及采取具体实施步骤的过程，这在军事上就是所谓的“知己知彼，百战不殆”。在抗震救灾工作中，评估形势显得尤为重要。只有对灾区的群众被掩埋情况、地质结构、道路受损情况、房屋垮塌情况、山体滑坡情况、落石情况、泥石流情况、通信设施破坏情况等有一个充分细致的了解，才能采取具体的救援措施。建立目标是计划工作的第二步。在对实践充分了解的基础上，紧接着就是确立实践目标。目标不能超过主客观条件允许的范围，目标过高，会完不成既定任务；目标过低，会造成人力和物力的浪费。在抗击汶川地震灾害中，参与抗震救灾的每一位人员都希望在最短的时间内抢救出最多的生命，甚至灾区的一些干部和官兵看到群众的巨大伤亡急得大哭。越是这种情况，越要冷静，越要制定详细的目标，否则，救援会事倍功半。制定实施方案是计划工作的最后一步。只有根据掌握的实际情况和制定的目标，有针对性地制定具体的实施方案，才能完成任务。抗震救灾过程中，根据灾区的具体情况，制定具体的救援方案，比如确定进入灾区的路线，确定派出多少救援人员，分派多少挖掘机械，确定哪些是优先抢救的重点，等等，这是至关重要的一步。这尊重了质量互变规律。质量互变规律指出，构成事物的成分在空间排列组合顺序和结构方式上的不同，事物会出现质的差异。金刚石和石墨都是由碳原子构成的，但是由于它们的碳原子在空间的排列组合不一样，它们的性质差异非常大，前者非常硬，而后者却十分柔软。同理，同等数量的军队，由于排列组合不一样，会产生截然不同的战斗力。汶川抗震救灾的人员最多时达数十万之众，如果组织得好，就是一支强大的力量；如果组织得不好，就会相互掣肘，造成人力物力的巨大浪费。

第三，组织实施。组织实施就是贯彻执行制定的计划，是计划工作的自然延伸。实施计划的过程中可能会遇到预想不到的问题，因此，对原有计划做部分修改是很常见的。特别是在抗震救灾过程中，随时都会遇到余震、山体垮塌、泥石流、堰塞湖、瘟疫等次生灾害，这就要求抗震救灾领导小组领导和抗震救灾一线的指挥员具备灵活处置事变的能力，在不违背总的方针计划的情况下，根据实际情况组织抢险救援，一切以时间、地点、条件为转移。比如在抗击汶川特大地震的过程中，原计划一天完成的道路抢险由于遇到大雨和山体滑坡无法在规定的时间内完成，这就要将原先规定的期限往后推移，与之相应的活动也不得不做出调整。

汶川特大地震发生后，时间就是生命，党中央、国务院急灾区人民之所急，想灾区人民之所想，火速成立了抗震救灾工作小组，由时任国务院总理的温家宝担任组长，根据各地受灾情况的轻重缓急，科学合理地分配抗震救灾人力、物力和财力，有条不紊地领导全国人民与抗震灾害作斗争，把地震造成的损失降到最低程度，赢得了中国人民的拥护和国际社会的赞誉。总之，抗震救灾是一个庞大系统的工程，既要争分夺秒抢救生命，又要遵循现代组织管理原理，不能因为抢时间而一哄而上，这样反而欲速则不达。

其次，遵循科学救援方法，开展抢救生命活动。大地震给灾区人民百姓造成了巨大伤害。伤亡、被废墟掩埋、被困于孤岛无法脱身、缺衣少食的群众达几十万人。救治伤员，刨出被掩埋群众，把被困人员救出孤岛，十万火急。越是在危急的情况下，越要遵循救援生命的科学方法展开救援行动。一些群众由于伤势严重，呼吸暂停，这时就要使用人工呼吸的方法让其恢复呼吸。人工呼吸方法很多，有口对口吹气法、俯卧压背法、仰卧压胸法，以口对口吹气式人工呼吸最为方便和有效。口对口或（鼻）吹气法操作简便，容易掌握，而且气体的交换量大，接近或等于正常人呼吸的气体量。使用此操作方法时要使病人取仰卧位，即胸腹朝天；救护人站在其头部的一侧，自己深吸一口气，对着伤病人的口（两嘴要对紧不要漏气）将气吹入，造成吸气。为使空气不从鼻孔漏出，此时可用一手将其鼻孔捏住，然后救护人嘴离开，将捏住的鼻孔放开，并用一手压其胸部，以帮助呼气。这样反复进行，每分钟进行 14 至 16 次。如果病人口腔有严重外伤或牙关紧闭时，可对其鼻孔吹气（必须堵住口），即为口对鼻吹气。救护人吹气力量的大小依病人的具体情况而定，一般以吹进气后，病人的胸廓稍微隆起为最合适。口对口时，如果有纱布，则放一块叠二层厚的纱布，或一块一层的薄手帕，但注意，不要因此影响空气出入。放置纱布使是为了防止交叉感染。

一些受伤群众伤口较大，血液喷涌而出，如果不及时止血，极易由于失血过多而死亡。止血带是止血的专用工具。止血带必须绑在出血伤口的上方（即比伤口距离心脏近的位置），事先将患肢抬高数分钟，局部垫上毛巾或其软组织物，以防组织擦伤。然后用止血带扎住其伤口。结扎部位下方组织血液供应中断，时间一久易致组织缺血。所以绑血带的时间不宜过长，每隔 30 分钟应放松一次，每次约半分至一分钟，以使血液流通。为此，凡上止血带的地方应有明确标记，注明绑止血带时间，以便转运，接收单位据此能作必要处理。如果没有止血带，也可以用宽的布条、毛巾、绷带等代替，但要严防勒伤组织。

在外伤急救中，常常用到包扎。包扎伤口除了具有保护伤口、预防感染外，还有止血功能；某些包扎又可以作为固定患肢的方法。目前常用绷带包扎小伤口，用三角巾作包扎大伤口。绷带通常分硬绷带及软绷带两种，硬绷带是在市制的绷带上洒上石膏粉，干涸而成石膏绷带。常见的软绷带有黏膏（即橡皮膏）、卷轴绷带（用纱布卷成，是绷带中用途最广也最方便的一种，一般长度是 5 米，宽度根据需要而定）。使用卷轴绷带时，救护人面向伤员，取适宜位置，先在创面上盖好消毒纱布，然后左手拿绷带头，右手拿绷带卷，用绷带的外面贴近局部，包扎时通常由左向右、从下到上缠绕。绷带不易过紧，以免引起局部肿胀，也不宜太松，以免滑脱。一般手臂弯着绑（屈肘），腿要直着绑，以便保持肢体的功能位置。

对于心脏骤停的病人，要使用胸外心脏按压术。胸外心脏按压就好像“人工心跳”，暂时帮助心脏进行工作，将血液压出去、流回来，使血液仍能继续循环。由于心脏按压的部位在胸部，此时又必须同时做人工呼吸，而俯卧压背、仰卧压胸、仰卧牵臂式人工呼吸法就不易实施，只能作口对口吹气式人工呼吸，可以十分协调地进行，一人作心脏按压，另一人作口对口吹气。为了使操作顺利，病人要躺卧在木板或平整的地面上，以便救护人按压时背面有硬物支撑。具体方法是让病人仰卧，抢救者站或跪在一侧，用一手的掌根贴在病人胸骨上 2/3 与下 1/3 交界处，另一手叠在这只手背上，两臂肘关节伸直，靠上身重量作快速按压，使胸骨下陷约 3～4 厘米，心脏间接受到压迫，然后放松，有节奏地一压一松，每分钟约 60～70 次。口对口吹气与胸外心脏按压常同时进行，一般每吹一口气，作 4～5 次心脏按压。如果现场抢救时只有一人操作，则可以先吹两口气，然后作 10 次心脏按压，按比例反复进行。如病人出现面色转红，瞳孔缩小，可触及脉搏或测到血压，说明心跳已经恢复。

有些危重急症病人经过简单处理，需要转移到大医院进行救治。一般说来，对急症病人，应该以平卧为好，使其全身舒展，上下肢放直。再根据不同的病情，做一些适当的调整。如高血压脑出血病人，头部可适当垫高，减少头部的血流；昏迷者可将其头部偏向一侧，以便呕吐物或痰液污物顺着流出来，不致吸入；外伤出血处于休克状态的病人，可将其头部适当放低些；至于心脏病患者出现心力衰竭、呼吸困难者可采取“坐位”，使呼吸更通畅。当把病人从床上抬到担架上时，动作应该轻柔协调，尽量减少病人的劳累和痛苦。对于各种外伤病人，在搬动时要注意对伤处的保护，如骨折的肢体应有人专门扶持，脊椎骨折时要使其背部保持平稳；头部颅脑外伤者，要有人专门包头避免晃动。抬担架上下楼梯时，应当尽量保持水平位置。在转送途中，对于危重病人应当严密注意其呼吸、脉搏清理、通畅呼吸道。天气寒冷时，应注意病人的保温，可就地取材，以毛巾、大衣或被子包盖好病人身体，令其安静休息；如衣服受湿，有条件时应尽快换上干衣服。到了医院后，应介绍病人的病情以及救治情况，供医生参考。在这里应当指出的是尽量不要用拖拉机转运伤病员。因为拖拉机的噪声大易引起大脑皮层功能紊乱，对于破伤风、脑炎等病人，可能引起抽搐。当然还有其他许多急救的方法，由于篇幅所限，这里不再一一说明。

汶川特大地震发生后，每一个省都向灾区派出了医疗队，医护人员与参与救援的武警官兵达十几万人。他们都是专业的救治人员，其他参与救援的志愿者在其指导下，科学施救，最大限度地拯救了受伤群众。

医疗队

最后，把抗震救灾、灾后重建与遵循灾区地壳运动规律相结合。迄今为止，人类对于地震还基本上处于无法控制状态，既不能提前有效预报，也不能消除地震。唯一能做到的就是通过总结千百年来与地震作斗争的经验，对大地震发生前后产生的一系列现象进行归纳和总结，采取有效的措施，把地震造成的损失降到最低。人们发现地震有单震型、主震-余震型、前震-主震型、双震型、群震型等几种类型。单震型指发生一次较大的地震，地震发生前后基本上没有任何征兆。这种地震比较罕见。主震-余震型是指一次大地震发生以后，接踵而来的是一系列小地震——余震，但这些小地震并非“很小”，它们中有不少是大于 4.7 级的破坏性地震。汶川地震、唐山地震就属于主震-余震型地震，汶川特大地震发生后的最大一次余震是达 6.4 级的破坏性地震。前震-主震型是指主震发生前，发生大量小地震（其中也有达到破坏性等级的），然后突然平静一段短的时间，随后就发生大的主震。由于有大量小的前震，如果人们留心，那么可以做到比较有效的预报。辽宁海城地震就是这种地震，是世界上唯一成功预报的一次地震。双震型是指在间隔较短时间内（一般几十分钟到十几天），在同一个断层上发生两次震级差不多的比较大的地震，例如 20 世纪 70 年代四川平武发生的地震就属于这种地震。当然，双震型地震并不排除在两次主震前后小震。群震型是指在间隔很短时间内，连续发生多次差不多大的主震，例如智利发生的世界最大地震就是这种地震，在差不多 1 个月时间内反复发生多次 7 级以上甚至 8 级以上地震。

通过以上分析可以看出，除了单震型地震之外（这种地震很少见），大地震发生后紧接着都会有破坏性地震发生。这是震后进行救援必须充分考虑的因素。大地震发生后，震区山体松动，即使是一点小小的震动，也可能引发山体滑坡、落石等次生灾害，更何况大地震后一般都会发生 4.7 级以上的破坏性地震。因此，应特别注意往返灾区救援人员的安全。如果条件允许，应尽量开辟空中走廊或水上通道。汶川地震发生后，灾区道路大部分损毁，党中央组织大量人力物力打通通往灾区的生命线，陆上交通是主要的运输方式。但是，山体滑坡、落石等给通行人员的生命造成了严重威胁。比如，2008 年 6 月 7 日，四川省理县朴头乡附近发生大规模塌方，导致通往汶川县城的公路救援生命线中断。经抢修人员的努力，该路段交通基本恢复。但由于理县境内路段地质条件较差，塌方和泥石流仍然随时威胁着交通线的畅通和往来人员和物资的安全。为了减少救援人员的伤亡和财产的损失，党中央、国务院、中央军委开辟了其他多种运输方式——空中走廊和水上通道。救灾期间，全军及民航系统出动直升机 99 架，其中民用直升机 30 架。直升机速度快且相对安全，在救援过程中起到了不可替代的作用。

抗击汶川地震中参与救援的直升机

同时，在条件适宜的地方，水上通道也不失为一种安全的通行方式，在较宽的河道中线通行，可以远离滑坡、泥石流、落石等自然灾害，即使较强破坏性余震发生也不会产生较大影响。从 2008 年 7 月 2 日晚开始，汶川县境内连续遭受暴雨的袭击，导致银杏乡兴文坪村罗圈湾发生特大泥石流灾害，泥石流涌入岷江，造成江水改道。汹涌的洪水冲毁了国道 213 线路基长达 70 余米，生命通道完全陷入瘫痪。灾情发生后，汶川人武部部长与地方领导一起商讨后，在岷江中开辟了一条水上通道，为救灾人员和物资的运送打开了一条水上生命线。汶川民兵水上救援分队的第一次水上救援工作取得了圆满成功，为今后的水上救援积累了宝贵经验。

冲锋舟在岷江中前行

救援人员安营扎寨以及伤病员安置，也要考虑到山体滑坡、泥石流和落石等次生灾害，应选择远离这些次生灾害的开阔地带。

灾后重建要考虑地震带的特点。我国处于世界两大地震带之间，是多地震的国家之一。有些地方本身就是这两个带的组成部分，东部有环太平洋地震带通过（如我国台湾、吉林地震区），西部则是地中海—南亚地震带经过的地方（如青藏高原南部地震区）。中国境内强震的分布非常广泛，除浙江、贵州两省外，其他各省均发生过 6 级以上地震。

要把居住在如此广泛的区域的居民撤出来是不现实的。但是，灾后重建的选址是可以选择的，灾后重建的地址应尽量远离狭沟地带，选择开阔地带。因为一旦发生大地震，狭沟地带极容易出现山体塌方或者泥石流包抄，落石也是一大威胁。灾后重建一定要考虑到灾区地震频发、多发的特点，一定要把好质量关，新建建筑应该能抗击八级以上地震。汶川地震灾后重建的实践就是科学精神与人文精神相结合的典范。2008 年 6 月 4 日，国务院第 11 次常务会议通过了《汶川地震灾后恢复重建条例》。9 月 19 日，国务院出台了《国务院关于做好汶川地震灾后恢复重建工作的指导意见》（国发〔2008〕22 号），文件中强调地震灾后恢复重建应当坚持以人为本、科学规划、统筹兼顾、分步实施、自力更生、国家支持、社会帮扶的方针。“以人为本，科学规划”，就是强调人文精神与科学精神相统一。各灾区根据这两个文件传达的精神推进灾后重建，新建立的城镇、乡村均考虑到了地震带的地质特点，尽量远离了四面环山，极易受到山体滑坡、泥石流和落石伤害的区域。

新汶川县城的建设就是一个典型的例子。新汶川县城坚持规划先行，按照“人与自然的和谐相处”的原则，相关部门组织编制了《汶川县灾后恢复重建村镇体系规划》《汶川县地震小区规划》等，根据地震地质灾害分布特点，对全县规划建设区范围内的工程地质条件进行安全性评价，引导人口和产业向相对安全地域转移集聚，为建设项目科学选址提供了依据。在党中央的领导和关怀下，今天的汶川、北川等地震极重灾区的城镇焕发出了生机勃勃的景象，城镇的规划建设也比过去科学合理。

新北川照片

# 第五章　抗震救灾精神的实践价值与弘扬机制

## 第一节　抗震救灾精神的实践价值

“5·12”汶川特大地震无疑是中华民族的一场重大灾难，但从抗震救灾、灾后重建经验及其借鉴教训的角度看，也是一笔重要的历史财富。它让我们反思抗震救灾、灾后重建所经历的一切。汶川特大地震的抗震救灾与灾后重建举世瞩目，受到全社会的高度认可。“5·12”汶川特大地震的抗震救灾与灾后重建经验是我们今后应对巨灾和进行社会经济建设的宝贵经验，也是中华民族不屈不挠精神的集中体现。同时，汶川抗震救灾与灾后重建经验也为国际社会抗震救灾提供了有益与成功的借鉴。①

汶川特大地震的抗震救灾斗争和灾后重建实践，不仅谱写了一曲中华民族自强不息、共克时艰的壮丽凯歌，更使我们在迈向现代法治国家征程中，在巩固和完善救援机制、应急机制、募捐机制、社会动员机制及公民社会建设等方面，获得了宝贵的经验，这是对中国今后救灾和各项社会建设的有益启示。② 伟大的抗震救灾精神既源于历史的积淀，又得益于时代的历练，是社会主义核心价值体系最凝练的时代表达、最生动的实践诠释。③ 汶川特大地震抗震救灾和灾后重建中所展示出来的“万众一心、众志成城，不畏艰险、百折不挠，以人为本、尊重科学”的伟大的抗震救灾精神是党和人民极为宝贵的精神财富，同时，也为新时代中国特色社会主义精神文化建设提供了新鲜的经验和深刻的启示。

习近平总书记在十九大报告中指出：“中华民族是历经磨难、不屈不挠的伟大民族，中国人民是勤劳勇敢、自强不息的伟大人民，中国共产党是敢于斗争、敢于胜利的伟大政党。历史车轮滚滚向前，时代潮流浩浩荡荡。历史只会眷顾坚定者、奋进者、搏击者，而不会等待犹豫者、懈怠者、畏难者。”人民有信仰，国家才有力量，民族才更有希望。在决胜全面建成小康社会，夺取新时代中国特色社会主义伟大胜利，为实现中华民族伟大复兴的中国梦不懈奋斗的关键时期，要继续深入研究探讨抗震救灾精神的实践价值与弘扬机

---

① 杨继瑞. 汶川抗震救灾与灾后重建经验及其借鉴教训的总结与思考 [J]. 决策咨询，2009 (3)：1-7.

② 蔡勤禹，李娜. 试论汶川抗震救灾新特点 [J]. 防灾科技学院学报，2009，11 (1)：96-101.

③ 冯颜利. 弘扬伟大的抗震救灾精神，推进社会主义核心价值体系建设 [EB/OL]. (2011-04-27) [2017-08-25]. http://topics.gmw.cn/2011-04/27/content_1895309.htm.

制，提升公民道德素质、增强社会责任感，引领社会风尚、提高社会文明程度，使伟大的抗震救灾精神持续转化为中国民族开辟新征程、开创新未来的强大力量。伟大的抗震救灾精神的凝练过程蕴含着深刻的实践价值。

## 一、大力推进了我国社会公共管理和安全保障机制建设

“5·12”汶川特大地震抗震救灾和灾后重建的实践过程在客观上对于我国在社会公共管理和安全保障机制建设中如何统一思想、凝聚人心、积聚资源、形成合力，是一次全面的探索，创新了新时期防灾减灾救灾的新模式。

一个有着13亿多人口、960多万平方公里的大国，社会公共管理和安全保障必须有一套成熟的机制，公共应急、灾难救助和重大安全保障等方面工作，都需要多系统、多渠道共同协作建立体系。多年来，我国一直在不断完善这些方面的服务机制。特大地震的巨大灾害，无疑是对这一机制的极大考验。

地震灾害是人类历史上破坏力最大的自然灾害之一。1976年7月28日3时42分，我国唐山发生的7.8级地震，顷刻之间，一个百万人口的城市成为一片废墟，共造成24.2万人死亡、16.4万人重伤，直接经济损失100亿元。2008年“5·12”汶川特大地震造成的破坏力同样是十分惊人的，相当于数百颗原子弹的能量在10万平方公里的区域释放，是新中国成立后遭遇的最大的地震灾难。四川、甘肃、陕西等十个省市州受灾，受灾面积达50万平方公里，受伤人数达374643人，遇难和失踪人数达87149人，经济损失8451亿元。这次地震受灾范围极其广泛，四川省有20个市（州）、161个县（市、区）、3106多万人不同程度受灾，重灾区面积约10万平方公里，涉及6个市（州）、88个县（市、区）、1204个乡镇、2792万余人。据不完全统计，仅四川省内倒塌房屋160.6万余户、690.4万余间，严重损毁不能再居住的危房186.5万余户、786.3万余间，1000多万人无家可归。地震还造成公路、铁路、桥梁、电力、通信、水利等基础设施和工业厂房严重损毁。突如其来的强烈震灾一度导致灾区情况报告不出，指挥调度联系不上，抢险救援人员、物资、车辆和大型救援设备难以进入灾区内部，受伤人员难以尽快输送转移，救灾难度之大可想而知。①

地震除了造成直接灾害之外，产生的次生灾害也比较多。火灾是地震最主要的次生灾害之一。比如，1995年日本阪神大地震引起火灾531处，由于地震造成水电中断，道路堵塞，即使消防车到场也只能“望火兴叹”，导致100余万平方米的建筑物被烧毁。又如，1923年9月1日11时58分，日本关东8.3级大地震，震灾以东京、横滨、横须贺、小田原等地最为严重。当时正值中午，人们慌于逃命，没有及时关闭火源，导致火灾，加之风大，高层建筑物之间形成“火流”，处于“火流”流窜的东京一处空地上3.3万余人无路可逃而被活活烧死。这次地震死亡的14.3万人中，90%被火烧死。地震造成的水灾是另一大次生灾害。1933年8月25日，四川叠溪7.5级地震造成的山体崩塌堵塞岷江，震后第45天，堵体溃决造成下游水灾。据不完全统计，水灾冲毁农田5万余亩，造成数万人

① 陈家强. 从“5·12”汶川特大地震谈抗震救灾应急措施［J］. 消防科学与技术，2008（9）：629−635.

被淹死或失踪，仅灌县（今成都都江堰市）捞获尸体4000余具。[①]

由于大地震造成的直接灾害和引发的次生灾害较多，针对地震的救灾必须采取有效的应急措施。新中国成立后，我国历次地震救援在救灾机制建设方面已有不少探索。“5·12”汶川特大地震的应急救灾，不仅在某种程度上完善了我国的公共应急与灾难救助机制，还使我国的重大安全保障与社会公共服务水平得到了极大的提升。抗震救灾牵动着各地、各族群众的心，一方有难、八方支援的优良传统形成一股强大的精神源流，大力推动了党和政府主导的抗震救灾机制建设和社会公共服务水平提升。“5·12”汶川特大地震的抗震救灾后，我国在这些方面积累了难得的宝贵经验。公安部四川汶川地震协调组组长、四川省抗震救灾指挥部成员陈家强对“5·12”汶川特大地震抗震救灾实践中公共应急、灾难救助、重大安全保障等方面积累的宝贵经验，做了一个总结和提炼。[②] 具体来讲，主要有以下方面：

一是建立健全应急机制。一旦发生大地震，应立即响应，并快速启动应急预案。强烈地震发生后，各级党委、政府应依据《中华人民共和国宪法》和《中华人民共和国突发事件应对法》等法律、法规，在第一时间迅速启动地震应急预案；各级政府应急管理部门应及时报告相关党政领导同志，调动各有关部门负责人和各有关方面专家迅速赶往指挥部，各司其职，各负其责；各级媒体，尤其是广播电台、电视台应在第一时间向民众通报情况，稳定民心，并告之应对注意事项，保障信息畅通；地震重灾区的各级党委、政府、受灾部门及单位应在第一时间向上级应急指挥部报告有关情况，组织干部群众自救、互救，争取主动；国家、部门和省级指挥部迅速调动地震抢险救援专业队伍、军队、武警、民兵预备役部队、医疗救援队伍、后勤保障队伍，以及根据应急预案中的大型工程机械等资源数据库及时调集大型工程机械迅速赶往灾区。这一过程中的民众自救和互救，需要靠平时的抗震救灾知识的普及、预案的制定、自救互救知识和技能的掌握，以及定期组织训练、演练等，这是汶川特大地震中我们的同胞用惨痛的经历告诉我们的血的教训。[③] 这种深刻经历通过各类媒体传递到全国各地，对民众起到了巨大的震撼作用。一时间，民众对抗震救灾知识、技能十分渴求，对救灾机制、社会公共服务在应急救灾中的作用发挥等高度关注。这既为应急机制的建立创造了良好的条件，又为抗震救灾精神的传播建立了最为广泛的群众基础。在汶川特大地震的抗震救灾实践中，各级政府的应急预案先后经历了一个不断完善的过程，各地做出了多种最严重、最复杂、最不利情况的不同应急预案，力求所有应对措施更具针对性和可操作性。

二是抗震救灾必须统一指挥，确保高效有力。在“5·12”汶川特大地震的抗震救灾指挥系统构建中，形成了集中领导、统一指挥、反应灵敏、运转高效的工作机制，反映了各级党委和政府应对突发事件的能力。地震发生后，党中央、国务院、中央军委及地方各级党委、政府，在第一时间调集军队、武警部队、公安、民兵预备役部队以及各有关方面力量迅速投入抗震救灾战斗，救灾力量多达数十万人。在“5·12”汶川特大地震的抗震救灾中，首先，重灾区设立的各级抗震救灾指挥部和各抗震救灾队伍都坚决服从党中央的

---

① 陈家强．从“5·12”汶川特大地震谈抗震救灾应急措施［J］．消防科学与技术，2008（9）：629—635.

② 陈家强．从“5·12”汶川特大地震谈抗震救灾应急措施［J］．消防科学与技术，2008（9）：629—635.

③ 陈家强．从“5·12”汶川特大地震谈抗震救灾应急措施［J］．消防科学与技术，2008（9）：629—635.

统一领导，坚决服从国务院抗震救灾总指挥部的直接指挥，坚决做到有令就行，有禁就止。其次，省、市、县按照“属地管理、属地指挥”的原则，成立由地方党委、政府和军队主要领导同志为总（副）指挥（指挥长），有关党、政、军领导同志为成员的地方各级抗震救灾指挥部，统一组织指挥本地区抗震救灾工作。各级抗震救灾指挥部根据工作需要，下设救灾、地震监测、通信、保障、宣传、交通、水利、卫生防疫、社会治安、港澳台及国际救援协调等小组，分别由有关党、政领导同志负责，由有关部门负责同志参加，并明确各组工作职责。最后，军队、武警、公安及地方其他有关部门根据需要建立本系统指挥体系，并保持本系统指挥体系与当地指挥部和其他系统指挥机构的信息畅通、共享，以形成有机的指挥网络和高效的工作机制，确保抗震救灾工作顺利有序地推进。

三是灾难救援中必须以人为本，优先抢救生命。“以人为本”是我们党的执政理念，也是我国政治制度的精髓。汶川特大地震一发生，党中央、国务院就发出了坚定不移的救生号召，作出正确的救生决策，胡锦涛同志明确指示抗震救灾工作必须坚持以人为本。抢救人民群众生命是首要任务，必须继续作为当前抗震救灾工作的重中之重。“只要有一线希望，只要有一点生还可能，我们就要作出百倍努力”，这句话道出了全国人民的心声。人的生命是最重要的，救援的目的也只有一个，就是救人！在汶川特大地震的抗震救灾实践中，我们的各支救援队伍始终把救人摆在第一位，争分夺秒搜救人员、救治伤员、解救被困群众，力求把人员伤亡降到最低程度。不言弃、不放弃，要以对人民生命高度负责的神圣使命感抢救人的生命，哪怕有一线希望也必须竭尽全力。这正是一种伟大的抗震救灾精神！①

正是在这种伟大而震撼的精神感召下，来自世界各地的政府组织、民间救援队伍、社会友好团队等都积极响应，源源不断地投入汶川特大地震的抗震救灾工作中。我国也坚持开放救灾的理念，接受外方的援助，不仅充分展示了大国之间的友好与合作的精神风貌，还将我们的抗震救灾精神传递到了全世界。

四是建立公开的信息服务机制，更好地凝心聚力。地震发生后，建立及时准确的信息发布、舆论引导、舆情分析系统，对防止谣言传播、防止恐慌、稳定民心与社会秩序等，显得十分重要。“5·12”汶川特大地震发生后，抗震救灾指挥部及时、准确地发布各类权威信息，不仅消解民众的恐慌情绪，起到稳定社会、凝聚民心的作用，还牢牢把握舆论的话语权，赢得了国际社会的理解、认同。各级党委宣传部门、政府新闻和外事机构及时启动突发事件应急宣传机制，确立“严把导向、突出重点、讲究方式、有力引导”的抗震救灾新闻报道总体思路，发挥各类媒体覆盖不同人群的特点，形成大规模、全天候、立体式的抗震救灾宣传工作格局，唱响全党、全军、全国各族人民团结一致、不畏艰难、顽强斗争、敢于胜利的主旋律，着力营造抗震救灾、重建家园的正面舆论强势，向社会展示公开、透明、负责任的政府形象。“5·12”汶川特大地震抗震救灾和恢复重建的信息公开，得到了国际舆论的高度赞誉。当然，作为一种信息服务机制，还应注意网络监控、关注舆情，切实加强对舆论的研判引导，这也是保障抗震救灾顺利开展必不可少的重要工作。②

五是建立强有力的服务保障机制。保障有力才能救灾有效。由于地震灾害造成的公共

---

① 陈家强．从“5·12”汶川特大地震谈抗震救灾应急措施［J］．消防科学与技术，2008（9）：629－635.

② 陈家强．从“5·12”汶川特大地震谈抗震救灾应急措施［J］．消防科学与技术，2008（9）：629－635.

基础设施严重损毁，加之参加抗震救灾的力量众多，后勤保障的压力很大。汶川特大地震抗震救灾中，各级抗震救灾指挥部设立了专门的保障机构，由有关领导挂帅，发改、财政、商务、后勤、交通、卫生等有关部门负责人参加，具体负责救灾物资的计划、筹措、分拨、运输和发放。同时，在党中央和国务院的领导下，迅速建立健全了对口支援、社会捐赠、志愿服务等社会动员机制与协调机制。这对保障抗震救灾的顺利进行十分必要。此外，通信保障是确保抗震救灾有序进行的重要前提和基本保障。大地震导致地面固定电信网和移动电话网基地站被损毁，仅有的公共通信能力丧失，使指挥部与各地震灾区、各救援队伍失去联系。为此，汶川特大地震抗震救灾中，启动了移动卫星通信等应急通信技术，较好地解决了这些问题。

六是依托先进科技，科学救灾。面对破坏巨大、损失惨重的特大地震灾害，抗震救灾工作必须强化科学救灾的意识，尊重规律、科学施救。汶川特大地震抗震救灾实践经验告诉我们，要高效救灾，必须采用科学的方法。一方面，要充分发挥专家队伍的作用。逐步建立地震灾害“应急专家数据库”，一旦发生地震灾害，能第一时间调集地震、地质、应急救援、卫生、环保、水利、电力、通信、建筑等各有关方面的专家迅速到达指定地点，根据实际情况，按照职责及时为各级抗震救灾指挥部提出灾情评估报告和科学决策依据。另一方面，应当充分发挥现代科学技术和专业技术装备的作用。如利用卫星通信技术在第一时间获取信息，利用 GPS 卫星定位系统和 GIS 地理信息系统引导抗震救灾行动，利用遥感监测技术及时开展遥感数据监测和航空遥感图像分析，并利用空军航空侦察、航拍，及时监控、分析、评估灾情发展趋势。“5·12”汶川特大地震发生后，公安部在第一时间依法调动了近 2 万名公安消防特勤部队官兵、公安特警队员和边防医务人员，联系民航部门及时空运到地震灾区投入抗震救灾战斗。①

七是建立一套稳定人心的重建机制。大灾大难之后，人心的安抚和凝聚是异常重要的。地震灾难发生之后，在抢救生命的同时，必须抓紧安置好受灾民众，防止他们受到二次伤害。地震之后，受灾群众的安置，重大疫情的预防，救灾资金、物资的发放、监督、管理，地震灾区过渡安置房的建设，地震灾后住房重建方案的制订，受灾居民的补助标准和扶持政策，灾民和救灾人员的心理重建等，都是涉及灾后重建工作重要机制的问题。灾后初期，各级部门要多策并举，维护稳定，确保抗震救灾和恢复重建工作顺利进行。在做好安置和稳定工作的前提下，细化工作机制，带领群众齐心协力，恢复重建。

八是提高全社会对重大灾害的综合防范和抵御能力。汶川特大地震的抗震救灾实践，除让我们在救灾过程和灾后重建中积累了宝贵的经验外，还对我们在弘扬抗震救灾精神的同时积极推进抗震救灾长效机制建立方面给予了启示：加强全民的防灾救灾基本知识的普及与避震、逃生、救助、心理抚慰等基本技能的训练十分重要。各级各类学校、企业事业单位、军队、机关、农村应该广泛深入持久地进行防灾救灾基本知识技能教育，并将避震演练纳入各类学校的素质教育活动，作为大学生与中学生军训活动的重要内容之一；各企事业单位、厂矿、学校、乡镇、社区，都应制定切实可行的应对突发性重大灾害的人员疏散、救助等方面的应急预案。建设专业化与社会化相结合的应急救援队伍，将抗震救灾的内容、项目与技巧纳入民兵预备役、非政府组织（NGO）和志愿者队伍的日常训练中，

---

① 陈家强. 从“5·12”汶川特大地震谈抗震救灾应急措施 [J]. 消防科学与技术，2008 (9)：629-635.

就近建立一支准专业的抗震救灾的“地方部队”；我国专业化与社会化的救援队伍要加强与国际救援组织与机构的联系，积极参与国际抗震救灾活动，在实战中提高抗震救灾的救援能力。①

## 二、提升了党在应对重大公共问题上的执政经验

抗震救灾的伟大实践，使中国共产党积累了在应对重大公共问题上的宝贵执政经验。地震后，在党的领导下确立的中国特色“对口援建”制度，充分凸显出了中国特色社会主义制度的优越性。

### （一）应急动员机制的确立，大大增强了党的群众号召力

重大灾难中的应急动员能力和动员机制的有效性，是对党的执政能力的重大考验之一。经历了汶川特大地震的锤炼之后，在随后的玉树地震、彝良地震、芦山地震、鲁甸地震、九寨沟地震等历次地震的考验中，我国应灾应急动员机制显得更加成熟完善。特别是在党中央的坚强领导和统一指挥下，军队和社会各界积极响应，按照以往抗震救灾的成熟机制迅速集结到位，第一时间投入抗震救灾一线。灾区现场，军队、地方政府、志愿者、医疗救助人员、灾区群众等各种社会力量在救灾指挥部的统一指挥调度下，按照统一的应急救援机制，自觉、有序、有效参与抗震救灾。各级党组织在其中发挥了重要的号召和战斗堡垒作用，“党员”“党组织”的旗帜一次次闪耀在灾区一线，给灾区群众以信心和鼓励，给参与救援者以最大的决心和保障，这是抗震救灾应急动员机制更加成熟的充分展示。

军队是维护人民利益的忠诚卫士，每当灾难来临、危险来袭，总是坚决响应党的号召，坚决服从命令、听从指挥，挺身而出、义无反顾，用双肩扛起人民的重托，用双手托起生命的希望。2013年4月20日8时02分，四川芦山突发7.0级强烈地震，给当地人民生命财产造成重大损失。在党和人民最需要的紧要关头，军队和武警部队坚决贯彻中央决策指示，按照总指挥部的统一部署，视灾情为命令，把灾区当战场，以最快的速度组织部队和民兵预备役1.9万余人进入灾区，充分借鉴汶川、玉树、彝良抗震救灾经验，全力以赴承担起最危险、最困难、最艰巨的救灾任务，发挥了主力军和突击队作用。震后5分钟，成都军区主要领导和有关指挥员通过向地震部门了解、与灾区直接联系、实施空中侦察等多种手段，迅速获取地震级别、震中位置、受灾地域、受损程度等基本情况；震后10分钟，成都军区召开作战部署会，迅速组织部队全力投入抗震救灾工作；震后58分钟，成都军区派出军区前进指挥组乘直升机前往灾区指挥救灾。

党员干部带头，率先垂范。在最复杂的地区、最困难的地方，产生了感召部队、激励官兵的良好效应，涌现出多次驾机往返灾区的陆航旅旅长栗国、舍生忘死解救被困群众的某部班长祝明等一批优秀共产党员，以及10多对父子兵、母女兵、夫妻兵、兄弟兵同场救灾的感人场景。各任务部队纷纷打出“党员突击队”“党员敢死队”旗帜，广大党员冲锋在前、勇挑重担，叫响“看我的、跟我来”口号，哪里有险情就冲向哪里，哪里最困难就战斗在哪里。在抗震救灾战场上，真正体现出一个党委班子就是一座坚强有力的领导核

① 杨继瑞．汶川抗震救灾与灾后重建经验及其借鉴教训的总结与思考［J］．决策咨询，2009（3）：1-7.

心，一个党支部就是一个牢不可破的战斗堡垒，一名党员就是一面火红鲜亮的旗帜。①

志愿者爱心接力，各族同胞同心响应。“5·12”汶川特大地震发生后，在党和政府的号召下，中国人面对这场特大灾难焕发了前所未有的抗灾热情，社会各阶层同心协力、积极行动，一方有难、八方支援的大爱精神迅速燃遍大江南北。党和政府主导的救灾力量和民间力量的协同善治，并着力构建以灾区需求为导向、政府为主导、多中心治理主体（政府、企业、NGO、志愿者、社会精英、普通民众等）互动合作的抗震救灾新模式。政府紧密围绕灾区的愿望和需求，与企业、NGO、志愿者个人、社会精英、普通民众协同合作，共抗灾难。地震灾区的民众在突然降临的灾难面前，近乎本能地展现了超越肉体生存的价值追求，背后都有一种不计个人利害地抵御自然灾害，尽个人最大努力来延续美好事物的观念支撑。在灾区民众的感召下，在国家的允许和鼓励下，全国民众迸发出极大的“利他主义”激情，成群的志愿者赶赴灾区，企业和个人踊跃捐款捐物，献血人群排起长队。②

正是在党的坚强领导和社会力量广泛参与下，抗震救灾应急动员机制经历历次应灾实践，发挥了巨大的作用。可以说，放眼全球几乎找不到第二个国家的执政党有如此巨大的群众动员号召力，这种号召力的背后正是伟大的抗震救灾精神在发挥重要的支撑作用。

### （二）“对口支援”制度的确立推动中国特色“援建模式”走向成熟，凸显出中国特色社会主义制度的优越性

对口支援是党中央的重要执政策略，是在中国特定政治生态中孕育、发展和不断完善的一项具有中国特色的政策模式。通常采用的方式是通过中央决策，由经济发达或实力较强的省市对经济不发达或实力较弱的地区进行援助。根据受援客体的不同，对口支援模式可分为边疆地区对口支援、灾害损失严重地区对口支援和重大工程对口支援等三种政策模式。政策工具常采用资金援助、项目援助和智力援助等多种手段，主要用于受援地区的经济发展、教育、医疗和卫生等社会事业以及基础设施建设等多个方面。③ 对口支援制度最早始于对部分少数民族地区的结对帮扶工作的探索中。20 世纪 70 年代末，为了缩小东西部地区的差距，推动西部少数民族地区经济社会较快发展，实现民族平等、团结和共同繁荣，加速少数民族地区经济文化建设，国家除了在资金、物资方面进行支援外，还专门组织内地工业比较发达、科学技术比较先进的省市对口支援少数民族地区：北京支援内蒙古，上海支援云南、宁夏，天津支援甘肃，河北支援贵州，江苏支援广西、新疆，山东支援青海，全国支援西藏。各省市对中央这一部署非常重视，党政领导亲自抓这一工作，成立专门机构，加强对口支援的领导。④

三峡工程库区移民对口支援工作是我国在工程建设对口支援制度中的积极探索。1992 年，国务院办公厅发出《国务院办公厅关于开展对三峡工程库区移民工作对口支援的通

---

① 李世明，朱福熙. 不负党和人民重托　践行强军目标要求——四川芦山“4·20”抗震救灾启示［J］. 求是，2013（11）：21—23.

② 李琴，杨娇. 试论汶川地震行政力量与民间力量协同善治——兼论抗震救灾新模式：“政府主导+社会参与”［J］. 高等函授学报（哲学社会科学版），2008，21（12）：35—37.

③ 赵明刚. 中国特色对口支援模式研究［J］. 社会主义研究，2011（2）：56—61.

④ 白鑫铭. 全国一些省市对口支援少数民族地区［J］. 中国民族，1980（9）：39.

知》（国办发〔1992〕14 号），号召全国 20 个省（自治区、直辖市）、10 个大城市及国务院 50 多个部门对口支援三峡工程库区移民工作，把全国对口支援三峡移民作为开发性移民战略部署的重要组成部分。按照国务院要求，先后有 50 多个部门和单位，20 个省（区、市）、10 个大城市积极投入这项工作中。国家有关部门和单位、全国有关省（自治区、直辖市）相继成立了对口支援三峡库区移民工作领导小组和办事机构，建立了党政一把手挂帅、负总责，具体机构分工负责的责任体系，做到了任务包干、责任到人。全国对口支援三峡工程移民工作形成了以国家政策支持为重点的国家部门对口支援、以招商引资为重点的省（区、市）对口支援、以解决移民就业为重点的库区省（市）部门及主城区对口支援的“三位一体”工作格局。截至 2012 年底，全国对口支援共为三峡库区引进资金 1321.57 亿元，其中经济建设类项目资金 1272.64 亿元、社会公益类项目资金 48.93 亿元，共安排移民劳务 97507 人次，培训 48439 人次，干部交流 1058 人次。

**三峡库区受援区县与支援省区市对口支援合作结对关系表**

| 库区受援区县 | 重点结对支援省区市 |
|---|---|
| 夷陵区 | 黑龙江省、上海市、青岛市 |
| 秭归县 | 江苏省、武汉市 |
| 兴山县 | 湖南省、大连市 |
| 巴东县 | 北京市 |
| 巫山县 | 广东省、广州市、深圳市、珠海市 |
| 巫溪县 | 吉林省 |
| 奉节县 | 辽宁省 |
| 云阳县 | 江苏省 |
| 万州区 | 福建省、上海市、天津市、南京市、宁波市、厦门市 |
| 开县 | 四川省 |
| 忠县 | 山东省、沈阳市 |
| 石柱土家族自治县 | 云南省、江西省 |
| 丰都县 | 河北省 |
| 涪陵区 | 浙江省 |
| 武隆县 | 江西省、云南省 |
| 长寿区 | 广西壮族自治区 |
| 渝北区 | 安徽省 |
| 巴南区 | 河南省 |

全国对口支援三峡工程移民工作，不仅保障了百万移民的按时搬迁安置，促进了库区社会经济的全面发展，帮助改善移民民生，还为支援方带去了良好的经济效益，真正实现了支援方和受援方的合作共赢。可以说，对口支援三峡库区是我国探索对口支援制度以来的一次有益尝试。

从1995年正式开始实施的对口支援西藏工作是我国在边疆民族地区对口支援制度中最重要的探索，也是对口支援制度积累经验的重要实践过程。20多年来，全国17个省市在实际工作中，始终坚持科学发展观，不断探索、勇于创新，已形成了一套较成熟的援藏路子，体现了援藏工作的长期性、科学性和群众性，各省市在落实民生援藏、人才援藏、智力援藏，以及援藏工作由"输血型"向"造血型"转变等方面都呈现出许多共性。西藏和承担对口援藏工作的部委、省市密切配合，深层整合各种优质资源，推进形成了"政府主导、企业支持、社会参与"的对口援藏稳定机制和支援模式。① 据2016年统计数据，援藏工作实施20多年来，先后派出6000多名干部人才进藏工作，落实项目8855项，资金333.9亿元。对口支援的形式也从单一资金援藏发展到经济社会全方位补位支撑。②

"5·12"汶川特大地震是新中国成立以来破坏性最强、波及范围最广、救灾难度最大的一次地震，灾后恢复重建是一项庞大的系统工程。为举全国之力，加快地震灾区灾后恢复重建，并使各地的对口支援工作有序开展，经党中央、国务院同意，建立灾后恢复重建对口支援机制。2008年6月18日，《汶川地震灾后恢复重建对口支援方案》（以下简称《方案》）正式颁布，统一部署对口支援任务，创新提出"一省帮一重灾县，举全国之力，加快恢复重建"。根据国家地震局提供的汶川地震烈度区划和四川省提供的受灾县（市）灾情程度，将四川省北川县、汶川县、青川县、绵竹市、什邡市、都江堰市、平武县、安县、江油市、彭州市、茂县、理县、黑水县、松潘县、小金县、汉源县、崇州市、剑阁县共18个县（市），以及甘肃省、陕西省受灾严重地区作为受援方。在《方案》中明确规定了对口支援的内容、方式和任务，并明确了19个承担支援任务的省市以不低于1%的财力对口支援重灾县市3年等具体工作要求。

**汶川特大地震对口支援一览表**

| 受灾县市 | 支援省市 | 受灾县市 | 支援省市 |
|---|---|---|---|
| 都江堰市 | 上海 | 江油市 | 河南 |
| 彭州市 | 湖南 | 汶川县 | 广东 |
| 温江区 | 黑龙江 | 理县 | 福建 |
| 郫县③ | 山西 | 茂县 | 天津 |
| 大邑县 | 内蒙古 | 松潘县 | 安徽 |
| 崇州市 | 河北 | 小金县 | 江西 |
| 绵竹市 | 江苏 | 黑水县 | 广西 |
| 什邡市 | 北京 | 青川县 | 浙江 |
| 安县 | 辽宁 | 汉源县 | 湖北 |
| 北川县 | 山东 | 宝兴县 | 海南 |

① 盘点17省市对口支援西藏［EB/OL］.（2014-07-12）［2017-08-28］. http://www.tibet.cn/2014/07/10/1354269.shtml.

② 秦金月. 凝聚起与全国同步建成小康的"中国力量"——党的十八大以来全国对口支援西藏综述［EB/OL］.（2016-07-12）［2017-09-02］. http://news.xinhuanet.com/2016-07/12/c_1119207709.htm.

③ 2016年11月24日和12月5日，国务院批复同意撤销郫县，设立成都市郫都区，行政区域和政府驻地不变。2017年1月22日，郫都区正式挂牌成立。

续表

| 受灾县市 | 支援省市 | 受灾县市 | 支援省市 |
|---|---|---|---|
| 平武县 | 吉林 | | |
| （甘肃）陇南市 | 深圳 | （甘肃）甘南市 | 天津 |
| 未承担对口支援任务的贵州、西藏、青海、宁夏、新疆和新疆生产建设兵团等省（区、兵团）接收的捐赠款物重点用于支持陕西灾区灾民生活安排和恢复重建 | | | |

部分省市对口援建情况如下：

山东省对口支援北川：截至 2011 年 5 月，山东省委、省政府对口支援北川总计安排各类援建项目 369 个、总投资 120 亿元。

广东省对口支援汶川：截至 2010 年 9 月，根据中央提出的“三年目标任务两年基本完成”，广东省基本完成援建资金达 82 亿元的恢复重建项目，累计完成援建项目 702 个。加上前期抗震救灾所投入的资金，广东省共支持抗震救灾和灾后重建资金 112 亿元（未包括企业支持的资金）。

上海市对口支援都江堰：上海市与都江堰分五批签约实施了城乡住房、学校、医院等 117 个与灾区群众生活和生产密切相关项目，投资总额达 82.5 亿元。

浙江省对口支援青川：浙江省派出了 332 名干部、1.2 万援建大军对口援建青川的 36 个乡镇，在青川的援建资金超过 85 亿元，援建项目达 538 项。

北京市对口支援什邡：北京市对口支援什邡灾后恢复重建累计投入援建资金 70 亿元，其中出资 65.5 亿元建设了涉及民生、公共服务、基础设施、新农村建设等 108 个大项、162 个子项的援建项目。

深圳市对口支援甘肃陇南：深圳市对口支援甘肃省陇南市“三县一区”，三年援建资金总计 30 亿元。援建项目共计 165 个，其中直接援建项目 24 个，涵盖学校、医院、农村居民住宅、社会福利设施、保障性安置住房等多个方面。

根据之前中央提出的“力争在两年内基本完成原定三年的目标任务”的要求，“5·12”地震灾区援建到 2010 年 9 月底，对口支援省市直接承担的恢复重建项目已基本完成，并普遍与受援地建立了长效合作机制。

对口支援政策提出后，在实践中不断充实和完善，在经历了以三峡工程为代表的重大工程定向支援和以支援西藏为代表的边疆民族地区对口支援积极探索之后，积累了丰富的对口支援工作经验；再经过以汶川特大地震为代表的灾区对口支援后，得到逐步确立和完善，成了一项具有鲜明中国特色的资源横向转移与跨界合作治理机制。①

经过汶川特大地震灾后重建中的全面探索，对口支援政策逐渐成为当前各项建设中的一种成功经验，并继续在“边疆民族地区对口支援”“自然灾害灾后对口支援”等中都得到了有效推广。

2010 年 3 月 30 日，全国对口支援新疆工作会议在北京闭幕，会议确定了通过推进新一轮对口援疆工作促进新疆稳定与跨越式发展的决策部署。会议确定广东、辽宁、北京、天津、上海、深圳等 19 个省市承担对口支援新疆的任务。根据这一对口支援计划，中央

① 钟开斌．对口支援：起源、形成及其演化［J］．甘肃行政学院学报，2013（4）：14－24，125－126.

将采取“5·12”特大地震灾后的灾区重建模式对新疆进行扶持。借鉴此模式，新疆维吾尔自治区的80余个县，将获得来自19个省市的对口支援。根据会议精神，19个援疆省市将建立起人才、技术、管理、资金等全方位对援疆的有效机制，把保障和改善民生置于优先位置，着力帮助各族群众解决就业、教育、住房等基本民生问题，支持新疆特色优势产业发展。全国对口支援新疆工作会议结束后不到两周，多个在四川地震灾区援建中承担重任的省市就向新疆派出了由主要领导带队的党政代表团。这是汶川特大地震灾后重建对口支援模式最有效、最直接的推广方式，也标志着我国对口支援制度的成熟。

2013年4月20日，四川雅安不幸再次遭遇强烈地震灾害。经历过汶川特大地震的考验，雅安灾区人民更加坚强，更有信心重建好自己的家园。这得益于伟大的抗震救灾精神的支撑，也得益于对汶川特大地震灾后重建机制带来的信心。这次地震，其破坏程度和造成的灾难没有汶川特大地震那样严重，国家层面并未启动“对口支援”制度。但是，“一方有难，八方支援”“举全省之力”“一切为了灾区，全力支援灾区”，成为四川人民的共同意志和自觉行动。借鉴汶川特大地震灾后重建中“对口支援”工作经验，同年7月，四川省委办公厅和省政府办公厅联合印发《芦山强烈地震灾后恢复重建省内对口援建工作方案》，明确德阳、绵阳、南充、攀枝花、自贡和泸州6个市对口援建芦山、雨城、天全、名山、荥经和宝兴6个县（区）。“对口支援”制度再次在地震灾后重建中发挥了重要作用。随着“对口支援”制度的成熟和推广使用，它逐步成为我党在新时期缓解地区差异、建设和谐社会、建成全面小康社会的有力保障。

## 三、提升了广大人民的国家认同和“四个自信”

坚定文化自信是汇聚中国力量的源泉。文化具有强大的感召力和凝聚力，是人民构建精神家园、增进思想认同的基础。源远流长、博大精深的中华文化是几千年来中华民族生生不息、发展壮大的强大精神动力。[①] 坚定文化自信是做好价值引领的根本。文化是核心价值观建设的基础，没有文化自信就不可能有价值观自信，就不可能做好价值引领。抗震救灾精神的凝练过程，也是伟大的抗震救灾实践过程，这一伟大实践孕育出了一种强大的抗震救灾文化，这种抗震救灾文化是社会主义先进文化重要的组成部分。它根源于中华民族优秀传统文化，与中国共产党领导人民创立的伟大的革命文化一脉相承，可以说是社会主义建设时期的新“红色文化”，是新时期最值得让中国人“自信”的社会主义先进文化之一。习近平总书记指出，在5000多年文明发展中孕育的中华优秀传统文化，在党和人民伟大斗争中孕育的革命文化和社会主义先进文化，积淀着中华民族最深层的精神追求，代表着中华民族独特的精神标识。习近平总书记所倡导的“文化自信”，不仅包括中华优秀传统文化和革命文化，也包含着社会主义先进文化。因此，我们的自信不仅具有传统和历史的根基，更是面向时代、面向未来的。这种源于历史、面向未来的文化更彰显着中华民族的旺盛生命力和深远影响力。汶川特大地震的抗震救灾实践，既孕育出了伟大的抗震救灾精神，也大大增强了人们对我国先进文化的认同和自信，小“家”被大写为祖国这一大“家”，中华民族各族同胞团结一心、众志成城，不畏艰险、共御灾难，铸就了人类灾

---

① 陈俊卿. 坚定文化自信　推动文化发展［N］. 人民日报，2016－10－20（7）.

难斗争历史上的伟大壮举。

## （一）抗震救灾和灾后重建是新时期提升国家认同的伟大实践

国家认同是指公民对国家的政治权力和统治权威的认可、接纳、服从和忠诚，是对构成这个国家的政治、文化、族群等要素的评价和情感。抗震救灾的伟大实践不仅凝聚了伟大的抗震救灾精神，还增强了民族的团结意识，强化了各族人民的国家责任感、义务感，从而增强了国家认同。如果说改革开放的逻辑起点是基于政治认同危机，那么，在汶川特大地震中全国各地踊跃的捐款、各个城市街头献血车周围自发排起的长队、志愿者第一时间奔向灾区的众多场景就是国家认同的最好体现。“多难兴邦”的真正含义就在于灾难所形成的中华民族的强大的凝聚力和空前的团结，它也是国家振兴的根基之所在。①

汶川特大地震发生以后，中华民族的爱国热情被这场自然灾害所点燃并释放，凝聚成了一股前所未见的伟大力量。在这场突如其来的大规模自然灾害面前，一种曾在我们的期待中淡出了很久的国家认同，正在2008年的几场考验中逐渐显现在中国人身上。中华民族凝聚力创全球之最。大地震发生之后，全国人民与海外华人团结一致、众志成城，这充分展示了世界各地华人对国家的认同、对民族的认同、对国家改革开放成就的认同、对国家领导人的认同、对我们政治制度的认同。

地震发生的第一时间，党中央、国务院向全国发出抗震救灾的号令，温家宝总理当天就直奔灾区第一线，指挥部署抗震救灾，慰问灾民和救援人员；解放军和公安、武警、消防等部队官兵披荆斩棘，强行突破，直奔灾区开展生死大营救；中央各部门、各地政府、民间群众团体紧急行动起来，全力以赴，齐心协力，尽职尽责，救援灾区；医务工作者、无数的志愿者奔向灾区，不顾余震的威胁，夜以继日、奋力拼搏，拯救人民的生命；全国人民以及海外华人立即行动起来，纷纷慷慨解囊，奉献爱心，伸出援助之手，共和国的大地上和华侨所在地充满着爱的暖流……一个个催人泪下的场景、一幅幅悲壮凝重的画面撼天动地！大灾面前，中华民族空前团结，万众一心、众志成城、不屈不挠、共克时艰的民族精神凝聚、升华、闪烁。②

## （二）抗震救灾的伟大胜利增强了中国特色社会主义的“四个自信”

抗震救灾的伟大胜利充分彰显了中国特色社会主义制度的优越性，使得广大人民对中国特色社会主义的道路更加认同、对中国特色社会主义理论体系认知更加深刻、对中国特色社会主义共同理想更加坚定、对中国特色社会主义制度优势更加自信；透过对先进的“抗震救灾文化”的构建和伟大的“抗震救灾精神”的凝练，进一步激发了广大人民对中国特色社会主义先进文化的坚定信念，强化了广大人民对实现中华民族伟大复兴的中国梦的普遍共识和坚定信念。

抗震救灾中所凝结起的万众一心、众志成城的精神充分彰显了中国特色社会主义共同理想的向心力和凝聚力。汶川特大地震发生后不久，还在抗震救灾的阶段，党中央、国务

---

① 樊红敏．从抗震救灾看国家认同的建构［J］．华北水利水电学院学报（社会科学版），2008，24（5）：62－65．

② 许丽梅，何进平．灾后重建中社会主义核心价值体系的构建［J］．社会科学研究，2011（3）：41－45．

院已在考虑部署灾区的恢复重建事宜。2008 年 6 月 8 日，国务院发布了《汶川地震灾后恢复重建条例》，该条例第六十三条规定：非地震灾区的县级以上地方人民政府及其有关部门应当按照国家和当地人民政府的安排，采取对口支援等多种形式支持地震灾区恢复重建。6 月 11 日，国务院又发布了《汶川地震灾后恢复重建对口支援方案》，规定支援省市每年对口支援实物工作量按不低于本省市上年度地方财政收入的 1%，连续支援三年，用法律确立了地震灾区恢复重建的对口援建模式。在党中央、国务院的部署下，19 个省市承担了 20 个地震灾区的对口援建任务，其中 18 个省市对口援建四川 18 个重灾县市，援建项目包括城乡住房建设、城镇体系建设、农村建设、公共服务设施建设、城镇基础设施建设等。改革开放凝结的物质成果和精神成果，为汶川特大地震灾后恢复重建的对口援建模式奠定了基础。对口援建虽然是政府行为，但因契合了中华民族扶贫济弱的优良传统和全民族共同发展的现代理念，因而能激发支援省市、受援灾区、援建单位和援建人员以及灾区群众极大的工作热情。汶川特大地震后的灾后重建实践证明，在党中央、国务院的坚强领导下，各方力量的积极参与、无私奉献，让原定三年的灾后重建任务在震后两年内基本完成。对口援建，是汶川特大地震灾后恢复重建中极具中国特色的重建模式，举全国之力，援一方灾区，体现了社会主义制度的极大优越性。这种模式只有在中国特色社会主义共同理想引领下的中国才能实现。① 从援建干部到本地干部，从受灾群众到建设单位，都以拼搏奉献精神投入重建工作中，用扎实的建设成就奠定未来发展的期盼。重建是物质的，恢复的是社会发展需要的硬件；重建是精神的，恢复的是社会发展需要的软件。无论从社会发展的阶段性目标还是终极目标上看，精神软件的重建性都超过了物质硬件。②

玉树地震发生后，又一次伟大的抗震救灾和灾后重建实践把广大人民的爱国热情、同胞间的手足之情激发出来，每一个中华儿女，都把目光投向玉树，都以各自的行动去帮助每一个受到强震伤害的生命……地震，让各民族人民的心和灾区人民的心紧紧地连在一起。危急关头，不分军民、不分僧俗、不分民族，大家患难与共，众志成城……在玉树大地震后，中华儿女再次唱响心手相连、众志成城的心曲："今天，我们都是玉树人！"③

雅安芦山地震发生后，雅安人民同样表现出惊人的坚韧、顽强，全党全国各族人民万众一心、众志成城，举国上下自强不息、共克时艰，前方后方心手相牵、守望相助，各地区各部门各方面以灾情为最高指令、以救灾为神圣使命，紧急行动，不畏艰险、奋勇救灾，凝聚起抗震救灾的强大合力，显示了中国人民和中华民族的伟大正能量。正如央视评论所说，地震后第一个白天给人的总印象是整个中国一跃而起。

每一次惨烈的震灾，在带给中华民族巨大悲伤的同时，都让伟大的民族精神集中迸发、凝聚升华。它震醒了 13 亿国人思想深处的高尚情怀和民族认同。在中央财经大学和清华大学媒介调查实验室分别使用电话和网络进行的抽样调查中，受访公众对政府救灾行动的满意度分别是 98.6% 和 100%。从这些数据我们可以看到民众对政治权威以及政府在抗震救灾中的实际作为有着强烈的认同感。抗震救灾为中国进一步建构现代国家认同提供

---

① 许丽梅，何进平．灾后重建中社会主义核心价值体系的构建［J］．社会科学研究，2011（3）：41－45.

② 严春友．"精神家园"综论［J］．太原师范学院学报（社会科学版），2010（1）：1－5.

③ 王建新，丁伟，郅振璞．任何困难都难不倒英雄的中国人民——玉树抗震救灾启示录［N］．人民日报，2010－04－27（6）.

了一次历史契机。就国家和政府而言，从党中央、国务院到灾区各级政府，国家机制在灾难面前高速运转，国家的社会动员能力、快速反应能力、决策执行能力等得到全面展示。政府救灾的全面开放，各种信息公开透明，增强了人们对国家和政府公共权力的信任和信心。就社会和民众而言，震灾是爱国者的动员令，激发了全体国民的奉献精神和社会责任意识。国家与社会、政府与民众的这种联动和良性互动，使人们更加切身地把国家看作是自己生存和发展所依赖的利益共同体、安全共同体、文化共同体、信念共同体和命运共同体，凸显了高度的国家认同和强有力的民族凝聚力，这是爱国主义的集中展现。①

国家认同是社会成员共同拥有的信仰、价值和行动取向的集中体现，本质上是一种集体观念。抗震救灾精神的凝练过程就是这种集体观念的强化，因而抗震救灾精神的凝练必将增强人们的国家认同意识。如何把国家认同由地震这一特殊事件所激发的、非常态的心理和意识转化为持久的、常态的集体观念和国家意识，是抗震救灾精神发挥持续提升国家认同作用中一个值得探讨的问题。有研究者认为，当前建构一种有效的国家认同，必须开拓更多的空间。从内容上来看，国家认同的建构要从文化认同、民族认同和政治认同这三个层面展开，同时它们也是国家认同建构有效、可行的三条路径。

可以说，自汶川特大地震以来的历次抗震救灾和灾后重建实践，在凝聚伟大的抗震救灾精神的同时，也通过“抗震救灾文化”这种更加积极而深刻的文化建构，强化了各族人民的国家责任感、义务感，从而在客观上大大提升了广大人民的国家认同，凸显了中国特色社会主义先进文化的根基和本质，增强了中国特色社会主义的道路自信、理论自信、制度自信、文化自信。

## 四、延续了中国特色社会主义最重要的红色基因

抗震救灾精神是新时期最重要的红色文化，是中国革命精神向中国特色社会主义建设精神延续的重要表现，是中国特色社会主义共同理想的重要精神支撑。

传统意义的“红色文化”即中国革命文化，是中华民族优秀文化的重要组成部分，具有民族性、时代性、人民性的特质。社会主义建设时期的“红色文化”，一般被称为“新红色文化”，如大庆精神、“两弹一星”精神、抗洪精神、抗震救灾精神等。作为其载体的红色文化资源，既是红色文化的创新之源，又能为新时期传播红色文化提供实践基础。②

抗震救灾精神是新时期最重要的红色文化，应将其纳入新时期国家意识形态建设中加以弘扬。社会主义建设的红色文化认同，不是简单地停留在形式上的认可和服从。抗震救灾精神的弘扬，也绝不能是仅仅停留在抗震救灾期间的“感动”。它必须作为一种全新的“红色文化”被人们所认同，认可与接受其蕴含的精神价值，并自觉将其内化为一种思想理念和行为约束的内在力量。

抗震救灾斗争充分证明，中国共产党代表着中国最广大人民的根本利益，是带领人民实现中华民族伟大复兴的领导核心和中流砥柱。因而，应充分利用党领导下开展的历次抗震救灾斗争实践，将弘扬伟大的抗震救灾精神与新时期中国共产党政治认同建设结合起

---

① 寇东亮. 震灾、国家认同与爱国主义教育［J］. 郑州大学学报（哲学社会科学版），2008（6）：5−7.

② 曾长秋. 论红色文化资源的价值提升与功能拓展［J］. 湖湘论坛，2016（6）：56−61.

来。近十年来，我国各类自然灾害、人为灾难频发，用抗震救灾精神武装起来的抗灾斗争和不断健全的救灾机制在这些灾难应对中发挥着越来越高效的作用。从空间的维度来看，经历“5·12”汶川特大地震之后，抗震救灾精神的影响范围空前广泛，“一方有难、八方支援”的“命运共同体”意识大大增强。巨大地震灾害是对我们党和人民的一场特殊考验，全党全军全国各族人民心连心、同呼吸、共命运，举国上下患难与共，前方后方同心协力，海内海外和衷共济，全国人民守望相助，实现空前的团结和凝聚，形成了休戚相关、坚不可摧的命运共同体。这些都为抗震救灾精神发挥社会主义先进文化的作用，大力推进中国特色社会主义建设创造了良好条件。

抗震救灾精神作为“新红色文化”具有强大的吸引力和感染力、强大的亲和力和感召力、强大的向心力和凝聚力，是中国革命精神向中国特色社会主义建设精神延续的重要表现，在推动社会主义先进文化建设方面具有不可替代的重要作用，是中国特色社会主义共同理想的重要精神支撑。

### （一）抗震救灾精神的凝练过程，筑牢了中国特色社会主义理想信念

灾后重建中极具中国特色的对口援建模式只有在社会主义新中国才能实现，它宣示了社会主义共同理想在建设中国特色社会主义中的巨大作用。灾后重建中排第一位的是灾民的“住房建设”问题，但是这个问题绝不只是简单地修建住房、恢复原来的居住面貌，而是借重建契机把解决灾区群众住房问题与引导农民向城镇和农村新型社区集中结合起来，实现城乡一体化发展。在重建项目顺利建成的同时，人们也在努力重建精神家园。不只援建者，受援对象也经历了一次伟大的精神洗礼，这些细节都是伟大的抗震救灾精神的构成元素，都是中国特色社会主义共同理想的现实呈现。抗震救灾斗争的实践显示了中国特色社会主义制度的巨大优越性，抗震救灾精神彰显了中国特色社会主义共同理想的强大凝聚力。

中国特色社会主义共同理想是中国人民共同的价值追求。这一共同理想能够凝聚起全民族的力量，成为培育和践行社会主义核心价值观的重要主题。抗震救灾斗争的伟大实践表明，中国特色社会主义共同理想符合并体现了广大人民的根本利益。抗震救灾斗争就是在特殊情况下实现和维护人民根本利益的实际行动，从这个意义上说，抗震救灾斗争也是中国人民追求共同理想的实际行动。弘扬伟大的抗震救灾精神，必将更加坚定中国人民走中国特色社会主义道路的信心和决心。伟大的抗震救灾精神在短时间内集聚迸发，不是偶然的，它深深植根于伟大的时代和伟大的实践。中国共产党领导全国人民展开的抗震救灾斗争是抗震救灾精神形成的实践基础。①

### （二）抗震救灾精神的凝练过程，高扬了以爱国主义为核心的民族精神

抗震救灾是民族精神和时代精神弘扬的一次伟大实践，抗震救灾精神升华了民族精神和时代精神。在抗震救灾中，民族精神得到极大的洗礼，民族力量得到极大的凝聚。伟大的抗震救灾精神，从伟大的民族精神中汲取力量和养分，又赋予其新的时代内涵，开拓和提升了民族精神的新境界。抗震救灾精神诠释了中华民族热爱祖国、为国解难的高尚情

---

① 刘云山. 大力弘扬抗震救灾精神 扎实推进公民道德建设 [J]. 思想政治工作研究，2008 (11)：4-7.

怀。在抗震救灾中，上自党和国家领导人，下至广大民众，万众一心、共克时艰，谱写了感天动地的壮丽诗篇。在抗震救灾中我们看到：虽然余震不断、道路艰险、气候恶劣，但救援人员仍以坚忍的意志，顽强奋战；灾区人民强忍悲痛、自救互救，创造了一个个人间奇迹。正是全国人民不抛弃，灾区人民不放弃，才使废墟上又升起明天的希望。[①]

抗震救灾精神为伟大民族精神注入了新的活力，为中华民族精神家园增添了新的瑰宝。伟大的民族精神在继承中绽放活力，在抗震救灾中锤炼新质，注入了崭新的元素，实现了升华。这些崭新的元素主要表现在五个方面：一是尊重生命的人文精神，二是“多难兴邦”的反思精神，三是尊重科学、依法办事的实事求是精神，四是面向世界的开放精神，五是热情参与公共事务的公民精神。

### （三）抗震救灾精神的凝练过程是对公民心理教育和核心价值观培育的一次重要实践

从自强不息、自力更生、重建家园的普通心理教育，上升到灾难应对、生活重建、信心重树的健康心理教育，再上升到一种共同的精神家园——抗震救灾精神作为一种共同精神的凝练机制，对于今后国家层面公民道德精神教育、共同文化建设有重要的启示意义。

当今，各种灾害已经形成了一种具有群体文化精神反映的灾难记忆。由于全球化和发达资讯技术的叠加效应，灾难感已经复制到全球各个角落，成为超过社会发展问题的人类生存状况的关键问题，灾难焦虑成为重要的生存焦虑。[②] 电影《唐山大地震》反映了人们在自然灾害面前重视亲情、自强不息等主流价值观，它带来的不仅仅是个人的感动，也是一次民族精神、国家意识的提升。影片把对人物心灵的透析与家国意识融合在一起，并把两者处于同等社会视角和地位之中，让众多的观众认识到，灾难的到来给予受灾者的精神打击以及未来的幸福指数都应该计入地震的损失之中，这也是一种对生命的尊重态度。同时，影片还以民族精神的凝聚为线索，把民族力量与心灵的救赎相结合，拷问灾难给人带来的深重的影响，从而达到让人动容、直达观众心灵深处的效果。[③] 这部影片以艺术化的形式比较真实地反映了当代人的心理需求和期待，所以才能引起观众的广泛共鸣。可以看出，人们在面对灾难、面对生存焦虑的时候，对家国意识，对共同的精神家园是多么的期待。这也是当代抗震救灾精神能够得以迅速得到响应的重要原因之一。

同样，回到现实世界亦是如此。2008 年 5 月 12 日，发生在四川汶川的特大地震牵动了全国人民的心，也牵动着全世界所有善良人的心。巨大的灾难激发了中华民族的勇气和斗志，激活了人性中最美好的东西。恩格斯说：一个聪明的民族，从灾难和错误中学到的东西会比平时多得多。我们没有办法去阻止灾难的发生，但我们可以选择面对灾难的态度。生活不会因地震而停止，中国社会也不会因地震而减慢发展的脚步。如何把“自然之恶”转化为“社会之善”，让地震灾难中焕发出的伟大的抗震救灾精神成为社会的记忆，将地震灾难转化为民族振兴的精神资源，是我们共同的崇高社会责任。[④]

---

① 王炳林，阚和庆. 伟大的抗震救灾精神宣示了社会主义核心价值体系的蓬勃生机 [J]. 求是，2008 (19)：17—19.

② 苏宁. 灾难焦虑——征服，还是守望 [J]. 中华文化论坛，2011 (2)：46—50.

③ 王涛，冀平.《唐山大地震》：中华民族精神的所在 [J]. 电影文学，2013 (10)：84—85.

④ 辛世俊. 震灾彰显感恩的意义与价值 [J]. 郑州大学学报（哲学社会科学版），2008 (6)：11—13.

一种公共精神的弘扬意义，既在于其对现实的关照意义，更在于其对未来社会的启示意义。随着人类社会的快速发展和不断膨胀的需求增长，从人类学和生态学意义来讲，我们的地球承受的负荷将越来越大，人类自身面临的“灾难”挑战也将越来越大。当下一些人失落了做人信仰，使得信仰的精神追求蜕变为一种对生存需要的“期待”。① 信仰重建成了人们精神世界的主要诉求，而伟大的抗震救灾精神正是推进人们信仰重建的重要支点。可以说，每一次的抗震救灾斗争都是对民众心理的一次大爱洗礼，成为人们精神信仰得以升华的伟大实践。

抗震救灾精神彰显了中国特色社会主义共同理想的向心力和凝聚力。在中国共产党的领导下，走中国特色社会主义道路，实现中华民族的伟大复兴，是现阶段我国各族人民的共同理想。中国特色社会主义共同理想是中国共产党和全国各族人民共同选择和认定、共同为之奋斗的理想和目标。在“5·12”汶川特大地震灾难面前，万众一心、众志成城的抗震救灾精神彰显了中国特色社会主义共同理想的向心力和凝聚力。

理想是奋斗目标，是人生前进的动力。理想越坚定，克服困难的意志就越坚定。中国特色社会主义共同理想体现了全国人民的共同利益和愿望，对全国各族人民具有极强的凝聚力。抗震救灾的伟大胜利使得人们对中国特色社会主义的道路更加认同、对中国特色社会主义理论体系认知更加深刻、对中国特色社会主义共同理想更加坚定。人们更深地体会到，中国特色社会主义伟大旗帜是当代中国发展进步的旗帜，是全党全国各族人民团结奋斗的旗帜。面对特大地震灾害，正是中国特色社会主义的共同理想把各民族、各阶层、各群体、各界人士凝聚、团结起来，共同对付天灾；正是中国特色社会主义的共同理想，把社会各界从四面八方吸引过来，共同奔赴灾区抗灾抢险；正是中国特色社会主义的共同理想，把一批批赈灾物资和一笔笔捐款从全国各地凝聚起来输向灾区。抗震救灾的伟大胜利也是中国特色社会主义的伟大胜利，以中国特色社会主义共同理想为基础所形成的强大凝聚力是我们建设中国特色社会主义事业的有力保障。②

弘扬抗震救灾精神，有利于进一步培育社会主义核心价值观，促进社会和谐。在历次抗震救灾和灾后重建实践中，社会主义核心价值观得到了全民参与的培育和践行，伟大的民族精神在抗震救灾中发挥了第一力量的作用，中华民族的精神家园在地震中岿然不动。社会主义核心价值观不仅要在对中华民族优秀传统文化的继承与发展中确立，更需要在伟大的实践中检验与巩固。培育和践行社会主义核心价值观，必须有社会成员理性的认同与自觉的实践，必须通过广泛而深入的实践让这些核心价值理念内化为千千万万社会成员的主导价值观，升华为全民族全社会的精神动力。每一次突如其来的地震灾害，都是对社会成员社会主义核心价值观认同程度的全方位检验，也对社会成员践行社会主义核心价值观的自觉程度和实际效果进行了检验。③ 可以说，抗震救灾行动升华了所有抗震救灾参与者、关注者的社会主义核心价值观。

---

① 邵龙宝. 中国人的信仰问题与精神世界诉求［J］. 陕西师范大学学报（哲学社会科学版），2008（6）：19－25.

② 冯颜利. 弘扬伟大的抗震救灾精神，推进社会主义核心价值体系建设［EB/OL］.（2011－04－27）［2017－08－25］. http://topics.gmw.cn/2011-04/27/content_1895309.htm.

③ 罗佳明，王晓霞，苟安经，等. 社会主义核心价值体系的确立与实践——汶川地震带来的启示［J］. 理论视野，2008（8）：30－32.

以培育和践行社会主义核心价值观为重点的公民道德建设，是我国当前和今后一个时期落实“四个全面”战略部署，建成富强、民主、文明、和谐、美丽的全面小康社会的重要基础。弘扬伟大的抗震救灾精神是当前公民道德建设的重要任务，对于凝聚民族力量、战胜艰难险阻具有重大现实意义。应对困难和挑战，不仅需要通过发愤图强积累坚实的物质基础，也需要通过艰苦奋斗形成强大的精神力量。伟大的抗震救灾精神不仅是我们夺取抗震救灾斗争胜利的精神武器，也是我们开辟新征程、开创新未来的精神支撑。公民道德建设是一项塑造人们精神、培育社会风尚的基础性工作。经过抗震救灾斗争的洗礼，人们对思想道德建设地位与作用的认识更加深刻，对弘扬培育民族精神和时代精神的期望更加强烈，对巩固发展社会主义新型人际关系的要求更加迫切。抓住重大事件、重大考验提供的契机，总结和运用好蕴藏其中的宝贵精神财富，因势利导、顺势而为，公民道德建设更能够引起共鸣、取得共识，产生集聚和放大效应，收到事半功倍的效果。弘扬伟大抗震救灾精神必须加强宣传教育，使之转化为社会群体意识。开展主题突出、特色鲜明的宣传教育活动，是公民道德建设的成功经验，也是弘扬抗震救灾精神的有效途径。① 弘扬抗震救灾精神，要紧密联系党和国家工作大局，联系各条战线的工作实际，联系干部群众的思想实际，把认识与实践结合起来，把思想与行为统一起来，在落实上下功夫，在实践中求成效。近年来，在党中央统一部署下集中开展的系列教育实践活动，对抗震救灾精神的形成具有重要的奠基作用，而抗震救灾精神的弘扬机制中也要延续这些教育实践活动，二者是相互促进的。

## 五、促进了科学精神和人文关怀的深度融合

抗震救灾是连接自然科学与人文科学之间的一次伟大的实践，抗震救灾精神是促进科学精神和人文关怀深度融合的宝贵财富。

21 世纪新人文精神超越人类中心主义，高扬生态意识；超越工具理性，呼唤审美智慧；调节理性思维与精神信仰；连接自然科学与人文关怀之间的断裂；将人类从物质主义的牢笼中解放出来，成就新的人性，建构全新的世界观和人生观，铸造完全不同于过去的新的精神世界。② 抗震救灾精神正是 21 世纪人们与灾难斗争中铸造的最伟大的人文精神。它高扬着 21 世纪新人文精神的优越特征，凝聚着无数的大爱之情，是科学精神和人文关怀深度融合的最佳典范。

科学的发展为人们应对自然灾害创造了良好的条件，同时人们的抗灾斗争实践也在不断提升着人类的精神世界。我国对地震科学的探讨，有详细记载的最早始于 20 世纪初。中国近代气象事业创始人之一蒋丙燃，著名气象学家、地理学家、教育家竺可桢等都先后对地震科学进行过探索。1931 年，王应伟所著的《近世地震学》是我国最早的一部地震学著作。20 世纪 30 年的叠溪大地震之后，我国现代地震学事业开拓者之一，时任南京中央气象台地震仪室观测员金咏深先生在《气象杂志》发表了《民国以来之中国地震》

① 刘云山．大力弘扬抗震救灾精神　扎实推进公民道德建设［J］．思想政治工作研究，2008（11）：4－7.

② 乐黛云．21 世纪的新人文精神［J］．学术月刊，2008（1）：10－14.

(1936年)一文，对20世纪初中国有记载的历次地震进行了详细探讨。[①] 1938年研究者常隆庆在《地质论评》上发表了《四川叠溪地震调查记》一文，对民国22年(1933年)8月25日发生在四川茂县叠溪的大地震进行了调查研究。[②] 新中国成立以后，科学界对地震科学进行了深入探讨。1950年，李善邦在《科学通报》上发表了《我国地震活动地带如何确定》一文[③]，张忠胤在《科学大众》上发表了《地震是怎样产生的?》一文[④]，这些都是新中国成立初期地震科学研究的典型代表。即便是科学研究大受影响的"文化大革命"时期，人们对地震科学的探索也并未停止。1973年，浙江省科技局地震办公室发表了一篇题为《地震基本知识介绍》的文章[⑤]，对地震知识进行了科普式的介绍，对提高人们的地震防范意识有着积极作用。

2017年6月14日，由《城市与减灾》杂志社、中国灾害防御协会共同主办的首届"城市与减灾"论坛在四川省北川县隆重举行。来自全国防灾减灾救灾宣传教育、科普场馆设计运维等的150余人参加了论坛。本次论坛以科普场馆与减灾宣传为主题，活动形式丰富多彩，有主题演讲、专题报告、沙龙对话、现场观摩等。四川大学灾后重建与管理学院执行院长、四川省减灾委员会专家委员会副主任顾林生做了题为《联合国减轻灾害与灾害教育场馆的挑战》的报告。他认为，推进防灾减灾救灾体制机制改革，必须牢固树立灾害风险管理和综合减灾理念，坚持以防为主、防抗救相结合，坚持常态减灾和非常态救灾相统一，努力实现从注重灾后救助向注重灾前预防转变，从减少灾害损失向减轻灾害风险转变，从应对单一灾种向综合减灾转变。要强化灾害风险防范措施，加强灾害风险隐患排查和治理，健全统筹协调体制，落实责任、完善体系、整合资源、统筹力量，全面提高国家综合防灾减灾救灾能力。

根据顾林生教授的研究，国际防灾、减灾的发展趋势是：由单项减灾到综合减灾，从自然风险到社会、人类的脆弱性的重视；由单纯减灾到减灾、可持续发展(SD)、扶贫、气候变化适应相结合；由减轻灾害到较少灾害风险(DRR)，加强风险管理，立足关口前移，重视减少灾害风险投资；由预防、备灾、预警、救灾、恢复重建的"灾害过程管理"到融入所有部门的决策、规划、执行的"减灾主流化"；由一个国家减灾到全球减灾和区域减灾、社区减灾。此外，目前的防灾救灾体系建设中，特别强调政府、企业、社会和公民各负其责，尤其是要充分激发企业的社会责任。在积极推进以地震灾害为代表的灾难科学研究的同时，各国学界都特别倡导以人为本的科学应灾精神，提倡将科学精神与人文精神充分结合，让科学走近大众，用人文精神凝聚人心。而这样的倡导，在我国汶川特大地震及之后的历次抗震救灾中得到了很好的实践，获得了深刻的启示，形成了宝贵的精神财富。

---

① 金咏深. 民国以来之中国地震 [J]. 气象杂志，1936 (1)：37-42.

② 常隆庆. 四川叠溪地震调查记 [J]. 地质论评，1938 (3)：251-291，361-363.

③ 李善邦. 我国地震活动地带如何确定 [J]. 科学通报，1950 (8)：565-569.

④ 张忠胤. 地震是怎样产生的? [J]. 科学大众：中学版，1950 (7).

⑤ 浙江省科技局地震办公室. 地震基本知识介绍 [J]. 科技简报，1973 (8)：17-21.

## 第二节　抗震救灾精神的实践体系

抗震救灾精神主要源于抗震救灾和灾后重建的实践，但是作为一种成熟的精神体系，抗震救灾精神的弘扬不应当局限于“地震”灾害，而是可以推及各种类型的灾害斗争中，甚至可以拓展到全面建设小康社会攻坚克难方方面面的工作中。

### 一、推进灾害文化教育，提升民众灾难意识

灾难是人类特殊的老师。曾带给我们伤痛的汶川特大地震，也带给了我们深刻的震撼和感悟。面对灾难，我们学会了敬畏自然、关爱生命。地球内部释放的能量摧毁了千万同胞的生命和家园，但亿万国人内心激发出来的爱给了灾区民众勇气，丰富了我们的民族感情。

人类的发展进步史上，灾难始终如影随形。可以说，人类的历史就是一部反抗遗忘的历史，也是一部记忆灾难的历史。记住灾难，重要的不是记住灾难的破坏结果，而是把我们在应对灾难中获得的敬畏自然、尊重生命、弘扬大爱的感悟升华为群体记忆的一部分，升华为民族精神的一部分。直面灾难、共渡难关的特殊经历，提升了国家的文明程度和国民素质。在汶川地震面前，在抗震救援过程中，“爱”汇聚成洪流，“守望相助”的民族精神焕发出巨大的凝聚力。父母用身体护住孩子，老师用生命救助学生，战士舍生忘死搜救不相识的人，志愿者用自己的鲜血拯救伤员，源源不断的善款和救灾物资筑起钢铁长城……灾难让我们饱受伤痛，也让我们变得坚强，走向成熟。国外媒体曾如此评论：中国在灾难中成长起来了。①

#### （一）灾害与灾难

灾害（Disasters）和灾难（Catastrophes）是两个非常近似的概念。美国学者福瑞茨（Fritz）曾对灾害做出经典定义：灾害是一个具有时间－空间特征的事件，对社会或社会其他分支造成威胁与实质损失，从而造成社会结构失序、社会成员基本生存支持系统的功能中断。现在人们多倾向于用人类学的描述来指称灾害②，在通俗意义上灾害就是对能够给人类和人类赖以生存的环境造成破坏性影响的事物总称。灾害不表示程度，通常指局部，可以扩张和发展，演变成灾难。一切对自然生态环境、人类社会的物质和精神文明建设，尤其是人们的生命财产等造成危害的天然事件和社会事件，如地震、火山喷发、风灾、火灾、水灾、旱灾、雹灾、雪灾、泥石流、疫病等都可以被称为灾害。灾难是由于人为或自然的原因，造成信息系统运行严重故障或瘫痪，使信息系统支持的业务功能停顿或

① 郑博超. 少了灾难记忆，民族精神就会“缺钙”[N]. 检察日报，2016-05-16（5）.

② 刘芳. “灾害”“灾难”和“灾变”：人类学灾厄研究关键词辨析［J］. 西南民族大学学报（人文社科版），2013（10）：12-15.

服务水平不可接受达到特定的时间的突发性事件。这个定义不仅给出了灾难的范围，也给出了灾难的判断标准。灾难不只包括自然灾难，也包括人为的灾难。①

在人类社会的发展历程中一直不断面临着各种各样的灾难。造成灾难的事件主要有两类：一是自然灾害，一是重大的人为事故。自然灾害一般被认为是由某种不可控制或未予控制的破坏性因素引起的突然或在短时内发生的、超越本地区防救力量所能解决的大量人群伤亡和物质财富毁损的现象。重大人为事故是以人为原因为主产生的呈现为人为形态的事件，比如重大交通事故、火灾、海难、空难、矿难、疫情、核事故等，它们与自然灾害一样，会给人类带来人员的损害和伤亡、物质财富的损失以及社会功能的失调。② 目前的科学技术水平使我们还无法准确、全面预测或防止灾难事件的发生，但可以通过提高自身的应对能力、及时妥当的处理措施最大限度地减少人们在生理和心理上的损害。而这种处理措施主要包括两个方面：群体性的措施和个体性的措施。群体性措施主要体现为应急管理（也称危机管理）——国家或政府通过建立和运行危机预案，对灾难做出整体性的反应；个体性措施主要指个人对灾难的应对，而要提高个体的应对能力，就必须对其进行专门的灾难教育。③

在灾难中，面对不同于灾害的本质要求或需求，要求采取更富有创造性的行动和措施。相比灾害，灾难有更高的响应要求，对于灵活性的要求更高。所以，人们一般在讨论一种与“灾情”和“应灾”相关的文化时，更多倾向于使用“灾害文化”；而在讨论相关教育时，更多倾向于使用“灾难教育”。

### （二）灾害文化与灾难教育

所谓灾害文化（disaster culture），即在长期与自然灾害斗争的过程中，一个地区、国家或民族所积累形成的知识、观念（包括道德观、价值观等）和习俗，以及一个社会成员长期形成的防御灾害的一切能力和习惯。广义上讲，灾害文化的内涵十分丰富，比如人们所掌握的灾害防御的知识、技术和能力，对灾害的认知能力，灾害发生时人们的行为和心理反应，国家及社会建立和形成的防灾减灾与救灾抗灾法律规章制度等。简单地说，灾害来时，人们被动受害是一种灾害文化，主动科学应对也是一种灾害文化。而人们的受教育程度决定了灾害文化是先进还是落后。狭义上讲，先进的灾害文化，就是通过对灾害与社会关系的研究，将灾害事件中人与人之间的关系进行适当调整与平衡，从而形成新的关系，并启迪、教化天下，逐渐使人们对灾害的理解更全面深刻。在灾害发生时，先进的灾害文化能使人们有一个科学合适的定位，即一方面正确对待自然，顺应自然，尊重自然规律；另一方面人的生命存在、尊严及对价值观终极理想的执着追求都能得到充分体现。在灾害发生时，先进的灾害文化能使人们多一些从容自信，少一些盲动慌乱，理性冷静地采取对应行动，从而将灾害损失与影响减轻到最低。灾害文化的建设是一个系统工程。在灾害文化建设中，既要做好灾害发生的规律研究，又要研究灾害发生时社会的活动；既要研究揭示灾害发生时人们的心理行为反应，又要研究灾害防护技术；既要加强防灾减灾的法

① 纳日碧力戈. 灾难的人类学辨析［J］. 西南民族大学学报（人文社科版），2008（9）：11－13，292.

② 风淼. 中西方灾难新闻报道之比较［D］. 南宁：广西大学，2007.

③ 杨挺. 灾难教育：学校教育的重要课题——写在汶川地震灾难之后［J］. 中国教育学刊，2008（11）17－20.

规制度建设，又要做好灾害防御知识的宣传普及教育等。在灾害频发地区，有关人员要经常进行关于灾害性质、种类、灾害的后果及影响、灾害发生方式、灾发前应作何种准备、灾时如何防护等知识的教育普及，必要时甚至要将这些知识灌输并渗透到当地居民和各组织团体内部，为他们所掌握并形成灾害警觉性，增强自救救护意识和能力。灾害文化是推进减灾事业发展的基础，也是人类社会应对灾害的基础，更决定着防灾减灾的效果。灾害文化水平的高低和灾害文化宣传普及的程度，是未来防灾减灾工作的关键。对于公众来说，只有接受了灾害存在的事实，才会考虑灾害来临时，应该做什么以及能够做什么。

灾难教育（disastere ducation），又称灾难应对教育，是为达到防灾减灾的目的，以培养公民具有灾难意识、防灾素养为核心的教育。灾难教育有时也被称作灾害教育，其目的是使受教育者掌握一定的关于灾害本身及防灾、减灾、救灾与备灾的知识、能力与态度，树立正确的灾害观，正确看待灾害本身及其发生发展规律，正确地进行相应的防灾、减灾、备灾、救灾活动。[①] 具体来讲，灾难教育能使受教育者了解灾难常识，掌握灾难应对与救助技巧，提升应对灾难的能力，并激发受教育者灾难意识的活动。其内容包括环境保护、灾难基本常识、灾难应对技巧与灾后救助、心理健康等方面。按实施对象来划分，灾难教育包括公众的灾难教育和学校中实施的灾难教育。其中，学校灾难教育是指在正视灾难的前提下，对学生进行的关于灾难预警、防治与心理方面的教育。[②] 其内容主要包含以下几个方面：①环境保护；②关爱意识与社会责任感；③灾难基本常识；④灾难前预防、灾难应对技巧与灾后救助（自救与互救）；⑤心理健康。

我国是一个自然灾难频繁发生的国家，其中有70％以上的城市、50％以上的人口分布在自然灾难严重的地区。此外，中国是受气候变化影响最大的国家之一，在全球变暖的情况下，极端降水造成的暴雨、泥石流等事件的逐年增加，在一定程度上增加了受灾人口，为我国抗灾应灾带来了新的挑战。

### （三）灾难教育的实施途径

#### 1. 学校教育

灾难教育是学校素质教育的重要内容，有助于培养学生的危机意识，提升其道德情怀，有助于学生增强纪律、责任感、同情心等。比如，灾难演习有助于培养学生的纪律性，对灾难发生时不同人员的职责分工有助于培养学生的职业道德感，让学生直接或间接参与救灾有助于培养学生的团结互助精神以及同情心等品质。

学校灾难教育主要包括四个方面的内容：一是灾难知识教育，包括灾难的种类、灾难的危害、灾难前兆和表现、灾难原因、灾难规律等。二是灾难应对教育，包括灾难预防教育和灾难救助教育。灾难预防教育不是指教育学生预测灾难发生，而是在日常生活中就为灾难的发生做好准备。如可以组织学生自己撰写班级或个体应对灾难的应急预案以增强学生应对突发事件时的心理稳定性，从而提高自救能力；也可以让学生随时准备一些在遇到灾难时必需的物品，并放在特定的地方，以便于灾难发生时取用。灾难救助教育主要包括逃生和自救、互救教育，如灾难发生时以何种方式逃生，哪些逃生方法是正确的，哪些方

---

① 张英，王民，谭秀华. 灾害教育理论研究与实践的初步思考［J］. 灾害学，2011，26（1）：109－117.

② 李高峰. 灾难教育：学校生命教育的应有之意［J］. 湖南师范大学教育科学学报，2009（6）：43－46.

法是错误的；在灾难中受到伤害如何进行自救，发现他人受到伤害或者在自己脱险后如何有效救助他人，是通过特定电话寻求外界帮助，还是组织现有力量在无重大危险情况下先行救助等。三是灾难心理教育。在平时的灾难教育中，应注意培养学生良好的心理品质、自我心理调节的基本方法以及一些积极有效的应对技巧。四是灾难体验教育。比如通过公共安全教育基地、地震科普体验场馆等实施灾难体验教育。①

学校灾难教育可以通过多种方式来进行。一是在学科教学中渗透灾难教育。在学校灾难教育中，可以通过开设环境保护、心理健康和灾难等方面的课程，增加学生自救与救助他人的知识，提高学生的自救互救能力，激发学生的灾难意识。② 比如，在思想道德修养课中强化社会责任感和民族精神教育；在法律基础课中加入危机立法知识的介绍，帮助学生初步了解《防洪法》《突发事件应对法》《防震减灾法》等法律的基本知识；在心理健康教育课中注意对学生应激能力的培养。又如，在生物课中，讲授病毒的传播、预防、隔离等知识；在地理课中传授水灾、地震发生时的前兆及如何应对野外的生存知识等。③ 二是进行灾难知识宣传。将重大灾难的发生实况制成展板、影片，配以介绍灾难原理、自救互救方法的资料，免费向学生开放，提高其对灾难的警惕性，增加其有关灾难的知识；还可以借助报刊、电视、电台、网络等媒体，组织学生参与灾难知识竞赛、有奖问答等各种形式，对学生进行渗透性的、潜移默化的教育。三是让学生进行灾难情境模拟与角色扮演。灾难应对技能的培养主要通过情景演练来进行。四是开发灾难教育的软件、游戏等，对学生进行灾难知识、灾难应对、灾难心理以及灾难体验的教育。④

2. 重大救灾实践和重要灾难纪念活动

政府相关部门应充分利用各种灾害、灾难的应灾、防灾实践，对全社会公民开展广泛的灾难意识教育，引导公民建立先进的灾害文化。在良好的灾害文化氛围中，通过多途径、多渠道的系列教育实践活动，促成抗震救灾精神的有效确立、传播和弘扬。

牢记灾难，不是要沉湎于不幸的过去，而是为了唤醒人性，培育国民的生命意识，提醒我们把“人”永远置于高于一切的地位。重大灾难的纪念活动，对恢复信心、鼓舞斗志、走出阴影、面向未来、重拾希望以及铭记恩情具有重大的人性意义。每一次灾难纪念活动都是对心灵的洗礼，人们回忆往昔，重新体味灾难，从而思考如何去珍爱生命，如何去关爱家庭和他人。这就是“纪念”的力量。仪式的存在，可以一直提醒人们认识自己，认识到世间什么才是最可贵的东西。

2008 年“5·12”汶川特大地震发生后，为表达全国各族人民对地震中遇难同胞的深切哀悼，国务院决定将 5 月 19 日至 21 日定为“全国哀悼日”，并降半旗志哀。同时，增强全社会防灾减灾意识，大力宣传普及防灾减灾知识，提高全社会抵御自然灾害能力。经国务院批准，自 2009 年起，每年 5 月 12 日为全国“防灾减灾日”，定期举办全国性的防灾减灾宣传教育活动。2014 年 2 月 27 日，十二届全国人大常委会第七次会议通过决定，将每年的 12 月 13 日设立为“南京大屠杀死难者国家公祭日”，以国家公祭的形式来祭奠

① 曹林. 我们的灾难教育能否有点技术含量 [J]. 杂文选刊（上半月版），2005 (8)：35.

② 董英. 学校应该开展危机教育 [J]. 教育研究与实验，2003 (4)：33－34，68.

③ 张润枝. 大学生危机教育刍议 [J]. 河北大学学报（哲学社会科学版），2004 (5)：6－9.

④ 郑蓓. 如何对幼儿实施灾难教育 [J]. 学前课程研究，2008 (6)：11－14.

在惨案中死难的国民，增强现代人对国家遭受战争灾难历史的记忆。类似的重大纪念日活动还有很多，这些定期或不定期举办的重大纪念活动充分发挥了灾难社会教育功能，是灾难教育的重要途径之一。

3. 社区教育

灾难教育不应局限于校园，也不应仅局限政府统一组织，一些社区拥有良好的灾难教育资源，社区居民自发组织的防灾减灾活动也是灾难教育的有效途径。社区可以通过在一定程度上相互开放资源（灾难亲历者、消防队、博物馆、纪念馆等）的形式，促进灾难教育在本社区乃至本地区的有效开展。一些公共安全教育基地、灾难科普教育场馆等，也应作为社区灾难教育的重点场所，开展经常性的公民灾难教育。

### （四）我国灾难教育的实践探索

近年来，我国地震及次生灾难频发，给人民的生命财产带来了巨大威胁，在防震减灾工作受到高度重视的同时，防灾减灾教育也全面铺开。汪洋副总理在 2017 年国务院防震减灾工作联席会议上讲话，提出建立防震减灾宣传教育长效机制，推进防震减灾科普教育全覆盖，提升群众放在意识和自救互救能力。中国地震局局长郑国光在全国地震科技创新大会讲话中指出：要认真做好地震科学普及工作。科技创新、科学普及是实现创新发展的两翼，大力提高全民防震减灾的意识和能力，是防灾减灾的一项基础性工作，要把地震科学普及放在与地震科技创新同等重要的位置，坚持因时、因地制宜，加强地震科普知识宣传，增强公众防震减灾意识。我国各级组织、各类机构在积极探索如何加强和改进防震减灾的同时，在防灾减灾教育方面也做出了一系列实践探索。其中，作为主要的教育机构，学校在推进灾害文化教育，提升青少年灾难意识等方面的实践探索尤为值得关注。

1. 各类防震减灾科普基地的灾难教育实践探索

充分发挥各类防震减灾基地的科普教育功能，广泛开展全民灾难教育，是培育灾难文化和弘扬抗震救灾精神的重要渠道之一。我国现有的防震减灾科普教育基地主要分为两大类：一类是社会场馆和公共场所，如专门的地震科普馆、综合性科技馆、博物馆、文化馆、青少年宫、青少年素质教育基地等科技、文化、教育类场馆，以及历史地震遗址、地质公园、自然保护区、动物园、文化旅游景区等具有科普宣教功能的公共场所。另一类是高等院校、科研机构、企业等面向公众开放的陈列馆、实验室，以及地震台站、地震监测中心、地震应急指挥中心等场所，经教育行政主管部门批准设立具备教学条件的各级各类学校。截至 2014 年底，我国共建成各级防震减灾科普教育基地 369 处，投资总额达 8 亿元以上，观众年接待能力达千万人次以上。其中，国家级防震减灾科普教育基地 94 处。

在这些防震减灾科普教育基地中，地处“5·12”汶川特大地震重灾区的“四川省防灾减灾教育馆”和“5·12 汶川特大地震纪念馆”在推进灾难教育实践探索方面做出了较好的示范。

2015 年 5 月 12 日，在“5·12”汶川特大地震 7 周年纪念日这一特殊日子，全国第一家防灾减灾教育馆——“四川省防灾减灾教育馆”开始投入运行。这一场馆的中心工作是大力开展形式多样的群众性防灾减灾科普教育活动并担负四川省“支持引导社会力量参与防灾减灾救灾工作”相关机制构建任务。四川省防灾减灾教育馆是四川省委、省政府为贯彻落实党中央、国务院关于加强防灾减灾工作战略部署，推进综合防灾减灾事业发展、构建综合防灾减灾体系、全面增强综合防灾减灾能力而兴建的重大公益性社会文化项目，是“5·12”汶川特大地震灾后的重建项目，是四川省内乃至全国首个运用现代高科技展示手段，多角度、多方位宣传和普及自然灾害知识，体验、实践防灾减灾技能的省级综合性科普教育场馆。四川省防灾减灾教育馆从展区设计、参观需求、宣传教育方面挖掘现有展览的内在价值，利用固定场馆，策划讲座、情景模拟秀、知识技能大比拼、现场教学和节日主题活动等各类特色宣教活动吸引公众参与。该馆自投入运行以来，在开展社会化防灾减灾教育方面方面做出了值得推广的有益探索。比如，依托场馆主动走出去，推行“五联”防灾减灾知识宣传教育活动，即“联乡”“联校”“联政企”“联社区”“联馆”；加强与高校的合作交流，吸纳业内专家学者，建设专业防灾减灾团队；面向社会招募大批志愿者，进行防灾减灾知识培训，让更多社会力量参与到防灾减灾宣传教育中来；让专业场馆更好地服务于社会大众，发挥出场馆的防灾减灾宣教作用，推进全国防灾减灾事业的发展。

“5·12汶川特大地震纪念馆”是全国唯一国家级地震主题纪念馆，是“5·12”汶川特大地震留存下来的宝贵精神财富，是开展地震科普研究和防灾减灾教育的重要基地。为充分发挥“5·12汶川特大地震纪念馆”的功能作用，附近配套建设防灾减灾宣传教育中心和防灾减灾实训基地，可进行理论+实训的防灾减灾教育。“5·12汶川特大地震纪念馆”是党性教育、党史教育、廉政教育、师德师风教育、青少年德育教育等重要基地，被中央党校、南京陆军指挥学院等多所大中小学确定为教学和社会实践基地。截至2017年5月底，该馆已利用节假日、纪念日举办主题教育活动120余场次，累计接待社会公众1281.97万人次，其中接待国外公众5.4万人次，单日接待最高量为4.2万人次。在灾难教育方面，该馆开展了防震减灾知识“五进”活动。几年来，进学校、进机关、进社区、进军队、进企业共千余场次，发放防灾减灾宣传单、小册子等3万余份，举办巡展，讲述抗震救灾中的感人故事及救援案例，定期举办防灾减灾大讲堂活动。在科普馆定点讲解，同时外出巡讲，定期举办防灾减灾类演练。联合消防、武警、卫生、防疫、社会公众等不定期举办消防、应急处置、防汛等各类实训演练，提升公众防灾减灾意识，提升处置各类灾难的能力。举办各类防灾减灾培训，几年来共参与举办应急干部管理培训、防灾救援培训、扶贫培训、素质拓展训练活动1200场次，有效提高公众防灾减灾的意识和能力。除开展灾难教育外，该馆还积极推进科学研究，通过研究合作提高防震减灾水平。面向“5·12”汶川地震灾区征集了文献实物资料60余万件，建立了数字档案库，为全国科研提供第一手资料。共同建立各类科研基地7个，针对地震知识、地震次生灾害防治、工程力学、建筑设计、生命探测、生命救援、震损建筑保护等方面开展课题研究，并应用于社会教育和陈列布展。同时，积极参加和参与举办国际公众减灾论坛、国际应急管理减灾体系研讨会，筹建了“纪念场馆教育与抗震救灾文化研究中心”。

尽管经过各地的实践探索，各类防震减灾科普基地在推进灾难教育方面积累了一定经验，也取得了较好的效益。但是，我国防灾减灾科普教育还存在着基地场馆建设发展不平衡、授牌与实际脱节、规模效果不佳、展项设计有缺陷、内容介绍不够合理规范、重点不突出、内容陈旧、运营管理保障、缺乏规划和长效机制等方面问题。[①] 怎样综合利用资源，发挥专业场馆在防灾减灾教育社会化中的纽带作用，是当前防震减灾基地建设中尤为值得探讨的重要课题。中国灾害防御协会副秘书长、科普委员会主任邹文卫认为，当前急需进一步加强对我国防灾减灾科普教育的规划，合理布局，加强政策性指导，建立评估体系，改善运营模式，走多元化发展道路，充分利用社会资源，做好人才培养、交流合作和资源共享，以实现我国防灾减灾科普事业的良好发展。[②]

2. 学校灾难教育实践探索

除了依托各类场馆开展的灾害教育，汶川特大地震后，我国学校灾难教育也得到了大力推进。历经多次地震和其他重大灾难之后，国内在学校灾难教育重要性的认识上已逐渐形成共识。然而，当前灾难教育内容缺失，宣传教育渠道较少，教育资源匮乏，灾难教育体系整体性缺失状态仍然令人担忧。

调查表明，我国中小学灾难教育存在的问题主要集中在三个方面：一是灾难教育缺乏制度性、系统性；二是灾难教育技术落后，“重知轻练”；三是把灾难教育等同于生命教育、逃生教育。灾难教育开展比较成熟的欧美、日本等国家非常注重灾难教育的技术手段，注重灾难教育的多样性、创新性和科技性。教育部基础教育司曾与联合国儿童基金会对天津、山东、福建、河南、吉林、陕西、甘肃、四川等8省市学校灾难教育的开展情况进行调查，共发放问卷16640份，访谈1176人，38.1%的教师报告学校从未开展过灾害预防演习活动，55.6%的中小学生从未参加过学校组织的灾害预防演习。[③] 江南大学缪可嘉在一篇题为《大学生灾难认知水平现状分析》的文章中，以江苏、湖南、安徽三地在校大学生为对象，分别调查了灾难认知和技能、灾难心理、应灾行为和灾难教育实施情况等多方面的内容。调查显示，一方面不少学生对于灾难的发生“没有任何准备”，对灾难知识和技巧的掌握程度令人担忧；灾难发生时的心理反应太不成熟，过于“焦虑”和“恐惧”。另一方面，受调查学生表示多数学校未开展“开设灾难教育专门课程”；一些学校开展的灾难教育，大多仅局限于防灾演练等单一方式。调查结果还表明，在不同的灾难中，大学生对于地震和火灾的相关知识掌握程度最高，但回答“很扎实”和“较扎实”的学生也只有26%和25%。而在不同灾难的应急救援知识和技能方面，回答“较扎实”和“很扎实”的，各项都没有超过15%。也就是说，85%的学生对这些灾难的掌握情况都在“一般”及以下。[④]

事实上，自从汶川特大地震之后，针对大学生防灾能力的调查并不在少数，而不同调查却得出了几乎一致的结论。比如，曾有学者针对京津冀高校大学生的灾难认知状况进行调查。结果显示，超过一半的大学生“仅仅知道”一些自救互救常识。[⑤] 而另一项针对

---

① 邹文卫. 灾难警示与科普教育：防震减灾科普场馆建设与发展［M］. 北京：地震出版社，2015.

② 邹文卫. 灾难警示与科普教育：防震减灾科普场馆建设与发展［M］. 北京：地震出版社，2015.

③ 灾害教育多停留在课本　安全教育应是学校第一课. ［EB/OL］（2008－06－04）［2017－10－15］. http://news.sohu.com/20080604/n257274362.shtml2009－04－20.

④ 缪可嘉. 大学生灾难认知水平现状分析——基于苏湘皖三省市高校学生的调研数据［J］. 科教导刊（下旬），2015（10）：191－192.

⑤ 齐秀强. 我国大学生灾难教育的现状与对策研究——以京津冀大学生为例［D］. 保定：华北电力大学，2009.

“5·12”汶川特大地震重灾区的调查表明，家庭、学校、社会对学生的灾难教育重视程度仍然不够，学生对灾难教育的认识也不够清晰，而已开展的灾难教育总体上途径和方法都显得比较单一。①

在接受《中国科学报》记者采访时，缪可嘉表示：汶川地震后的那几年，大家的灾难意识还比较强。但现在这种意识却愈加淡薄，因为大家觉得灾难离自己还是比较遥远的。2014年12月31日，正值跨年夜活动的上海外滩发生恶性踩踏事件，36名遇难者的平均年龄仅为25岁，其中就包括了复旦大学、华东师范大学、华东政法大学等多名在校大学生。与大学生令人忧虑的灾难应对能力缺乏相对应的，是高校对于学生灾难教育的缺乏甚至缺失。针对调查中所反映出的灾难教育中的问题，应在灾难教育实践中提倡家庭、学校、社会三方面共同努力，形成以学校主导、家庭重视、社会支持的三位联动体系，发挥这三个主体的综合效应。在家庭层面，家长应该提高对灾难教育的重视，注重在日常生活中进行潜移默化的教导；在学校层面，学校领导要明确教育责任，完善规章制度，健全教育体系，提高教师质量，注重师资培训，并将灾难演习活动放入学校重点教学计划中；在社会层面，社会主流媒体应当发挥其宣传的优势，并不断结合新出现的情况适时更新宣传内容，营造良好的灾难教育氛围。②

事实上，近年来我国不少地方在学校灾难教育方面也开展了一些有益探索。比如，2008年8月，汶川特大地震内容写进了上海九年级语文新教材，作为学生灾难教育的重要内容。上海市2008年秋季学期修订后的初三语文新教材，第三单元的主题定为“面对灾难”。和原来的“试验本”教材相比，新教材中的“面对灾难”单元除了保留原教材中描述“泰坦尼克”号沉船的《沉船之前》和讲述空难的《我不是懦夫》这两篇文章，还新加入了《血染的丰碑》以及《保卫大坝》。上述四篇文章的内容都是关于地震、战争、沉船等各种灾难的。其中，讲述地震灾难的题材是新加入的。《保卫大坝》这篇课文讲述的是唐山大地震。刚刚过去的汶川特大地震也在新教材中得到了直接体现。在这一单元的“综合学习”部分，便引进了有关的材料，同时要求学生收集关于“汶川特大地震”的公益广告，表明自己的决心，为经历着灾难的人们送去一份关爱与信心。可见，教材编写者希望借助各种灾难题材的文章来教育学生如何面对灾难，更有效地开展人文精神教育。值得一提的是，修订后的语文教材重点在生命教育和民族教育上下了工夫，特别加强了学生面对灾难的抗挫折教育，既有灾难文化教育内容，又有抗震救灾精神教育的内容。

尽管我国学校灾难教育在一些地方开展了有效的积极探索，但是与一些发达国家相比，还有较多值得改进的地方。比如，在发达国家中，日本和美国的灾难教育体系相对比较成熟。日本的灾难教育首先从学校做起，大力推行全民危机教育，形成了具有强烈的灾难意识和深厚的预防文化氛围。③ 美国的灾难教育是从幼儿园和小学中学阶段开始的。在初级教育阶段，学生们就会经常参加灾难演习，知道火灾时该怎么办，地震时又该怎么做。而到了大学阶段，学校仅仅是通过各项措施和制度巩固学生的固有认识。然而在我

---

① 杜红琳. 灾难教育：学生素质教育的一门重要课程——四川省中小学灾难教育现状调查分析［J］. 剑南文学：经典阅读，2011（2）：183.

② 陈彬. 写在防灾减灾日之际：灾难教育，无奈的“补课”［N］. 中国科学报，2016－05－12（5）.

③ 齐秀强，屈朝霞. 大学生灾难教育的国际经验与启示［J］. 思想教育研究，2009（10）：53－56.

国，中小学阶段的灾难教育基本上处于缺失状态，一些本该在中小学阶段开展的灾难教育到了大学阶段才作为一种“补课”行为逐步开展起来。

学校是进行和宣传灾难教育的主阵地，体验式灾难教育要推广到全社会，灾难教育是生命教育和安全教育的重要途径。目前我国学校灾难教育的重视程度普遍不高，对灾难教育的意义、目标认识不够。不少开展灾难教育的学校只注重灾难知识与行为方式的教育，没有开展系统的生命健康教育。我们应该增设灾难教育类课程，教会学生如何应对地震、火灾、水灾等灾害甚至遭遇绑架等突发事件，让他们在遭受灾难或困难时，从身体上、心理上都能够从容应对。[①] 我国学校灾难教育的目标，应该考虑定位在知识、意识、意志、行为四个方面。灾难教育的基础是了解相关灾害知识，但是灾害知识显然不是普通公众学习的终极目标，了解灾害知识的目的是将其转化为积极的防灾意识和坚强、持续的抗灾意志，具备防灾意识和应灾意志的目的是将其转化为日常防灾行为和应急自救互救技能。我国首部面向中小学生的生存教育读本《学会生存在中国》就是一本很好的教材，包括家庭生活、火灾逃生、遭受侵扰等20章，内容切中学生发展的需求点，实用性很强；香港教育统筹局德育及公民教育组推出的《世纪海啸灾难》系列教材不仅让学生体验珍惜、友爱、关怀精神，提高危机意识，而且让学生了解了经济及政治环境对预防天灾的影响。[②]

总的来说，经过汶川特大地震后近十年的探索，我国的救灾机制日趋成熟，制度优越性十分突出，由此形成的灾难文化和救灾精神及其传播机制都很好。但是我国的学校灾难教育在适应灾难文化建设和抗震救灾精神弘扬要求等方面仍有一定的差距，在灾难文化教育和具体的灾难教育途径、机制等方面还有待进一步加强。

## 二、以灾难文化的建立，弘扬抗震救灾精神

尽管人们在谈及作为一种与“灾情”有关的文化时，更多的时候倾向于使用“灾害文化”。但是，在为了更加突出政府机构或其他组织“应对”与“响应”作为的特定情况下，当提及这种与“灾”的文化氛围营造或意识引导时也会用“灾难文化”以示强调。所以，在我国与抗震救灾精神弘扬相对应的科学研究和文化探讨中，更多时候使用的是“灾难”和“灾难文化”。

### （一）推进灾难科学研究

“尊重科学”是抗震救灾精神的基本内涵之一。在汶川特大地震给地震灾区带来巨大破坏和深重灾难的同时，抗震救灾和灾后重建实践也推进了我国灾难科学研究的进步与发展。笔者以2008年“5·12”汶川特大地震的发生时间为节点，在中国知网和维普网上分别以“灾害研究”“灾难研究”等为题名或关键词，对有关的研究论文进行检索，发现有关文章在2008年汶川特大地震之前40年间约有1.7万篇，年均发文400篇左右；2008年汶川特大地震以后，灾难（灾害）研究逐渐成为研究热点，近10年间总发文量已达3.5万篇，年均发文量在3600篇左右。由此可以看出，汶川特大地震后，灾难（灾害）

---

① 李东，齐岩. 从中日灾难教育对比看青年群体灾难教育素质化［J］. 中国青年研究，2009（4）：72－74.

② 邵淑芬. 灾难也是一个教育契机［J］. 广东教育，2006（2）：23－24.

科学研究掀起了一波热潮。

一些灾难（灾害）科学成果对提高防灾、应灾能力起到了很好的引导作用。中国是一个降雨引发滑坡、泥石流等地质灾害十分频繁，灾害损失极为严重的国家。如何把减灾工作重点放在灾前而不是灾后，避免地震、山体滑坡、泥石流等造成群死群伤的灾难事件，是当前灾害科学研究应重点关注的问题。比如，2010 年 8 月 7 日，甘肃舟曲县降雨引发特大泥石流造成 1364 人死亡、401 人失踪的灾难；2017 年 6 月 24 日，四川阿坝州茂县叠溪镇新磨村突发山体高位垮塌造成 10 人死亡、73 人失联的灾难。针对此类事件，有学者认为在现有数据资料和技术条件下，对全国滑坡、泥石流危害严重的丘陵山区，按 1km×1km 网格单元识别出滑坡、泥石流高易发区，并建立预警预报系统，以区域降雨预报和雨量监测数据为输入，按 1km×1km 网格单元提供 1～24h 滑坡和泥石流概率预报是可行的，这是减少人员伤亡的一个有效途径。把对滑坡、泥石流灾害预报预警信息的发布、接收、应急指挥、动员撤离和救援，以及对国民的地质灾害防护教育、逃生训练等工作纳入法制程序也是滑坡和泥石流减灾工作中一项必不可少的重要内容。① 在常见的各类地质灾害中，滑坡的数量占灾害总量超过 70%，大型滑坡造成的人员伤亡又占总伤亡人数的 70%左右。如果发生地震，我们应该如何有效应对可能发生的次生灾害？实现有效预警，实现滑坡的早期识别和前兆判别，从而避免滑坡带来的各类伤害，这是应对地震次生灾害和滑坡、泥石流等地质灾害的关键。地质灾害防治与地质环境保护国家重点实验室主任黄润秋所带领的研究团队首次提出了大型滑坡的天－空－地－内一体化多源立体智能观（探）测，实现了多源传感器网络智能集成、实时传输和分析处理，以此构建了灾害的主动防御体系，从而改变了长期以来对震后滑坡灾害被动应对的局面，最大限度地减少了人员伤亡。根据这项计划，拟在 2～3 年内，采用这套技术对四川西部山区人口相对集中的区域开展大面积的灾害识别和核查工作，构建灾害的主动防御体系，最大限度减少人员伤亡。②

灾难科学研究的深入，在有效提升防灾、抗灾水平的同时，也有助于推进“灾难教育”的研究和开展。笔者同样以 2008 年“5·12”汶川特大地震的发生时间为节点，在中国知网和维普网上以“灾难教育”为题名或关键词，对有关的研究论文进行检索发现，有关研究文章在 2008 年汶川特大地震之前仅有 35 篇，其中除了 2005 年因国外灾难教育成为热点，国内作为研究前沿跟进，掀起了一波多达 15 篇的研究高峰外，其余年度总发文量均在 3 篇以内；2008 年汶川特大地震以后，灾难教育研究逐渐成为研究热点，近 10 年间总发文量已达到 200 篇。而灾难教育的研究探讨和深入开展，将有助于灾难文化的建立和抗震救灾精神的弘扬。

### （二）在应灾实践中建立一种灾难文化

“5·12”汶川特大地震造成四川、甘肃、陕西等十个省市州受灾，是新中国成立后遭遇最大的地震灾难。这些令人悲伤的数据背后是对人们巨大的震撼，应充分利用人们对灾难的这种难以泯灭的记忆，在全社会大力倡导灾难文化，引导人们建立一种防震减灾的应

① 李长江，麻土华. 反思舟曲灾难事件：如何最大限度减少人员伤亡？[J]. 地质论评，2011 (5)：687－699.

② 邹悦. 2～3 年内四川或构建滑坡灾害主动防御体系 [N]. 成都商报，2017－09－12 (4).

对意识。充分利用每一次大小灾难的抗灾斗争实践，在全社会强化人们的灾难意识，推进灾难文化的普及。“5·12”汶川特大地震后，每年的5月12日成为防灾减灾纪念日，与此同时，我们不应仅仅停留在对灾难的再次回顾，局限于对逝者的追忆和哀悼以及对救援者的敬意和感激上，而应该更多地思考以后在面对地震灾害发生时应该做什么，在汶川抗震救灾过程中学到了什么，在灾后重建过程中应该注意什么。①

经历数次抗震救灾行动后，我国的抗震救灾机制更加成熟，汶川特大地震抗震救灾中暴露出的问题在玉树地震和芦山地震救援中得到了明显的改进，而芦山抗震救灾中存在的不足在随后的鲁甸地震和九寨地震救援中得到了逐步完善。就芦山强烈地震来讲，与2008年“5·12”汶川特大地震相比，此次抗震救灾有了长足的进步。相对于汶川特大地震，芦山强烈地震抗震救灾的各项工作显得更为及时、有序、科学、有效，具体表现为响应更迅速、组织更有序、救援更有效、沟通更主动、掌控更娴熟等。② 这对抗震救灾机制的建立健全过程来讲，算是一个标志性的阶段事件。而2017年发生的九寨沟地震的救灾实践则比较充分地展示了我国抗震救灾机制较为成熟的一面。伴随着应灾抗灾实践机制的成熟，灾难文化在我国形成了更为广泛的群众基础，民众的灾难意识、抗震救灾精神也得到了明显的强化。下面我们就以九寨沟地震中抗灾应灾实践为例来做一分析。

九寨沟地震救援中形成的实践经验重要体现在以下四个方面：

一是九寨沟地震发生后，第一时间及时准确地掌握灾情，是确保救援救灾工作得以顺利进行的重要前提。芦山强烈地震发生后，灾区固定和移动通信处于半瘫痪状态，宝兴县更是一度成为信息孤岛。通信不畅、情况不明曾在某种程度上造成了芦山地震的抢险救灾工作的盲目和混乱。所以，九寨沟地震发生后，充分汲取了芦山地震救援经验，第一时间启用了应急通信机制，确保了信息沟通畅通，确保应急指挥机构对受灾范围和强度、灾区对救援力量和物资的需求、救援力量和物资的合理调配等作出准确的判断与决策。另外，由于九寨沟地震发生在备受关注的九寨沟景区附近，灾区外来人员较多，所以引发的关注更高。但是在有效的信息管理机制下，指挥部门及时统一地发布了灾情及救援情况，加强了对媒体和记者的管理，限制了进入灾区的媒体和记者数量，统筹了信息发布渠道，有效避免了媒体报道失真、失偏和救灾工作的混乱。

二是九寨沟地震发生在四川阿坝州的自然灾害易发地区，山高沟深路险，地质结构脆弱，道路交通基础设施相对较差，灾害发生后，山体滑坡、塌方等次生灾害往往导致道路中断或交通拥堵。震中毗邻重要旅游景区九寨沟，正值旅游旺季，游客密集拥堵。所以，地震灾害后，确保救援道路畅通是非常紧要的事。九寨沟地震救援中加强了交通管理调度，在科学的应急指挥体系部署下合理地安排各种救援力量和物资的进入，及时下达了交通管制令，合理疏导非紧急救援力量的集中涌入，将非常有限的对外交通留给紧急救援力量的进入和疏散灾区游客，有效避免了以往地震救援中出现过的交通严重堵塞问题，大大提高了救援效率。

三是汲取以往历次地震救援的经验和教训，九寨沟地震中加强了现场安全管理，制定了更加科学合理的救灾方案，既提高了救灾效率，又减少了损失。九寨沟地震的整个救援

① 石云龙，崔彬，安海忠. 汶川地震紧急救援应对策略、经验与思考［J］. 资源与产业，2010（6）：33－37.

② 曾小波，李雪峰.“4·20”芦山地震抗震救灾的得失思考［J］. 行政管理改革，2013（7）：65－69.

过程中，没有发生次生灾害和衍生灾害危及受灾群众和救援人员生命的安全的现象，有效防止了受灾群众的财产损失的扩大。本次救援中，尤其值得一提的是，“以人为本”“生命第一”的救灾理念得到了更好的贯彻，不只受灾群众的生命安全得到了最好的救助和保障，救援人员的安全保障也被高度重视，没有出现一例救援人员尤其是部队官兵牺牲的事故。

四是九寨沟地震救援中的社会参与机制构建得更加合理有效，同汶川地震、芦山地震志愿服务相比，社会力量参与救灾的组织化、专业化水平都有了显著的提高。根据灾情实际和救援需要，统筹安排，及时管制，仅允许有组织性和专业性的社会救援力量进入灾区，有效避免了以往地震救援初期各种社会力量盲目涌入，志愿服务人员管理不到位等问题，确保了社会力量参与应急救援的高效、有序。

从以上四个方面的对比分析来看，九寨沟地震中的救灾机制在得到完善的同时，救灾应灾实践中的群众参与、社会力量融合、救灾理念及人本意识的强化等也取得了明显的进步。可以说，在应灾抗灾实践中建立和强化灾难文化是弘扬抗震救灾精神的前提和基础。

### （三）在中国特色的灾难文化中强化抗灾精神

新中国成立后的历次灾难斗争实践反复向世人证明，中国人民每一次经历的灾难磨炼都使中华民族凝聚力得以强化。多灾多难不但没有击垮中国人民，反而激发了人民战胜困难的勇气、信心和智慧，灾难推动着中国各族人民奋发图强，战胜困难，使国家强盛起来。这是中国传统文化中“多难兴邦”之寓意。汶川特大地震发生后，温家宝总理在北川中学用粉笔写下“多难兴邦”四个字，鼓励灾区人民重树信心，迎难而上，抗灾自救。事实上，中国人民从抗日战争胜利到历次抗灾斗争的胜利充分证明，中华民族是具有顽强生命力和非凡创造力的民族，只要我们紧密团结起来，就没有克服不了的困难。习近平总书记在抗战爆发77周年纪念仪式上的讲话中，再次引用了“殷忧启圣，多难兴邦”的古训。可以说，中国人民的抗灾应灾斗争中早已形成了有着伟大精神支持的中国特色的灾难文化。

我国历次抗震救灾斗争取得伟大胜利，正是得益于党的坚强领导与普遍存在于人民群众中的中华民族优秀传统文化实现了完美的结合，从而形成了有着强大的抗震救灾精神支撑的救灾文化和救灾机制。抗震救灾实践经验的积累有助于抗震救灾机制的完善，但是抗震救灾机制要在救灾实践中发挥较高效率还必须植根于一种孕育于本土情怀中的灾难文化之中，只有在这种本土文化中才能更好地形成这种机制产生作用的各项条件。如果离开灾难文化的支撑，看起来再完美的救灾机制也有失效的时候。

中国的抗震救灾实践反复证明，重大灾难能产生更好的社会凝聚力，但是这是不是具有普遍性的规律呢？有国外研究者为这个问题提供了新的答案。智利是一个地形狭长的国家，从北向南延伸约4300公里。它的西面是南太平洋，东面是安第斯山脉。它位于纳斯卡板块和南美洲大陆之间的边界上，这是世界上21个地震最活跃的地区之一。研究者发现在一次大地震之后，社会凝聚力的增加并不是立即呈现的，而是在环境条件不那么有利的时期慢慢形成。研究者在论文中报告了一个案例，在这个案例中，各种指标显示，更严酷的环境条件导致了更多的社会凝聚力。在1960年和2010年的两次大地震之间，智利经历了几次重大地震。1985年3月，智利圣地亚哥以西约125公里的瓦尔帕莱索发生了地表波级（以下简称Ms）7.8和矩震级（Mw）8.0的地震，并引发了海啸。这次地震造成176人死亡，2500人受伤。10年后的1995年7月，智利北部安托法加斯塔又发生了一场地震（Mw8.0）。2005年，智利首都圣地亚哥以北约1800公里的皮亚发生了一场波级（Ms）7.8级的地震，地震对塔拉帕造成了巨大灾难。2007年11月，安托法加斯塔的北部地区又发生了一场地震（Ms7.5，Mw7）。2010年2月，在智利首都圣地亚哥以南335公里处的比奥比奥省（BIO－BIO）发生了过去60年的第二次大地震——Maule地震。这次大地震的震级（Mw）达到8.21（美国地质勘探局将地震定为8.8级），影响到了绵延超过450公里的地区，其余震覆盖了一个长度超过600公里的区域，造成802人死亡，近200万人受灾，经济损失达300亿美元，相当于智利国内生产总值的17%。这次地震还引发了一场海啸，造成至少521人死亡，损坏或摧毁了37万间房屋，3049所学校和73所医院。

Calo－Blanco等学者的研究考察了以上历次地震中的15个地震灾区和346个最小行政区划（comunas）的区域社会凝聚力随时间变化的情况，这一研究比较考察的时间跨度长达25年。研究者还分析认为历次地震灾区的最小行政区划有着非常相似的历史、文化和传统渊源，这将有助于保障纵向考察的科学性。研究发现，地震强度和破坏程度的增加，似乎与较高的正面和较低的负面社会凝聚力指标相一致。历次地震中，智利灾区民众表现出的"似乎更愿意合作，以补偿更糟糕的环境条件"的短期反应，客观上提高了社会凝聚力。愿意合作所带来的直接经济效应在短期内会产生更多的影响，而社会凝聚力的增强往往会持续更长时间，并可能产生积极的间接经济效应。灾难短期内可能会造成负面的经济影响，但长期来看会产生积极的影响。在受影响最严重的极重灾区，人们对慈善事业的贡献更大，他们更有可能参与志愿活动和投票，不太可能从事犯罪活动，而且似乎对自己的生活更满意。随着时间的推移，这些差异逐渐消失。这进一步表明了地震灾难及救援与社会凝聚力之间存在着明显相关性。而在进一步的研究分析中，研究者还发现地震灾害对地震文化或灾难文化形成的影响非常大，在经济合作与发展组织确定的衡量社会凝聚力的五大类指标即生活满意度、信任、社会行为、自杀以及政治参与（投票）中，在受灾严重的地区，不同的指标受到的影响程度更大，显示出更高的社会凝聚力。这一研究更广泛、更具体地说明，自然灾害对社会资本和社会凝聚力具有较大的影响，通过灾害应对建立起来的灾难文化有助于增强社会资本积聚和社会凝聚力的提升。然而，我们也要看到，这种灾难事件增强社会凝聚力的现象在智利的历次地震救援中反复出现，但并没有表现出长久的持续性。换句话说，25年间智利经历了多次地震灾难，社会凝聚力一次次地得到循环强化，但并没有因此形成强烈的灾难文化，更没有发展成一种抗灾应灾的精神文化。这不仅是一种遗憾，更是值得反思的一种典型现象。

那么，是不是有较好的灾难文化就一定能形成抗震救灾精神呢？日本的应灾实践为我们提供了一个最好的答案。

狭小的国土、极大的人口密度、贫乏的资源、频繁的自然灾害和灾难让日本人有了强烈的忧患意识，坚韧的日本人在忧患意识的督促下，在自然灾难的考验和锤炼下打造出了一套行之有效的灾难教育系统。日本的灾难教育首先从学校做起，大力推行全民危机教育，并取得了良好的效果。日本各都道府县教育委员会基本上都编写有危机管理和应对手册或者《防灾教育指导资料》等教材，指导各类学校开展危机预防和应对教育。除了地震灾害之外，日本的各类学校还进行应对和预防人为犯罪伤害、火灾等危机教育。日本政府和社会也十分重视应对自然灾害和人祸危机的教育。东京涩谷区政府不仅给日本居民编写如何应对各类危机的手册，还免费发送应对危机的手册和资料。防灾手册还要求居民在家中准备手电筒以及三天左右的饮用水和食品。日本的电视等媒体也经常播放如何应对危机的方法和训练情况，力争使家家户户了解如何应对突发性危机的方法，尽量减少突发性危机造成的损失。[①] 可以说，日本通过全民灾难教育，已经在民众中形成了强烈的灾难意识和深厚的预防文化氛围，其灾难文化体系相对来讲都是非常成熟的。然而，日本的灾难文化虽然建立较早，群众基础较好，但限于社会制度等因素制约，并没有形成一种很好的抗震救灾精神。日本政府在灾难救援中缺乏社会责任且追求短期利益的作为，在动员社会力量方面的无力，在救助灾民方面的无信和不作为，不仅令国内民众普遍失望[②]，也让国际社会对一向备受推崇的日本灾难文化产生怀疑。日本的事例告诉我们，有较好的灾难文化基础并不意味着就一定能形成较好的灾难文化精神或抗震救灾精神。至于为什么会出现这一现象，我们将在后文中做进一步分析。

回过头来思考中国的抗震救灾实践，我们不难发现，中国的抗震救灾实践及由此而形成的灾难文化有着与众不同的中国特色。这正是抗震救灾精神得以在中国形成的最重要的原因。

第一，抗震救灾精神在中国特色的灾难文化中得以形成有着历史的必然性，“多难兴邦”是中华民族精神在与灾难斗争的历程中不断发展的特殊规律。人类发展是有规律可循的，民族精神的发展和演变也遵循一定的规律。“多难兴邦”体现了中华民族精神发展规律的特殊性。“多难兴邦”之所以成为民族精神发展规律，首先在于中华民族精神的基本内容具有极强的稳定性，如爱国精神、自强不息、厚德载物、忧患意识等。我国有深厚民族文化积淀，有广泛的民众心理基础，在漫长的历史过程历久弥坚。与灾难斗争的社会实践是中华民族精神发展的源泉和条件。在历次与灾难斗争中出现的英雄人物和英雄事迹，成了中华民族精神的象征和符号，成了中华民族最宝贵的记忆。与灾难斗争，唤起中华民族的自信心和自豪感，成了民族精神发展的重要条件；灾难记忆、反思、教训成了民族精神创新的思想源泉。

第二，中华民族精神具有自我反思、自我创新、自我发展的能力，与灾难斗争的社会实践推动中华民族精神具体内容的主题转化和进步。灾难易唤起人类普遍的良知、同情心和道德感，可以引起人们对生命价值和人生意义的反思，更加珍惜曾经和已经拥有的物质和精神财富。灾难教育可以增加青年人历史意识和危机感，使他们自觉投入保护生态环境、防止气候变暖等方面的活动中去。新的历史时期，必须正视灾难，在与灾难的斗争中推动中华民族精神的发展，建设我们共有的精神家园。即使在人类文明长足发展，科学技术水平发达的今天，灾难仍会不期而至，不可避免。灾难本身是恐怖、可怕的，但与灾难斗争的实践带来的政治变革和思想进步成为影响历史进程的重要因素；它能带给人类心灵的震撼，触及人类灵魂和思想的深处，使人类不断地审视、反省和修正自身的发展。

---

① 齐秀强，屈朝霞. 大学生灾难教育的国际经验与启示［J］. 思想教育研究，2009（10）：53－56.

② 石川和信. 福岛第一核电站事故 6 年后的受灾老年人的现状与问题［J］. 日本老年医学会杂志，2017，24（2）：129－135.

预防灾难、遭遇灾难、应对灾难、战胜灾难是各个民族社会生产实践中主要的内容之一，与灾难斗争的社会实践既是民族精神发展的源泉和动力，其过程中体现出来的民族心理、品格也是民族精神的具体内容和表现。在与灾难斗争的社会实践中，民族精神也发挥了积极的能动作用，给战胜灾难提供了精神动力和支持。①

### （四）在灾后创伤恢复中重建精神信念

2008年的“5·12”汶川特大地震救援以及灾后重建过程让我们认识到“社会参与”和“社会动员”在精神信念重建中的重要性。通过社会动员，实现政府主导与社会参与相结合，成了应对突发性重大公共事务的新途径。汶川地震灾后重建中提出的“政府主导与社会参与相结合”不仅是灾后重建的指导原则，也正在成为我国政府应对各类社会公共事务的指导原则，“通过社会动员实现社会参与”是汶川抗震救灾给我们留下的宝贵的治国之道。在汶川特大地震后历次地震的抗震救灾和灾后重建的过程中，我国的社会动员和社会参与机制逐渐形成，对社会公共事务的认识也逐步明确。新中国建立后不乏大规模的群众动员，但基本是属于政治性和行政性的“运动”，所应对的也是国家大事；在以应对“社会公共事务”为目的的社会动员中，汶川抗震救灾首开先河。灾后重建的大量投入为地震灾区的经济发展提供了百年难遇的机会，而抗震救灾和灾后重建中的社会参与则有力推动了受助地区的社会发展，民间组织的介入推进了受灾地区的社会组织发展。在汶川地震抗震救灾的整个过程中出台的法律法规不仅惠及当时的灾区灾民，也使全中国的应急管理向前迈出了一大步。作为重大社会公共事件，汶川地震救援和灾后重建吸引了社会各界的广泛参与。发生在2013年4月20日的芦山强烈地震，也是当年的重大灾难。在这次抗震救灾中最突出的标志性事件是中共四川省委和四川省政府在“党委领导、政府负责”的救灾体制中第一次嵌入了“社会协同、公众参与”的社会动员机制。②

地震后，相对于在政府主导下集中进行的物质生活恢复与重建，受灾民众的心理创伤的恢复和生活信心的重建则是一个长久的过程。近几年，历次抗震救灾尤其是灾后重建中开创的“社会协同、公众参与”的社会动员机制与群众动员机制，在更好地服务灾后重建的同时，也使得抗震救灾精神得到了更好的凝练和更大范围的传播。正是因为有这种有效的社会动员机制，灾区精神信念的重建和抗震救灾精神的持续弘扬才能更好地实现。研究表明，地震、海啸和重大事故等紧急情况所带来的心理伤害和社会困扰，不仅在短期内可能非常严重，其毁灭性不亚于身体伤害，而且也会危害受影响人群长期的精神卫生和社会心理健康，威胁社会稳定和发展。因而，灾后重建不仅是物质生活层面的重建，同时也包含精神信念方面的重建，从某种程度可以说后者的难度和重要性并不亚于前者。汶川特大地震灾后重建过程中开创的社会动员机制既提供了一种很好的物质生活重建模式，也开启了一个精神信念重建与物质生活重建良性互动的新模式。通过“社会动员机制实现政府主导与社会参与相结合的抗震救灾和灾后重建”是汶川特大地震中积累的宝贵经验，同样，“以抗震救灾精神来激发全民参与救灾和灾后重建的热情”“以精神信念重建推动物质生活重建”也是汶川特大地震抗震救灾的宝贵经验。面对灾难带来的巨大创伤，在党中央、国

① 李长庚. 与灾难斗争的社会实践对中华民族精神发展的影响 [J]. 理论导刊，2010 (6)：14-15，24.

② 郭虹.“社会动员”和“社会参与”：国家治理中应对社会公共事务的新途径 [J]. 党政研究，2015 (5)：84-87.

务院的坚强领导和统一部署下，我们在灾后重建中充分发挥了思想政治工作与舆论导向的优势，以中华民族不屈不挠的精神力量，激发广大人民群众的凝聚力，化悲痛为力量，化爱心为行动，积极投身和参与抗震救灾伟大实践。“一方有难、八方支援”，全国各族人民全力以赴向灾区人民送温暖、献爱心。这一举世瞩目、声势浩大的全民抗震救灾，充分体现了万众一心、同舟共济的伟大民族精神。“万众一心、同舟共济”的民族奋进的行动，又一次以雄辩的事实向全世界昭示：以民族精神凝聚起来的中国，具有一种无坚不摧、战无不胜的精神力量。正是在这种强大的精神力量的指引下，灾区人民才得以将灾后重建作为一项系统工程，建设出一个物质与精神有机契合的社会主义新家园。正是在这种强大的精神力量的指引下，“举国之力、对口援建”的强力机制再次发挥关键作用，成为社会主义制度优势与市场经济体制优势有机结合的一次伟大实践。最具中国特色的“对口援建”制度，再一次向世人展示了中国共产党的坚强领导力和中国人民的强大凝聚力。“对口援建”制度有效地调动了所有社会力量，政府和企业、财政资金和民间资本、政府行为和市场行为高效契合，各有分工，又相互协同，一次又一次地完成了灾后重建的伟大壮举。与此同时，作为一种有效的抗震救灾精神弘扬机制，对口援建增进了被援建地与参与援建的一方组织之间、民众之间的人文交往和情感认同，从而增强了彼此间的利益共存度与依赖度。① 这种在灾后恢复重建中展示的中国力量和精神信念，在国外灾难应对中几乎是不可能见到的。

国外关于应灾精神文化的研究和实践更多是从心理学角度，从关注受灾者心理健康扩展到弱势群体、灾害潜伏群体的灾害心理准备、疾病预防、精神卫生等方面，提升到一种成体系的集体精神高度的不多。在国外的抗震救灾中，往往也有一些社会协同参与的机制，但因缺乏广泛的社会公共精神理念的支撑而难以形成一种民族灾难精神。一个典型的事例就是尼泊尔两次大地震的救援和重建。尼泊尔在预防地震和地震国际救助合作机制建立方面有一些成功经验，但不可能像中国的抗震救灾一样实现物质生活恢复重建与精神信念重建的完美结合，当然也就不可能有抗震救灾精神的确立和弘扬。

尼泊尔是一个与中国和印度接壤的内陆小国，人口约为 2900 万。它被认为是亚洲最贫穷的国家之一，在 2014 年在联合国开发计划署的人类发展指数（Human Development Index）的 187 个国家中排名第 145 位，在国际发展方面排名垫底。2015 年 4 月 25 日和 5 月 12 日，尼泊尔分别发生了里氏 7.8 级和 7.6 级的两次大地震，地震产生了巨大的破坏，造成了大约 8897 人死亡，22303 人受伤，280 万人无家可归。由于地处地震灾害易发地，尼泊尔政府和一些国际合作组织都对大地震的发生做出了各种预案，并且在事前就已经制定出了防震计划、程序和机制。在防震机制中，从国家商定的地震场景到具体的部门行动计划都做了相应的安排，包括首都加德满都在内的各个地区都做了大量的防震准备。近十年来，世卫组织一直在与该国卫生和人口部门合作，确保尼泊尔的卫生设施在灾难发生时尽可能安全。世卫组织还派出专家评估了尼泊尔重点医院的结构功能非完整性，这些医院的工作人员也接受了专家对大规模人员伤亡救助的管理培训。可以说，卫生“防灾系统”建立得比较完备。有关国际组织还于 2012 年成立了“尼泊尔风险削减联盟”，建立了联盟的旗舰项目——“安全医院”，专门用于灾难快速应急救援。加德满都的地区医院还建立

① 杨继瑞．汶川抗震救灾与灾后重建经验及其借鉴教训的总结与思考［J］．决策咨询，2009（3）：1—7.

了应对可能的流行病的报告或谣言快速反应小组，建立了针对伤害、残疾的基本卫生服务以及精神健康、心理社会支持等救助机制。由于尼泊尔是一个经常发生季风洪水和山体滑坡的国家，这个反应系统也曾被测试过。两次大地震后，通过应急救助机制吸收多方面的外部力量前来援助，130 多个卫生合作伙伴和外国医疗队和 50 个国家医疗队参与救援，数百万人捐赠了实物和资金援助。

在两次尼泊尔大地震中，国际救助组织提供了急需的支持，但是除了在卫生应急中起到积极作用外，在系统性重建方面并没有发挥预想的效用。即便是在卫生系统的救助行动中，应急机制仍然受到了复杂的政治文化因素的影响。从本质上讲，卫生系统需要应对因地理和社会政治文化背景而面临的危险，这是《仙台减少灾害风险框架》的一个重要成果，包括尼泊尔在内的国家已经承诺并签署了这一框架。在应急机制建立之前，在尼泊尔人道主义环境中为精神卫生和心理支持（MHPSS）提供服务的努力在很大程度上被认为是不充分的，而且缺乏协调。地震发生后，尼泊尔政府立即宣布进入紧急状态，卫生部门开始作出反应，应急机制随即启动。根据世界卫生组织和机构间常设委员会的调查，精神卫生部门在试图实施精神卫生应对中遭遇了大量未曾预料的问题和困难。机构间常设委员会（IASC）和世界卫生组织（WHO）常用的“精神卫生和社会心理支持”这一复合术语，旨在保护和促进社会心理健康以及预防或治疗精神障碍所采用的任何形式的当地支持或外部支持。[①] MHPSS 的反应突出了尼泊尔精神卫生系统的许多优点和缺点。其重要的教训在于，要通过精神卫生服务实现“更好地重建”战略，必须以回应和改善当地人口的心理健康、文化认知为前提，重点灾难应急机制发挥巨大作用的前提在于必须在精神文化上增强对未来的防备。这种精神文化上的未来防备，实际上也是一种救灾意志或是灾难精神的传递。在尼泊尔的抗震实践中，主要依据外来人道主义支持，在灾民心理创伤恢复方面起到了积极作用，但是由于缺乏国家主导的社会公共精神的凝练机制，很难从个体的心理康复层面上升到群体性、社会性的精神信念。尼泊尔的事例也表明，单靠外来文化和国际道义援助，很难建立一种真正的灾难文化，更不能上升为一种体现国家意志的民族精神。抗震救灾精神的建立，是需要强大的民族文化作为支撑的。汶川特大地震抗震救灾实践中逐步确立起来的抗震救灾精神，是中华民族优秀传统文化发挥基础作用，并在党的领导下社会各界人士沿袭以红色文化为代表的社会主义先进文化中孕育出的。因而，这种精神信念的传承弘扬，仍然需要人们不忘灾难的悲痛创伤，继续传承和发扬应灾抗灾的战斗精神。

对比以尼泊尔为代表的国外典型的救灾实践案例，我们可以看出，我国历次抗震救灾的成功在于，不论何种具体的救灾和重建机制都离不开党的领导。没有党的坚强领导，没有强大的国力作为后盾，即便有较好的灾难文化基础也很难形成一种抗震救灾的精神。没有党的精神引领，民众间的灾难文化意识就很难得到提升，抗震救灾精神也很难有持久性。所以，我们要坚持在灾后创伤恢复中重建精神信念，让抗震救灾精神得到更好的弘扬。

---

① 刘长安，陈尔东，李小娟. 东日本复合灾害的精神卫生和社会心理影响及其应对 [J]. 中国工业医学杂志，2012 (5)：396-400.

## 三、依托志愿活动开展，带动抗震救灾精神的弘扬

“我的眼为何饱含泪水/因为我们都是中国人/流着相同的血/当同胞遇到灾难时/我们能做的是什么：当志愿者。”“5·12”汶川特大地震发生后，这首《志愿者之歌》在地震灾区广为流传。在抗震救灾中，无数志愿者用自己的行动向世人表明了中国公民的力量。大量志愿者尤其是民间志愿者的涌现，证明了“志愿精神”在中国公民中具有深厚基础，汶川特大地震给了这种精神一个集中迸发的契机。

据共青团四川省委不完全统计，抗震救灾期间，团省委累计接受志愿者报名118万余人，有组织派遣志愿者18万余人，开展志愿者服务达178万人次。这还不包括民间自发组织和无偿献血的志愿者。[①] 而民间自发形成的“非正式志愿者”团队的人数大大超过了组织派遣的“正式志愿者”，他们用激情、爱心和无私的奉献书写出大爱，传递着“志愿精神”。著名羌族女作家周红令在《中国温柔的心——2013年冬至移交资料给汶川县映秀震中纪念馆》中写道：“汶川特大地震期间志愿者人数为491万之众，他们不分男女老少，年龄大小，不分国界种族，他们通过走路、蹬自行车、骑摩托车、开拖拉机、坐火车、坐飞机，丢开身边所有的牵绊，义无反顾、三三两两地迅速向咱们的灾区奔赴，成为耸立在各个灾区最为壮观、最为感人的人文景观。”通过各种方法自觉自愿的集结，从此一个属于我们中国人特有的志愿者群体诞生了，他们在以后各种各样的灾难里，同样以各种面目无私无畏地出现在需要帮助的人群面前。随着时间的推移，一个人、一群人的荣辱得失都是渺小的。唯独我们还能给子孙后代留下些什么才是最重要的。在一份2008年7月25日整理出的有513人的“漩映地区抗震救灾志愿者名单”中，有些人留下的名字和电话都不是真的，而更多的人在帮助了别人后连名字都不肯留下。

在一份《映秀志愿者救助站总结》的内部材料中写道：映秀灾民救助站成立于震后的第三天，当时只有一顶帐篷、一口锅、二十几名志愿者，绝大部分物品、物资、药品、食品都是志愿者自己带来的，中期有个人捐款，又有省红十字会送，又有政府提供一些物品，发展到每天可接待200多人的食宿的救助站。志愿者在救助站中成立了突击组、机动组、防疫组、理发组、炊事班、卫生队。先后接待过往灾民两万五千多人次，解决寻亲人员97人次吃住，为政府工作人员和援建单位、个人提供长期住宿89人，为过往记者、摄影师、寻亲人员、志愿者等提供帮助700余人次。为政府搬运救灾物资帮助解决应急琐事，搭厕所、清腐烂蔬菜、搭帐篷等，帮助灾民抢收油菜籽、搭棚子、免费理发等。无论是什么时间，无论是刮风下雨，志愿者都随叫随到，从无怨言，因为他们都有一个心声，那就是来这里是要做事的。

广东东莞对口援建映秀镇重建工作者潇淳在《援建日志》中写道：“我们无法回避天灾，我们只能且必须选择如何面对灾难。只有忍耐伤痛，才能让映秀在经历了淬火的考验后，实现一次伟大的凤凰涅槃，履行使命，加快映秀灾后重建的信念让我们克制住内心的悲伤，选择了坚韧，选择了大爱，也选择了大智，我们很快投入紧张的援建工作。”

---

① 江毅，黄毅，苑坚．汶川地震一周年：百万志愿者彰显“中国力量”[EB/OL]．(2009-05-15) [2017-09-02]．http://news.xinhuanet.com/newscenter/2009-05/15/content_11380736_1.htm.

《汶川县抗震救灾映秀前线指挥部至志愿者的感谢信》中写道："非常感谢您在'汶川5·12大地震'发生时，视灾情如命令，风雨兼程、奔赴一线，视灾区如同自己家园，视灾民如同自己的骨肉，在精神上鼓励了映秀人民。您捐款捐物，又奋战抗震一线，哪里有危险，哪里有困难，哪里就有您的身影，不怕牺牲，不怕疲劳，顽强拼搏，连续作战，不负重托，克服了种种难以想象的困难，出色地完成了救助站的各项工作……在艰苦的环境下，本着'帮忙不添乱'的思想，积极工作，不计报酬，甘愿奉献，用大爱演绎中华民族在大难中无比团结（的精神）。"在这种志愿精神的带动下，越来越多的人默默无闻地通过各种渠道，成为志愿者，而且不求任何回报，这是人性的回归，人文的回归，真善美的回归。志愿者的这种精神值得我们所有的人学习和发扬光大。它已经感染了千千万万人的灵魂，应该激荡起我们内心深处的一种为他人无私付出的精神和力量，在这个灾难频发的今天，需要这样互敬互爱互助的精神。这种志愿者精神正是伟大的抗震救灾精神的重要组成部分，志愿者们通过自己的爱心行动把抗震救灾精神传向了祖国各地，志愿者活动从此也成为抗震救灾精神弘扬的重要途径之一。

在近几次的地震应灾救援和灾后重建中，志愿者服务体系和志愿者精神也逐步得到了较大的提升。相比"5·12"汶川特大地震，雅安芦山地震的抗震救灾中最突出的标志性事件是中共四川省委和四川省政府在"党委领导、政府负责"的救灾体制中第一次嵌入了"社会协同、公众参与"的社会动员机制。地震后的第四天（2013年4月24日），四川省委根据抗震救灾的实际需要决定在抗震救灾指挥部里设立"社会管理服务组"，并整合省市总工会、共青团、妇联、科协、残联等群团力量于4月27日组成了实体的"省市抗震救灾志愿者与社会组织服务中心"（此后简称雅安中心）。社会管理服务组及雅安中心的成立是我国政府应急管理中的创举，也是社会动员机制形成的标志性事件。在恢复重建阶段，重心及时转变为常态化的"雅安市群团组织社会服务中心"，承担起继续推动灾区"社会协同、公众参与"的职责。① 2014年的云南鲁甸地震以及2017年的九寨沟地震的抗震救灾中，在动员和协调社会力量参与方面，借鉴了在芦山抗震救灾中创立的"中央统筹指挥、地方政府主体负责、灾区群众广泛参与"的社会动员新机制，在合理整合社会力量、引领灾区志愿服务有序开展等方面，大大提升了效率。与此同时，通过这些整合行动和机制创新，抗震救灾精神也得到了更好的传播和弘扬。可以说，志愿者活动已经成了抗震救灾精神传播、弘扬的重要途径之一。

当然，我们也要看到，虽然经历数次地震中救灾志愿服务活动，抗震救灾志愿者服务体系已逐步建立并得到初步完善，但是作为社会公共服务精神和公共文化的重要组成部分，我国的志愿者服务体系建设仍然有待加强。为了更好地弘扬抗震救灾精神，应将志愿者抗震救灾服务体系纳入国家防灾减灾建设体系建设，纳入国家防灾减灾建设规划中，在更多的社会公共应急事务中常态化地鼓励、引导、吸纳更多的民众参与到志愿者行动中。同时，还应在无灾害时期加强志愿者服务体系建设，既服务于"备战"需要，又融入精神文化的建设中；既建设了服务体系，又带动了抗震救灾志愿服务精神的传递。事实上，在除地震外的其他重大灾害救助中，志愿者服务体系还未完全建立起来。所以，抗震救灾精神的弘扬与志愿者活动的开展是相辅相成的，应在常态化的志愿者活动和志愿者精神教育

① 郭虹."社会动员"和"社会参与"：国家治理中应对社会公共事务的新途径［J］.党政研究，2015（5）：84-87.

中弘扬抗震救灾精神。

## 第三节　抗震救灾精神的弘扬机制

中国共产党领导中国人民奋起抗震救灾，谱写了一曲曲惊天动地、气势磅礴的时代壮歌，创造了人类救灾史上的奇迹，铸就了伟大的抗震救灾精神。这种精神，是中华民族的伟大民族精神在当代中国的集中体现和新的发展。这种精神，不仅是引领抗震救灾取得重大胜利的精神旗帜，更是团结全党全国各族人民战胜一切艰难险阻的精神纽带，是值得我们长期弘扬的宝贵精神财富。[①] 如今，“5・12”汶川特大地震已过去10年，但是地震带来的深痛灾难不能忘，激励我们继续前进的伟大的抗震救灾精神更不能忘。在汶川特大地震后的玉树地震、彝良地震、芦山地震、鲁甸地震、九寨沟地震等历次地震救灾考验中，抗震救灾精神一次又一次地激励着全国各族人民凝心聚力、共克难关，一次又一次地赢得了抗震救灾的伟大胜利。实践一次又一次地证明，伟大的抗震救灾精神是决胜全面建成小康社会的艰巨任务、实现中华民族伟大复兴历史使命的强大动力，是新时代坚持和发展中国特色社会主义这场伟大社会革命，统揽伟大斗争、伟大工程、伟大事业、伟大梦想中值得我们继续坚守和长期弘扬的精神珍宝。因而，研究和探讨如何进一步构建和完善抗震救灾精神的长期弘扬机制是一个非常重要的课题。

### 一、抗震救灾精神弘扬机制的构建

#### （一）抗震救灾精神的确立机制

##### 1. 抗震救灾精神与红色精神一脉相承，这是其确立的历史动力

中国共产党领导中国人民探索社会主义道路过程中，在不同的历史时期形成了革命精神、建设精神、改革精神等三大类红色精神。[②] 红色精神丰富和发展了中华民族精神，它以爱国主义为主线，构建了忠诚爱国的民族情怀；以勤劳勇敢为基石，培育了不畏艰险、不怕牺牲的英雄气概；以自强不息为动力，铸就了刚健有为的进取精神；以全心全意为人民服务为宗旨，体现了共产主义的核心观念。新民主主义革命时期形成的“红色精神”，是中华民族处于危机存亡、危难困苦的关键时刻，中国共产党人和其领导的人民军队，以救亡图存、民族解放为旗帜，以推翻压在全民族头上的三座大山为目标，通过组成民族统一战线，在英勇卓绝的民族战争中形成的革命精神。社会主义革命和建设时期形成的“红色精神”，是在建设社会主义现代工业、农业、国防，发展社会主义科技文化和教育事业中形成的。这个时期的“红色精神”继续弘扬了爱国主义思想传统，继续传承了自强不息的精神品质，继承和发展了中国共产党在新民主主义革命时期对民族精神的创新。改革开

① 黄新初．大力弘扬伟大的抗震救灾精神［J］．求是，2008（17）：16－18．

② 田永静，颜吾佴．以红色精神教育坚定大学生的理想信念［J］．中国高等教育，2016（11）：26．

放时期，孕育和发展了体现科技创新力的“航天载人精神”，体现“爱岗敬业、争创一流，艰苦奋斗、勇于创新，淡泊名利、甘于奉献”的劳模精神，体现“开拓、创新、团结、奉献”的“深圳精神”。[①] 2008年5月12日，一场突如其来的特大地震灾害降临在四川汶川地区，数万名群众罹难，几百万人无家可归，汶川特大地震是抹不掉的国殇记忆。然而，在这次灾难中，国人的拳拳爱国心和团结奋进、无私奉献战胜无情的灾难重建美好家园的精神同样令人难以忘却。全国各地区各部门和社会各界大力发扬“一方有难、八方支援”的精神，调集大批人力、物力、财力支援灾区抗震救灾，向灾区人民送温暖、献爱心，充分体现了万众一心、同舟共济的伟大民族精神，由此凝结成了“万众一心、众志成城，不畏艰险、不折不挠，以人为本、尊重科学”的伟大的抗震救灾精神，同时，也对以爱国主义为核心的伟大民族精神作出了最好的诠释。抗震救灾的精神是这一切高贵美好的品格在共同抗击自然灾害的殊死搏斗中所形成的交汇点，时代精神和民族精神的交汇点，社会主义和爱国主义、集体主义的交汇点，革命英雄主义和社会主义人道主义的交汇点。抗震救灾的精神是新时期“红色精神”的延续，它使我们看到了波澜壮阔的改革开放时代中华民族精神的一次伟大升华。[②]

不论是催人奋进的“航天载人精神”与“深圳精神”，还是激励人们与灾难顽强抗争的“抗洪救灾精神”和“抗震救灾精神”，都是社会主义建设新时期一脉相承的“红色精神”的重要组成部分。正是千千万万人民群众和英模人物对中华民族精神的继承创造，才使我们的国家在短时间内创造了经济腾飞的奇迹，才使我们有了理论自信、道路自信、制度自信和文化自信，才使我们的民族复兴梦得以早日实现。时值经济腾飞、城乡同步小康的节点，弘扬和传承抗震救灾精神尤为重要，这不仅需要坦然面对困难和挫折，也需要无私奉献、乐于助人，更需要仁爱厚德、团结友善，守望相助、共克时艰，永远把抗震英模的光辉事迹和崇高品质作为一盏时代明灯照亮自己前行。

在社会主义革命和建设时期，中国共产党人带领全国人民，积极推进经济建设、政治建设、文化建设、社会建设、生态文明建设的“五位一体”总体布局，积极推进全面建成小康社会、全面深化改革、全面依法治国、全面从严治党的“四个全面”战略布局，推进理论创新、体制创新、制度创新、科技创新、教育创新，成功实现了中国历史上最深刻最伟大的一系列社会变革，既顺应了先进生产力的发展要求，又符合广大人民群众的利益；既改造了资本主义的制度根基、思想意识和文化影响，又创造了以“红色精神”为载体的先进文化。改革开放体现着中华民族精神在新时代的弘扬，体现着对“红色精神”的继承和发展。随着改革开放的深入，作为“红色精神”现代化发展的改革创新，其表现形式依次为冲破思想观念障碍、打破利益固化藩篱、破解发展难题、强化发展软实力、释放改革红利、共享改革成果。[③] 抗震救灾精神正是在这些“红色精神”服务于现代化发展的过程中生成了其确立和发展的历史动力。

---

① 丁德科，王昌民．红色精神百年史述论［J］．渭南师范学院学报，2016，31（20）：5-30.

② 丁德科，王昌民．红色精神百年史述论［J］．渭南师范学院学报，2016，31（20）：5-30.

③ 丁德科，王昌民．红色精神百年史述论［J］．渭南师范学院学报，2016，31（20）：5-30.

2. 抗震救灾精神发挥了新时期红色精神应有的各种动力机制，这是其确立的前提条件

资源重在开发，贵在利用，用好用活红色资源是红色精神传承的最重要的动力源泉。红色精神作为一种文化资源，其现代价值表现为满足社会成员的各种需要。每一个人都具有追求完善、追求进步、追求创造的精神生活的需要。这是讨论红色精神传承机制的一个重要出发点。同样，作为新时期最重要的红色精神之一，激活运用抗震救灾宝贵精神资源，让它久久为功、生生不息地传承弘扬，既是让它自身保持“温度”和“激情”，充满力量和生机的根本需要，又是新时期民族精神和时代精神中孕育的所有“红色精神”，实现价值累积和价值叠加，承载和提升其社会价值的实践需要。

红色精神具有经济价值、政治价值、文化价值。这些价值归根结底是要通过红色精神文化资源的“化人”价值来实现，通过人文价值来实现，通过科学信仰、科学能力、科学品质和科学精神的培育和养成来实现。红色精神的经济价值在于，通过提高人的知识、能力和素质，提高人们防御、抗击自然灾害的能力，提高人们的创新创业能力，提高社会生产的效率和质量，从而促进经济的发展；红色精神的政治价值在于，通过提高人们的思想认识水平和政治觉悟，把人们的思想意识引导到国家认同、民族认同上，形成共同理想和共同的核心价值观，引导人们的道路自信、理论自信和制度自信；通过提高人们的大局意识、公民意识、公共意识和服务意识，提高人们的核心价值素养，提高社会公共治理和协作水平，促进社会的和谐与稳定，促进社会全面、协调、可持续发展。抗震救灾精神在某种程度上集成了新时期红色精神上述所有优秀文化价值，为其发挥“化人”“育人”和“传承”作用提供了基本动力。

抗震救灾精神传承了红色精神的优秀品质，具有引领力、凝聚力和主体精神活力等动力作用，因而具有文化价值。抗震救灾精神在全体人民的心中确立了对祖国的归属情感和认同情感，这种情感就是一种凝聚力。抗震救灾精神铸就了人们“万众一心、众志成城”的坚强信念，凝聚了“不畏艰险、百折不挠”的战斗力量，凝结了“以人为本、尊重科学”的真情关爱意识，充分展现了中华民族和衷共济、团结奋斗，自强不息、敢于胜利，关爱生命、崇尚理性的民族品格，以丰富的思想内涵和鲜明的时代特征，发挥了引导力、凝聚力、向心力、感召力和创造活力的动力作用。这种动力作用的发挥机制主要是通过培养人、教育人，使人有主体意识、进取精神、系统知识和实践能力，使人有认同感、责任感、使命感、动力感，而得以实现的。抗震救灾精神的这种动力机制，正是其确立的前提条件。

3. 在抗震救灾的新红色资源中孕育新时期的红色文化和红色精神，这是其确立的现实条件

“红色资源”与“红色文化”密切相关，“红色资源”是“红色文化”的一种表现形态，是从文化资源角度对“红色文化”的一种理解与界定。红色资源内涵丰富、形式多样，主要包含物质和精神两个层面，它“是由精神内核和物质载体构成的‘红色文化’统一体，是民族精神和时代精神相结合的产物”①。红色资源作为一种历史性的红色文化资

① 李实. 准确认识“红色资源”的丰富内涵［J］. 政工学刊，2005（12）：23.

源，印证了中国共产党的成长发展历程，也是党代表先进文化前进方向的有力象征；它以其蕴含的厚重的先进文化，反映出中国共产党和最广大劳动人民的坚定的理想信念、高尚的道德情操和积极乐观的生活态度。抗震救灾精神产生于中国共产党领导全国人民开展的抗震救灾和灾后重建的伟大实践所孕育的中国特色的灾难文化之中，这种特色文化是新时期最重要的“红色资源”之一。各种地震遗址、纪念场馆、灾后重建的新居等都是这种特殊“红色资源”的物质载体，各种形式的文学作品、影像资料、新闻报道、学术研究成果等都是这类“红色资源”的组成部分。要让抗震救灾精神得以持续培育和长久弘扬，就应当建立这类红色文化资源的开发和利用机制。

首先，对那些能充分凸显抗震救灾精神深刻内涵的红色文化资源要进行深入挖掘和整理，把历次地震抗震救灾实践中的新“红色资源”纳入红色文化整体建设体系中，置于国家道德文化建设体系中，使红色文化成为社会主义新文化建设的系统化理论化的文化形态，在文化建设中夯实抗震救灾精神的文化基础。其次，要将历次地震的抗震救灾实践中确立的抗震救灾文化，进一步拓展到所有的灾难、灾害以及其他公共应急救助中，通过各类赈灾实践确立一种广泛的“灾难文化”。对各类抗灾应灾实践中的红色文化资源进行科学分类整合，建纪念馆，建红色文化教育基地，使这些实物文化彰显红色精神，增强吸引力，发挥育人效用。最后，构建依托以抗震救灾精神为代表的新红色文化的育人模式，必须整合所有的力量，建立政府、社会、学校、家庭以及民间力量多维联动的教育体系①，让所有的灾难文化资源与个体、群体环境形成互动，使抗震救灾精神的育人功能与社会环境形成互补，为抗震救灾精神的持续弘扬创造更好的现实条件。

在灾害频发的今天，抗灾应灾将成为一种常态行动，中国特色的“灾难文化”也将在持续不断的实践活动中得以丰富，孕育出更丰富的新红色资源。抗震救灾精神就是这种“新红色文化”的核心元素。基于这样一种认识，抗震救灾精神的培育和弘扬，要通过增强时代感和群众喜闻乐见的表现形式，运用新媒介环境下的红色文化的传播技巧，使“灾难文化”“抗震救灾精神”入脑、入耳、入心，使灾难意识、红色情感不断积淀与强化，不仅在情感层面产生共鸣，还要在思想层面形成共振，在信仰层面凝结成共识。这才是抗震救灾精神得以长久弘扬的根本路径。

### （二）抗震救灾精神的传播机制

“5·12”汶川特大地震爆发后，中华儿女在大灾大难面前永不低头的伟大民族精神得到了充分展示。可以说，此次救灾过程中体现出的抗震精神为社会主义核心价值体系的构建提供了难得的机遇和素材，社会主义核心价值得到了充分彰显。中国人民大学秦宣教授认为，在汶川地震的抗震救灾过程中，爱国主义、民族精神等方面都得到了很好的凸显，这就是社会主义核心价值体系的重要表现。汶川特大地震激起了全国各族人民高昂的爱国热情，这是民族精神的集中爆发，是对中国软实力的重大考验。他曾这样概括汶川特大地震中的精神力量：

彰显出中国人民不怕困难、顽强拼搏、勇敢战斗的民族精神。灾难就是召唤，灾难就是命令，全国解放军各兵种指战员、武装干警、公安干警、白衣战士，从全国四面八方快

① 孙海英．论红色文化的育人功能与机制构建［J］．江西科技师范大学学报，2016（2）：62−67．

速奔往灾区，无数幸存者从石板下和瓦砾下被解救出来。

彰显出中国人民舍己为人、把生的希望留给别人、无私奉献的民族精神。母亲用全身支撑起的骨架保全了幼儿的生命，自己却失去了年轻的生命。老师抢救出全班心爱的学生，自己却被埋在瓦砾之中。在援军来到前，受灾群众进行自救互救，感人的事迹千千万万。

彰显出中国人民一方有难、八方支援、团结友爱的民族精神。大爱无言，大爱无边。在灾难面前，全国人民心连心，齐动员，有力出力，有物出物，有钱出钱，献爱心活动持续不断。

彰显出中国人民热爱生命、求生图存、顽强不息的民族精神。在抢救生命的危急关头，一个个受难者以坚强的毅力，一次次超越生命极限，把生命坚持下来，无不催人泪下。①

秦宣教授归纳的抗震救灾精神力量显现的方式也正是抗震救灾精神的主要传播方式。可以说，抗震救灾精神的凝练和培育过程，也是其传播和弘扬的过程。这种精神以及其传播机制，在之后的历次地震抗灾和其他灾难斗争实践中逐步得到强化和推广。这对于我们探讨抗震救灾精神的传播机制有很好的启示。抗震救灾精神的传播，离不开灾难文化环境，更离不开抗灾应灾实践斗争。灾难是我们最不愿意看到的，但是灾难文化、灾难意识、抗灾精神却是任何时候都必需的。我们所倡导的抗震救灾精神不是只在灾难中应用的，它是人们重要的精神食粮，是一种重要的社会共同价值。所以，我们更有必要探讨如何在没有发生灾难的时期持续培育和弘扬这种伟大的精神。

中央全新的“文化强国”战略，为抗震救灾精神的弘扬营造了最佳的文化环境。党的十八大以来，党中央团结带领全党全国各族人民，统筹推进“五位一体”总体布局、协调推进“四个全面”战略布局，团结一心，与时俱进，顽强拼搏，攻坚克难，推动中国特色社会主义事业取得长足发展，人民生活得到显著改善，党和国家事业取得历史性成就、发生历史性变革。文化建设被提升到国家的战略布局中，作为“五位一体”总体布局之一，成为全面建成小康社会、实现社会主义现代化和中华民族伟大复兴的国家战略。习近平总书记提出要“增强文化自信和价值观自信”，并把“文化自信”看作是“四个自信”中“更基础、更广泛、更深厚的自信”。将“文化自信”纳入“四个自信”之中，从历史创造的厚度上彰显了中国特色社会主义的文化依据，凸显了中国特色社会主义的文化根基、文化本质和文化理想，标志着我们党对中国特色社会主义有了更加明确而开阔的文化建构。② 这种大好的文化建设环境为以抗震救灾精神为代表的“新红色文化”的发展创造了极佳的政策环境。与此同时，现代传播技术和媒介的飞速发展，也为抗震救灾精神的传承和弘扬创造了良好条件。抗震救灾精神的传播机制建构必须牢牢把握这一有利的大好时机，在国家文化强国战略下继续探讨其培育和弘扬机制。

有学者提出了新时期红色文化传播机制的构建需重点考虑的七个方面因素，这为我们探讨抗震救灾精神的传播机制提供了很好的参考。这七个方面包括：①总体思路认识上的

---

① 秦宣，徐鸿武，王易，等. 形成民族共有的精神家园——社会主义核心价值体系理论研讨会观点集萃［J］. 人民论坛，2008（11）：56-59.

② 冯鹏志. “四个自信”：习近平总书记对中国特色社会主义的文化建构［J］. 领导科学，2016（22）：20.

统一——党的十八大提出了“建设优秀的传统文化传承体系，弘扬中华优秀传统文化”的号召，这为新时期红色文化传播机制指明了前进的方向。重视红色文化的发展，建立符合中国特色社会主义核心价值体系的新时期红色文化传播机制，不仅仅是文化传播工作者的认识而应成为全社会的共识。②政策法规上的跟进——将红色文化的核心价值、社会服务和产业经济打造成一种国家意识、社会意识和公民意识的观点，不能仅仅停留在口头上，政策和必要的法规保障也是一项重要的措施。一个适应新时期红色文化发展政策法规的建立，可以形成一个长期的对新时期红色文化发展的保障机制。③研究上的深入——红色文化研究主要有理论和实践两方面的内容。理论上包括文化及红色文化起源、红色文化与价值观、文化批判与红色文化继承等，实践上包括红色文化体制、新时期红色文化传播机制、红色文化模式、红色文化的市场化等。④教育上的普及——将红色文化纳入社会、家庭、学校及每个受众个体的大环境中。红色文化的发展需要政府支持，更需要大众参与和民间力量的推动。⑤意识上的创新——创新意识不论是在研究领域还是在实践中都是一个永恒的主题。⑥形式上的融合——红色文化形式建构的主要依据是环境、内容和对象。这里强调形式上的融合主要说明两个问题，一是在红色文化形式建构上没有一成不变的模式，二是一切有利于红色文化的经验和方法都可以成为我们融合的对象。⑦推广上的产业化——红色文化的产业化既是未来发展的方向，又是现实赋予我们的一种必然。红色文化既是一种社会意识，又是一种社会行为，同时还是一种社会存在，在市场经济条件下红色文化具有双向的功能，既能培养意识也能创造物质。这一理念将红色文化渗透到传统文化、现代文化中进行产业化运作，借助媒介、产品、旅游、演出、展览等各种文化资源和文化活动，推动红色文化在互动中得到认知与提升。①

抗震救灾精神是新时期最重要的红色文化之一，红色文化传播中涉及的上述七个方面因素对抗震救灾精神传播机制的建构同样适用。通过对上述七个方面的归纳，我们在具体制定抗震救灾精神传播机制时应重点要考虑到政府主导、媒介驱动、政策扶持、社会组织、群众参与和常态化等六个不容忽视的方面。按照这一思路，抗震救灾精神的传播机制的具体构建可以从以下四个方面着手：

一是要构建有利于促进抗震救灾文化作品创作的政策支持机制。出台相关政策以支持制作弘扬抗震救灾文化的歌曲、影视剧、网站和书籍，用这些精神产品占领文化市场。充分利用各种纪念日、纪念活动，支持抗震救灾主题文化作品创作，推出更多传播当代中国核心价值观念、体现抗震救灾精神的精品力作。对承载抗震救灾精神的地震遗址、纪念场馆、灾后重建的居民风貌社区等进行保护和完善，发现和组织新的抗震救灾先进事迹、感人故事、影像资料等，对这些红色文化资源进行重新挖掘和系统整理，为抗震救灾精神的传播提供更多的素材。

二是要打造做大做强抗震救灾文化的产业体系，构建一个产业链完备的新型文化产业体系，如大力发展灾区红色文化旅游产业，或者通过互联网+抗震救灾文化，通过网络文化产业平台传播抗震救灾精神等。通过互联网技术对抗震救灾文化资源进行科学合理、多层次多角度的包装，将历次抗震救灾中的英雄事迹实景展现在人们面前，增强抗震救灾精

① 孙平，熊平秀，于昊. 新时期红色文化的意义表达与传播机制探析［J］. 现代传播·中国传媒大学学报，2015，37（5）：19—23.

神的感染力。首先，将抗震救灾和灾后重建中形成的“红色资源”渗透到各种文化传播活动中进行融合创新，借助媒介的推动力使这些红色文化以一个崭新姿态面对受众。其次，要结合各地领导干部和党员群众教育系列实践活动、青少年实践教育系列活动、抗震救灾群众纪念活动等，开展抗震救灾精神主题教育实践活动，为抗震救灾精神的传播建立更好的群众基础。

三是要借鉴和利用红色文化的传播机制，构建现代传媒传播抗震救灾文化的机制。现代传媒是文化信息传播的中枢，具有重要的作用。要借鉴红色文化的成熟传播机制，善于利用新兴传媒，按照红色文化的传承方式弘扬抗震救灾精神。新时期红色文化传播机制面临社会转型、多元文化的兴起、新媒体的发展、环境空间的变化、受众群体的差异、符号意义的变化等全新挑战。当前，网络自媒体技术的蓬勃发展带动了微博、微信、QQ等新兴传播工具的高度普及。以网络、手机、移动终端为代表的新型媒体，正以前所未有的高速度增长，并且已经超越报刊、广播、电视等传统媒体，成为受众最多、应用最广的媒介渠道，从而为红色文化传播拓展了更广阔的空间。因此，如其他红色文化一样，抗震救灾精神的传播也必须与时俱进，实现从传统媒体向新型媒体的华丽转身，借助网络、手机、移动终端等新媒体平台的优势，利用其形式多样、内容丰富和受众参与性强等特点，通过多种表现形式的立体组接与有机融合，强化传播技术、手段与方法创新，开拓红色文化传播的新领域与新途径。从实践的角度来看，各级党委宣传部门、新闻媒体和文化研究与经营机构一定要高度重视和加强抗震救灾文化资源网站建设，进一步整合电影、电视、广播和视频等抗震救灾精神传播平台，在网上开办博客、微博，举办网络讲座、学术论坛和研讨会，制作反映抗震救灾先进事迹的微电影，开发地震体验互动游戏、地震知识学习软件等，使抗震救灾精神的传播与科学性、知识性、趣味性融为一体，使其为广大人民群众所喜闻乐见，达到“润物细无声”的效果。① 总之，要利用好一切现代传媒方式，将抗震救灾精神的传播作为新时期最重要的红色文化来传播，从而构筑起全面小康社会建设的先进文化，传递中华民族伟大复兴时代的正能量。

四是要把抗震救灾精神纳入国家社会主义核心价值体系建设的组成部分，建构抗震救灾精神的社会化教育传播机制。具体来讲，就是要将抗震救灾精神的教育和传播融入全民教育体系中。作为一种重要的红色文化，抗震救灾精神的传播不是一时一事，不是仅靠一两项活动或仅靠学校教育就能完成的，而是一项常态化的、全社会的、要从娃娃抓起的社会教育与社会传播活动。这种教育传播既是一种传播机制，更是一种长久的弘扬机制。

### （三）抗震救灾精神的弘扬机制

抗震救灾精神的弘扬机制实际上就是其开发、利用和长效培育机制。作为一项长效培育机制，它必须置于国家战略的核心价值体系建设中去弘扬，与当前社会主义核心价值观的培育和践行紧密结合起来进行。事实上，“万众一心、众志成城，不畏艰险、百折不挠，以人为本、尊重科学”的伟大抗震救灾精神本身就是社会主义核心价值体系的理论诠释和实践表达，是培育和践行社会主义核心价值观的很好的主题素材和实践载体。基于这一认识，抗震救灾精神的弘扬机制建构可以从以下四个方面来考虑：

① 毕耕，谭圣洁. 全媒体时代红色文化传播的媒介策略［J］. 红旗文稿，2016（5）：26-27.

一是将抗震救灾精神的弘扬融入社会主义核心价值体系建设实践中。要在认知、认同上下功夫，使抗震救灾精神作为社会主义核心价值体系的重要组成部分转化为党员的精神信仰和基本价值取向。只有将抗震救灾精神作为核心价值体系来认识和理解，才能自觉追求。要在贯穿、融入上下功夫，切实把抗震救灾精神的弘扬体现到党员、干部教育管理的全过程，使之真正成为党员、干部的基本遵循，贯穿到党的思想建设、组织建设、作风建设、制度建设和反腐倡廉建设的各个领域、各个方面，融入党员、干部日常工作学习生活之中。

二是将抗震救灾精神的弘扬融入社会主义共同理想的构建和实践中。抗震救灾斗争的实践再次显示了中国特色社会主义制度的巨大优越性，抗震救灾精神彰显了中国特色社会主义共同理想的强大凝聚力。在地震面前，人类往往是弱势群体，脆弱生命和固有的生活秩序，经不起自然灾害分秒的挤压。然而，有着坚强信念的人并不是那么的不堪一击，小身体里往往藏着巨大的能量源。“天灾无情人有情”，汶川、雅安、玉树等地的人民，人民弟子兵，还有来自全国各地的志愿者们，用战天斗地的精神，用不离不弃的坚持，重建而重生，重新书写日月新篇。这就是“抗震救灾精神”的伟大之处，充满力量和生机，把社会价值提升到一个难以企及的高度。[①] 13 亿人民的力量，56 个民族的牵手，13 亿条小河汇成汪洋大海，铸成万里长城，挺起中国人的脊梁！灾难，压不垮中国，因为我们有共同的理想，有共同的中国力量。抗震救灾精神是强大的中国力量的重要组成部分。习近平总书记曾指出：一个国家，一个民族，要同心同德迈向前进，必须有共同的理想信念作支撑。正是以共同的理想信念为支撑，历次地震后的灾后重建才得以快速推进，对口援建机制才能成为恢复重建的重要法宝。[②]

中国是个自然灾害多发国，在有记录的发展史上，大大小小、各种各样的地理灾害和气象灾害几乎年年发生，中国五千年的文明史，是一部与自然灾害的斗争史。但纵观新中国之前的自然灾害特别是大灾大难发生后，囿于生产力发展水平，救灾措施总体上多是应急性的，如赈济抚慰、平粜与借贷、减免税赋等，大部分的统治者对灾民的救济主要是粮食，让灾民暂时渡过难关，并没有对灾后经济的恢复和防止灾害的再次暴发增加投入，难以从根本上保证灾民的生活。在救灾体制上，高度的中央集权制不仅影响了灾区地方政府的救灾效率，“如在中国历史上的大部分王朝都规定，不请示君主和中央私自放粮赈灾要冒‘矫诏’被处罚的危险”[③]，更谈不上部署或允许非灾区地方政府对灾区的救助。因此，总体上看，历史上每一次大的自然灾害发生后，政府的救助甚至连灾民的基本生活都难以保证。饿殍遍地，背井离乡，是灾区的真实写照。在中国历史上，因受灾得不到有效救济而引发的农民起义不在少数。这种状况在新中国成立后才得到根本改观。2008 年的“5·12”汶川特大地震，是新中国成立后一次巨大的地质灾害，受灾面积大，仅四川灾区就达 10 万平方公里，造成的破坏极为严重，不仅伤亡人数多，灾区的民房、企业、基础设施、

---

① 鲁苏.“抗震救灾精神”是高贵的价值叠加［EB/OL].（2015－06－03）［2017－09－05]. http://www.wenming.cn/wmpl_pd/yczl/201506/t20150603_2651656.shtml.

② 习近平谈人民信仰：人民国家民族要有共同理想信念［EB/OL].（2015－03－02）［2017－04－12]. http://www.china.com.cn/guoqing/2015－03/02/content_34923434.htm.

③ 孙绍骋. 中国救灾制度研究［M]. 北京：商务印书馆，2005：37.

已经形成或正在形成的产业均受到极大破坏，甚至是毁灭性的破坏。[①] 面对如此巨大的灾害，党中央、国务院和灾区各级党委政府领导灾区人民迅速开展了抗震救灾，迅速果断的救灾效率和以人为本的救援措施得到了全国人民和国际社会的高度赞赏。应急性的救援工作结束后，灾区的恢复重建成为摆在党中央、国务院和全国人民面前的一道重大课题。"一方有难、八方支援"是中华民族的优秀传统，但"八方支援"要形成制度性的灾后重建模式，必须有中国特色社会主义共同理想作支撑。[②] 抗震救灾精神的凝聚离不开社会主义共同理想的强大支撑，其持续培育和长久弘扬仍然必须融入以实现中华民族伟大复兴的中国梦为核心的社会主义共同理想的构建和实践中。

三是将抗震救灾精神的弘扬融入以人为本的群众实践中。任何一种文化，只要彰显民族精神和与时俱进的品格，只要根植和服务于人民大众，就能焕发持久活力。抗震救灾斗争再一次证明，人民是推动中国社会发展进步的真正动力。抗震救灾斗争重大胜利，归根到底是人民的胜利。[③] 人民大众是历史的推动者，也是物质产品和精神文化的创造者。在抗震救灾的过程中，来自全国各地的民间支援队、医护人员、无数志愿者和灾区人民一道英勇顽强地奋战在抗震救灾第一线，全国各地的人民以不同的方式对灾区鼎力相助、对灾区同胞友爱关怀，为赢得此次抗震救灾的胜利奠定了坚实的基础。在抗震救灾过程中，我们党和政府始终坚持以人为本，坚持党的根本宗旨，切实做到发展为了人民、发展依靠人民、发展成果由人民共享，充分发挥了广大人民群众的积极性、主动性、创造性。[④] "以人为本"是抗震救灾精神的应有之意，抗震救灾和灾后重建实践中坚持"一切为了人民，一切依靠人民"的群众实践路线，才取得了抗震救灾斗争的重大胜利。抗震救灾精神的持续培育和长久弘扬同样必须坚持"以人为本"的群众实践路线，只有根植和服务于人民大众，这种伟大的精神才能得到更好地弘扬。

四是将抗震救灾精神的弘扬作为集体主义和爱国主义精神教育实践的重要途径。集体主义是我国社会主义道德建设的基本原则。几十年来，我们对集体主义的宣传和导向，总的来说是正确的，它哺育了一代又一代能够把国家和人民利益放在首位的社会主义新人，是我国革命和建设能够取得胜利的思想保证之一。但面对改革开放和社会主义现代化建设的新形势，集体主义的宣传教育也需要与时俱进、不断创新。革命战争年代，我们将集体主义教育的重点放在倡导为集体利益而牺牲个人利益的崇高精神上，这是完全正确的。在进行社会主义改革和建设的今天，在抗洪抢险、守卫边疆、抗震救灾的斗争中，仍然需要这种在必要时为国家、人民的利益牺牲个人利益乃至生命的崇高精神。[⑤] 随着经济、社会结构和利益关系的变化，人们的价值观日趋多样化，人们特别是青年普遍关心个人的发展，希望通过自己的努力实现个人的价值。在当前社会主义核心价值体系建设的大背景

---

① 何进平. 汶川地震灾后住房重建难题及救助体制的创新 [J]. 云南师范大学学报（哲学社会科学版），2008 (6)：60—66.

② 许丽梅，何进平. 灾后重建中社会主义核心价值体系的构建 [J]. 社会科学研究，2011 (3)：41—45.

③ 胡锦涛在全国抗震救灾总结表彰大会上的讲话 [N]. 新华每日电讯，2008—10—09 (1).

④ 康厚德. 抗震救灾精神内涵特征解析 [EB/OL]. (2008—09—01) [2017—07—14]. http://theory.people.com.cn/GB/40557/123400/123578/7754235.html.

⑤ 林泰. 我们今天怎样弘扬集体主义精神 [J]. 求是，2002 (10)：56—59.

下，以人为本、公平正义、互助合作和无私奉献是集体主义道德原则的当代阐释。[①]

抗震救灾和灾后重建体现的是爱国主义和集体主义的道德准则。在灾难面前，中国人民表现出强大的互助友爱精神。“一方有难、八方支援”，“大地无情人有情，我们都是汶川人”，整个中华民族都心系灾区、支援灾区，大地震使全中国人民更加紧密地团结在一起。这种万众一心、众志成城的精神不是所谓的“公民意识”，不是“西方价值”，西方个人主义价值观结不出抗震救灾和灾后重建这样的伟大果实，而是与社会主义、爱国主义相统一的集体主义价值观。在抗震救灾和灾后重建中，大批志愿者日夜奋战在灾区，奉献、友爱、互助的志愿精神在灾区内外的中国人心中蓬勃生长，人性的光芒在中国大地熠熠生辉。大批志愿者的加入不仅增加了现实的救援力量，更给灾区人民增添了战胜灾害、重建家园的信心和勇气。在大灾面前，来自民间、集中爆发的志愿精神，诠释了集体主义道德原则和民族精神新的时代内涵。志愿服务与集体主义道德原则内在统一、相互契合，前者是后者的外显形式和实践方式，后者是前者的内在动力和行为目标。志愿服务通过积极倡导以人为本、公平正义的价值理念和互助合作、无私奉献的伦理精神，实现了对集体主义道德原则的彰显与弘扬。[②] 抗震救灾精神本身就是一种伟大的集体主义精神和爱国主义精神，它的持续培育和弘扬理当融入集体主义和爱国主义精神教育实践中，使之成为中国特色社会主义先进文化中孕育的中华民族优秀精神。

## 二、如何推进抗震救灾精神弘扬机制建设

### （一）依托思想文化建设推进抗震救灾精神的弘扬

#### 1. 积极推动思想观念更新

实现中华民族伟大复兴的中国梦，必须弘扬中国精神，这就是以爱国主义为核心的民族精神和以改革创新为核心的时代精神。时代精神是一个时代的人们在文明创建活动中体现出来的精神风貌和优良品格，是激励一个民族奋发图强、振兴祖国的强大精神动力，是构成同时代精神文明建设的重要内容。“中国精神”所昭示的时代精神以改革创新为主题，它反映了社会主义建设新时期我国社会发展变化的基本趋势并且已成为中华民族共同的心愿、意志和精神追求。以改革创新为核心的时代精神在抗震救灾中得到了具体展现和新的升华。救灾工作的一些新变化、新举措，折射出了改革开放带来的时代进步和创新精神。救灾信息透明，保障了人民的知情权、参与权、监督权，避免了大范围的恐慌，提高了救灾工作的效率，体现了党和政府的负责、理性与信心，也赢得了世界各国政府和人民的信任与尊重。赈灾款物公开，主动向社会公开抗震救灾款物的来源、数量、种类和去向，接受社会的全程监督，为防治腐败提供了新的经验和启示。接受外援开放，主动向国际社会表示接受援助，允许国外专业救援队、医疗队进入灾区，还允许外国媒体记者深入灾区，报道中国抗震救灾的生动事迹，让世界认识真实的中国政府与人民，在中国感动世界的同

① 李茂平. 志愿服务对集体主义道德原则的彰显与弘扬［J］. 伦理学研究，2011（2）：14－16.
② 李茂平. 志愿服务对集体主义道德原则的彰显与弘扬［J］. 伦理学研究，2011（2）：14－16.

时，世界也在关切中国，我国的国际交往与对外开放呈现出新姿态、新内容。[①] 抗震救灾精神推动着伟大的“中国精神”的发展更新，而融入“中国精神”的时代蕴含之后，抗震救灾精神可以依托思想文化建设在全社会得到更好的弘扬。

2. 建立长效的思想培育体制

一是要以党员干部等重点群体为突破口，将弘扬抗震救灾精神作为增强社会主义核心价值体系的社会认同和社会主义核心价值观培育的重要契机。在全社会尤其是在全党大力弘扬抗震救灾精神，让各级党组织和广大党员、干部领会抗震救灾精神的思想内涵，成为高扬抗震救灾精神旗帜的主心骨，争做传承和践行抗震救灾精神的模范先锋，必将推进社会主义核心价值体系的大众认同。各级党组织和党员干部的身先士卒、认同表率是主导，起着关键作用，他们认同的效果和示范作用将决定和影响社会大众的认同度。弘扬抗震救灾精神应贯穿于党的组织建设和作风建设中，深入党员干部的理论学习和党的领导水平和执政能力中，使弘扬抗震救灾精神与党的先进性建设工程相结合，以党员干部对核心价值体系认同的率先垂范作用来促进民间大众对核心价值体系的效仿与认同。[②]

胡锦涛同志曾指出：要把抗震救灾斗争中涌现出来的先进事迹和先进人物作为党员干部作风建设的生动教材，教育广大党员、干部特别是领导干部继承优良传统、牢记根本宗旨、心系人民群众，切实做到权为民所用、情为民所系、利为民所谋。要总结和运用抗震救灾斗争中宣传群众、动员群众、组织群众、团结群众的成功经验，加强和改进新形势下党的群众工作，提高团结带领群众推动科学发展、促进社会和谐的实际能力。[③] 各地尤其是地震灾区，要仅仅抓住领导干部这一“关键少数”群体，依托“群众路线教育实践活动”“两学一做”“三严三实”等各类党性历练活动，继续培育和弘扬伟大的抗震救灾精神，在群众中起好示范带头作用，以更好地推进抗震救灾精神的长效培育机制建设。

二是要将抗震救灾精神培育和弘扬纳入青少年思想政治教育工作中。要把抗震救灾精神贯穿于学校思想政治教育的全过程，各大中小学校应把抗震救灾精神作为思想政治教育的重要内容，纳入日常的教学体系中，制定具体切实可行的实施方案。比如，中小学可以组织学生观看抗震救灾的相关影视资料，举办英雄模范、先进典型的先进事迹报告会；高校可以在思想政治理论课的教学实践中贯穿抗震救灾精神的相关内容，举办专题讲座和主题教育活动；大学生也可以参加志愿者活动，亲自感悟、践行伟大的抗震救灾精神。[④] 在青少年思想政治教育工作中开展抗震救灾精神教育，可以选取抗震救灾为主题的众多题材，采用灵活多样的方法和手段，开辟新的教育渠道和载体，摆脱方法简单、形式单一的被动教育局面，创新思想政治教育的新模式。一方面要审时度势，丰富教育内容，突出民族精神教育、社会主义教育、生命教育，赋予当下思想政治教育的时代性。另一方面要顺应形势，创新教育形式与载体，充分利用抗震救灾中涌现的先进人物及热点事件，增强思

① 王炳林，阚和庆. 伟大的抗震救灾精神宣示了社会主义核心价值体系的蓬勃生机 [J]. 求是，2008 (19)：17－19.

② 康厚德. 抗震救灾精神与社会主义核心价值体系建设 [J]. 铜仁学院学报，2008，10 (6)：14－17.

③ 胡锦涛. 在抗震救灾先进基层党组织和优秀共产党员代表座谈会上的讲话 [N]. 人民日报，2008－07－01 (2).

④ 冯颜利. 弘扬伟大的抗震救灾精神，推进社会主义核心价值体系建设 [EB/OL]. (2011－04－27) [2017－08－25]. http://topics.gmw.cn/2011－04/27/content_1895309.htm.

想政治教育的有效性。① 在具体教育形式上，可以采用以下方式：第一，与课堂教学相结合，以理论教育为基础，阐明抗震救灾精神的实质。在充分发挥课堂主渠道的同时，结合应对重大突发灾害的特殊社会实践，利用课内、课外等多种教学方式，阐明抗震救灾精神的产生渊源、时代价值、科学内涵、丰富内容，引导青少年学生体认其中的实质，从而能够自觉传承优良传统，弘扬伟大的抗震救灾精神。第二，以校园网站为依托，传播抗震救灾精神。与校园文化建设相结合，开展抗震救灾精神教育。第三，以学生社团为载体，弘扬抗震救灾精神。第四，以志愿形式的社会实践为平台，与社会实践活动相结合，在学生中广泛培育和升华抗震救灾精神。② 同时，还可以与地震纪念场馆、灾后重建示范区域联合开展各类教育实践活动，充分利用各种重大纪念活动开展集中教育，结合红色旅游与暑期社会实践活动等开展抗震救灾体验教育，通过生动活泼的形式在青少年中培育和弘扬抗震救灾精神。

三是要广泛开展抗震救灾精神的群众教育实践活动。伟大的民族精神只有植根于广大社会公众中才能发挥巨大的力量。在抗震救灾和灾后重建实践中培育起来的抗震救灾精神在灾区群众中广为传唱，有广泛的社会认同；在灾区外，通过对口支援行动、媒体宣传等也产生了巨大的共鸣。可以说，抗震救灾精神的弘扬具有良好的群众基础。学习和弘扬抗震救灾精神，应当坚持贴近群众、贴近生活的原则，努力创造条件使广大人民群众更好地体验抗震救灾精神的巨大力量，把抗震救灾精神深入持久地贯穿、渗透到人们日常的生活、学习、工作之中。要把抗震救灾精神融入广大人民群众日常的工作与生活中，融入市民公约、乡规民约、岗位职责等各行各业的规章制度中，融入文明城市、文明村镇、文明社区、文明单位等各种精神文明创建活动中，推动抗震救灾精神的具体化、日常化，努力使广大人民群众都能用抗震救灾精神鼓舞、鞭策自己，努力使社会主义核心价值体系成为人们日常工作与生活的基本遵循和主流价值理念，努力使人民群众在日常平凡的学习、工作与生活中推进社会主义核心价值体系建设。③

在群众中开展弘扬抗震救灾精神的教育实践活动，可以通过以下途径来实现：第一，树立榜样、宣传典型。大力宣传抗震救灾中的英模事迹，为社会主义核心价值体系的建设营造出良好的社会环境和舆论氛围。要充分发挥多种渠道的功能和有效利用好多方面载体的价值，以生动灵活的方式把抗震救灾英模事迹贯穿到理论武装、新闻出版、广播影视、思想道德、文学艺术、社会科学等工作的实践中，从而打造出一种和谐健康的社会环境和培育出积极向上的精神氛围，以顺势推进社会主义核心价值体系的建设。第二，营造积极向上的文化环境。要加强对抗震救灾中的精神家园建设，在各地灾后重建实践中营造良好文化氛围活动的总结、宣传、推广，着力挖掘这些实践活动在营造积极向上的文化氛围和环境中的启示意义。人本精神是抗震救灾精神的重要内容，抗震救灾就是对人性关怀的最简单的表现。要丰富抗震精神的时代感，提升防灾减灾教育的时代认同力。抗震精神是一种创造力、凝聚力、战斗力。在这种精神中，公民国家责任意识高度增强，社会应急管理

① 康厚德．以弘扬抗震救灾精神为契机 开创大学生思想政治教育工作新局面［J］．思想政治教育研究，2008（4）：83－86．

② 姚轶琳．在大学生中弘扬抗震救灾精神［J］．中共郑州市委党校学报，2008（6）：90－91．

③ 冯颜利．弘扬伟大的抗震救灾精神，推进社会主义核心价值体系建设［EB/OL］．（2011－04－27）［2017－08－25］．http://topics.gmw.cn/2011－04/27/content_1895309.htm.

方式和灾难救助方式的不断创新，显示了人们科学理性与公开自信的高度统一。这种精神还体现了开放、合作、科学、民主、发展、和谐的时代精神。防灾减灾教育要体现其自身的创造力，必须在校园文化建设中着力抓好师生员工的危机意识、责任意识，加强学生创新、自信、合作、和谐精神素质的培养。① 第三，广泛开展志愿活动。在历次抗震救灾和灾后重建实践中，先后有数百万志愿者自觉参与其中，他们来自社会各界，来自大江南北，他们中涌现出了不少先进典型，起到了很好的示范和引领作用，使身边更多的人“学有榜样”“行有典范”，通过他们的志愿行动和亲历躬行后的宣传，让更多的人能感受到抗震救灾精神的具体实在、可信可行，从而以点带面，引领人们根据身边实实在在的人和事去培育和发扬抗震救灾精神。抗震救灾中各条战线的援助活动和志愿者行动所形成的一套具有可持续性的志愿者活动机制，为今后充分利用志愿者活动开展社会公共文化建设、社会公共服务精神塑造、社会主义核心价值观的培育等创造了良好条件。在今后的各类抗灾救灾行动中，都可以志愿者活动为载体，继续弘扬抗震救灾精神，从而使之更好地发扬光大。

### （二）利用灾难教育建立弘扬抗震救灾精神的长效机制

开展日常化的灾难教育，不仅有助于引导公民广泛树立防灾意识，提升抗灾应灾能力，同时还有助于抗震救灾精神的弘扬，助推灾难文化的发展。在我国灾难教育中，既要积极学习国外先进救灾应灾经验，又要善于总结我们自身在抗震救灾实践中所形成的独特精神文化。尤其是要通过深刻的体制、机制对比，一方面深刻反思为什么一些发达国家较为完善的救灾机制中难以孕育出灾难相关的文化精神，而我国却在历次的抗灾救灾中形成了伟大的抗震救灾精神；另一方面深入总结抗震救灾精神在我国形成、发展、完善的成功经验，从而为抗震救灾精神的持续提升和长久弘扬提供更好的支持。

灾难也是一把双刃剑，它虽然无情地摧毁了物质世界，却锤炼、升华了人们的精神世界。抗震救灾精神既是对伟大中华民族精神的承接和发扬，又是在新的历史条件下对民族精神内涵的丰富与意义的提升。抗震救灾中所凝结起的万众一心、众志成城的精神充分彰显了中国特色社会主义共同理想的向心力和凝聚力。抗震救灾的伟大胜利也是中国特色社会主义的伟大胜利，以中国特色社会主义共同理想为基础所形成的强大凝聚力是我们建设中国特色社会主义事业的有力保障。汶川特大地震发生后，发生在神州大地上的一切无不证明，越是危难时刻，社会主义制度能够集中力量办大事的优越性越突出，中华民族不屈不挠、顽强奋斗的英雄气概越明显。在人类灾难史上，没有哪个民族能够如此紧密的团结在一起，全国上下一条心的社会主义制度的优越性得到了充分的验证。②

#### 1. 美国灾难机制的经验与不足——健全的公共服务体系未必是应灾法宝

2005 年 8 月，登陆美国的飓风“卡特里娜”共造成了约 1600 亿美元的损失，约 1833 人死亡，其中，1577 人在路易斯安那州遇难。美国国家海洋和大气管理局（NOAA）当年即宣布，“卡特里娜”是美国历史上最严重的自然灾害。全美洪水保险计划（National

---

① 李忠华，毕丽娜．弘扬抗震精神　彰显防灾特色［J］．教育与职业，2013（10）：82－83．

② 冯颜利．弘扬伟大的抗震救灾精神，推进社会主义核心价值体系建设［EB/OL］．（2011－04－27）［2017－08－25］．http://topics.gmw.cn/2011－04/27/content_1895309.htm.

Flood Insurance Program，NFIP）当年为卡特里娜所带来的灾害支付了近150亿美元。路易斯安那州、密西西比州和亚拉巴马州的洪水造成了超过400亿美元的私人保险支付，这也是世界历史上最大的保险损失。

2011年，美国中西部和东北地区经受了无数次的暴风雪天气。

2012年10月，飓风“桑迪”袭击了美国纽约州和新泽西州，风速达到70英里（113千米）每小时，800万人失去电力供应，147人死亡。NOAA的数据显示，飓风“桑迪”的损失约为702亿美元。

2017年8至9月，飓风“哈维”（Harvey）和“艾尔玛”先后席卷美国。“哈维”飓风被评定为“怪兽级”飓风，据美国国家气象数据中心估算，“哈维”飓风造成的潜在经济损失相当于“桑迪”飓风（Sandy）和“卡特里娜”飓风（Katrina）造成的损失总和，这可能是美国历史上代价最高的自然灾害。截至2017年9月底，NOAA尚未公布“哈维”的损失，不过，根据穆迪分析（Moody's Analytics）的数据显示，财产损失和经济活动损失或将高达1080亿美元，约有70多人死亡。飓风还造成美国历史上最高数十万民众被迫避难。摩根大通预计，最终源自“哈维”的保险费用将达到100亿～200亿美元。Chuck Watson的预估更高，认为所有保险费用可能是受灾损失的20%左右。糟糕的是，多数房主和企业唯一有望申请洪灾索赔的联邦政府资助的保险项目如今负债累累，背负着大约250亿美元债务，它手头只有不到20亿美元现金，只剩下60亿美元借款能力。私营保险通常只覆盖与飓风有关的灾难，并不包括洪灾。这个保险项目在2005年还是不错的，基本可以覆盖所有索赔金额。但是，2005年“卡特里娜”带来的将近1700亿美元的创纪录的索赔使它陷入了困境，迄今都没有摆脱。在此期间，提高保费的努力也失败了。目前，这个项目正在从美国财政部借款，这就意味着，纳税人将最终卷入其中。“哈维”与“艾尔玛”在短短的两周内先后“光临”美国，这令受灾当地的经济和财产损失不断增加。华尔街经济学家的初步估计表明，美国遭受的双重飓风将对第三季度的增长数字产生相当大的负面影响。根据美国气象机构Accu Weather的预测，飓风“哈维”与“艾尔玛”给美国经济造成的损失总计或将高达2900亿美元。此外，灾难调查机构“Enki调查”（Enki Research）分析师查克·沃森表示，“艾尔玛”造成的损失看起来“相当严峻”。根据截至2017年9月17日的风暴路径，查克·沃森估计，“艾尔玛”或将造成约1720亿美元的经济损失，并且其中约有650亿美元损失由保险公司支付，400亿美元损失则需要由联邦洪水保险计划支付。

由于灾难多发，美国的基础灾害规划一向受到高度重视，并逐渐形成了一种跨领域应对机制。不论是各州政府制定的防灾应灾政策，还是社会公共服务机构和商业机构制定的应急管理的阶段战略，这些策略都是建立在各种潜在灾难的危险和风险评估的基础上的，它充分考虑到了民众的灾难需求。可以说，美国在灾难应对机制方面积累了成功的经验。这是值得我国在灾难应对机制构建中学习的。

然而，经历几次飓风席卷之后，美国的灾难应对机制也暴露出了不少问题。由于飓风灾难频发，强度也大大超过之前的机构评估。2017年的双飓风袭击后，美国各州政府和主要依赖的商业保险机构对飓风和洪水灾难的应对都显得力不从心，灾难的创伤不得不更多地转移给民众自身来承受。即使灾害风险的概率或强度保持不变，人口增长，加上经济和基础设施的发展，将不可避免地导致发生类似飓风大灾难事件的地区的增加，美国的灾难应急管理机制仍然面临失效的危险。可见，过多地依赖商业保险和社会机构的分担，将伤害社会公共服务机构参与灾难应急管理的积极性。美国本土灾难研究学者韦斯顿认为，造成这一切的终极原因在于，美国的应急管理工作未能充分把握灾难的社会和政治意义这一最大的障碍，说到底就在于缺乏支撑灾难文化发展的精神凝聚和弘扬的有效机制。

2. 日本比较完善的灾难教育机制并没有培育出国际公认的灾难精神

在前面章节中，我们介绍了日本的灾难教育机制。可以说，日本在灾难教育中积累了比较丰富的经验。为了使灾难教育深入人心，日本加大了灾难教育资源的开发利用和宣传力度，建立了一套高效的由政府主导、以社会团体为主力、个人积极参与的全社会的防灾教育体系，建立了包括纪念馆、教育基地、防灾教育中心等系统的教育设施资源，如纪念大地震的纪念馆（人与未来防灾中心）、防灾教育中心（京都市民防灾教育中心）、防灾知识学习体验馆（东京消防博物馆）等①，这些教育资源为日本灾难教育的普及发挥了极大的作用。通过广泛系统的灾难教育，日本建立了浓厚的防灾文化氛围，日本民众普遍树立了强烈的灾难意识，日本各级政府也建立了相对完善的灾难应对体制。日本的灾难应对甚至上升到了健全的灾难立法体系层面。1961 年，日本颁布了针对各种灾害的综合型法律——《灾害对策基本法》，其内容涵盖了灾难发生后所需要遵守的各种规定。1995 年阪神大地震后作了修订，增加了对灾难防御的强调。另外还制定了许多非常有针对性的法律，比如专门针对地震灾害的法律《大规模地震对策特别措置法》《在地震防灾对策强化区域与地震对策紧急整备事业相关的国家财政上的特别措置法》《地震防灾对策特别措置法》，针对学校安全的《学校安全法》等一系列操之可行、行之有效的法律法规。② 从体制、机制上看，日本健全了全民灾难教育体系，建立了一套系统的灾难防御体系、灾难应对和灾后重建的灾难对策体系，为国际社会防灾应灾体制的建立提供了很好的经验和启示。

然而，日本这一套完善的灾难对策体系并没有赢得国际社会的广泛赞誉，日本相对成熟的全民灾难教育体系也并没有培育出国际公认的灾难精神，这是非常值得我们深思的。其中，最典型的案例就是日本大地震及由此引发的福岛核泄漏事件。

2011 年 3 月 11 日，日本发生里氏 9.0 级大地震。此次地震的震中位于宫城县以东太平洋海域，因而被称为“东日本大地震”。日本官方确认，在本次地震中死亡人数合计 15891 人，失踪 2584 人。此次地震还引发了高达 10 米的强烈海啸，日本福岛核电站建筑物不幸爆炸，引发了高温核燃料泄漏。

波兰的记者 Arkadiusz Podniesinski 在震后第 6 年，进入距离第一核电站 20 公里以内的福岛县双叶郡进行调查。他在调查后表示，虽然当时的海啸、地震、火灾带来了这么多的伤害，但是一切结束之后死亡人数应该不会增加才对。然而，在东日本大地震发生之后由于身体情况的恶化，“震灾关联死”的人数居然达到了 3200 以上，如果加上这个数字的话，那么因为地震而出现的牺牲者已经超过了 2 万人。另外，据复兴厅统计，因为自己的家乡已经无法居住而背井离乡的人数已经接近 23 万人，他们避难般地分布在日本各地。虽然地震已经过去 6 年，至今仍有 20 多万人无法返回家园。这其中，有 12 万人是福岛县

① 齐秀强，屈朝霞. 大学生灾难教育的国际经验与启示 [J]. 思想教育研究，2009 (10)：53—54.

② 杨黎. 日本自然灾害的信息传播对我国的启示 [D]. 武汉：华中师范大学，2009：7—8.

的居民。

日本大众传播机构放送协会（简称 NHK）这些年来一直在对当时的核泄漏事件的避难地区的原居民进行跟踪调查。根据 NHK 的调查结果，42％的人已经决定再也不回去了。而当被问到是什么时候决定不回去的，18％的人是事故发生后一年以内，20％的人是一年至两年以内，25％的人是两年至三年以内，然后近期决定的则占到了 33％。由此可见，当地居民随着时间的推移对于家乡的重建越来越没有信心，这也恰恰证明了安倍政府并没有好好地执行福岛的灾后重建的这一历史使命。① 全球各大媒体对日本福岛核泄漏事件进行了热点报道，遗憾的是，日本福岛核泄漏到目前为止，没有发布其核泄漏得到有效处理和根治的新闻报道。

严重的福岛核泄漏之后，福岛第一核电站的运营商东京电力公司为求生存，采用核废水排进太平洋的极其不负责任的处理方式。2011 年 4 月，东电公司决定将 11500 吨含有放射性物质的污染水倒入大海。日本内阁官房长官枝野幸男在电视新闻发布会上说："作为安全措施，我们将不得不把受到放射性物质污染的水排入海洋，除此之外我们别无选择。"日本东电公司无力解决福岛核电站污水失控的消息让日本人担忧，也让全球为之担忧，感到失望甚至是愤怒。2013 年 2 月 28 日，日本发现福岛第一核电站附近的鱼体内检测出的放射性铯浓度是日本食品标准的 5100 倍。日本首相安倍晋三表示，核电站污水问题需要提升至"国家层面"解决，他要求政府采取主动措施应对紧急情况。2013 年 9 月，日本政府公布的数据显示，每天仍有 300 吨核污水流入核电站附近的港湾。随着日本核废水不断倒进太平洋，核污染指数不断递增，地球上的人类和生物受核污染后，各种各样核辐射后遗症将会不断增多。得癌症的人、变异的物种也将会越来越多。

面对无法根治的福岛核泄漏，隐瞒真相成为日本政府和东电公司唯一能做的事情。中国环保部核与辐射安全中心副总工程师陈晓秋认为，福岛核事故今后需要关注的后续工作包括核事故后的环境恢复与补救行动、生物生存环境影响、对人类的辐射影响、消除污染程度和废物处理等。日本福岛核电站核泄漏事件没有终止，且在持续地扩散着。这是日本的悲哀，也危及了整个人类的健康。有专家警示，日本当局有可能对事故处置和善后盲目乐观，以致对消除事故影响面着力不够。日本儿科医生、切尔诺贝利儿童基金顾问黑部信一曾走访切尔诺贝利事故受害者疗养设施。他指出，与切尔诺贝利核事故相比，福岛核事故后建成的相关疗养机构过少，如果按日本政府目前的处理方式，30 年后，福岛核事故造成的健康危害可能比切尔诺贝利核事故的危害更大。

有分析人士指出，日本政府有意淡化核事故影响，从国际上讲是缺乏道义与责任感的表现；从其国内来讲，意在逃避各种政治压力，避免影响日本形象，尤其是担心外界质疑 2020 年东京奥运会是否安全可靠。民间环保组织"FOE Japan"理事满田夏花则对日本政府加速福岛核灾民返乡的新政策非常不安。根据这项政策，最晚到 2017 年 3 月，政府将解除福岛核电站周边的"居住限制区"等核污染区域的居住禁令，这涉及 5.5 万民众。为促使居民返乡，当局将在 2018 年 3 月前停发对这些民众的避难补贴。核事故原因尚未判明，事故追责稀里糊涂，辐射风险居高不下，这就让灾民返回已被污染的故乡？满田夏花

① Chivn. 福岛核泄漏多年后的现在［EB/OL］.（2015－10－09）［2017－09－15］. https://zhuanlan.zhihu.com/p/20259639.

愤怒地指出，政府打着灾后复兴的旗号，实际却是抛弃核灾民，试图封杀健康风险真相。①

2015年底，日本冈山大学教授津田敏秀等人在国际医学杂志《流行病学》上发表论文指出，受福岛核事故泄漏大量放射性物质影响，福岛县内儿童甲状腺癌罹患率是日本全国平均水平的20倍到50倍，已远超统计学的误差范围，预计今后将不可避免地出现更多患者。然而这篇论文发表后，至今没有引起日本政府和福岛县的重视，反而招致反驳和批评。法国《世界报》的一篇相关评论对日本政府应对核事故的"心思"所做的总结是"国家的遗忘意愿"。日本政府的所作所为，不是在延续日本成熟的灾难教育体系，更不是在提升日本民众的灾难意识，而是在消减日本深厚的灾难文化。

从这些事实中我们可以看出，没有坚强有力的执政党发挥引领、号召作用，没有深厚的优秀民族传统文化作为支撑，没有一套高效的社会精神凝聚机制，再成熟的灾难教育体系也难升华为一种灾难救助精神。

3. 灾难的国际人道主义救援中难以孕育出灾难文化精神

在探讨抗震救灾精神或是更大范畴的灾难文化精神时，人们时常联想到人道主义精神。人道主义精神大多来源于国际人道主义救援行动中，然而，重大灾难救灾中的国际救援行动仅仅是出于人道主义精神，它们本身并不形成人道主义精神。这与我国抗震救灾实践中形成抗震救灾精神完全不同。最具说服力的就是利比里亚爆发的埃博拉疫情这一典型案例。

2014年，非洲爆发了有记录以来最严重的埃博拉（EVD）疫情，世界卫生组织（WHO）宣布"EVD已经发展成为近期全球最大的公共卫生事件"。西非国家利比里亚爆发埃博拉病毒（EVD）疫情后，由于国内局势不稳定，利比里亚几乎缺乏任何有效遏制和缓解疫情的措施。在埃博拉病毒疫苗研制成功之前，利比里亚政府对于疫情的防范并没有真正实现有效管理。2014年8月，利比里亚总统埃伦·约翰逊·瑟利夫（Ellen Johnson Sirleaf）宣布该国进入为期90天的紧急状态，利比里亚政府采取了学校停课、公务人员暂停办公以及动用包括暂时中止某些民事权利等在内的"非常手段"，试图阻止这种不断导致感染者死亡的病毒在利比里亚进一步蔓延，然而病毒的蔓延却丝毫没有放缓趋势。由于对病毒的恐惧和对国际救援组织的不信任，感染者宁愿选择在家里也不愿意被送往隔离中心，这造成了埃博拉危机在利比里亚的进一步加剧。对此，总统瑟利夫称"漠不关心和贫困，以及根深蒂固的宗教和文化行为造成病毒进一步扩散"。事实上，自第二次内战结束以来，利比里亚主要依靠外国援助和捐赠来资助他们的健康预算。利比里亚政府的大部分资金用于建设利比里亚军队，目的是为了加强政治稳定，促进利比里亚的国家安全。许多利比里亚人开始看到瑟利夫和其他西非独裁者的相似之处，利比里亚军队的持续增长及其在EVD暴发期间实施隔离的行为，只会使公众的不信任持续下去。

利比里亚国内的救援机制似乎并没有起到相应作用，与此同时，由于缺乏协调一致的统一领导，以及民众普遍对国际救援组织的不信任，西非的国际援助也被迫推迟。出于人道主义，许多国家和国际组织组织了救援力量试图帮助利比里亚控制疫情，更好地救助民

① 冯武勇，杨骏，刘石磊，等. 日本福岛核事故5年那些"被消失"的真相［EB/OL］.（2016-05-23）［2017-09-18］. http://news.xinhuanet.com/world/2016-05/23/c_129008282.htm.

众。然而，令他们没有预料到的是，这种一向备受欢迎的国际人道主义救援却遭遇了前所未有的尴尬。其主要原因在于，他们忽略了利比里亚人的当地文化，缺乏文化驾驭能力，难以获得当地民众的信任，从而难以实施有效的灾难管理。

面对如此困境，即便是世界卫生组织也不无法在 EVD 疫情控制中发挥积极作用，以至于没有任何组织或实体能够在整个区域有效地实施埃博拉治疗中心（ETCs）计划。为了回应世界卫生组织的拖延，联合国曾试图建立一个统一的国际响应机制，然而，面对多国疫情的集中爆发，依然很难确立高效的救助应对体系。更重要的原因还在于，即便是联合国也很难超越文化去强制建构能发挥实际作用的救灾机制。尽管不少国际救援组织和非政府组织在利比里亚建立了独立的埃博拉治疗中心（ETC），但是由于缺乏利比里亚卫生部和社会福利机构的有效协调，民众信任问题始终未得到有效解决。利比里亚公民的信任进一步受到国际援助组织试图减少 EVD 传播和他们无法治疗疾病患者的挑战。患者及其家属感染者仅仅是被隔离在 ETCs，并不会被提供康复性护理，这加剧了利比里亚人对政府和国际援助组织的不信任。这种不信任发展成在许多社区刻意避免援助组织和 ETCs 的帮助，甚至是患病家庭极力隐藏感染者，对被粗暴隔离和强制检疫极为排斥，以致引发对援助组织的仇恨。不少民众情愿选择“自保式的救灾”来保护自己免受感染，也不愿接受国际组织的援助。由于缺乏共同的灾难救助文化和精神的支撑，救灾机制很难发挥效率，在联合国主导下由多个援助组织建立起来的自由卫生保障体系和相关基础设施很快便瓦解了。针对西非国家的埃博拉病毒灾难的国际援助总体上以失败告终。

灾难和应急管理理论指出，灾难的应对应该在地方一级开始和结束。而在利比里亚的案例中，国际社会对 EVD 爆发的反应远远高于当地社区，当地缺少灾难救助文化和救灾协作精神，所以当国际组织试图主动介入救灾时，并没有减少 EVD 的传播，甚至还在某种程度上起到了适得其反的作用。一向深受欢迎的国际救灾机制为何会在利比里亚遭遇这样的窘境，这是尤为值得反思的。有国外学者针对利比里亚的案例研究认为，在针对公共卫生紧急情况的国际援助中，应充分考虑到种族文化差异和种族多样化所带来的挑战，必须为此做出提前的应对准备。文化包容能力的创建，历史知识的应用，以及社区领袖参与应急管理等，是未来的国际援助中有效响应的一种方法。利比里亚的埃博拉疫情案例表明，灾难救灾机制发挥作用的前提在于必须了解当地民族文化、社区文化，回应受影响群体的需求，根据受影响社区内的文化和社会规范针对性地建立响应机制。救灾机制发挥作用体现出的是一种文化能力，这种文化足以弥合援助组织与他们所服务的群体之间的任何差距。

### 4. 在灾难教育的“中国经验”探讨中继续弘扬抗震救灾精神

抗灾救灾行动是人类生存之本能，历史上人类与天灾人祸的斗争从来就没有中断过。作为维系人类生存发展之纽带的精神文化，也必然包含着所有的这些斗争历史以及由此带来的斗争文化，这是提升今天人类发展繁荣的精神脊梁的重要源泉。对灾难的总结、反思，就是人类灾难教育的重要内容，这些内容只有上升为一种整体认同的厚重文化包裹下的“精神力量”才能真正为我们及后人的发展繁荣带来福音。所以，探讨抗震救灾精神如何持续得到传承和弘扬是具有非常重要的历史和现实意义的，我们必须认真而深刻地反思这种伟大精神力量如何生成，如何弘扬，何以延续。通过对比不同国家、不同体制、不同区域背景下的相似抗灾行动，有助于我们更加清楚地认识这一问题。

通过上述案例分析，我们可以看出，美国看似健全的灾难救援机制和相对成熟的公共服务体系，虽然带来了值得借鉴的抗灾经验，但它并不是应灾法宝，并不能真正为国际社会提供可供传播推广的“灾难救助精神”；日本看似无可挑剔的灾难教育机制，不但没有培育出国际公认的灾难救助精神，反而还成为国际社会谴责的对象；一些国际组织主导的灾难国际人道主义救援行动，虽然给受灾地区带去了温暖和关爱，但是作为临时性的救助活动始终难以触动当地文化的精神根基，同样也难以孕育出伟大的灾难文化精神。透过这些典型的案例我们还可以看出为什么只有在中国的灾难斗争中才能真正孕育出伟大的抗震救灾精神。从深层次原因上讲，除了作为基础层面的公共文化，救灾机制的效率发挥还需要强大的精神文化来支撑，并且最关键的在于这种灾难文化和救灾精神必须保持高度的一致性。我国的历次抗灾应灾实践恰恰证明了这一点，而这正是国外所不具备的。单纯的国际人道主义救援本身并不能带来救灾精神的提升，抗震救灾精神需要建立在深刻的本土灾难文化基础之上，而这种灾难文化只能来源于历史文化的积淀，只能形成于本地人的公共文化生活中。这种国内外抗灾应灾实践的对比启示我们，每一次救灾行动都是一次灾难教育、灾难文化深化、救灾机制完善、抗震救灾精神弘扬的重要过程。我们需要在这种不幸的实践中不断提高我们的防灾能力，提升我们的应灾文化，凝聚我们的救灾精神文化。

关于如何开展灾难教育，前文已有详述，这里不再赘述。但是，作为一种基于抗震救灾精神弘扬为出发点的灾难教育，我们不只是要开展灾难知识、灾难科学、灾难文化和灾难意识的教育，更重要的是要通过这种灾难救助机制、灾难教育机制的国际对比，让我们的受教育者深刻领会抗震救灾精神何以可能在又何以只会在中国形成和得以弘扬。这种深刻的认同和领会，是抗震救灾精神得以有效传播和长久弘扬的逻辑起点，是以抗震救灾精神弘扬为目的的灾难教育的根本驱动力。只有深刻认识到这一点，我们才能更好地通过灾难教育的开展，持续培育和弘扬抗震救灾精神。

### （三）在“文化强国”的战略中推进抗震救灾精神的国际凝练与对外传播

时任中宣部部长的刘奇葆同志于 2015 年 6 月在四川调研时强调，要深入学习宣传贯彻习近平总书记系列重要讲话精神，紧紧围绕“四个全面”战略布局，大力弘扬伟大的抗震救灾精神，推进社会主义核心价值观建设，在重建一个物质家园的同时，构建一个意义深远的精神家园。他指出，“5・12”汶川特大地震抗震救灾和灾后重建凝结形成了伟大的抗震救灾精神，在“4・20”芦山地震救灾和重建中，四川人民自力更生、开拓创新，为抗震救灾精神注入了新内涵。伟大的抗震救灾精神集中体现了民族精神和时代精神，是培育和弘扬社会主义核心价值观的宝贵资源。要紧密结合艰苦卓绝的抗震救灾和恢复重建历程，展示好灾区的今昔对比，推出有深度有温度的文艺作品，开展感恩教育、爱心教育，把抗震救灾精神融进人们生活、融入人民血液，凝聚起协调推进“四个全面”战略布局的强大力量。①

#### 1. 抗震救灾精神凝练中的国际力量

抗震救灾精神由中华民族各族儿女用爱心、用真情、用血肉之躯、用大爱灵魂共同铸

① 刘奇葆．弘扬抗震救灾精神　推进社会主义核心价值观建设［EB/OL］．（2015－06－02）［2017－08－25］．http://news.xinhuanet.com/politics/2015－06/02/c_1115490391.htm.

造，它深深植根于中华优秀传统文化之中，形成并挥洒于中华大地，成了中国特色社会主义先进文化的重要组成部分。当然，在抗震救灾精神的凝练过程中，也融入了世界的友爱和国际友好合作。汶川特大地震发生后，无限的关爱汇聚成股股暖流，从世界各个角落涌向中国、涌向灾区。在中国人民奋起抗震救灾之际，多少跨越疆界的人间大爱流淌在我们的心田——那一声声感人的慰问，一幕幕难忘的画面，一个个温暖的善举，让人动容、让人肃然。

(1) 慰问暖人心。

2008 年 5 月 19 日，全国哀悼日的第一天。时任联合国秘书长的潘基文在中国常驻联合国代表团驻地吊唁时，在吊唁簿上写道："中国遭受的损失超出了世界上许多国家的想象。在巨大的危机面前，国际社会与伟大的中国人民站在一起。中国在挑战面前所表现出的力量、韧性和勇气给世界留下了非常深刻的印象，整个联合国系统都将支持中国应对挑战。"截至哀悼日结束的 5 月 21 日晚，共有 144 个国家的领导人和各界人士、国际组织负责人以及外交使节前往中国驻外外交机构吊唁。汶川特大地震发生后，时任美国总统的布什发表声明："美国人民的关心和祈祷与中国人民同在。"时任日本首相的福田康夫在地震发生 3 个小时后，便致电胡锦涛主席和温家宝总理，表示日本政府将尽可能地提供各种援助。巴基斯坦总统穆沙拉夫亲自前往中国使馆表示慰问，并在慰问簿中写道："我的心与在地震中遭受大量生命和财产损失的中国人民同在……我们祈祷你们早日战胜灾难。"所有与我有外交关系的 49 个非洲国家政府以及非洲联盟委员会均向我国领导人致电表示慰问和哀悼。朝鲜平壤市于北京时间 5 月 19 日 14 时 28 分拉响防空警报，汽车停运并鸣笛，哀悼遇难者。维也纳联合国办事处也宣布于 5 月 20 日降半旗哀悼……一些外国政党、社会团体及其领导人也纷纷向胡锦涛总书记等中央领导同志及中共中央致函或致电，就四川汶川发生严重地震灾害表示慰问。慰问不只是来自各国官方、国际组织，国外普通民众也以各种各样的方式表达着关切之情。新加坡等东南亚国家民众还在重要的佛教节日"卫塞节"上，为汶川特大地震遇难者举行了一系列悼念活动。[①]

(2) 驰援如星火。

在"人的生命高于一切"的救灾理念下，中国不仅欢迎国际社会的道义慰问，还以开放的姿态迎接新中国成立后首支外国救援队的到来。中国人民不会忘记这样的镜头：

——30 位日本救援队员神情肃穆分列两侧，向两具地震遇难者遗体默哀。

——1 名俄罗斯搜救队员小心翼翼地掩住生还者的眼睛，这名 61 岁的妇女已经在都江堰的废墟中被埋 127 小时。

——韩国救援队 47 名队员抵达成都后，立即奔赴什邡市蓥华镇展开救援工作，共搜出 26 具遇难者遗体……

从 2008 年 5 月 16 日 15 时 30 分起，来自日本、俄罗斯、韩国、新加坡等 4 个国家的救援队先后抵达四川，辗转多个重灾区参与救援。他们以实际行动和卓有成效的工作，赢得了灾区人民乃至中国人民的称赞和尊重。

---

① 爱心跨越疆界——记国际社会对汶川地震灾区的慰问支援 [EB/OL]. (2008－06－24) [2017－04－12]. http://cpc.people.com.cn/GB/67481/94156/122667/123126/7416972.html.

（3）“天使”降灾区。

2008 年 5 月 19 日中国举行全国哀悼活动后，日本、意大利、德国、英国、法国、古巴、巴基斯坦和印度尼西亚等国陆续派出医疗队，在四川和甘肃抗震救灾第一线，协助救治当地受灾民众。

（4）关爱心连心。

一些外国留学生和外国友人迅速加入抗震救灾的行列中。由美国医学博士孙柏安带领的“心连心”国际组织成员活跃在北川抗震救灾现场，成为第一个进入北川灾区的国际慈善救助公益组织。在绵阳市的西南科技大学学习汉语的 23 岁美国留学生艾里克·博格在震后的第二天就带着饮料和药品赶到北川县，义务为美国医生做翻译，帮忙救助伤者。5 月 12 日，来自美国的 3 名游客从九寨沟旅游归来，到德阳时遭遇汶川特大地震，幸运的是 3 人毫发无损。他们于当天加入志愿者队伍，帮助医护人员抬送担架，给受伤者喂食送水、擦洗伤口，18 日才离开德阳。“在巨大的自然灾害面前，我们大家都是同一种人。”一位外国志愿者在谈及自己为中国灾民服务的初衷时如是说。

（5）援助纷至来。

地震发生后，一些国家相继宣布向中国提供援助。根据国新办提供的资料，截至 2008 年 6 月 4 日 12 时，共有 166 个国家和 16 个国际组织向我国地震灾区提供了资金或物资援助，共提供现金援助约 35.55 亿元人民币，捐赠物资价值约 11.54 亿元人民币。作为第一个向四川灾区捐助救援物资的国家，地震发生后一周内，俄罗斯即向灾区运送帐篷、被褥、食品、药品及发电机等近 150 吨人道救援物资；此后，又视抗震救灾需要，提供了战地炊事车、军用帐篷以及重型运输直升机等支援。为了给中国地震灾区筹集帐篷，巴基斯坦倾尽全国之力，竟然搬光了伊斯兰堡战略储备仓库里的帐篷。几乎是在第一时间，沙特阿拉伯国王阿卜杜拉决定向中方捐赠 5000 万美元现金和 1000 万美元物资。此后，沙特政府决定再次向中方捐赠救灾物资。“尽管我们还不富裕，但这是我们的一点心意。”经济相对落后的亚非拉国家在向中国提供援助时，往往都会附带一句这样的告白。援助并不能单纯以数量分多少，因为中国人更看重其中的深情厚谊，也正因为如此，这一个个数字才显得沉甸甸的：马里 12 万美元、尼日利亚 1.7 万美元、毛里求斯 30 万美元、朝鲜 10 万美元、萨摩亚 10 万美元……

（6）感恩表深情。

中国人民在承受痛苦的同时，没有忘记感恩。2008 年 5 月 20 日雨夜，听说日本救援队将于深夜启程回国，不少成都市民冒着霏霏细雨，从四面八方聚集到宾馆门口，为日本救援队送行。5 月 23 日，彭州市利安中心小学六年级（1）班学生赵永钦在给“亲爱的俄罗斯医疗救援队的医生、护士们”的感谢信中写道：“灾区的父老乡亲会永远记住你们的。”一部国际人道主义援助的壮阔史诗，在天府之国和中国大地上铭刻，在灾区人民和中国人民的心中铭刻。①

## 2. 抗震救灾精神的国际传播

近年来，在中国历次地震的抗震救灾中，党中央、国务院高度重视，指挥迅速有序，

① 陈一鸣. 爱心跨越疆界［N］. 人民日报，2008-06-24（5）.

信息公开透明，增强了政府公信力，彰显了中国特色社会主义的无比优越性；广大干部群众、解放军和武警官兵、公安干警，万众一心，众志成城，迅速集结并参加到抗震救灾行动中；数百万志愿者用自己的行动诠释了团结友爱、互助进步的志愿者精神，为受灾群众送去关爱与援助，奉献爱心，贡献力量，让志愿者精神在抗震救灾中闪光；全国各族人民纷纷伸出援助之手，帮助受灾的人民群众，向灾区捐款捐物，尽自己的一分力量。中国的抗震救灾行动和灾后重建迅速、高效、有力，凸显了巨大的民族凝聚力，赢得了整个国际社会的广泛赞誉；灾后重建中凝聚的抗震救灾精神，彰显了中国文化的魅力和中国精神的伟大，极大地提升了中国的国家形象和软实力，成为国际社会学习和效仿的榜样。其中，尤其是抗震救灾精神不只在中国国内的历次灾难救助中闪光放彩，它还伴随着中国人民的友好国际援助照耀着各国受灾民众，书写出大爱精神本色，温暖着世界各个角落。

2015 年 4 月 25 日和 5 月 12 日，尼泊尔分别发生了里氏 7.8 级和 7.6 级的两次大地震，地震产生了巨大的破坏，造成了大量人员伤亡。面对巨大的灾难，一向有着国际人道主义良好传统的中国人民带着抗震救灾精神伸出了友好之手。习近平总书记在第一时间对不幸遇难者表示沉痛的哀悼，对遇难者家属和受伤人员表示诚挚的慰问，承诺在此危急时刻，中国人民坚定同尼泊尔人民站在一起，中方愿向尼方提供一切必要的救灾援助。① 中国商务部则启动紧急人道主义援助预案，会同相关部门紧急研究制定具体援助方案并着手援助准备工作。中国政府决定派遣由 69 人组成的中国国际救援队于 4 月 26 日出发，赴尼泊尔实施国际人道主义救援，救援队由中国地震局、震灾应急救援司司长赵明带队，62 名经验丰富的搜救队伍、医护队员、地震专家、技术保障人员组成，大部分队员均多次参加过国内外地震救援，具有丰富的救援经验。

除了中国国际救援队外，参与尼泊尔地震抗震救灾的还有多支军警和民间救援队伍。应尼泊尔紧急援助请求，经国务院、中央军委批准，中国武警交通救援大队两个突击分队的 500 名官兵带着 180 台（套）大型工程机械自 5 月 3 日起首次跨出国境赴尼泊尔，对地震损毁的中尼公路实施全线抢通。抢通过程中，官兵们克服身处异国他乡语言不通、协调保障难度大以及余震频发、落石不断威胁抢通官兵和机械安全等困难，在尼泊尔军警的配合下，争分夺秒地奋战在地震废墟上，打通了一条条保障物资运输的生命通道。抢险的日子里，每天遭遇着余震，每天面对着滚石，无数次地穿越“飞石流沙瀑布”，每一个人始终牢记“不计任何代价，不讲任何条件，不惧任何困难”的铮铮誓言，牢记党和人民的重托，与时间赛跑，与死神搏斗。赴尼执行道路抢通任务以来，中国武警交通救援大队成功抢通尼境内损坏最严重的路段 148 公里，清理塌方 55 万立方米，拆除危房 156 间，搬移损毁车辆 200 余辆。在完成道路抢通任务的同时，救援大队官兵还为尼泊尔群众搭建帐篷 35 顶，捐赠大米、面粉和急需的方便食品 12.5 吨。得知中国武警交通救援大队官兵要离开归国的消息后，在距离基隆口岸两公里的尼泊尔小镇蒂穆雷，尼泊尔军方代表、商会会长和当地群众为每位官兵都敬献了象征感谢和祝福的哈达，尼泊尔军民高高竖起了大拇指。

根据上级命令，以成都军区总医院为主体的医疗救援队于 4 月 27 日分两批乘坐专机，

① 习近平就地震向尼泊尔总统致慰问电［EB/OL］.（2015－04－26）［2017－04－12］. http://www.xinhuanet.com/mrdx/2015－04/26/c_134184785.htm.

连夜奔赴紧邻总理府的卫戍部队营区内部署，已连续20余小时未休息的医疗队员卸载物资装备、搭建帐篷，一直忙到凌晨4点多，随即就投入救治伤员的战斗中。救灾期间，医疗队共接诊262人次、收治73人次、手术130台次、心理疏导674人次、巡诊3010人次、发放药品1.92万元，圆满完成了首次援外抗震救灾任务，赢得了尼泊尔政府、军队和人民的赞誉。尼军总参谋长拉纳上将曾称赞道："衷心感谢成都军区医疗队在尼泊尔地震救援中所做出的突出贡献，尼泊尔人民和军队对贵国及贵军所给予的无私帮助表示最诚挚的感谢。"尼泊尔卫生部部长基肖尔·荣格也评价称，医疗队是众多医疗队中"技术力量最强、卫生装备最齐全、人员素质最过硬、开展大手术最多、治疗效果最好、伤病员最满意"的一支医疗队。[①]

在众多救援队伍中，活跃着中国第一支走出国门的民营安保企业力量——中都卫士救援队。这支队伍由中都卫士特勤队员组成，他们均在特种部队服役过，均接受过部队和中都卫士的抢险救灾、医疗急救等专业技能培训，并具有一定经验。此次，他们与"明珠救援队"共同组建成一支集医疗、救援、翻译等能力为一体的专业团队，于4月27日从北京出发奔赴灾区。中都卫士始终以履行社会责任为己任，不仅把业务做到国际上，更把爱心传递到各个角落；不仅把服务做到安全防范上，更把奉献融入国际救援中；不仅把钱物捐出去，更把精英派到一线上。中都卫士尼泊尔救援队的派出，不仅展现了中国民营企业的形象，更彰显了中国安保行业参与国际行动的态度和决心。

除尼泊尔地震救援外，近年来由中国军民组成的救援队伍还多次参与国际救灾行动。成立于2001年4月27日的中国国际救援队，十多年来除参与国内救援行动外，还先后十余次赴阿尔及利亚、伊朗、印度尼西亚、巴基斯坦、海地、新西兰和日本等国家执行国际救援任务。

阿尔及利亚地震救援：2003年5月21日，阿尔及利亚北部沿海地区发生6.2级地震，造成大量人员伤亡。5月22日至30日，中国救援队30名经验丰富的队员携带约4吨重的轻型救援装备和3条搜索犬，在阿尔及利亚开展国际救援行动。这是中国救援队首次参与国际地震灾害的救援行动。

伊朗克尔曼地震救援：2003年12月26日，伊朗克尔曼省发生6.3级地震。由43名救援人员组成的中国救援队于28日抵达巴姆，这是第一支到达伊朗地震灾区的亚洲救援队。

印尼苏门答腊地震救援：2004年12月26日，印度尼西亚苏门答腊近海发生8.7级地震，并引发大规模海啸。中国救援队分两批总计70人赴印尼受灾比较严重的班达亚齐开展国际人道主义援救，历时近30天，共医治伤员1万余名。

巴基斯坦地震救援：2005年10月8日，巴基斯坦发生7.6级强烈地震，造成重大人员伤亡。由90名救援人员组成的中国救援队分两批抵达地震重灾区巴拉考特实施救援。这次救援行动至当年11月17日结束。中国救援队还首次担任了国际救灾行动的协调员，为在巴拉考特地区成功开展国际救援发挥了重要作用。

印度尼西亚中爪哇省地震救援：2006年5月27日，印度尼西亚中爪哇省日惹发生

① 田华. 成都军区赴尼医疗救援队完成抗震救灾任务回国[EB/OL]. (2015-05-15) [2017-09-06]. http://www.81.cn/jwgz/2015-05/15/content_6493639.htm.

6.4级地震，造成严重人员伤亡和大量建筑物倒塌。由44人组成的中国救援队赶赴地震重灾区班图尔县开展救援。此次救援行动为期18天，共救治伤员3015人。

海地地震救援：北京时间2010年1月13日上午5点53分，海地首都太子港附近15公里处发生里氏7.3级大地震。此次地震情况非常严重，海地以及周边的巴巴多斯、多米尼加等国家都可能受到海啸的袭击，人员伤亡非常大。1月14日下午，中国国家地震救援队一行60人携专业救援装备，从北京启程，赴海地进行救援工作。至1月27日行动结束，救援队共搜寻出遇难者遗体20多具，救治伤员2500余人，其中重伤员500余人。据悉，此次赴海地救灾的中方人员中，还包括全国抗震救灾模范代表、汶川特大地震中救人最多的志愿者陈岩。

巴基斯坦大洪水救援：2010年7月和8月，巴基斯坦遭遇历史罕见的特大洪灾，中国先后派出两批总计由116名队员组成的国际救援队和4架直升机救援队深入灾区参与救灾和医疗防疫工作。10月4日行动结束时，共医治伤员约25700人。

新西兰克赖斯特彻奇地震救援：当地时间2011年2月22日中午12时51分，新西兰第二大城市克莱斯特彻奇发生里氏6.3级强烈地震，震源深度距离地表仅有4公里，给当地造成了巨大的破坏。24日，应新西兰政府邀请，中国政府派出由10名队员组成的中国救援队赶赴新西兰，参与地震重灾区的救援行动。

日本地震救援：2011年3月11日，日本东北部海域发生9.0级地震并引发海啸，造成严重人员伤亡。由15名经验丰富的队员组成的中国国际救援队于13日飞赴日本受灾严重的岩手县大船渡市参与救援工作，21日圆满完成救援任务回国，获得了当地政府和同行的高度评价。

除中国国际救援队外，中国民间救援力量也多次参与国际灾难救助行动，中国政府组织以及民间爱心人士、企业也发扬伟大的抗震救灾精神中的大爱精神，纷纷向各国灾区伸出援助之手。

当地时间2016年8月24日凌晨，意大利中部翁布里亚地区发生6.2级地震，造成重大伤亡。为抗震救灾，中国民间救援队伍——浙江科地·公羊队成员24日紧急集合，筹备救援物资。公羊队抗震救灾第一梯队于25日从浙江杭州出发，携救援物资赶赴灾区，与公羊会意大利分会汇合，联合开展救援活动。公羊队成立于2009年5月，全称为浙江省公羊会公益救援促进会，是全球性民间公益组织公羊会下属的一支专门应对国家次生灾害地震抗险救援、山林山难救援、城市应急救援、水域救援等救援活动的民间公益救援队伍。

当地时间2017年9月19日13时14分（北京时间9月20日2时14分），墨西哥中部莫雷洛斯州发生7.1级地震，震中位于莫雷洛斯州阿克索恰潘市西南12公里处，震源深度57公里。为表达中国政府和人民对墨西哥政府和人民的慰问和支持，帮助墨西哥政府和人民开展抗震救灾工作，中国政府决定向墨西哥政府提供100万美元紧急人道主义现汇援助和一批紧急人道主义物资援助，物资将采取包机方式运至墨西哥，缓解灾区急需。中国红十字会也向墨方提供10万美元现汇援助。9月30日，墨西哥地震重灾区瓦哈卡州胡奇坦市灾民陆续收到中国人道主义救援物资。饱受风吹日晒的他们终于有了遮风挡雨的“新家”。灾民们忙碌地搭起新帐篷，沉寂多日的废墟上顿时焕发出生机。墨西哥外交部常务副部长德伊卡萨说：“患难见真情，中方对墨西哥抗震救灾工作的无私慷慨帮助充分体现了中国政府和人民的深厚情谊，令人深受感动，也再次印证了墨中两国的友好关系，墨方将妥善使用中方援助，早日为灾民重建家园。”墨西哥华侨华人也在第一时间自发参与救灾行动。10家华侨华人社团向地震灾区捐赠25吨救灾物资，通过军方卡车运往恰帕斯州和瓦哈卡州灾区。大量华侨华人还自发购买药品、食品等抗灾急需品，送往捐助站。

在这些国际救援行动中，不论是我国政府派出的军警队伍，还是民间的救援力量，都充分展现了中国人民的国际友好协作精神。通过一次次的国际救援行动，这些救援力量不仅实现了成功救援，帮助受灾民众渡过了难关，还通过爱心奉献传递的大爱，将伟大的抗震救灾精神传播到世界各地。

抗震救灾精神的国际传播是个新话题，国内学界对这方面的探讨还不够，所以目前掌握的有关资料并不多。但是，我们能确切地看到中国政府、中国人民一次又一次“不计任何代价，不讲任何条件，不惧任何困难”地积极参与国际灾难救助行动，为世界各地的受灾民众带去援助与勇气、希望与信心，更为他们带去了中国人民的“大爱”精神，这是伟大的抗震救灾精神向全世界播撒种子的良好开端。我们相信，随着国际救援合作的增强，随着中国文化建设的加强，在国际文化协作活动的带动下，伟大的抗震救灾精神必将在世界各地开花结果，温暖全世界。

如今，汶川特大地震已过去十个年头了。伟大的抗震救灾精神在中华民族多难兴邦的社会主义建设征途中越炼越浓，越聚越醇，成为“文化立世，文化兴邦”的伟大创举。它不只是中华民族伟大复兴的强大精神动力，也是全世界爱好和平、崇尚友爱互助的人们的精神食粮。

随着中国国家实力和国际影响力的增强，中国文化走出去面临前所未有的战略机遇。在2016年5月17日召开的哲学社会科学工作座谈会上，习近平总书记指出：坚定中国特色社会主义道路自信、理论自信、制度自信，说到底是要坚定文化自信，文化自信是更基本、更深沉、更持久的力量。① 可以说，无论是“四个全面”战略布局的铺展，还是“一带一路”倡议、人类命运共同体建设的推进，中国内政外交中的文化底色越来越凸显，也越来越重要。我们应牢牢把握新时代的历史机遇，以传承和弘扬中华民族优秀传统文化的历史责任感与担当精神，以高度的文化自觉、文化自信、文化自省和文化自新，让中国文化走出去的步伐更稳健、足音更强劲、风采更久远，使我国尽快从文化资源大国向文化强国转变，不断增强中国在国际上的亲和力、感召力和影响力。

伟大的抗震救灾精神正伴随着“一带一路”倡议、人类命运共同体建设等向世界传播，与“和平合作、开放包容、互学互鉴、互利共赢”丝绸之路精神一道充分彰显着中华文化自信，进一步夯实了中华民族与世界各国互联互通、和谐共赢的价值理念和心理基础，成为跨越国界、超越意识形态的最具穿透力的伟大精神力量。

---

① 习近平：在哲学社会科学工作座谈会上的讲话［EB/OL］．(2016－05－17)［2017－04－12］．http://politics.people.com.cn/n1/2016/0518/c1024－28361421－2.html.

# 结　语　不忘初心　继往开来<br>弘扬新时代抗震救灾精神

新时代的文化自信，是当代中国的文化自信，它同理论自信、道路自信、制度自信融为一体，统一于中国特色社会主义的伟大实践之中，是中国特色社会主义的文化自信。十九大报告指出：“推动中华优秀传统文化创造性转化、创新性发展，继承革命文化，发展社会主义先进文化，不忘本来、吸收外来、面向未来，更好构筑中国精神、中国价值、中国力量，为人民提供精神指引。”抗震救灾精神是中国文化和中国精神的重要内容之一，抗震救灾精神的凝练、丰富、发展和深化是文化自信的当代实践。从雷锋精神、大庆精神、抗洪救灾精神、“两弹一星”精神再到抗震救灾精神，都以全新的面貌向世人展示着中华文明的新形象，为更好地构筑中国精神、中国价值、中国力量提供精神养分，为人民提供精神指引。伟大抗震救灾精神是中国精神的时代升华，抗震救灾和恢复重建的伟大胜利是中国精神的力量在新时代的集中展现。

习近平总书记在党的十九大报告中明确指出：“中国共产党人的初心和使命，就是为中国人民谋幸福，为中华民族谋复兴。这个初心和使命是激励中国共产党人不断前进的根本动力。”这是一个走过近百年历程、走进新时代的世界第一大党，向党和人民作出的庄严承诺，充分体现了中国共产党人新时代的使命担当和价值追求。10 年前的“5・12”汶川特大地震就是中国共产党使命担当和价值追求的最好检阅、最好验证，在抗击汶川特大地震的过程中，中国共产党的先进性和英明性再次体现出来。党中央对大地震做出的反应之快，不是其他政党可以比拟的。灾情就是命令，时间就是生命，在抢救受伤群众生命面前，一分钟，甚至一秒钟都显得弥足珍贵。“不忘初心，方得始终”是共产党人继往开来的灵魂指引。一切向前走，都不能忘记走过的路；走得再远、走到再光辉的未来，也不能忘记走过的过去，不能忘记为什么出发。只有不忘初心，才能走得更远，走得更快，走得更稳。

不忘初心，方能青春永驻。习近平总书记强调：只有不忘初心、牢记使命、永远奋斗，才能让中国共产党永远年轻。只要全党全国各族人民团结一心、苦干实干，中华民族伟大复兴的巨轮就一定能够乘风破浪、胜利驶向光辉的彼岸。[①] 实践证明，无论中国共产党人处在什么样的历史方位，总是在其时空的鲜明坐标中，把自己的奋斗目标作为矢志不渝的初心和使命，既不因地位的变化而改弦更张，也不因踏上胜利的坦途而傲慢浮躁，更

---

① 习近平. 决胜全面建成小康社会　夺取新时代中国特色社会主义伟大胜利——在中国共产党第十九次全国代表大会上的报告［N］. 人民日报，2017－10－28（1）.

不因遭遇困难挫折而彷徨动摇。这是中国共产党永葆青春、富有朝气、充满活力的制胜法宝，也是中国共产党最宝贵的理论和实践品格。

不忘初心，让抗震救灾精神永放光彩。回望中国共产党走过的97年历程，其初心和使命一脉贯穿于革命、建设、改革各个时期。党的十九大报告在宏阔深邃的历史时空中，科学把握历史脉搏与时代潮流，概要回顾了中国共产党诞生的历史，指出中国共产党一经成立，就把谋求民族独立、人民解放和国家富强、人民幸福作为党的历史使命，中国人民从此才从精神上由被动转为主动，有了为初心和使命而斗争的主心骨。97年来，正是由于中国共产党团结带领人民，历尽险阻曲折而初心不改，付出巨大牺牲而矢志不渝，才能在艰苦卓绝的斗争中攻克了一个又一个看似不可攻克的难关，创造了一个又一个彪炳史册的人间奇迹，谱写了一首又一首气吞山河的壮丽史诗，实现了中华民族从站起来到富起来的伟大飞跃。

不忘初心，方能继往开来。展望未来新时代中国特色社会主义事业发展，其初心和使命将深入贯穿全面建设小康社会和两个一百年奋斗目标的各个阶段，继续引领党和人民事业发展，实现国家富强、人民幸福。纵观党史，中国共产党在革命、建设、改革中积累了丰富经验教训，在改革开放以来特别是近年来取得了历史性变革，为新时代发展提供了有益借鉴、奠定了坚实基础。现在，我们站到了新的历史方位，比以往任何时期更接近、更有信心和能力实现初心和使命。只要我们永不背离党的初心和使命，并始终将之融入新时代发展的全过程，贯穿到各个环节、各个方面，不畏艰难困苦、不断攻坚克难、不懈奋斗进取，中华民族从富起来到强起来的历史性飞跃一定能如期实现。

十九大报告开宗明义地提出了“不忘初心，牢记使命，高举中国特色社会主义伟大旗帜，决胜全面建成小康社会，夺取新时代中国特色社会主义伟大胜利，为实现中华民族伟大复兴的中国梦不懈奋斗”[①] 的大会主题。中国精神是伟大抗震救灾精神的时代升华。抗震救灾和恢复重建的伟大胜利是中国精神的力量在新时代的集中展现。在新的历史条件下，实现中华民族的伟大复兴，是一项前无古人、后启来者的伟大事业，是一场气吞山河的伟大变革。我们要实现中国梦，就是要坚定文化自信，凝聚起磅礴持久的精神力量；就是要弘扬伟大中国精神，沿着中国道路的指引，把全部力量和智慧集聚到实现中华民族伟大复兴的共同事业上来，齐心协力，为实现党的十九大描绘的宏伟蓝图而努力奋斗。

---

① 习近平. 决胜全面建成小康社会　夺取新时代中国特色社会主义伟大胜利——在中国共产党第十九次全国代表大会上的报告［N］. 人民日报，2017-10-28（1）.

# 附　录　5·12汶川特大地震纪念馆基本情况简介（2018年）

## 一、基本情况

2008年“5·12”汶川特大地震后，为铭记灾难，弘扬伟大的抗震救灾精神，按照时任中共中央政治局常委、国务院总理温家宝关于“这座老县城可以作为地震遗址保留，变成地震博物馆”的指示精神，根据灾后重建规划，建设5·12汶川特大地震纪念馆。

5·12汶川特大地震纪念馆位于北川羌族自治县曲山镇，是全国唯一以地震为主题的国家级纪念馆，包括三遗址两馆一中心，即北川老县城地震遗址、沙坝地震断层遗址、唐家山堰塞湖地震遗迹、主馆、副馆和防灾减灾宣传教育中心。同时按照四川省灾后重建规划，作为“一馆三地”的龙头部门，牵头统揽映秀震中地震遗址纪念地、汉旺东汽工业地震遗址纪念地和都江堰虹口深溪沟地震遗迹纪念地三地作用功能的发挥。

5·12汶川特大地震纪念馆主、副馆共占地面积14.23万平方米，建筑面积1.428万平方米，建筑方案“裂缝”寓意为“将灾难时刻闪电般定格在大地之间，留给后人永恒的记忆”。

主馆基本陈展《山川永纪》陈展面积10748平方米，总展线1900米，分为“序厅、旷世灾难破坏惨重、万众一心抗震救灾、科学重建创造奇迹、发展振兴时代丰碑、结束语”六大板块，于2013年5月面向社会公众免费开放。

副馆地震科普体验馆以“感受地震、传播知识、关爱生命”为主题，陈展面积1560平方米，总展线512米，分为“时空隧道、灾难现场、解密地震、穿越地震断裂带、震前防御、避险与救援”六个展区，于2013年10月面向社会公众开放。

北川老县城地震遗址与主、副馆毗邻，是全世界唯一整体原址原貌保护的规模最大、破坏类型最全面、次生灾害最典型的地震灾难遗址区，保护范围面积1.2平方公里。经过治理保护，于2010年5月面向社会公众适度开放。2012年7月，被四川省政府核定为省级重点文物保护单位。

沙坝地震断层是中外地震史上罕见断裂层，位于北川羌族自治县曲山镇沙坝村，处在龙门山主中央断裂带，垂直位移10.5米，面积37公顷。地震断层周边地质灾害种类齐全、地质灾害点多，是地震次生灾害展示的宝贵资源，具有很高的科学研究价值。

唐家山堰塞湖遗迹距老县城地震遗址约5公里，堰塞体顺河长803米，横河宽611米，堆积体约2000余万立方米。湖区控制流域面积3538平方公里，最高蓄水位曾达743

米，蓄水量达 2.466 亿立方米。2008 年 6 月 10 日成功泄流后，水位降至 713 米，常年库容 8600 万立方米。2013 年“7·9”特大洪灾导致堰塞坝右岸局部溃口，水位高程下降至 701 米，常年库容 4000 余万立方米。2015 年 1 月，四川省人民政府批复同意开展唐家山堰塞湖综合开发利用工作。

为充分发挥 5·12 汶川特大地震纪念馆功能作用，附近配套建设了防灾减灾宣传教育中心和防灾减灾实训基地，可进行理论+实训的防灾减灾教育。同时，由 5·12 汶川特大地震纪念馆牵头统揽全国其他 5·12 地震灾区的社会教育活动。

## 二、管理机构情况

5·12 汶川特大地震纪念馆管理中心（绵阳市唐家山堰塞湖管理局）系绵阳市人民政府直属正县级事业单位，核定事业编制 42 名，聘用人员 119 名。

## 三、功能发挥情况

5·12 汶川特大地震纪念馆是世所罕见的人类特大历史事件真实记录和特殊场所，具有唯一性、不可复制性和特殊性，是“5·12”汶川特大地震留存下来的宝贵精神财富，是中宣部确定的“三基地一窗口”，全国爱国主义教育示范基地、全国红色旅游经典景区、全国科普教育基地（2015—2019 年）、全国社会科学普及教育基地、国家防震减灾科普教育基地、海峡两岸交流基地和全国中小学生研学教育实践基地等。地震纪念馆具有教育、宣传、科研、纪念、展示五大基本功能，已成为对外展示中国发展道路、发展模式、讲述中国故事的重要窗口，培育和践行社会主义核心价值观的重要载体，开展地震科普研究和防灾减灾教育的重要基地。

### （一）展示传播中国正能量的窗口

5·12 汶川特大地震纪念馆是灾后精神家园重建的重要组成部分，纪念馆主题展览“山川永纪”生动地再现了中国人民抗震救灾、重建家园这一段感天动地、气壮山河的光辉历史，通过各种事例充分展示了共产党好、社会主义好、改革开放好、伟大祖国好、人民军队好、各民族大团结好，是中国道路自信、理论自信、制度自信、文化自信的展示窗口，是中国软实力对外展示的窗口，是值得华夏儿女、世界人民反复体会、不断领悟的鲜活历史。截至 2017 年底，已累计接待社会公众 1551 万人次，单日接待最高量为 4.2 万人次。

巴基斯坦驻华大使馆临时代办穆罕默德·哈桑曾感慨地说：“这么短时间就完成了灾后重建，简直就是一个奇迹。”法国驻成都总领事鲁索也由衷地表示：“参观地震纪念馆后，我切身地感受到了中国道路的强大生命力。”一名山东援建者留言：“既震撼又感动，为我们伟大的祖国自豪，为我们的美好未来高歌。”

### （二）培育践行社会主义核心价值观的载体

5·12 汶川特大地震纪念馆是全国和省级的爱国主义教育、党性教育、党史教育、廉政教育、青少年教育基地，被中央党校、南京陆军指挥学院等多所大中小学确定为教学和社会实践基地。连续五年举办“地震纪念馆杯”征文、绘画、朗诵、演讲等各类比赛，以“引进来、走出去”的方式，通过参观、体验、宣讲和实训等形式，引导和培育社会公众，尤其是青少年的爱国主义情怀。每年举办各类学术论坛，创办了《红色场馆工作通讯》杂志，搭建平台推进红色文化传播，助力防震减灾事业发展。利用节假日、纪念日举办主题教育活动120余场次，举办社会主义核心价值观专题讲座146场次，使地震纪念馆成为社会教育的“精神地标”，社会主义核心价值观教育、爱国主义教育深入人心。

### （三）开展防灾减灾教育培训的基地

充分发挥资源优势，为公众搭建学习、体验的平台，实现科普教育活动与爱国主义教育互相促进。开展防震减灾知识“五进”（进学校、进机关、进社区、进军队、进企业）活动120余场次，举办应急干部管理培训、防灾救援培训、扶贫培训、素质拓展训练活动1200场次，先后接待世界财富论坛嘉宾、联合国减灾署官员、新加坡议员代表团等国内外2000多个团队参观、考察；有效提高公众防灾减灾的意识和能力。

### （四）推进地震相关科学研究的宝库

加强对外交流合作，与台湾9·21地震教育园区、北京师范大学、四川大学等单位建立学术研究长效机制，积极参加国际公众减灾论坛、国际应急管理减灾体系研讨会等国际性会议，和有关研究院所就人文社会科学和自然科学合作开展课题研究60余个，筹建了“纪念场馆教育与抗震救灾文化研究中心”，已发表专著、论文等科研成果24项。配合地震、地质、水文、水利、气象、建筑、规划设计等专题科考420余批次，开展科普宣传活动330余批次。先后接待科普考察团队有539次，近18100人次。另外，日本、英国、美国、印度、俄罗斯、以色列、奥地利等7个国际组织、21个国家的专家到5·12汶川特大地震纪念馆考察、调研。

# 参考文献

## 一、图书类


[1] 本尼迪克特．文化模式（中译本）[M]．张燕，傅铿，译．杭州：浙江人民出版社，1988.

[2] 曹应旺．周恩来与治水 [M]．北京：中央文献出版社，1991.

[3] 福柯．必须保卫社会 [M]．钱翰，译．上海：上海人民出版社，2010.

[4] 甘肃电力抗震救灾志编委会．甘肃电力抗震救灾志 [M]．兰州：甘肃文化出版社，2010.

[5] 公民道德建设实施纲要 [M]．北京：学习出版社，2001.

[6] 胡鞍钢，门洪华．解读美国大战略 [M]．杭州：浙江人民出版社，2003.

[7] 胡惠林．中国国家文化安全论 [M]．上海：上海人民出版社，2005.

[8] 黄宗良，林勋健．经济全球化与中国特色社会主义 [M]．北京：北京大学出版社，2005.

[9] 姜葵．1988 年云南澜沧一耿马地震 [M]．昆明：云南大学出版社，1993.

[10] 金炳华．马克思主义哲学大辞典 [M]．上海：上海辞书出版社，2003.

[11] 康沛竹．中国共产党执政以来防灾救灾的思想与实际 [M]．北京：北京大学出版社，2005.

[12] 勒庞．乌合之众：大众心理研究 [M]．冯克利，译．北京：中央编译出版社，2004.

[13] 李金和．当代中国核心价值体系建设的理论与实践 [M]．北京：知识产权出版，2012.

[14] 理查德·尼克松．1999 年：不战而胜 [M]．王观声，郭健哉，李健英，等，译．北京：世界知识出版社，1997.

[15] 马克斯·韦伯．经济与社会（上卷）[M]．北京：商务印书馆，1997.

[16] 马宗晋．灾害学导论 [M]．长沙：湖南人民出版社，1998.

[17] 孟昭华，彭传荣．中国灾荒史（现代部分）(1949—1989) [M]．北京：水利电力出版社，1989.

[18] 民政部法制办公室．民政工作文件选编（1994 年） [M]．北京：中国社会出版社，1995.

[19] 民政部法规办公室．民政工作文件选编（1998 年） [M]．北京：中国社会出版社，1999.

[20] 民政部法制办公室．民政工作文件选编（2006 年） [M]．北京：中国社会出版

社，2007.
[21] 民政部法规办公室. 中华人民共和国民政工作文件汇编（1949—1999）[M]. 北京：中国法制出版社，2001.
[22] 尼葛洛庞帝. 数字化生存 [M]. 胡泳，范海燕，译. 海口：海南出版社，1997.
[23] 乔磊. 不屈的脊梁——汶川地震抗震救灾中的故事 [M]. 沈阳：辽宁大学出版社，2008.
[24] 上海社会科学院信息研究所，上海市社会科学规划办公室. 国外社会科学前沿（1998）[M]. 上海：上海社会科学院出版社，1999.
[25] 邵华泽. 大力弘扬和培育民族精神——十六大报告辅导读本 [M]. 北京：人民出版社，2002.
[26] 四川大学新闻传播研究所，四川工人日报社，中共阿坝州委宣传部. 抗震救灾精神读本 [M]. 成都：四川人民出版社，2009.
[27] 四川省精神文明建设办公室. 中国精神——伟大的抗震救灾精神学习读本 [M]. 成都：天地出版社，2010.
[28] 孙绍聘. 中国救灾制度研究 [M]. 北京：商务印书馆，2005.
[29] 童萍. 文化民族性问题研究 [M]. 北京：人民出版社，2011.
[30] 王宁. 中国文化概论 [M]. 长沙：湖南师范大学出版社，2000.
[31] 谢·卡拉-穆尔扎. 论意识操纵 [M]. 徐昌翰，译. 北京：社会科学文献出版社，2004.
[32] 新华月报. 抗震救灾英雄谱 [M]. 北京：人民出版社，2008.
[33] 杨立英，曾盛聪. 全球化网络化境遇与社会主义意识形态建设研究 [M]. 北京：人民出版社，2007.
[34] 俞可平. 民主是个好东西 [M]. 北京：科学文献出版社，2006.
[35] 张骥. 中国文化安全与意识形态战略 [M]. 北京：人民出版社，2010.
[36] 张健民，宋俭. 灾害历史学 [M]. 长沙：湖南人民出版社，1998.
[37] 赵娓妮. 清代的灾赈及其矜恤观念 [M]. 成都：四川大学出版社，2017.
[38] 郑功成. 灾害经济学 [M]. 长沙：湖南人民出版社，1998.
[39] 中共中央文献研究室. 十二大以来重要文献选编 [M]. 北京：中央文献出版社，1986.
[40] 中共中央文献研究室. 十五大以来重要文献选编 [M]. 北京：中央文献出版社，2000.
[41] 中共中央文献研究室. 十六大以来重要文献选编 [M]. 北京：中央文献出版社，2005.
[42] 中共中央文献研究室. 十七大以来重要文献选编 [M]. 北京：中央文献出版社，2009.
[43] 中共中央文献研究室. 十八大以来重要文献选编 [M]. 北京：中央文献出版社，2014.
[44] 中共中央文献研究室. 习近平关于实现中华民族伟大复兴的中国梦论述摘编 [M]. 北京：中央文献出版社，2013.
[45] 中共中央宣传部. 习近平总书记系列重要讲话读本（2016 年版）[M]. 北京：学习出版社，人民出版社，2016.
[46] 中共中央组织部. 优秀领导干部先进事迹选编 [M] 北京：党建读物出版社，2015.
[47] 中华人民共和国民政部. 中华人民共和国民政法规汇编（1949.10—1993.12）[M]. 北京：华夏出版社，1993.

[48] 中央档案馆. 中共中央文件选集（第12册）[M]. 北京：中共中央党校出版社，1991.
[49] 朱汉国. 当代中国社会思潮研究 [M]. 北京：北京师范大学出版社，2012.
[50] 邹文卫. 灾难警示与科普教育：防震减灾科普场馆建设与发展 [M]. 北京：地震出版社，2015.

## 二、期刊、论文类

[1] 蔡小平，王伟. 论抗震救灾伟大精神 [J]. 道德与文明，2008（6）：72—75.
[2] 曹勇. 突发自然灾害背景下思想政治教育功能研究 [D]. 北京：中国矿业大学，2016.
[3] 陈家强. 从“5·12”汶川特大地震谈抗震救灾应急措施 [J]. 消防科学与技术，2008（9）：629—635.
[4] 陈庆国. 从抗震救灾中透视“80后”大学生民族精神 [J]. 山东省青年管理干部学院学报，2009（1）：58—60.
[5] 成奕萱. 抢险救灾中我军形象的网络传播研究 [D]. 长沙：国防科学技术大学，2012.
[6] 崔青青，黄梅英，陈坤. 弘扬抗震救灾精神 推进高校思想政治教育 [J]. 思想理论教育导刊，2011（9）：103—106.
[7] 邓砚. 县市政府地震应急行为模式和区域地震应急能力评估方法研究 [D]. 北京：中国地震局地质研究所，2011.
[8] 高存友，甘景梨，赵兰民，等. 高原抗震救灾官兵心理健康水平调查与分析 [J]. 人民军医，2011（7）：545—546.
[9] 高存友，甘景梨，赵兰民. 抗震救灾部队官兵睡眠状况调查及其影响因素分析 [J]. 人民军医，2009（9）：559—560.
[10] 高洁. 城市抗震救灾道路网络规划研究 [J]. 道路交通与安全，2009（5）：19—21.
[11] 龚宇，江小林，易桂喜. 关于抗震救灾工作进程及其阶段性特点的初步探讨——以芦山7.0级地震抗震救灾工作为例 [J]. 灾害学，2014（3）：183—187.
[12] 郭子臣. 汶川特大地震中非政府组织参与公共危机管理研究 [D]. 武汉：华中科技大学，2009.
[13] 呼东燕，侯蓉英. 5·12震灾中《人民日报》抗震救灾报道实证分析 [J]. 防灾科技学院学报，2008（3）：135—137.
[14] 胡沁熙. 抗震救灾精神与大学生感恩教育研究 [J]. 吉首大学学报（社会科学版），2015（S1）：188—191.
[15] 华金秋. 抗震救灾资金审计探析 [J]. 中国地质大学学报（社会科学版），2008（4）：102—106.
[16] 黄维. 北斗导航定位系统在抗震救灾中的应用与二次开发 [D]. 成都：成都理工大学，2010.
[17] 贾贤补，陈尔余. 抗震救灾中的部队油料精确化保障初探 [J]. 物流技术，2014（3）：360—363.
[18] 贾燕. 地震灾区恢复重建研究 [D]. 北京：中国地震局地质研究所，2006.
[19] 江景华. 抗震救灾武警官兵心理健康状况和总体幸福感 [J]. 中国健康心理学杂志，

2014 (6)：868－869.
[20] 金鑫，张耀灿．充分利用抗震救灾的精神资源切实加强大学生思想政治教育 [J]．思想教育研究，2008 (7)：21－23.
[21] 李风雷．唐山地震救援机制研究 [D]．济南：山东大学，2011.
[22] 李艳华．抗震救灾中思想政治教育激励功能研究 [D]．重庆：西南大学，2010.
[23] 梁英．抗震救灾精神与社会主义核心价值体系构建 [J]．邵阳学院学报（社会科学版），2009 (1)：20－22.
[24] 刘丹．抗震救灾精神对思想政治教育作用研究 [D]．衡阳：南华大学，2010.
[25] 刘东峰，董罡，毛军文．军队疾病预防控制力量抗震救灾卫生防疫救援实践与思考 [J]．解放军预防医学杂志，2013 (3)：258－259.
[26] 刘娟．抗震救灾精神与社会主义核心价值体系建设 [D]．武汉：华中师范大学，2012.
[27] 刘旭．抗震救灾医疗后送系统实证与建模研究 [D]．上海：第二军医大学，2012.
[28] 吕新杰．汶川地震以来中国处置自然灾害政治优势研究 [D]．济南：山东轻工业学院，2012.
[29] 罗登亮．汶川地震灾后住房恢复重建的法律选择 [D]．成都：西南财经大学，2009.
[30] 罗伟伟．灾难新闻标题的隐喻研究 [D]．南昌：江西师范大学，2011.
[31] 马婧瑶．四川汶川与芦山地震应急机制研究 [D]．成都：西南财经大学，2014.
[32] 倪霏．抗震救灾医疗队药材保障方案研究 [D]．上海：第二军医大学，2010.
[33] 蒲江．抗震救灾及灾后重建职务犯罪问题的调查报告 [D]．兰州：兰州大学，2009.
[34] 蒲秋威．重大地震灾害灾后救助体制的比较研究 [D]．成都：四川师范大学，2016.
[35] 钱进．云南省地震应急管理模式完善研究 [D]．昆明：云南大学，2011.
[36] 沈燕．玉树抗震救灾医疗救援人力资源配置研究 [D]．上海：第二军医大学，2012.
[37] 盛利．抗震救灾精神的传播机制研究 [D]．成都：电子科技大学，2013.
[38] 宋世佩，邓致荣，刘亮，等．抗震救灾实践活动对二炮部队非战争军事行动防疫防护工作的启示 [J]．医学动物防制，2010 (10)：976－979.
[39] 谭黎明．基于 Primavera 的城市地震应急管理研究 [D]．青岛：中国海洋大学，2009.
[40] 唐玉琴．抗震救灾中彰显党的执政能力和中华民族精神 [J]．山东省青年管理干部学院学报，2008 (5)：13－15.
[41] 王炳南，程正祥．野战方舱医院在玉树抗震救灾中的快速配置及其作用 [J]．医疗卫生装备，2011 (9)：80－83.
[42] 王玲．救灾政治：合法性经营视角下的现代国家与乡村社会 [D]．武汉：华中科技大学，2012.
[43] 王卫国．城市地震灾害应急救援资源配置规划研究 [D]．天津：天津大学，2016.
[44] 王雅露．我国 NGO 参与抗震救灾的路径优化研究 [D]．上海：华东政法大学，2015.
[45] 王志超．市级政府地震应急管理问题研究 [D]．长春：东北师范大学，2012.
[46] 王作勇．遥感技术在汶川地震抗震救灾中的应用及存在问题分析 [J]．测绘通报，2008 (8)：40－42.
[47] 吴昌德．抗震救灾政治工作的实践经验和启示 [J]．军队政工理论研究，2008 (4)：8－11.

[48] 吴江，谢明，王军，等. 野战方舱医院在五官模块抗震救灾中的应用及体会 [J]. 医疗卫生装备，2012 (5)：84—85.
[49] 武小梅，吴宁，陈国民，等. 四川地震灾区抗震救灾官兵心理健康状况及影响因素研究 [J]. 中国健康教育，2008 (12)：893—895.
[50] 习裕军，刘昆福. 公共危机管理语境中的我国政府能力评析——以汶川抗震救灾危机管理为例 [J]. 攀登，2008 (4)：127—130.
[51] 袭著革，刘嘉瀛，尹昭云，等. 玉树抗震救灾对提升我军高原卫勤保障能力的启示 [J]. 解放军预防医学杂志，2010 (4)：235—237.
[52] 徐丽姗，胡子祥. 我国突发性重大自然灾害救助机制探析——以汶川地震抗震救灾为例 [J]. 乐山师范学院学报，2009 (8)：80—83.
[53] 杨河. 发扬伟大抗震救灾精神　促进高校思想政治教育 [J]. 高校理论战线，2008 (9)：26—28.
[54] 杨继瑞. 汶川抗震救灾与灾后重建经验及其借鉴教训的总结与思考 [J]. 决策咨询通讯，2009 (3)：1—7.
[55] 杨力行，张露. 建国后党的抗震救灾思想的形成与演变 [J]. 中国地质大学学报（社会科学版），2011 (6)：68—75.
[56] 杨庆. 浅谈非政府组织在抗震救灾中的作为——以“5·12”四川地震为例 [J]. 今日南国（理论创新版），2008 (6)：14—19.
[57] 仰东萍，宋纯理，金昌晓. 全媒体时代塑造医院品牌形象的路径探析——以北医三院雅安抗震救灾宣传为例 [J]. 中国医院管理，2013 (12)：23—25.
[58] 姚小伟. 唐山大地震后伤员的救治与安置研究 [D]. 石家庄：河北师范大学，2014.
[59] 夜晓亮，张步振. 抗震救灾官兵生活质量和心理健康状况及影响因素研究 [J]. 海南医学，2011，22 (24)：18—20.
[60] 于思川. 鲁甸抗震救灾中应急志愿者管理研究 [D]. 昆明：云南师范大学，2016.
[61] 余平阳. 陆军集团军抗震救灾任务区域后勤物流配送研究 [D]. 长沙：国防科学技术大学，2014.
[62] 曾小波，李雪峰. “4·20”芦山地震抗震救灾的得失思考 [J]. 行政管理改革，2013 (7)：65—69.
[63] 张多来，肖立建，阳晶. 论在四川抗震救灾中的思想政治教育人文价值 [J]. 南华大学学报（社会科学版），2008 (3)：1—4.
[64] 张黎明. 工程兵在抗震救灾行动中的组织指挥应用研究 [D]. 长沙：国防科学技术大学，2010.
[65] 张琳琳. 汶川抗震救灾的历史进步性 [D]. 济南：山东师范大学，2010.
[66] 张吕. 云南省 6 级以上强震应急信息处置对策研究 [D]. 昆明：云南大学，2011.
[67] 张楠. 中国共产党抗震救灾思想与实践研究 [D]. 曲阜：曲阜师范大学，2016.
[68] 张培静. 抗震救灾物资供应的适应性研究 [D]. 成都：西南交通大学，2010.
[69] 张为. 汶川抗震救灾战区卫勤保障的实践与启示 [J]. 解放军医学杂志，2009 (3)：243—245.
[70] 张艳. 1966 年邢台地震救灾机制研究 [D]. 石家庄：河北师范大学，2008.

[71] 张祖勋，郭大海，柯涛，等．抗震救灾中航空摄影测量的应急响应［J］．遥感学报，2008（6）：852－857.
[72] 赵康宁．北斗导航系统在四川抗震救灾中的应用实践与启示［J］．全球定位系统，2008（4）：45－48.
[73] 赵硕．抗震救灾中NGO组织间合作研究［D］．重庆：西南政法大学，2014.
[74] 赵莹，王小平．无人机遥感在抗震救灾中的应用［J］．西部探矿工程，2014（12）：113－115.
[75] 周瑞敏．邢台地震与抗震救灾研究［D］．石家庄：河北师范大学，2009.
[76] 祝艳．汶川地震救助的伦理思考［D］．南昌：江西师范大学，2009.

## 三、报纸类

[1] 本报记者．扎实开展监督检查工作　确保全部救灾款物真正用于灾区和受灾群众［N］．中国纪检监察报，2009－01－10（1）.
[2] 蔡钧庭．宜昌建立抗震救灾物资水上运输快速通道［N］．三峡日报，2008－05－17（1）.
[3] 曹传彪．空中的生命通道［N］．甘肃日报，2010－04－21（2）.
[4] 陈奎元．大力弘扬抗震救灾精神　扎实推进公民道德建设［N］．人民日报，2008－10－31（15）.
[5] 陈丽娜．做好复课复学科学规划重建［N］．中国教育报，2010－04－26（1）.
[6] 陈清华．灾难中，我们并肩前行［N］．中国财经报，2008－06－28（1）.
[7] 陈晓军．我省为玉树筹集抗震救灾资金物资3900万元［N］．甘肃日报，2010－05－13（1）.
[8] 国家综合减灾“十一五”规划［N］．人民日报，2007－08－15（5）.
[9] 弘扬抗震救灾精神，贵在知行统一［N］．新华每日电讯，2008－10－19（2）.
[10] 弘扬玉树抗震救灾精神　奋力推进新青海建设［N］．青海日报，2010－08－18（9）.
[11] 胡锦涛．在抗震救灾先进基层党组织和优秀共产党员代表座谈会上的讲话［N］．人民日报，2008－07－01（2）.
[12] 胡锦涛．在全国抗震救灾总结表彰大会上的讲话［N］．人民日报，2008－10－09（2）.
[13] 焦新．全力做好教育系统抗震救灾工作［N］．中国教育报，2010－04－19（1）.
[14] 康君．将防治次生灾害作为重中之重贯穿于抗震救灾全过程［N］．雅安日报，2013－04－26（2）.
[15] 赖红英．抗震救灾是思政教育生动教材［N］．中国教育报，2008－07－17（1）.
[16] 郎志慧．让抗震救灾精神激励跨越的脚步［N］．河南日报，2008－08－03（1）.
[17] 李京平．弘扬抗震救灾精神　奋力推进“三个加快”［N］．绵阳日报，2009－06－15（7）.
[18] 李亚杰．坚决贯彻落实中央各项部署　确保抗震救灾资金物资用于灾区和受灾群众［N］．人民日报，2008－06－07（4）.

[19] 刘利民. 他是一名“基准兵”[N]. 中国青年报，2011－06－17 (10).
[20] 刘毅. 城市为何如此脆弱 [N]. 人民日报，2011－08－25 (20).
[21] 刘毅. 灾害预警走“绿色通道”[N]. 人民日报，2011－07－31 (2).
[22] 倪迅. 专题研究：加强对抗震救灾资金物资的监管 [N]. 光明日报，2008－05－26 (2).
[23] 潘家华. 制度＋科技，建设安全宜居城市 [N]. 人民日报，2016－10－19 (22).
[24] 强卫. 在全省抗震救灾表彰大会上的讲话 [N]. 青海日报，2010－08－15 (1).
[25] 秦佩华. 灾害救助释放法治的力量 [N]. 人民日报，2010－09－01 (17).
[26] 确保救灾款物及时足额拨付发放　坚决查处贪污截留挪用行为 [N]. 陇南日报，2008－06－04 (1).
[27] 任建党. 我市抗震救灾物资运输“绿色通道”全面开通 [N]. 开封日报，2008－05－15 (1).
[28] 任胜利. 应对“灾害链”须加强综合防控 [N]. 人民日报，2008－09－09 (14).
[29] 任仲平. 凝聚起民族复兴的力量——论伟大的抗震救灾精神 [N]. 人民日报，2011－11－29 (13).
[30] 桑田. 抗震救灾精神的内涵与由来 [N]. 人民政协报，2017－12－07 (9).
[31] 四川省军区5·12动员研究课题组. 探索新世纪新阶段应急动员新特点 [N]. 中国国防报，2008－08－04 (3).
[32] 宋建兴. 加快灾后恢复重建工作力度　建设优质安全项目 [N]. 林芝报（汉），2017－11－28 (1).
[33] 万勇治. 青海局最新测绘成果及时服务玉树抗震救灾灾后重建 [N]. 中国测绘报，2010－05－11 (1).
[34] 王鑫昕. 把灾后重建的伟大实践铸成引导青年的鲜活教材 [N]. 中国青年报，2011－04－03 (2).
[35] 王鑫昕. 辛路　心路　新路：志愿服务的四川实践 [N]. 中国青年报，2017－12－05 (T01).
[36] 王雪迎. 伊犁州各族团员青年“突击”抗震救灾 [N]. 中国青年报，2011－11－10 (6).
[37] 王瑜婷. 第一时间以行动诠释责任 [N]. 中国测绘报，2010－04－20 (1).
[38] 王增宁. 全面提高应急测绘保障能力及时服务抗震救灾灾后重建 [N]. 中国测绘报，2010－04－20 (1).
[39] 于猛. 地质灾害年年有　为何今年特别多 [N]. 人民日报，2010－06－18 (23).
[40] 于猛. 严防地震次生灾害 [N]. 人民日报，2008－05－26 (13).
[41] 于猛. 灾害重点村镇将就地规划或异地搬迁 [N]. 人民日报，2012－04－13 (2).
[42] 余宁. 中国文联党组部署抗震救灾工作 [N]. 中国艺术报，2010－04－20 (1).
[43] 袁瑞娟. 杜绝搭乘紧急采购“顺风车”[N]. 中国财经报，2008－05－28 (2).
[44] 张晨. 解决复课问题是当前抗震救灾重大任务 [N]. 中国教育报，2010－04－28 (1).
[45] 张剑武. 冶金行业俩职工被授予“全国抗震救灾模范”称号 [N]. 中国冶金报，2010－08－26 (A01).

[46] 张丽辉．切实加强抗震救灾资金物资监管［N］．河北日报，2008－06－25（2）．
[47] 张潇潇．用生命抢救生命［N］．四川政协报，2012－08－29（1）．
[48] 赵明仁．伟大抗震救灾精神：实现中国梦的宝贵财富［N］．人民日报，2013－06－03（7）．
[49] 中华人民共和国国务院新闻办公室．中国的减灾行动［N］．人民日报，2009－05－12（7）．
[50] 周明．加强抗震救灾资金监管［N］．中国证券报，2008－06－27（A05）．

# 后　记

十年前，中华民族在轰轰烈烈的“5・12”汶川特大地震抗震救灾过程中铸就了“万众一心、众志成城，不畏艰险、百折不挠，以人为本、尊重科学”的伟大抗震救灾精神。抗震救灾精神从本质上说是中国精神和中国文化的重要组成部分，是我们中华民族的宝贵财富，对于构建社会主义和谐社会有着极为重要的现实意义。抗震救灾精神是民族精神、时代精神在非常状态下的激活与焕发，只有将抗震救灾精神的深刻内涵和底蕴进行挖掘，将之转化为一种文化软实力资源，才能使抗震救灾精神内化为人们的心理积淀，成为人们的自觉精神追求，才能更好地传承和弘扬。作为新时代哲学社会工作者，我们身上就承载着这份责任！基于这样的使命和责任，绵阳师范学院“纪念场馆教育与抗震救灾文化研究中心”课题组与“5・12汶川特大地震纪念馆”开展了项目“抗震救灾精神理论与实践研究”（项目编号HX2017006）和绵阳市2017年度社会科学研究专项课题“抗震救灾精神的理论渊源与弘扬机制研究”（项目编号MYSY2017SZZD01）研究，本书就是课题的最终研究成果。

本书广泛收集、精心整理并认真解读各种相关文献资料，充分吸收和借鉴学术界已有的研究成果，在此基础上对抗震救灾精神的内涵、主要特征、产生的时代背景与实践基础、文化渊源与理论基础、历史地位与理论价值、实践价值与弘扬机制进行了梳理和研究。全书聚焦于抗震救灾精神在全国、全球的彰显，对伟大的抗震救灾精神进行解读，并对抗震救灾精神在灾后重建、加快发展实践中的弘扬与转化做了阐释。

在本书编写和出版过程中，课题组成员多次赴5・12汶川特大地震纪念馆、映秀震中纪念馆等省内外单位进行搜集资料、现场调研，多次邀约省内外专家召开座谈会和研讨会，对专著框架和主要内容进行了反复推敲和斟酌。在本书写作过程中更是得到了绵阳师范学院党委宣传部、马克思主义学院，5・12汶川特大地震纪念馆，映秀震中纪念馆，绵阳市委宣传部，绵阳市社科联等有关领导和同仁的热情帮助，尤其是5・12汶川特大地震纪念馆的同仁们为课题的顺利开展提供了丰富的第一手资料，在此我们一一表示衷心的感谢！同时，对于马克思主义学院2015级2班的王伟、周义平和钟洋三位同学的辛勤付出也深表谢意。

本书主要分工：提纲编写，韩晓娟、王德炎、廖强、刘义、王杰、甘路有、赵建平等；序言、绪论，韩晓娟；第一章，甘路有、韩晓娟；第二章，王德炎；第三章，韩晓娟；第四章，王杰；第五章，刘义；附录、结语、参考文献等，韩晓娟；最后由韩晓娟、王德炎等同志统稿。

特别值得一提的是，许多前辈、同行的学术成果对我们的研究有很大的帮助和启发，在此一并致谢。我们深知，由于作者水平、学识有限，本书撰写及整个项目研究工作还存在疏漏之处，恳请专家、读者不吝赐教！

**绵阳师范学院纪念场馆教育与抗震救灾文化研究中心**

2018 年 4 月